Christian Delacampagne

Die Geschichte der Sklaverei

Aus dem Französischen von
Ursula Vones-Liebenstein

Artemis & Winkler

Titel der französischen Originalausgabe:
Histoire de l'Esclavage. De l'antiquité à nos jours
© Librairie Générale Française, 2002

Bibliografische Information der Deutschen Bibliothek
Die Deutsche Bibliothek verzeichnet diese Publikation in der
Deutschen Nationalbibliografie; detaillierte bibliografische Daten
sind im Internet unter http://dnb.ddb.de abrufbar.

© der deutschen Übersetzung 2004 Patmos Verlag GmbH & Co. KG
Artemis & Winkler Verlag, Düsseldorf und Zürich
Alle Rechte vorbehalten.
Druck und Verarbeitung: fgb freiburger graphische betriebe
ISBN 3-538-07183-7
www.patmos.de

INHALT

5

7

Sklaverei in der Geschichte

Ich wurde im Senegal in jener nun schon lange zurückliegenden Zeit der französischen Herrschaft geboren, in einer Welt also, in der die Kinder schwarz waren. Meine ersten Lebensjahre habe ich in Tougué in Guinea verbracht. In diesem großen Dorf im Hochland von Fouta Djalon, wo mein Vater nach einem Zwischenaufenthalt von einigen Monaten in Dakar zum zuständigen obersten Verwaltungsbeamten des Gebiets ernannt worden war, war ich meilenweit das einzige weiße Kind. Ich denke an diese Kindheit in den Kolonien weder mit besonderer Sehnsucht noch mit Schuldgefühlen zurück. Ich glaube nur, dass ich Afrika etwas schuldig bin, dass ich Zeugnis ablegen sollte.

Es gibt verschiedene Arten, Zeugnis abzulegen. Ich habe mich entschlossen, zum Kern der Sache vorzustoßen: In der heutigen Welt sind die Beziehungen zwischen Schwarzen und Weißen durch die Erinnerung an eine schmerzhafte historische Realität (wobei sich Europa die Verantwortung dafür mit der arabischen Welt teilt) erschwert – um nicht zu sagen verfälscht: die Erinnerung an den Sklavenhandel und die Versklavung der Schwarzen.

Deren Geschichte will ich hier erzählen. Ich werde bis zu ihren fernen Ursprüngen zurückgehen, das heißt bis zu den Formen von Sklaverei vor der Erfindung des Sklavenhandels, und zum Schluss werde ich die Frage stellen, was seit der Abschaffung des Sklavenhandels eigentlich geschehen ist.

Als ich die Geschichte der Sklaverei vor mir Revue passieren ließ, wurde mir erst bewusst, welche entscheidende, aber stark unterschätzte Bedeutung diese Institution für die Geschichte der Menschheit besitzt.

Es lässt sich problemlos aufzeigen, dass im Laufe der letzten fünf Jahrhunderte drei jeweils entscheidende »Wendepunkte« für einen Teil der Menschheit direkt durch Umwälzungen bedingt waren, die etwas mit der Sklaverei zu tun hatten. Ein erster entscheidender Wendepunkt waren der Einfall der Türken auf der Balkanhalbinsel und die Eroberung von Konstantinopel (1453). Da nun den Europäern die traditionellen Wege verschlossen waren, um in den Gebieten nördlich und östlich des Schwarzen Meeres Sklaven zu kaufen, richteten die abendländischen Sklavenhändler ihr Augenmerk auf den südlichen Mittelmeerraum und sehr bald auf Schwarzafrika. Ahnte man doch, dass dieser riesige Kontinent, dessen Küsten die Portugiesen seit einigen Jahrzehnten zu erkunden begannen, ein gewaltiges Reservoir für mögliche Arbeitskräfte darstellte. Diese Arbeitskräfte benötigte man offensichtlich um so dringender, als die Europäer im Rahmen der Kreuzzüge im Nahen Osten den Zucker kennen gelernt und Geschmack an diesem Nahrungsmittel gefunden hatten und sich nun darum bemühten, den Zuckerrohranbau im Mittelmeerraum (Zypern) und auf den Atlantischen Inseln (Kanarischen Inseln und Azoren) zu fördern.

Einen zweiten Wendepunkt stellte die Erforschung Afrikas und einige Jahre später Amerikas durch Portugiesen und Spanier dar, die damit nur ihre Expansionsbestrebungen nach Süden fortsetzten, die schon vierhundert Jahre früher unter der Bezeichnung »Reconquista« eingesetzt hatten. Eröffnete ihnen doch die Eroberung Amerikas, dessen Klima sich als besonders geeignet für die Anlage von Zuckerrohrplantagen herausstellte, die Möglichkeit, Zucker in großem Umfang zu produzieren, wozu die durch Seuchen dezimierte indianische Bevölkerung aber nicht als Arbeitskräfte geeignet zu sein schien. Damals kam eine Idee auf, die für Spanier und Portugiesen, in deren Ländern es seit den Tagen des Römischen Reiches und während des Mittelalters immer Sklaverei gegeben hatte, ganz natürlich war: Man begann, versklavte Arbeitskräfte aus Afrika zwangsweise nach Amerika zu deportieren – eine Idee, die die gesellschaftliche und kulturelle Landschaft der Neuen Welt auf immer verändern sollte.

Einen dritten Wendepunkt stellte schließlich die Tatsache dar, dass das System des Sklavenhandels und der Plantagenwirtschaft – die Wiege des Handelskapitalismus und der künftigen »Globalisierung« – für die europäischen Länder (deren wirtschaftlichen »Aufschwung« es ermöglichte) ebenso lukrativ war, wie es für Afrika schädlich war, das immer stärker der Menschen beraubt wurde, je mehr die Nachfrage nach Arbeitskräften anstieg. Diese wachsende Nachfrage brachte in der Tat die Sklavenhändler (arabische wie afrikanische) dazu, ständig neue Fehden und Kriege zwischen den afrikanischen Stammesverbänden zu schüren, um Menschenjagden und -entführungen zu erleichtern: ein Zustand permanenten Krieges, der auch im 19. Jahrhundert nach der Errichtung der europäischen Kolonialherrschaft im Inneren des Kontinents andauerte und heute noch in weiten Teilen West- und Zentralafrikas fortbesteht.

Der Tragödie des Schwarzen Kontinents, der infolge des Sklavenhandels in immer neue Kriege verwickelt wurde, die keine internationale Institution oder kein Staat mehr in den Griff zu bekommen scheint, entspricht im übrigen auf europäischem Boden einer ähnlichen Tragödie: Auch die Balkanländer wurden bis in die Gegenwart durch ethnische Konflikte zerrissen, nachdem sie jahrhundertelang von Sklavenhändlern (zunächst europäischen und später türkischen) ausgeplündert und entvölkert worden waren.

Die Geschichte Afrikas wie die Europas und Amerikas bleibt also unverständlich, solange man sie nicht aus der Perspektive der einzigen »langen Dauer« heraus betrachtet, die eine Erklärung dafür bietet, nämlich der seit über zwanzig Jahrhunderten andauernden Institution der Sklaverei, deren verhängnisvolle Auswirkungen überall spürbar sind und deren Wurzeln bis in die griechisch-römische Welt und darüber hinaus in die altorientalischen Gesellschaften zurückreichen.

Ich will also nicht nur eine Geschichte erzählen.

Ich will auch versuchen aufzuzeigen (und zwar auf eine Art und

Weise, wie dies bisher noch nicht geschehen ist), wie schwer eine angeblich so *ferne* Vergangenheit auf unserer *jüngsten* Gegenwart lastet.

Je mehr dieser Plan Gestalt annahm, desto mehr begann ich, gewisse überkommene Vorurteile über die Sklaverei infrage zu stellen:

1. Anders als man beispielsweise in gewissen Büchern lesen kann, hat die Sklaverei nicht schon *immer* und *überall* bestanden. Gewiss war diese Einrichtung weit verbreitet. Dennoch handelte es sich dabei nicht, wie man manchmal liest, um ein »notwendiges Übel«, um eine »Fatalität« menschlicher Gesellschaftsformen. Vielmehr tauchte sie erst vor ungefähr 5000 Jahren und zwar in einem ganz bestimmten Kontext auf: im »fruchtbaren Halbmond« des Mittleren Ostens gleichzeitig mit der Entstehung der Schrift und der ersten Staatsformen. Anschließend spielte sie in einer ganzen Anzahl von Gesellschaften eine mehr oder weniger wichtige Rolle, jedoch nur eine geringe (oder gar keine) Rolle in Gesellschaften ohne feste Staatsformen, wie den »primitiven« oder »wilden« Gesellschaften der »Naturvölker« Ozeaniens oder der Indianer Nordamerikas. Ganz so als bestände zwischen der Sklaverei als solcher und einer zentralisierten Zwangsgewalt ein mehr als nur zufälliger Zusammenhang.

2. Im Gegensatz zu einer anderen weit verbreiteten Meinung ist es gar nicht so lange her, dass die Menschen anfingen, sich wegen der Sklaverei ein Gewissen zu machen. Erst in der zweiten Hälfte des 18. Jahrhunderts wurde sie in Europa erstmals verurteilt. Zwar waren diese Verurteilungen anfangs nur zaghafter Natur, wurden aber ab den 60er und 70er Jahren des 18. Jahrhunderts immer entschiedener. Diese verspätete Reaktion des europäischen Gewissens, das sonst so sehr darum bemüht war, die Idee der Freiheit – *allerdings nur für die Weißen* – auf politischer Ebene zu propagieren, ist ein Skandal, der die Aufklärung auf immer befleckt. Dennoch sollte man nicht vergessen, dass aus ihr – und aus dem Schoß der westlichen Kultur – die Bewegung hervorging, die Kritik an der Sklaverei übte: Deshalb sollte man auch das westliche, rationalis-

tische und humanitäre Modell nicht ablehnen, sondern im Gegenteil noch vertiefen und weiter verbreiten, zumindest was seine Tendenzen zur Sklavenbefreiung betrifft.

3. Anders als eine ebenfalls weit verbreitete Ansicht annimmt, war mit dem Ende des 19. Jahrhunderts nicht gleichzeitig das Ende des Sklaverei gekommen. Zweifelsohne verschwand sie seit diesem Zeitpunkt allmählich, vor allem weil sie nicht länger rentabel war: es handelte sich also sozusagen um einen »natürlichen« Auflösungsprozess, der gleichzeitig in den meisten europäischen Ländern durch ihre gesetzliche Abschaffung abgesegnet wurde. Aber die Bemühungen um ihre Abschaffung verhinderten nicht, dass sie im Verborgenen in neuer Form fortbestand. Während ich diese Zeilen schreibe, grassiert die Sklaverei weiter wie eine Seuche im Westen ebenso wie in den übrigen Teilen unserer Welt. Und sie gedeiht sogar, besonders (wenn auch nicht ausschließlich) auf Kosten der Kinder – seien sie Kindersoldaten oder Opfer der Zwangsprostitution.

Man muss sich diese Wirklichkeit klar vor Augen halten, um zu begreifen, dass der Kampf gegen die Sklaverei noch lange nicht zu Ende ist.

Und gerade weil dieser Kampf noch lange nicht sein Ziel erreicht hat, ist es so wichtig, die verschiedenen Formen der Sklaverei im Laufe ihrer langen Geschichte besser kennen zu lernen, um ihrem Wiederaufkommen entgegenzutreten.

Der Begriff »Sklaverei« kann je nach Ort oder Zeit sehr unterschiedliche Praktiken umfassen. Was hat zum Beispiel der unfreie Hausdiener einer Florentiner Familie um 1450 mit einem Sklaven auf einer Baumwollplantage in Louisiana um 1750 oder einem heute von seinen Eltern an einen Prostitutionsring in einer südosteuropäischen Großstadt verkauften kleinen Mädchen gemein?

Spontan könnte man darauf antworten, dass wir es in allen drei Fällen mit einer widernatürlichen Situation zu tun haben. Ganz gleich, ob die Dienste des Sklaven im häuslichen, wirtschaftlichen oder sexuellen Bereich liegen, bedeutet Sklaverei doch immer, dass ein Mensch, anstatt seine »Arbeitskraft« zu verkaufen oder zu vermieten, gezwungen ist, *sich selbst* zu verkaufen, um überleben zu können. Anders gesagt, handelt es sich um ein System, in dem nicht mehr die »Arbeitskraft«, sondern der »Arbeiter« als solcher verkauft oder gekauft wird. Ein System, in dem der »Hersteller« (von Waren oder Handelsgut) selbst zur »Ware« wird und damit aus der Welt der Lebenden verbannt – oder, kurz gesagt, zum *gesellschaftlichen Tod* verurteilt wird.

Daraus ergibt sich, dass die Sklaverei – eine Praxis, die darauf hinausläuft, gewissen Gruppen von *Menschen* (die willkürlich definiert und deshalb je nach Zeit und Ort austauschbar sind) das Recht abzusprechen, als *menschlich* anerkannt zu werden – sehr wohl ein »Verbrechen gegen die Menschlichkeit« im eigentlichen Sinne des Wortes ist. Symbolisch entspricht sie einem Mord – und muss deshalb ein für alle Mal Gegenstand allgemeiner Verurteilung sein, auch in Gebieten und Kulturen, in denen sie heute noch als ehrwürdige Tradition dargestellt, ja sogar von der Religion abgesegnet wird.

Aus ähnlichen Gründen sollte auch die nach allgemeiner Übereinkunft so bezeichnete »Zwangsarbeit« (englisch: *hard labour*) abgelehnt werden, obwohl sie sich als Phänomen geschichtlich gesehen von der Sklaverei unterscheidet. Einerseits ist sie häufig die Folgeerscheinung einer politischen oder juristischen Entscheidung und als solche ihrer Form nach zeitlich begrenzt (öffentliche Baustellen usw.) und nicht notwendigerweise erblich, andererseits ist sie in jenen Gesellschaften, in denen man sie vorfindet, nicht systematisch mit der Ausbeutung von Kindern oder Fremdarbeitern verknüpft – während sonst in den meisten bekannten Gesellschaften Sklaven fast immer Fremde und häufig Kinder waren.

Deshalb wird die Zwangsarbeit in diesem Buch nicht ausdrücklich behandelt, sondern nur gelegentlich, um herauszufinden, wie weit sie in bestimmten Ländern und Epochen Formen annahm, die der Sklaverei im eigentlichen Sinne sehr nahe kamen.

In der Geschichte der Sklaverei stellt sich zunächst die Frage, *welche Gruppen* von Menschen (welcher Typ Fremder zum Beispiel oder welche Art von Kindern oder Jugendlichen usw.) ihrer Menschenwürde entkleidet wurden und aus *welchen* (offiziellen) *Grün-*

den dies geschah, eine Frage, die mich, der ich von Hause aus Philosoph und nicht Historiker bin, besonders interessierte.

Dennoch lässt sich die Frage, warum eine gewisse Gesellschaft einer bestimmten Kategorie von Menschen ihr Menschsein abspricht, nicht auf abstrakte Weise lösen. Um sie in ihrer Vielschichtigkeit zu erfassen, ist zumindest eine detaillierte Untersuchung der verschiedenen Formen der Sklaverei als Institution unter unterschiedlichen sozio-historischen Voraussetzungen erforderlich. Die Ergebnisse einer solchen Untersuchung möchte ich in diesem Buch vorstellen.

Ein Buch, das auf ungefähr 300 Seiten fünf Kontinente und fünftausend Jahre Geschichte erfassen will, kann zwangsläufig nicht alle Sachverhalte mit der gleichen Intensität behandeln. Deshalb musste ich eine Auswahl treffen (so spreche ich zum Beispiel mehr vom Abendland als vom Orient) und manche Phänomene oder bestimmte Länder besonders hervorheben, auf die Gefahr hin, über andere schneller hinwegzugehen. Wie jede Wahl, ist auch diese sicher anfechtbar. Aber ob sie nun gut oder schlecht, angemessen oder kritikwürdig sei – in jedem Fall bin ich allein dafür verantwortlich.

Deshalb konnte ich auch nicht umhin, mich – für historische Epochen, über die ich keine eigenen Forschungen betreiben konnte – auf bereits vorhandene Arbeiten zu stützen, die von anerkannten Spezialisten stammen. Sobald ich diese Arbeiten benutze, werde ich sie mit der größtmöglichen Genauigkeit zitieren. Auch hier versteht es sich von selbst, dass Irrtümer, die in meine Darstellung eingedrungen sind, nur mir anzulasten sind.

Trotz des gigantischen Ausmaßes dieses Projekts, zu dem Roselyne de Ayala erste Anregungen gab, habe ich keinen Augenblick daran gezweifelt, dass es verdiente, zu einem Abschluss gebracht zu werden.

Ich habe umso weniger daran gezweifelt, als es seltsamerweise nur wenige verfügbare französische Studien zu diesem Thema gibt, obwohl die Institution der Sklaverei als solche seit einem Vierteljahrhundert Gegenstand hervorragender Arbeiten – mehr soziologischer[1] als historischer[2] Natur – in englischer Sprache ist.

Als ob die französischen Historiker nicht gerne sähen, dass Frankreich seinen Teil an Verantwortung für den Sklavenhandel und die Plantagenwirtschaft trägt. Oder als ob sie in der Sklaverei, weil sie in den Vereinigten Staaten erst 1865 abgeschafft wurde, vor allem ein amerikanisches Problem sähen – was natürlich ein schwerer Irrtum wäre.

Es scheint mir, als könne man die Geschichte der Sklaverei als solche in drei große Epochen unterteilen. Die erste umfasst Antike und Mittelalter, wobei das Augenmerk stärker auf der Kontinuität als auf den Brüchen liegt. Die zweite umfasst jenes Zeitalter, das durch den gigantischsten Menschenhandel aller Zeiten, den transatlantischen »Negerhandel«, geprägt wurde – ein Zeitalter, das vom Ende des 15. bis zum Ende des 19. Jahrhunderts reicht und mit dem Aufkommen des europäischen Kapitalismus zusammenfällt. Die dritte Epoche schließlich setzt mit der *offiziellen* Abschaffung der Sklaverei in den Vereinigten Staaten (1865) ein und dauert noch an. Sie wird erst enden, wenn die Sklaverei in jedweder Form auf unserem Planeten wirklich ausgerottet sein wird und keine Nachwirkungen mehr zeitigt.

Gerade hier zeigt sich aber, wie weit wir davon noch entfernt sind.

Ich werde diese kurze Einleitung nicht abschließen, ohne Roselyne de Ayala zu danken, deren Vertrauen und Freundschaft mich während der ganzen Dauer dieser Untersuchung aufrecht hielt, ebenso wie meinen Kollegen und der Verwaltung der Tufts University (Medford, Massachusetts), die mir geeignete Arbeitsbedingungen boten, um das Projekt zu einem glücklichen Abschluss zu führen.

Ich möchte auch Manuel danken, weil er mich daran erinnerte, dass sich alles schon in *Tintin* findet, wo auch schon die zeitgenössische Sklaverei entschieden angeprangert wird. Was Ariane betrifft, die einen wichtigen Teil der Forschungsarbeit zu diesem Werk leistete, so werde ich einfach sagen, dass mein Leben nicht dasselbe gewesen wäre, wenn sie es nicht mit ihrem Licht erleuchtet hätte.

Diesen beiden widme ich mein Buch, in der immer neuen Hoffnung auf eine bessere Welt. Es wird zwangsläufig unvollkommen sein, aber es hätte sein Ziel nicht ganz verfehlt, wenn es zu neuen Forschungen auf einem Gebiet anregen würde, auf dem es noch so viel zu erforschen gibt.

New York, im Mai 2002

ERSTER TEIL
Antike und Mittelalter

(ca. 3000 v. Chr. – ca. 1450 n. Chr.)

ERSTES KAPITEL

Eine orientalische Institution

Heute sagen wir, dass die »Sklaverei eine schändliche Einrichtung« ist. Das stimmt, aber jahrhundertelang haben die Menschen anders gedacht. Natürlich hatten Sklaven nicht das Recht, sich zu äußern: Wir können also nicht für sie sprechen. Sehr genau dagegen kennen wir den Standpunkt jener anderen, ihrer Eigentümer nämlich, die allein das Recht besaßen zu reden. Wir wissen, dass sie die Sklaverei nicht nur in ihrem eigenen Interesse für nützlich hielten, sondern auch in dem der ganzen Gesellschaft, einschließlich der Sklaven selbst. Wir wissen, dass sie die Sklaverei für wohltuend, unentbehrlich – in einem Wort für »natürlich« hielten. So »natürlich«, so eng mit dem täglichen Leben verknüpft, dass sie keinen Grund sahen, sie in Frage zu stellen.

Deshalb hat man jahrhundertelang so wenig von der Sklaverei gesprochen, auch nicht in jener Gemeinschaft – der Gemeinschaft der Intellektuellen – die sonst immer das Recht für sich in Anspruch nimmt, von allem und jedem zu reden. Nehmen wir zum Beispiel die Literatur der griechisch-römischen Antike: In der Fülle von Texten, die aus dieser Zeit überliefert sind, findet man nur ganz wenige Portraits von Sklaven (bei Aristophanes, Menander, Plautus und Terenz), ein einziger Ansatz zu einer »rationalistischen Rechtfertigung« der Sklaverei (Aristoteles) und keine, wörtlich *keine* Kritik an dieser Einrichtung als solcher (nicht einmal in hellenistischer Zeit bei den als *Kynikern* bekannten Philosophen, die sonst durchaus radikale Ansichten vertraten).

Haben sich die Menschen vor und nach der Renaissance mehr

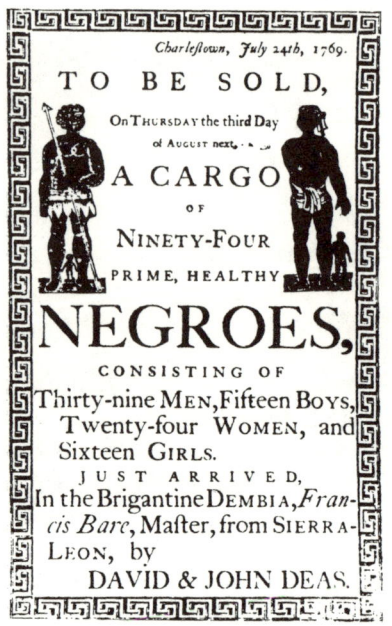

»Eine Ladung von 94 erstklassigen, gesunden Negern …« Anzeige einer Sklavenauktion, veranstaltet 1769 in Charleston (South Carolina).

Fragen gestellt? Keineswegs. Die Sklaverei, die sie vor Augen hatten und die in Europa selbst und mehr noch in den europäischen Kolonien wütete, wurde von den christlichen Kirchen gebilligt. Sie schockierte weder die Theologen des Mittelalters noch die Humanisten der klassischen Zeit – und so blieb es auch (mit einigen seltenen Ausnahmen) bis zur zweiten Hälfte des 18. Jahrhunderts. Die Sklaverei in der Antike wiederum interessierte nur eine kleine Anzahl von Gelehrten. Und aus gutem Grund: Für die Gelehrten war die »große« Geschichte, die politische oder diplomatische Geschichte das »edle« Genre schlechthin. Sie hatte Vorrang vor der Wirtschafts- und Sozialgeschichte. Und selbst für jene, die so neugierig waren, wissen zu wollen, wie die antike Wirtschaft oder Gesellschaft funktionierte, waren die Sklaven als solche keiner Beachtung wert. Waren sie nicht, wie schon das Wort sagt, dazu bestimmt, die unteren Etagen jener glänzenden Kulturen der Vergangenheit zu bevölkern?

So ist es also nicht weiter verwunderlich, wenn man die antike Sklaverei erst relativ spät erforschte und sich zunächst mit der griechisch-römischen Welt als der am besten bekannten Kultur der Antike befasste. Ein kurzer Rückblick auf diese Forschungen ist also von zweifachem Interesse. Zum einen zeigt er, welche Hindernisse überwunden werden mussten, bevor die Sklaverei überhaupt als ein würdiges Studienobjekt angesehen wurde. Zum anderen erklärt er, wieso man sich für den wirklichen Ursprung dieser Institution zu interessieren begann, der nicht bei den Griechen und Römern, sondern bei den Kulturen des Vorderen Orients zu suchen ist.

Früheste Untersuchungen über die antike Sklaverei

Glaubt man dem englischen Historiker Moses I. Finley, so erschien 1608 in Leiden die erste Monographie über die Sklaverei bei den Römern, mit dem Titel *De operibus servorum liber* (»Buch über die Sklavenarbeit«). Es war das Werk des Friesen Titus Popma und beschränkte sich auf eine Reihe von Begriffsdefinitionen, die durch einige Zitate antiker Autoren belegt wurden. Fünf Jahre später veröffentlichte der Paduaner Priester Lorenzo Pignoria eine weitere Untersuchung, *De servis et eorum apud veteres ministeriis, commentarius* (»Abhandlung über die Sklaven und ihre Funktion in der Antike«), die vor allem, nach Finley, aus »einer detaillierten Betrachtung städtischer Berufe der römischen Sklaven« besteht, »die bis ins späte 19. Jahrhundert nicht übertroffen wurde«.[3]

Diese Arbeiten begründeten das neue »Genre« der wissenschaftlichen Untersuchung, das sich in den beiden folgenden Jahrhunderten langsam weiterentwickelte, bis es 1833 im Werk des schottischen Rechtsgelehrten William Blair, *An Inquiry into the State of Slavery amongst the Romans* (»Untersuchungen über den Sklavenstand bei den Römern«) seinen Höhepunkt erreichte. Die Sklaverei bei den Griechen sollte erst viel später untersucht werden und zwar erstmals 1789 von dem deutschen Rechtshistoriker Johann Friedrich Reitemeier, *Geschichte und Zustand der Sklaverey und Leibeigenschaft in Griechenland*, dessen Werk damals aber nur geringe Verbreitung fand.

Obwohl Blair sehr wohl wusste, dass er zu einem Zeitpunkt schrieb, zu dem in Amerika die Sklaverei weit verbreitet war, hielt er sich wohlweislich zurück, diese moderne Sklaverei mit der antiken zu vergleichen. War es doch nicht sein Ziel, die eine zu analysieren, um die andere zu verurteilen.

Dennoch haben es Philologen, Wissenschaftler oder positivistische Gelehrte schwer, neutral zu bleiben, wenn es sich um einen so »sensiblen« Gegenstand wie die Degradierung von Millionen von Menschen – gestern wie heute – zu Waren handelt. Im 19. Jahrhundert, dem Jahrhundert der Abschaffung der Sklaverei, erschienen deshalb auch einige bedeutende Werke, die bewusst versuchten, die wissenschaftliche mit einer kritischen Sicht zu verbinden.

Das wichtigste dieser »engagierten« Werke war die von dem französischen Universitätsprofessor Henri Alexandre Wallon 1848 verfasste *Histoire de l'esclavage dans l'Antiquité* (»Geschichte der Sklaverei in der Antike«). Wallon, der bereits ein Jahr zuvor ein aufrüttelndes Pamphlet gegen *L'esclavage dans les colonies* (»Die Sklaverei in den Kolonien«) verfasst hatte, war seinerzeit einer der aktivsten Verfechter einer Abschaffung der Sklaverei in den französischen Kolonien (die im übrigen im selben Jahr beschlossen wurde). Deshalb bezog er auch so eindeutig Stellung. So schrieb er in der Einleitung zu seinem Werk, dass die Gegner dieser Abschaffung »sich zur Unterstützung ihrer Sache auf die Antike beriefen: Deshalb sei es nicht unnütz nachzuprüfen, ob alle auf uns gekommenen Zeugnisse wirklich deren Annahmen bestätigten. Weshalb wir auch, selbst wenn wir uns ganz auf die Vergangenheit beschränken, die moderne Problematik nicht aus den Augen verlieren werden.«[4]

Dennoch hatte auch Wallon keine Pauschalerklärung für das Aufkommen wie den Untergang der antiken Sklaverei parat, so dass seine Verurteilung nicht vehement genug erscheint. Aus diesem Grund verdanken wir auch den entscheidenden Anstoß, neue Wege in der Erforschung der antiken Sklaverei zu beschreiten, letztendlich nicht den Historikern, selbst »wenn sie gutwillig waren«, sondern vielmehr den Philosophen und Wirtschaftswissenschaftlern.

Eine solche Entwicklung zeichnete sich gegen Mitte des 18. Jahrhunderts ab, als Benjamin Franklin, David Hume und Adam Smith ihre Überlegungen dazu anstellten. Diese liberal gesinnten englischsprachigen Autoren hielten die Arbeit von Sklaven für weniger moralisch und vor allem weniger rentabel – ja sogar teurer – als die von Freien. In seinen *Observations concerning the Increase of Mankind* (»Betrachtungen zum Wachstum der Menschheit«), die er 1751 verfasste und vier Jahre später in Boston veröffentlichte, erklärte Franklin (der das amerikanische Beispiel vor Augen hatte), wieso die Einfuhr fremder Sklaven einen Staat nur schwächen konnte.

Hume, dessen Essay *Of the Populousness of Ancient Nations* (»Über die Bevölkerungsdichte der antiken Staaten«) 1752 herauskam und Smith, dessen Hauptwerk *An Inquiry into the Nature and Causes of the Wealth of Nations* (deutsch »Der Reichtum der Nationen«) 1776 erschien, vertraten eine ähnliche Haltung. Um nachzuweisen, dass die von den antiken Autoren vorgegebenen Bevölkerungszahlen grob übertrieben waren, bemühte sich Hume (der selbst kein Anhänger der Sklavenbefreiung war) aufzuzeigen, dass eine auf der Sklaverei beruhende Wirtschaft unvereinbar mit einer hohen Bevölkerungsdichte sei. Damit war er auch einer der ersten, der in der Neuzeit klar die zentrale Rolle der Sklaverei für die Wirtschaftsorganisation der griechisch-römischen Gesellschaft unterstrich. Die »Praxis der Sklavenhaltung« erklärte er anderswo ganz deutlich, mache »den Hauptunterschied zwischen der Hauswirtschaft der Antike und unserer Zeit« aus.

Den folgenden Schritt vollzog ein Jahrhundert später ein deutscher Denker, der sich gegen die liberalen Strömungen wandte, aber für Wirtschaftsfragen sehr aufgeschlossen war. Diesem Philosophen, Karl Marx, verdanken wir die Erfindung einer ganz neuen Kategorie zur wissenschaftlichen Untersuchung der großen gesellschaftlichen Veränderungen: der »Produktionsweise«.

Produktionsweise war für Marx innerhalb eines vorgegebenen Gesellschaftsverbandes das Zusammenwirken der Gesamtheit der »Produktionskräfte« einerseits, (Menschen, Land, Werkzeuge, Maschinen, Energiequellen usw.) und des Systems der »Produktionsverhältnisse« andererseits, die den Platz bestimmten, den die Menschen (d.h. die gesellschaftlichen »Klassen«) innerhalb des Produktionsprozesses einnahmen. Allgemein gesehen, sagt Marx, führt die unausweichliche und spontane Entwicklung der Produktionskräfte früher oder später dazu, dass es zu einem Konflikt zwischen ihnen und den von ihrer Struktur her unbeweglichen Produktionsverhältnissen kommt. Diese Konflikte können ihrerseits nur durch Veränderungen der Produktionsweise gelöst werden. Und diese Veränderungen stellen, wie es das *Manifest der kommunistischen Partei* von 1848 erklärt, den wichtigsten »Beweggrund« der Geschichte dar – der Wirtschaftsgeschichte natürlich, aber nach der Auffassung von Marx auch der Sozial-, Kultur- und politischen Geschichte.

Genauer gesagt konnte Marx durch eine kurze Analyse der zweitausendjährigen Geschichte Europas die drei wichtigsten Produktionsweisen, die sich in dieser Zeit ablösten, festmachen. In chronologischer Reihenfolge waren dies: die *Sklavenhalterordnung* (in der griechisch-römischen Antike), der *Feudalismus* (im Mittelalter) und der *Kapitalismus* (»Handelskapitalismus« seit Beginn der Neuzeit, »Industriekapitalismus seit dem 18. Jahrhundert).

Die historische Forschung stellte jedoch für Marx keinen Selbstzweck dar. Ihm kam es vor allem darauf an, den Kapitalismus in den geschichtlichen Zusammenhang zu stellen, nachzuweisen, dass er keine »natürliche«, unabänderliche und notwendige Realität, sondern das Produkt einer Reihe »zufällig aufgetretener« Faktoren war und dass er deshalb ebenso schlagartig, wie er aufgetreten war, auch wieder verschwinden konnte, um zunächst dem *Sozialismus* und dann, in einer zweiten Phase, dem *Kommunismus* Platz zu machen. Marx hatte seinen Blick auf die Zukunft gerichtet, weshalb er auch keinen Grund sah, sich mit der Vergangenheit aufzuhalten. Auch wenn ihm letztendlich das Verdienst zukommt, als erster die Vorstellung von einer »Sklavenhalterordnung« entwickelt zu haben, so wird man doch in seinem ganzen Werk nur wenige Seiten darüber finden. Seiten, die manchmal unklar sind und sich zudem verstreut in den unfertigen Notizen der *Grundrisse* (1857–1858) und im ersten Band seines großen unvollendeten Werkes, des *Kapitals* (1867), finden.

Die Zeit vor dem Aufkommen der griechischen Kultur blieb für Marx *terra incognita* der antiken Geschichte. Und aus gutem

Grund: Die Ägyptologie war zu seiner Zeit gerade im Entstehen begriffen (1822 hatte Champollion damit begonnen, die Hieroglyphen zu entziffern). Die Welt Mesopotamiens lag noch im wesentlichen unter dem Sand der Wüste begraben. Die alten Kulturen Indiens und Chinas waren noch weniger bekannt. Dennoch haben Marx und nach ihm Engels sehr wohl gefühlt, dass der alte Orient eine spezifische Form von Produktionsweise gekannt haben musste, die nicht von vornherein auf die Begriffe *Sklavenhalterordnung* oder *Feudalismus* zu reduzieren war. Und um dieser unbekannten Produktionsweise zumindest einen Namen zu geben, hat sie Marx im Vorwort zur *Kritik der Politischen Ökonomie* (vom Januar 1859) als »asiatische Produktionsweise« bezeichnet.

Damit aber waren die Schwierigkeiten gerade einmal angedeutet. Weder Marx noch nach ihm Engels gaben eine klare Definition von »asiatisch«. Wenn man sich an die zu ihrer Zeit vorherrschende »orientalische« Definition hält, die sich in großen Linien bereits bei Montesquieu findet, so scheint Asien mit seinem heißen, zur Trägheit verleitenden Klima, recht eigentlich dazu prädestiniert gewesen zu sein, zur Heimstatt des »Despotismus« zu werden. Deshalb ist auch unter »asiatischen« Verhältnissen wahrscheinlich ein System zu verstehen, bei dem der Landbesitz ganz in den Händen einer »Staatsmaschinerie«, das heißt letztlich eines Despoten, lag. Dieser stützte sich auf eine zahlreiche Beamtenschaft, deren Aufgabe darin bestand, die ordnungsgemäße Bewässerung der Felder und die Steuererhebung zu organisieren«.[5]

Mag eine solche Sicht auch nicht ganz verfehlt sein, so bleibt sie doch zumindest unscharf und vereinfachend. Im übrigen verteidigten Marx und Engels sie nur lasch. Gegen Ende seines Lebens scheint Engels sogar ganz von ihr abgekommen zu sein und zwar zugunsten einer völlig anderen Hypothese, die er der »Urgesellschaft« (1877) des Anthropologen Lewis H. Morgan entnahm und in seiner eigenen Arbeit über »Den Ursprung der Familie, des Privateigentums und des Staats« (1884) weiterentwickelte: die Hypothese eines »Urkommunismus«, das heißt einer ersten klassenlosen Gesellschaft, in der die Produktionsmittel im Besitz der Gemeinschaft waren. Im Laufe der folgenden Jahre verloren sich die marxistischen, besonders die sowjetischen Historiker in haarspalterischen Streitigkeiten über diesen Punkt ihrer Lehre, der bis in die 60er Jahre des zwanzigsten Jahrhunderts viel von sich reden machte.

Damit müssen wir uns hier nicht aufhalten. Es genügt darauf hinzuweisen, dass der Wunsch, die Anregungen von Marx und Engels zu vertiefen, bzw. nachzuweisen, dass sie falsch seien, auch einen positiven Effekt hatten: Es gab den Forschungen über die alten Kulturen Asiens, vor allem des Vorderen Orients, Auftrieb. Die zahlreichen archäologischen Entdeckungen der letzten Jahrhunderthälfte haben uns ebenfalls geholfen, unsere Kenntnis ihrer sozio-ökonomischen Strukturen zu erweitern. Wir wissen heute, dass dort die Wiege der Sklaverei stand und wir können uns sogar in manchen Fällen ein ziemlich genaues Bild von der Rolle machen, die die Sklaven dort spielten.[6]

So werden wir uns nun den Kulturen Mesopotamiens und des alten Ägyptens zuwenden.

Die Gesellschaft im Zweistromland

»Die Sklaverei«, schrieb Fustel de Coulanges, »ist eine von Anfang an gegebene Tatsache, die zeitgleich mit dem Ursprung der Gesellschaft entstand«.[7] Wenn uns ein solcher Satz heute geradezu als Urbild einer willkürlichen Behauptung erscheint, dann weil der Mensch, seit er *Homo sapiens sapiens* ist und wahrscheinlich schon früher, immer in Gruppen gelebt hat. Die ersten menschlichen Gesellschaften sind also mehrere hunderttausend Jahre alt. Nun gibt es aber kein Zeugnis, archäologischer oder anderer Art, das uns glauben machen könnte, dass diese ersten Gesellschaften die Sklaverei gekannt hätten. Woraus sollte man also schließen, dass sie ein solches Bedürfnis gehabt hätten? Und wie hätten sie ihre Sklaven daran hindern können, zu rebellieren oder zu flüchten?

In der Tat gibt es keine sachlichen Belege für eine Sklaverei vor Beginn der eigentliche »Geschichte« (im Gegensatz zur Vor- und Frühgeschichte), das heißt, vor der Erfindung der ersten Zeichensysteme, also ungefähr 3000 Jahre vor unserer Zeitrechnung – zu einem relativ *späten* Zeitpunkt der Menschheitsgeschichte also.

Man wird einwenden, dass selbst wenn uns die Existenz der Sklaverei erst durch die Erfindung der Schrift bekannt wurde, diese schon sehr gut Jahrhunderte, ja selbst Jahrtausende bestanden haben könnte, ohne dass wir über materielle Beweise dafür verfügten. Eine solche Hypothese scheint mir aber wenig wahrscheinlich. Und dies aus gutem Grund: Man kann sich die Sklaverei als dauerhafte Einrichtung nur im Rahmen von Gesellschaften vorstellen, die hierarchisch gegliedert waren oder über die konkreten Mittel (militärischer und bürokratischer Art) verfügten, den betreffenden Hierarchien Respekt zu verschaffen.

Nun treten aber klar abgegrenzte Hierarchien erst in den ersten staatlichen Gesellschaftsgebilden auf. Das Aufkommen eines Staates im modernen Sinne wiederum, das heißt als zentrales Zwangsorgan, das sich auf eine Armee und eine Bürokratie stützt, vollzieht sich gleichzeitig mit der Erfindung der Schrift. In der Tat fanden beide vor fünftausend Jahren in einem Gebiet statt, das die Historiker als »fruchtbaren Halbmond« bezeichnen und das heute den Vorderen Orient – von Ägypten bis Mesopotamien – umfasst.

Es gibt für diesen anscheinend überraschenden Zusammenhang zwischen der Entstehung der Schrift, der Sklaverei und des Staates eine einfache Erklärung: alle drei wurden erst möglich, als die Produktionskräfte eines bestimmten Gesellschaftsverbandes an einem bestimmten Ort und zu einer bestimmten Zeit entsprechend entwickelt waren, um die Herstellung einer Nahrungsmenge zu ermöglichen, die über der Menge lag, die für den Lebensunterhalt dieser Gemeinschaft erforderlich war.

Diese Produktion eines landwirtschaftlichen Überschusses (gleichgültig ob man dies durch klimatische Veränderungen, technologische Fortschritte oder einfach die Tatsache erklärt, dass unter günstigen natürlichen Bedingungen mehr Arme zur Feldarbeit zur Verfügung standen) hatte zur unmittelbaren Folge, dass eine Gruppe von Personen überleben konnte, die nicht in der Landwirtschaft tätig war. So konnten die »Beamten« ernährt werden, die für jeden Staat von grundlegender Bedeutung sind: Militär- und Zivilpersonen, anders gesagt, Soldaten und Schreiber (wobei letzterer Aufgabe darin bestand, die Schrift zur Verwaltung der staatlichen

Ressourcen einzusetzen). Gestützt auf Schreiber und Soldaten traten gleichzeitig echte »Despoten« auf, die politische und religiöse Anführer zugleich waren und als absolute Herrscher über große, befestigte Städte herrschten, in deren Umkreis es genug landwirtschaftlich nutzbares Land für die ganze Bevölkerung gab.

Die ersten Stadtstaaten, die repräsentativ für diese Veränderung waren, mit der das Ende der Jungsteinzeit und Kupferzeit eingeläutet wurde, entstanden im Land der Sumerer, im Süden Mesopotamiens gegen Ende des 4. Jahrtausends vor unserer Zeitrechnung. Hier, zwischen Tigris und Euphrat, wurde wahrscheinlich in der mächtigen Stadt Uruk, die sich zu dieser Zeit über vierhundert Hektar hin erstreckte, die Schrift erfunden, deren älteste bekannte Beispiele aus dem Verwaltungsbereich stammen (Güterlisten, Buchführung usw.). Wie ein Zylindersiegel belegt, kam in Uruk auch ein neues Machtkonzept auf. Das Siegel zeigt einen Mann, der wegen seines Bartes, seines Stirnbands, seines »glockenförmigen« Rocks und seiner Lanze als Priesterkönig identifiziert werden kann. Zu seinen Füßen kriechen – nackt und mit gefesselten Händen – ängstliche Gefangene: Sollte es sich dabei um Sklaven oder künftige Sklaven handeln, so hätten wir hier die älteste bekannte Darstellung von Sklaven vor uns (British Museum). Die gleiche Form der Abbildung findet man an die hundert Jahre später, um 3200 v. Chr., auf dem Heft eines Messers, das in Djebel-el-Arakt in Oberägypten gefunden wurde. Dies belegt nicht nur, dass am anderen Ende des fruchtbaren Halbmonds eine Parallelentwicklung stattfand, sondern vielleicht auch, dass – wie die Sumerologen zum großen Ärgernis der Ägyptologen behaupten – die eine Gesellschaft auf die andere einen direkten Einfluss ausübte.

Das dritte Jahrtausend war die Glanzzeit der sumerischen Kultur. Diese entfaltete sich nicht nur in Uruk, sondern auch in Stadtstaaten, von denen oft nicht mehr als die Namen bekannt sind: Ur, Eridu, Larsa, Schuruppak, Nippur und mehr im Osten Lagasch, Girsu, Umma und Adab. Jede dieser Städte und ihr Umland bildeten einen Mikrokosmos. Sie wurden von einem absoluten Herrscher regiert, den man für den unentbehrlichen Mittler zwischen Menschen und Göttern hielt. In der zweiten Hälfte des dritten Jahrtau-

Kriegsgefangene, die auf der Lyra spielen, werden von einem Krieger abge-führt. Relief aus dem assyrischen Königspalast von Ninive (um 700 v. Chr.).

sends dehnte sich die Kultur der Sumerer nach Norden aus, erreichte am Mittellauf des Euphrat Mari und weiter westlich Ebla, womit sie ganz Mesopotamien eingenommen hatte.

Dennoch war es kein Sumerer, sondern ein Semite, Sargon aus Kisch, einer Stadt im Norden, der um 2340 als erster die sumerischen Stadtstaaten politisch einte. Um dem neuen Königreich eine Hauptstadt zu geben, gründete er Akkade, das seinen Namen der Nordhälfte Mesopotamiens geben sollte. Damals setzte ein umfassender gegenseitiger Akkulturationsprozess zwischen nomadisierenden Semiten und sesshaften Sumerern ein, während die Verwaltung in Akkade den Gebrauch der Keilschrift weiterentwickelte und verbesserte. Nach dem Untergang dieses Reiches (um 2150) und

31

der vorübergehenden Wiederherstellung des Reiches von Lagash (2120–2100) durch Gudea, gründete Fürst Ur-Nammu um 2112 die dritte Dynastie von Ur, die ungefähr ein Jahrhundert Bestand hatte. Unter der Schirmherrschaft von Ur-Nammu wurde auch das älteste Gesetzbuch (das heißt die älteste bekannte Sammlung von Rechtsfällen) verfasst – ein Text, aus dem bereits die Sorge spricht, »die Bosheit, Gehässigkeit und die Klagen zum Schweigen zu bringen« und die Schwachen vor den Starken zu schützen. Dann ging auch diese Dynastie um 2004 vor dem Ansturm der Amoriter, semitischer Nomaden, unter, womit das Ende der sumerischen Staaten im eigentlichen Sinne gekommen war. Dies war jedoch nicht gleichbedeutend mit dem Ende der sumerischen Kultur. Ganz im Gegenteil. Sollte diese doch die Grundlage der Wirtschafts- und Sozialstruktur jener Reiche bilden, die sich danach in Mesopotamien ansiedelten, von der amoritischen Dynastie Hammurapis (1792–1750) mit ihrer Hauptstadt Babylon, bis zum Assyrerreich, das im 7. Jahrhundert unter der Herrschaft Assurbanipals (669–627) seinen Höhepunkt erreichte. Auch das Ende der Keilschrift war noch nicht gekommen. Bediente man sich ihrer doch praktisch noch bis zum Beginn unserer Zeitrechnung zur Aufzeichnung der verschiedensten Sprachen, angefangenen mit dem semitischen Akkadisch, das in Babylon gesprochen wurde.

Ob es sich nun um einfache Verwaltungsnotizen handelte oder um richtige Rechtstexte wie die verschiedenen Gesetzessammlungen – von Ur-Nammu, über den Amoriterkönigs Lipit-Ischtar (um 1930) bis Hammurapi (um 1750) – jedenfalls sind die in dieser Schrift verfassten Dokumente für uns von entscheidendem Interesse. Liefern sie uns doch die einzigen Informationen über die ersten Sklaven in der Geschichte – wenn es stimmen sollte, dass die Sklaverei als Institution (wie so viele andere »Neuerungen«, wie der große Assyrologe Samuel N. Kramer gesagte hätte) in Sumer erfunden wurde.

In der Gesellschaft Sumers waren die Menschen in der Tat weit davon entfernt, gleich zu sein. Sie waren in vier Klassen eingeteilt: die Adligen, die Nichtadligen, die Muschkenum (vom sumerischen

»der sich zur Erde niederbeugt«, wovon sich das arabische *maskin* und das französische *mesquin* = kleinlich, engstirnig, ableitet) und ganz am Ende der Skala die Sklaven. Die Adligen, die riesigen Grundbesitz ihr Eigen nannten, kontrollierten auch die Tempelgüter. Nichtadlige begnügten sich mit bescheideneren Parzellen. *Muschkenum* (Freie, zu denen auch die Tempeldiener und Diener der Adligen zählten) konnten ebenfalls Land besitzen, ein Privileg, von dem Sklaven ausgeschlossen waren. Nichtsdestotrotz fiel es diesen – gleich, ob sie »staatliche« oder »private« Sklaven waren – im Laufe der Jahrhunderte anscheinend immer eindeutiger zu, die großen Landgüter zu bearbeiten und anstrengende Tätigkeiten in Stadt und Tempeln auszuführen.

Woher kamen diese Sklaven? Die meisten waren Kriegsgefangene, womit sie nicht unbedingt Fremde gewesen sein müssen, konnten sie doch auch in Schlachten zwischen sumerischen Stadtstaaten gefangen genommen worden sein. Aber nach Aussage der Gesetzbücher Lipit-Ischtars und Hammurapis (die wahrscheinlich jahrhundertealte Praktiken widerspiegeln) ergaben sich noch andere Beschaffungsmöglichkeiten: Freie konnten als Strafe für bestimmte Verbrechen zu Sklaven werden (wie zum Beispiel ein Adoptivsohn, der die Eltern, die ihn erzogen hatten, verleugnete); in Not geratene Eltern konnten ihre Kinder aussetzen oder als Sklaven verkaufen (man hat formal einwandfreie Verträge aus der III. Dynastie von Ur gefunden, die den Verkauf von Kindern betreffen); ein Mann konnte sogar zur Tilgung seiner Schuld seine Frau und Kinder seinem Schuldner überantworten, allerdings nicht für länger als drei Jahre; schließlich wurden Kinder auch Opfer von Entführungen (ein Verbrechen, das im Gesetzbuch des Hammurapi mit dem Tod bestraft wird). Wie man sieht, war das Sklavendasein in Sumer weder die Folge einer Erbschuld (wie für die ersten christlichen Theologen) noch ein biologisches Verhängnis (wie für die antiken Griechen). Vielmehr hielt man es für das Resultat eines Unglücksfalls, eines Missgeschicks, dessen Auswirkungen nicht ewig andauern mussten.

Dennoch war der Rechtsstand eines sumerischen Sklaven nicht grundsätzlich verschieden von dem des Viehs. Der Sklave, der zum Besitz seines Herren zählte, konnte wie jedes andere Haustier auch zu einem Preis, der dem eines Esels entsprach, gekauft oder verkauft werden. Wenn er durch die Schuld eines anderen getötet oder verstümmelt wurde, hatte der Schuldige seinem Herrn eine finanzielle Entschädigung zu leisten. Sollte er selbst einen schweren Fehler begehen, so konnte er ausgepeitscht oder gebrandmarkt werden. Versuchte er zu fliehen, so musste er seinem Eigentümer zurückgebracht werden und wurde schwer bestraft. Gewährte ein Freier einem flüchtigen Sklaven Zuflucht, so war dies ein Vergehen, wofür er dem rechtmäßigen Herren zur Strafe einen anderen Sklaven oder eine finanzielle Entschädigung geben musste, die dem Preis des verlorenen Sklaven entsprach. Ein noch schwerwiegenderes Verbrechen, das mit dem Tode bestraft wurde, war die Begünstigung der Flucht eines Sklaven des königlichen Palastes.

Da es jedoch verständlicherweise im Interesse des Eigentümers lag, dass die Sklaven arbeiten konnten, scheinen sie im täglichen Leben nicht willkürlich schlecht behandelt worden zu sein. Es wurden ihnen sogar gewisse Rechte zugestanden: sie durften Handel treiben, Geld leihen, vor einem Gericht Einspruch gegen ihren Verkauf einlegen und vor allem ihre eigene Freiheit zurückkaufen. Die Freilassung war ein öffentlicher und endgültiger Rechtsakt. Ja mehr noch, wenn ein freier, verwitweter Mann eine Sklavin heiratete und Kinder von ihr bekam, dann wurden diese Frau und ihre Kinder bei seinem Tode automatisch freigelassen; sie konnten sogar, wenn der Verstorbene sie ausdrücklich adoptiert hatte, seine Erben werden. Wenn andererseits eine freie Frau beschloss, einen Sklaven zu heiraten (was sie tun konnte, ohne deshalb besonderes Missfallen zu erregen), so kamen die Kinder aus dieser Verbindung als Freie zur Welt; wenn ihr Vater starb, fiel die Hälfte seiner Güter an seinen Eigentümer, die andere Hälfte an seine Kinder.

Bemerkenswert ist auch folgende Besonderheit: Die Geldstrafe für irgendwelche Verfehlungen fiel umso höher aus, je nachdem ob der Betroffene ein Sklave, ein *Muschkenum* oder ein Adliger war. Auch die einem Arzt geschuldeten Honorare waren entsprechend dem sozialen Rang der Heilungssuchenden gestaffelt.[8] So spiegeln die Gerichtstarife ebenso wie die Löhne die zutiefst hierarchische Struktur der sumerischen Gesellschaft wider.

Diese Struktur sollte sich im Laufe der folgenden Jahrhunderte nur sehr langsam weiterentwickeln. Auf dem Höhepunkt des Assyrischen Reiches im 7. Jahrhundert besaß noch jede wohlhabende babylonische Familie im Durchschnitt drei bis fünf Sklaven.[9] Wenn man dazu noch die im Besitz von Tempeln oder Palast befindlichen »Staats«-Sklaven zählt, dann zeigt sich, dass die Sklaven eine keineswegs nebensächliche Rolle in Wirtschaft und Gesellschaft spielten, selbst wenn sie zahlenmäßig der freien Bevölkerung weit unterlegen waren (was zwei Jahrhunderte später im griechischen Bereich, besonders in Athen, nicht mehr der Fall sein sollte).

Die ägyptische Gesellschaft

Ungefähr gleichzeitig mit den Anfängen der Keilschrift, zu Beginn des 3. Jahrtausends vor unserer Zeitrechnung, liegt das Aufkommen der Hieroglyphenschrift in Ägypten. Und in beiden Fällen war die Entwicklung der Schrift eng mit der Staatswerdung verbunden.

In dieser Hinsicht ist die Entwicklung dieser beiden großen Kulturen, die etwa zur gleichen Zeit in die Geschichte eintraten, durchaus vergleichbar. Nur war in Ägypten der König – anders als in Mesopotamien – kein bloßer Mittler zwischen Menschen und Göttern: er war selbst vergöttlicht (und dies seit den ersten Dynastien). Damit war er praktisch bis zum Ende des Alten Reiches der Einzige, der (zusammen mit den Mitgliedern seiner Familie, seinen Dienern und nächsten Untergebenen wie Ministern, Friseuren, Obermetzgern usw.) Unsterblichkeit erlangen konnte. Die Pyramide des Zoser, des Gründers der 3. Dynastie (um 2700 v. Chr.), die sich noch heute inmitten der Nekropole von Sakkara erhebt, ist nicht nur das erste in Stein gehauene Denkmal der ganzen Menschheitsgeschichte, sie legt auch klar Zeugnis ab für diesen bedeutenden gesellschaftlichen und religiösen Wandel.

Selbst wenn sich seit Beginn des Mittleren Reiches (2000 v. Chr.) allmählich auch gewöhnliche »Sterbliche« Hoffnung auf ein Leben nach dem Tode zu machen begannen, war die ägyptische Gesellschaft doch auf den ersten Blick noch stärker hierarchisch strukturiert als die sumerische. Heißt dies, dass in Ägypten alle Untertanen

Ermahnung und Bestrafung von ägyptischen Bauern oder Landarbeitern (Feldsklaven?). Malerei aus dem Grab des Menena (Theben-West, 18. Dynastie).

des Pharao, ob Freie oder Unfreie, als seine Sklaven galten und dass die eigentlichen, offensichtlich nicht sehr zahlreichen Sklaven härter behandelt wurden als in Mesopotamien? Diese Frage ist nur schwer zu beantworten – umso mehr, als die überlieferten Texte in ihrer überwiegenden Mehrzahl offizieller oder religiöser Art sind, so dass wir mehr über kollektive Mythen oder historische Ereignisse erfahren als über das Alltagsleben der Bevölkerung.

Eines ist jedoch sicher: Der Bau dieser riesigen Steinmonumente (Pyramiden, Tempel, usw.), die wir immer noch bewundern und die in Mesopotamien unbekannt waren, konnte an die dreitausend Jahre lang – von der dritten Dynastie des Alten Reiches bis zur letzten Ptolemäer-Dynastie – nur dank der systematischen Ausbeutung kostenloser und gehorsamer Arbeitskräfte durchgeführt werden. Mit anderen Worten, selbst wenn es Freie waren, die die Pyramiden oder auch die Tempel von Karnak errichteten und dafür die vier Sommermonate über (jener Monate, in denen die Überschwemmungen des Nil zeitweise jede landwirtschaftliche Tätigkeit unmöglich machen) zur *Fronarbeit* verpflichtet wurden, so wurden sie in der Praxis wohl kaum viel besser als Sklaven behandelt.

Dennoch sei hier erwähnt, dass in der ägyptischen Geschichte ein Fall belegt ist, in dem Handwerker – Maler, Graveure, Bildhauer usw., die mit der Innendekoration des Grabmals des Pharao beauftragt waren und in dem Dorf Deir-el-Medineh auf dem linken Nilufer, gegenüber von Theben, lebten – ihre Arbeit zeitweise niederlegten, um besseren Lohn zu erhalten. Dieser Streik, der in die Zeit von Ramses III. (XX. Dynastie) fällt, ist nicht nur das älteste bekannte Beispiel für einen Streik. Er ist vor allem ein Beweis dafür, dass es sich zumindest bei diesen Handwerkern nicht um Sklaven handelte (wahrscheinlich, weil sie höher qualifiziert als einfache Arbeiter waren).

Die eigentlichen Arbeitssklaven dagegen scheinen unerbittlich ausgebeutet worden zu sein und zwar während der langen Geschichte des Pharaonenreiches immer auf die gleiche Art und Weise. Um sich davon zu überzeugen, genügt ein Blick auf ikonographische Darstellungen aus ägyptischer Zeit: Wie viele Bilder gibt es da, auf denen Gefangene symbolisch vom Pharao mit Füßen getreten (vgl. die Schminkpalette König Narmers, des vermutlichen Gründers der I. Dynastie um 3000 v. Chr., im Museum von Kairo), geschlagen (vgl. das Gedenkrelief für Snofru, den Gründer der IV. Dynastie, im Museum von Kairo), oder gezwungen werden, sei es in seinen Diensten oder in denen der Adligen oder Priester, die härtesten und erniedrigendsten Arbeiten zu verrichten (vgl. die Innenausmalung der Gräber aller Epochen in der Nekropole von Theben).

Das Leben eines ägyptischen Sklaven scheint also wenig Wert besessen zu haben. Und mit gutem Grund: Das potentielle Reservoir an verfügbaren Sklaven, sei es zur Arbeit auf den Feldern, in den Steinbrüchen oder auf den großen Baustellen der Pharaonen, war beachtlich. Erstreckte sich doch zum einen das Pharaonenreich über ein riesiges Gebiet, das nicht mit dem der sumerischen Stadtstaaten zu vergleichen war. Zum anderen stand dieses kosmopolitische Reich auch Fremden offen, die (wie die Israeliten im Neuen Reich) dort nach Arbeit suchten. Und schließlich lieferte neben der friedlichen Einwanderung auch der Krieg – diese Hauptbeschäftigung der Pharaonen – ständig neue Gefangene, schwarze Gefangene vor allem, die seit Ende des 3. Jahrtausends regelmäßig in jenen Landstrichen gemacht wurden, die sich im Süden Ägyptens vom Sudan bis zum heutigen Somalia erstreckten, Gefangene, deren Los ebenfalls die Sklaverei war. Ein wenig beneidenswertes Schicksal, daran gemessen, wie es in der Erinnerung der Israeliten lebendig blieb, die noch heute jährlich im Rituale der Paschafeier jener vierhundertdreißig Jahre des (wenngleich ursprünglich freiwilligen)»Exils« im Niltal (vom 17. bis zum 13. Jahrhundert vor Chr.) gedenken.

Hinzu kommt noch, dass in Ägypten die Sklaverei mit dem Tode noch keineswegs beendet schien. Seit den Tagen des Alten Reiches ließen sich die hohen Würdenträger in die Wände ihrer *mastabas* (Gräber in Form von Bänken, nach dem arabischen Wort für Bank) ganze Heere von Sklaven eingravieren, die ihnen im Jenseits dienen sollten. Noch vorausschauender ließen Aspiranten für die Ewigkeit seit dem Mittleren Reich in ihre Gräber kleine Modelle von Bauernhöfen und Werkstätten aus Ton legen, sowie ganze Kästen mit Statuetten, die ebenfalls (mumifizierte) Sklaven darstellten. Diesen war manchmal ein Aufseher übergeordnet, der seinerseits nicht als mumifiziert abgebildet wurde. Im Jenseits kam es diesen Statuetten zu, die geringsten Bedürfnisse ihres Herrn – einschließlich seiner sexuellen Wünsche – zu befriedigen, da weibliche Sklaven auch in der Ewigkeit als Konkubinen dienen konnten.

Die Ägyptologen bezeichnen Statuetten dieses Typs als Schabtis oder Uschebtis (das heißt»Antworter«, weil es Pflicht des Sklaven war, auf den Ruf seines Herrn zu»antworten«). Allein im Grabe des jungen Pharao Tut-anch-Amun (XVIII. Dynastie) fand man 413 solcher Statuen, ausgestattet mit 1866 Miniaturwerkzeugen. Tausende Figurinen dieser Art finden sich heute über die ganze Welt verstreut in ägyptologischen Sammlungen, für so normal hielten die alten Ägypter die – glücklicherweise symbolische – Praxis der Sklaverei *post mortem.*

Andere Völker des »Fruchtbaren Halbmonds«

Bei den anderen Völkern des »Fruchtbaren Halbmonds« (Phönizier und Israeliten an der Mittelmeerküste, Hurriter, Hethiter und Lydier weiter im Norden, sowie Meder und Perser weiter im Osten) war die Praxis der Sklaverei ebenso verbreitet wie in Ägypten und Mesopotamien. Über ihre konkreten Modalitäten ist uns jedoch viel weniger bekannt, da wir nicht über genügend bildliche oder schriftliche Zeugnisse verfügen. Ich werde mich also damit begnügen, hier nur zwei Fälle, nämlich die der Hurriter und Israeliten zu untersuchen.

Erster Fall: die Hurriter. Über die Sklaverei zur Zeit des Reiches von Mitanni – eines großen Verbandes semitischer Völker, der unter Führung einer Aristokratie indogermanischer Herkunft um 1500 v. Chr. auf dem Gipfel seiner Macht stand – vermag uns ein bedeutender Fund von Keilschrifttafeln im Gebiet des antiken Nuzi (heute Yorgan Tepe, im Nordirak) genauere Auskunft zu geben. Aus den Archiven einer reichen Hurriterin, namens Tulpunnaya, erfahren wir, dass diese (in ihrem eigenem Namen) Ländereien und zahlreiche Sklaven besaß. Eine gewisse Kisaya, arm und ohne Zukunftsaussichten, wurde ihr sehr jung verkauft. Der Vertrag erfolgte in Form einer Adoption, aber in Wirklichkeit war Kisaya eine Dienerin. Im Vertrag wurde auch festgelegt, dass sich Tulpunnaya das Recht vorbehalte, unter ihren eigenen Sklaven einen Gatten für Kisaya zu suchen – und dies wurde auf einer Tontafel registriert und von zwanzig Männern bezeugt. Anschließend wollte sich Kisaya jedoch ihren Gatten selbst wählen und versuchte vor Gericht zu beweisen, dass sie frei geboren war. Tulpunnaya legte daraufhin die Adoptionsurkunde vor, trieb sechs der zwanzig Zeugen auf und erhielt Recht; Kisaya musste sich damit abfinden, eine Sklavin zu bleiben.[10] Diese Geschichte zeigt unter anderem auch, wie komplex die rechtlichen Bestimmungen über die Sklaverei zu diesem Zeitpunkt bereits geworden waren.

Zweiter Fall: die Israeliten. Im ganzen Verlauf ihrer Geschichte, ja sogar nach ihrer Rückkehr aus der Babylonischen Gefangenschaft besaßen sie Sklaven. Dies mag verwundern, weil das Mosaische Gesetz – ausgehend von dem Glauben, alle Menschen seien als Nachfahren Adams und Evas Brüder – Zeugnis von einem neuen Verständnis der Einheit des Menschengeschlechtes abzulegen scheint, ist aber nichtsdestoweniger belegt. So berichtet beispielsweise das Buch der Könige, König Salomon (972–932 v. Chr.) habe (fremde) Sklaven zur Errichtung des Tempels wie auch der Stadtmauer von Jerusalem eingesetzt (1 Kön, 9). Andererseits wird die Sklaverei in den fünf Büchern der Thora (den ersten fünf Büchern des Alten Testaments, die die Christen als Pentateuch kennen) ziemlich genau rechtlich umschrieben.

Öffnen wir das Buch Exodus, das 2. Buch Mose: Kaum hatte Moses seinem Volk die »Zehn Gebote« verkündet, die er auf dem Berge Sinai empfangen hatte, als er schon ein weiteres Gesetz hinzufügte. Juden sollte verboten sein, andere Juden mehr als sechs Jahre hintereinander als Sklaven zu halten: Im siebten Jahr (das symbolisch dem siebten Tag der Schöpfung entspricht, an dem Gott ruhte und dessen jede Woche am Sabbat gedacht werden musste) sollte ein jüdischer Sklave von seinem Herrn freigelassen werden, ohne ihm eine Zahlung leisten zu müssen; außer wenn der Sklave öffentlich erklärte, bis zu seinem Tode im Sklavenstand verharren zu wollen (in einem solchen Fall sollte ihm sein Herr das Ohr mit einem Pfriem durchbohren) (Ex 21, 1-11; ein Gebot, das im Deuteronomium, dem 5. Buch Mose, 15, 12-18 wiederholt wird). In der Tat sollte sich jeder Jude daran erinnern, dass er selbst einst Sklave in Ägypten war und folglich seine eigenen Brüder nicht lebenslang als Sklaven halten.

Diese Einschränkung zeugt, wenn man so will, von einer gewissen Sensibilisierung des moralischen Bewusstseins. Deshalb beschworen die Juden auch Jahwes Zorn herauf, als sie zu einem bestimmten Zeitpunkt diesen Grundsatz vergaßen (Jer 34, 8-22). Aber das hieß nicht, dass die Juden auf die Sklaverei als solche verzichteten. Im Buche Leviticus, dem 3. Buch Mose, bezog sich Moses im übrigen auf die Anweisungen, die ihm Jahwe dazu erteilt hatte: »Die

Sklaven und Sklavinnen, die Euch gehören sollen, kauft von den Völkern, die rings um euch wohnen; von ihnen könnt ihr Sklaven und Sklavinnen erwerben. Auch von den Kindern der Gastfreunde, die bei Euch leben, aus ihren Sippen, die mit euch leben, von den Kindern, die sie in eurem Land gezeugt haben, könnt ihr Sklaven erwerben. Sie sollen euer Eigentum sein und ihr dürft sie euren Söhnen vererben, damit diese sie als dauerndes Eigentum besitzen; ihr sollt sie als Sklaven haben. Aber was eure Brüder, die Kinder Israels, angeht, so soll keiner über den anderen mit Gewalt herrschen« (Lev 25, 44-46).[11]

Andere biblische Texte bezeugen, dass die schlechte Behandlung von Sklaven (Ex 21, 26-27: der Sklave, dem sein Herr ein Auge oder einen Zahn ausschlug, musste freigelassen werden), ja sogar die Sklaverei als solche, immer mehr auf Ablehnung stießen. So verbot zum Beispiel das Gesetz Mose einem Mann, der eine ehemalige Kriegsgefangene geheiratet hatte, diese wie eine Sklavin zu behandeln (Deu 21, 14), es verbot, einen flüchtigen Sklaven seinem Herrn auszuliefern und riet sogar, diesen als freien Mann gelten zu lassen (Deu 23, 16-17).

Auch im Buche Exodus findet sich folgender Satz: »Wer einen Menschen raubt, gleichgültig, ob er ihn verkauft hat oder ob man ihn noch in seiner Gewalt vorfindet, wird mit dem Tode bestraft« (Ex 21, 16). Diese im Buche Deuteronomium (24, 7) wiederholte Verfügung könnte besagen, dass jede Form von Sklaverei, die auf Menschen- oder Kindesraub begründet ist, verboten werden sollte, die Schuldknechtschaft folglich ausgenommen. Im Buche Jesus Sirach (einem Buch, das Teil der griechischen Bibel aber nicht des jüdischen Kanons ist und deshalb in den protestantischen Bibeln als apokryph, d.h. nicht authentisch, behandelt wird) finden sich Ratschläge, wie man Sklaven gerecht und ohne unnötige Grausamkeit behandeln solle (Sir 33, 25-33) – Ratschläge, so voller »Barmherzigkeit«, dass weder die Evangelien noch die Jahrhunderte bis zum Ende der Aufklärung etwas Ähnliches hervorgebracht haben. Wir wissen sogar – will man dem jüdischen Historiker Flavius Josephus Folge leisten –, dass zur Zeit Christi eine jüdische »Sekte« (der leider keine Zukunft beschieden war), die Sekte der Essener, die

Sklaverei ausdrücklich verurteilte (Jüdische Altertümer, Buch XVIII, Kap. 2). Um diesen kurzen Überblick abzuschließen, wollen wir uns jetzt noch Süd- und Ostasien zuwenden, das heißt Indien, China und Japan – drei Regionen dieser Welt, wo wieder einmal nur zu bald nach dem Aufkommen der ersten Staatswesen auch die Sklaverei Einzug hielt.

Süd- und Ostasien

Gleichzeitig mit der sumerischen Kultur kannten auch die ersten großen Stadtkulturen des Industals – Mohenjo-Daro und Harappa (heute in Pakistan) – seit dem 3. Jahrtausend die Sklaverei. Aber um genauerer Aufschlüsse zu erhalten, müssen wir jüngere Texte heranziehen, die *Veden*, die zwischen dem 10. und 5. Jahrhundert vor unserer Zeitrechnung verfasst wurden – einige hundert Jahre also nach der Ankunft jener indogermanischen Eroberer aus dem Süden des heutigen Russland in Nordindien (um 1500 v. Chr.), die sich selbst als *ârya* (Arier) begriffen. Jedoch müssen diese Texte religiöser Prägung mit Vorsicht gelesen werden, so sehr ist es umstritten, ob sie wirklich die soziale Wirklichkeit ihrer Zeit widerspiegeln.

Einer der ältesten Texte, der Rig-Veda, brachte einen neuen Begriff ein, den Begriff des *varna*, das heißt auf Sanskrit der »Farbe«, was seither zu endlosen Diskussionen geführt hat. Dieser Begriff könnte in der Tat darauf hindeuten, dass die ersten von den indogermanischen Eroberern eingeführten Rangordnungen ethnischer Natur waren: Indem sie die Ureinwohner (die Autochthonen oder Aborigines) wegen ihrer dunklen Haut abqualifizierten, hätten die Indogermanen im Grunde nichts anderes getan, als ein Mittel zu finden, um ihre beherrschende Stellung für die kommenden Jahrhunderte zu festigen.

Aus der späteren vedischen Literatur ersieht man jedoch, wie sich eine viel komplexere hierarchische Rangfolge entwickelt. An erster Stelle standen die drei beherrschenden *varna*, die *Brahma* oder Dichterpriester, die *Kshatra* oder obersten Krieger und die *Vish* oder gewöhnlichen Leute, die später zu den drei Hauptkategorien der »zweimal Geborenen« (*Djivajii*) wurden: den Brahmanen, *Kshatriyas* und *Vaishyas*. Unterhalb der *Djivaji* erscheint als viertes *varna*, das der *Shudras*, der freien aber unreinen Knechte und Hausdiener. Damit war der Schritt von einer ethnischen zu einer sozialen oder sozio-religiösen Ordnung vollzogen oder, wie schon Louis Dumont in seiner klassischen Interpretation sagte,[12] zu einer Gesellschaftsordnung, die auf der rituellen Reinheit begründet war. Schließlich tauchte allmählich in der Literatur (und wahrscheinlich auch in der Wirklichkeit) eine fünfte Klasse von Menschen auf, die *Chandala*: sie standen außerhalb der Welt des *varna* und waren wahrscheinlich mit Sklaven gleichzusetzen.

Nimmt man an, dass das System der *varna* nicht nur in der Literatur, sondern auch in Wirklichkeit existierte, dann ist es auch erlaubt, darin erste Ansätze zum Kastensystem der späteren Jahrhunderte zu sehen. Vorausgesetzt natürlich, dass man sich verschiedener Tatsachen bewusst ist: es gibt heute in der indischen Gesellschaft Tausende von Kasten (und Unterkasten), deren Rangabfolge nicht mehr automatisch etwas mit der Hautfarbe zu tun hat (was es folglich verbietet, sie unterschiedslos mit einer Form des »Rassismus« gleichzusetzen); auf Hindi ist der Begriff für Kaste *jati* (Geburt) und nicht *varna;* und viele Inder haben heutzutage, selbst wenn sie genau wissen, welchem *jati* sie angehören, die Problematik der *varna* weitgehend aus den Augen verloren.

Wie dem auch sei, selbst wenn die indische Gesellschaft keineswegs eine Sklavenhaltergesellschaft wie die griechisch-römische war,[13] so existierte die Sklaverei dort doch sehr wohl in der klassischen Zeit. Davon zeugen nicht nur die im 10. Jahrhundert n. Chr. angelegten großen Rechtskompilationen, sondern auch das *Arthashastra*, jene berühmte politische Abhandlung, die um 300 v. Chr. von einem gewissen Kautilya (dem Ratgeber des Kaisers Tschandragupta) verfasst wurde. Kautilya, der betonte, dass »es keine Sklaverei für einen Arier« (aber welche genaue Bedeutung gibt er dem Wort Arier?) gäbe, kannte vier Möglichkeiten, um Sklave zu werden: durch Geburt, durch den Krieg, durch eine Gerichtsentscheidung oder durch Selbstverkauf. Er präzisierte auch, dass die Vergewaltigung einer Frau durch einen Soldaten weniger streng zu bestrafen sei, wenn es sich dabei nicht um eine Freie, sondern eine Sklavin handelte (II, 40).

Im übrigen genügt es, das traurige Los der Parias oder »Kastenlosen« anzusehen, der Unberührbaren (obwohl die indische Verfassung die Unberührbarkeit 1947 offiziell abgeschafft hat und sich die nachfolgenden Regierungen seit der Unabhängigkeit darum bemühten, das Los der am stärksten Benachteiligten zu verbessern), um sich eine Vorstellung von der Stellung der *Chandala* in vedischer Zeit zu machen. Gemäß den *Gesetzen Manus*, einem der grundlegenden Texte des modernen Hinduismus, können die *Shudra*, die frei aber von Geburt her »unrein« sind, nur zu Abhängigkeit verurteilt sein. Wie steht es dann um die *Chandala*, die dazu verdammt sind, abseits der Dörfer zu leben, ihre Nahrung aus zerbrochenen Schalen zu essen und jeden Kontakt mit höheren Kasten zu vermeiden? Ist ihre Erniedrigung nicht abgrundtief? Man versteht, wieso die *Gesetze Manus* sie in einer viel sagenden Formel, als die »Letzten der Menschen«[14] (X,12) bezeichnen.

Das wenige, was wir von den Sklaven – Haussklaven, Tempelsklaven oder Staatssklaven, die zur Errichtung von Dämmen und Befestigungen eingesetzt wurden – im alten China (grob gesagt von den Königreichen vom Beginn des 2. Jahrtausends bis zur Gründung des Kaiserreichs im Jahre 221 v. Chr.) wissen, zeigt uns, dass auch sie ein elendes Los getroffen hatte. So elend, dass unter den ersten Kaisern aus der Han-Dynastie ein Usurpator namens Wang Mang im Jahre 17 unserer Zeitrechnung versuchte, die Sklaverei abzuschaffen – eine Maßnahme, die sofort aufgehoben wurde, als er einige Jahre später die Macht verlor.

Die stark hierarchisch strukturierte Gesellschaft des alten China begnügte sich im übrigen nicht damit, die Arbeitskraft der Sklaven so weit wie möglich auszunutzen: Man ließ dort ganz unbewegt zur Feier des Triumphes eines siegreichen Königs Kriegsgefangene hinrichten. Noch zur Zeit der Shang, das heißt in der zweiten Hälfte des 2. Jahrtausends vor unserer Zeitrechnung, war es üblich, beim Begräbnis eines Königs Menschenopfer darzubringen. Will man Jacques Gernet glauben, so wäre es falsch, das China der Shang als »Sklavenhaltergesellschaft« zu bezeichnen. Einerseits handelte es sich bei den Menschen, die mit dem Himmelssohn geopfert wurden, weniger um seine Sklaven, als um ihm nahe stehende Personen – seine Jagdgefährten und Konkubinen.[15] Andererseits scheinen die eigentlichen Sklaven keine bestimmende Rolle in der landwirtschaftlichen Produktion gespielt zu haben.

Dennoch waren es Sklaven (die häufig aus ethnischen Minderheiten im Reich genommen oder auf Raubzügen in seinen Grenzzonen erbeutet worden waren), die auf den öffentlichen Baustellen arbeiteten, sei es unter der Qin-Dynastie (Bau der Großen Mauer, 225–214 v. Chr.), oder unter den Han (2. Jahrhundert v. Chr. bis 2. Jahrhundert n. Chr.) beziehungsweise unter ihren Nachfolgern. Seit den Han spielten auch die Eunuchen (das heißt ehemalige Sklaven) eine immer größere Rolle innerhalb der kaiserlichen Verwaltung. Der Besitz von Haussklaven war während der klassischen Zeit der chinesischen Geschichte allgemein üblich. Trotz des Versuchs, die Sklaverei zu Beginn der Ming-Dynastie (14. Jahrhundert) abzuschaffen, und ihrer offiziellen Abschaffung 1909, bestand sie zumindest noch bis zur Revolution von 1949 fort.[16]

In manchen Gesellschaften Südostasiens, besonders in Siam (heute Thailand) und in Kambodscha zur Zeit der Khmer, spielte die Sklaverei eine wichtige Rolle. Ebenso auf der koreanischen Halbinsel, wo sie in großem Umfang praktiziert und erst Ende des 19. Jahrhunderts abgeschafft wurde. In Japan geschah dies schon wesentlich früher (bereits im 10. Jahrhundert), was jedoch nichts daran änderte, dass die Haussklaverei dort noch sehr lange und in den verschiedensten Formen fortbestand (in dieser von strikten hierarchischen Regeln beherrschten Gesellschaft war es bis in unsere Zeit das Los jeder jungen Schwiegertochter, ihrer Schwiegermutter in absolutem Gehorsam dienstbar zu sein, ohne rein formal eine Sklavin zu sein).

In der Tat kannten fast alle Gesellschaften im antiken wie im modernen Orient die Sklaverei – unter anderem in Form der Schuldknechtschaft. Dennoch war keine von ihnen eine Sklavenhaltergesellschaft im engeren Sinn.[17] Die erste wirkliche Sklavenhaltergesellschaft entstand im antiken Griechenland.

ZWEITES KAPITEL

Sklaverei in Griechenland – die Kehrseite der antiken Gesellschaft

Ich habe die lange Geschichte der griechischen Kultur in drei Perioden eingeteilt, die mir besonders bedeutsam erschienen: die mykenische (15.–13. Jahrhundert v. Chr.), die archaische (10. bis 8. Jahrhundert) und die klassische (Ende 6. bis 4. Jahrhundert).

Die Mykenische Zeit

Solange wir Linear A nicht entziffern können, eine Schrift, die in Kreta in der ersten Hälfte des 2. Jahrtausend verwandt wurde, bleibt unsere Kenntnis der ältesten Phasen der griechischen Kultur von der (jüngst erfolgten) Entzifferung von Linear B abhängig, das heißt von der Silbenschrift, die in den mykenischen Palästen (Mykene, Pylos usw.) vom 15. bis 13. Jahrhundert vor unserer Zeitrechnung üblich war.

Diese Schrift diente zur Aufzeichnung einer Sprache, die von den indogermanischen Eroberern zu Beginn des 2. Jahrtausends mitgebracht worden war und die erste bekannte Stufe des späteren klassischen Griechisch darstellt. Leider ist unser Informationsmaterial auf einfache Tontäfelchen beschränkt, die nur einzelne Aspekte des täglichen Lebens in den Königspalästen widerspiegeln. Man gewinnt daraus einen Einblick in die Gesellschaftsstrukturen von Monarchien, in denen alle Tätigkeiten, gleich ob produktiver oder religiöser Natur, von einem mächtigen Herrscher kontrolliert wurden, der sich neben dem Heer auch auf eine wachsame Bürokratie stützte. In diesen stark hierarchisch gegliederten Gesellschaften spielten die Sklaven oder zumindest Personen, die man als *doero* oder *doera* bezeichnete – Begriffe die sich in klassischer Zeit in der Form *doulos* und *doule* wieder finden – eine nicht unwesentliche wirtschaftliche Rolle.

In den in Pylos aufgefundenen Dokumenten (die für unsere Fragestellung am interessantesten sind) werden diese Sklaven oft erwähnt. Einige haben einen Herrn, dessen Identität bekannt ist, andere, standesmäßig offensichtlich höher stehende Sklaven sind dem Dienst eines bestimmten Gottes (oder Tempels) »geweiht«. Unter ihnen gibt es sowohl Erwachsene, Männer wie Frauen, als auch Kinder. Da ihre Namen häufig nicht pylisch sind, lässt sich vermuten, dass sie entweder auf Grund von Kriegen oder durch Seeräuberei aus dem Ausland (wohl aus Kleinasien) hergebracht wurden. Nur gelegentlich ist auch von Kauf oder Verkauf von Sklaven die Rede.

Das Sklavendasein als solches scheint weniger drückend gewesen zu sein als in späterer klassischer Zeit. So kam es beispielsweise in mykenischer Zeit noch häufig zu Verbindungen zwischen Sklaven und Nichtsklaven. Sklaven bekamen das Recht auf Besitz zuerkannt: Sie durften Ziegen oder Schafe, ja selbst ein kleines Stück Land besitzen. Einigen war es sogar erlaubt, selbständig den Beruf eines Schmieds auszuüben.

Als Besonderheit der mykenischen Sklaverei ließe sich also anführen, dass sie – anders als im klassischen Zeitalter üblich – nicht in diametralem Gegensatz zur Freiheit stand. In klassischer Zeit sollten die Sklaven überhaupt keine Rechte mehr haben, während ihre Herrn voll und ganz jene Privilegien genossen, die ihnen als Freien und Bürgern standesgemäß zukamen. In einer despotischen Gesellschaft wie der mykenischen dagegen fällt es schwer zu behaupten, dass irgendjemand – mit Ausnahme des Königs – wirklich frei sein konnte. Freiheit und Sklaverei wurden in einem solchen Kontext zu relativen Begriffen – so sehr, dass das Wort, das im klassischen Griechisch Sklave bedeutet, im Mykenischen viel richtiger mit »Diener« wiedergegeben würde, wie John Chadwick, einer der besten Kenner dieser Zeit, anregte.[18]

Die Archaische Zeit

Die drei Jahrhunderte, die auf den gewaltsamen Untergang der mykenischen Königreiche folgten, sind für uns ins Dunkel gehüllt. Aber seit dem 10. Jahrhundert v. Chr. bahnte sich eine neue Blütezeit der griechischen Kultur an. Die griechische Welt war nun in kleine Königreiche aufgeteilt, in denen der Adel eine wichtige Rolle spielte. Über das dortige Alltagsleben liefern uns *Ilias* und *Odyssee* einige Informationen. Dennoch ist Vorsicht angebracht, da die homerische Dichtung erst aus dem 8. Jahrhundert v. Chr. stammt, die *Odyssee* vielleicht eine Generation später als die *Ilias* verfasst wurde und es in beiden, wie in jedem literarischen Werk, schwierig ist, Wahrheit von Fiktion und Konvention zu unterscheiden.

In der *Ilias* findet man wenige Sklaven männlichen Geschlechts. Zur Zeit des Trojanischen Krieges (der zweifelsohne fünf Jahrhunderte vor Vollendung der Dichtung stattfand) wurden die besiegten Kämpfer auf dem Schlachtfeld niedergemetzelt. Die Frauen dagegen wurden verschont. Einige wurden gegen Lösegeld ausgelöst. Die anderen aber, die in der Hand des Siegers verblieben, der frei über sie verfügen, sie für sich behalten oder verschenken konnte, wurden Dienerinnen oder Konkubinen.

Die *Odyssee* dagegen berichtet nicht nur von Schlachtfeldern, sondern gewährt uns auch Einblick in die Intimität der Königspaläste, wie den Palast des Odysseus in Ithaka oder den des Alkinoos, des Königs der Phäaken. Wiederum stellen hier die Frauen, die Korn mahlen oder Leinen weben (VII, 101-103), den Hauptteil der Sklaven. Aber wir ahnen, dass sich außerhalb des Palastes Felder und Wiesen erstrecken, wo andere Sklaven, Männer diesmal, in der Landwirtschaft oder als Hirten tätig sind. Woher kamen sie? Es scheint, dass es sich weniger um Kriegsgefangene handelte, als um Kaufsklaven, die ordnungsgemäß erworben wurden – wie der oberste Schweinehirte Eumäos, den der Vater des Odysseus, Laërtes, von phönizischen Kaufleuten kaufte.

Am Beispiel des Eumäos (der mit Odysseus zusammen erzogen wurde und sein Freund war) und ähnlicher Fälle meinten manche ablesen zu können, das Schicksal der homerischen Sklaven sei insgesamt gesehen beneidenswert gewesen. Das wäre aber ein vorschnelles Urteil. Zwar kann man gelten lassen, dass sich in diesen ländlichen, technisch wenig entwickelten Gesellschaften der Alltag der Sklaven nicht viel von dem ihrer Herren unterschied, dass beide gemeinsam für die Feldarbeit verantwortlich waren und alle in gewisser Hinsicht eine große Familie bildeten. Aber dennoch erklärte Achilles nach seinem Tod, dass er gerne seine Herrschaft über die Unterwelt gegen das Leben irgendeines beliebigen Theten, eines armen aber freien Tagelöhners, tauschen würde – nicht aber gegen das eines Sklaven (XI, 487-488). Und auch die *Odyssee* ließ daran keinen Zweifel:

»Zeus' allwaltender Rat nimmt schon die Hälfte der Tugend// Einem Manne, sobald er die heilige Freiheit verlieret« (XVII, 323, Übersetzung Voß), erklärte Eumäos, und der musste ja wissen, wovon er sprach.

Hier sei nur noch angefügt, dass die Rechtsstellung der Sklaven weder in Mykenischer noch in Archaischer Zeit genau umschrieben war. Sie kamen in engen Kontakt mit anderen Dienern, die frei waren. Aber auch die Freien (mit Ausnahme des Königs) waren niemals wirklich frei in dieser von strengen feudalen Rangordnungen bestimmten Gesellschaft. Erst in Klassischer Zeit sollte dieses wenig differenzierte Gebilde verschiedenartiger, sich einander ähnelnder Rechtsstellungen von einem deutlichen Gegensatz zwischen *Freien* und *Sklaven* abgelöst werden. Dann sollte dieser Gegensatz einen zentralen Stellenwert in der Politik erhalten, während in engem Zusammenhang damit das Freilassungsverfahren aufkam.

Die Klassische Zeit der griechischen Polis

Man kann den Beginn des goldenen Zeitalters »der Ware Mensch« in Griechenland zu Beginn des 6. Jahrhunderts ansetzen. Von da an nahm der Handel mit dieser Ware sowohl aus politischen als auch aus wirtschaftlichen Gründen einen rapiden Aufschwung.

Nehmen wir zum Beispiel Athen, dessen Fall am besten bekannt ist. Zu Beginn des 6. Jahrhunderts war Attika in der Hand einiger adliger Familien, die den Hauptteil des bebaubaren Landes unter sich aufgeteilt hatten, nachdem sie die meisten freien Kleinbauern auf den Stand armseliger Teilpächter herabgedrückt, wenn nicht gar in die Schuldknechtschaft getrieben hatten. Diese auf Dauer unerträgliche Konfliktsituation wurde nach 592 von dem »weisen« Solon gelöst, als er als *Archont* das höchste Staatsamt innehatte. Im Rahmen entschlossener Reformen schaffte er zunächst die Schuldknechtschaft ab und übereignete den Pächtern die von ihnen bebaute Erde. Dann bemühte er sich, die Zahl der Eigentümer zu erhöhen, indem er auf verschiedenste Weise eine Teilung jener Ländereien anregte, die in der Hand der großen Familien verblieben waren und von diesen weder verkauft noch parzelliert worden waren. Schließlich ermutigte er zum Anbau von Ölbäumen und Weinstöcken, was sowohl der Entfaltung des Handwerks (Herstellung von Tongefäßen) als auch dem internationalen Handel zugute kam (Ausfuhr von Öl und Wein, Einfuhr verschiedener Güter, was bald durch die rasche Verbreitung von Geld im Mittelmeerraum vereinfacht wurde).

Die Reformen Solons wirkten sich also zweifach aus, zum einen, indem sie die Schicht der Kleinbauern, zum anderen die der Handwerker und Händler förderten. Die einen wie die anderen waren frei. Die meisten davon wirtschafteten selbständig, nur die Ärmsten sahen sich gezwungen, ihre Arbeitskraft gegen Geld zu vermieten. Aber diese Selbständigen, gleich ob Bauern oder Handwerker, waren fast alle auf die Hilfe fremder Hände angewiesen. Die Reichsten unter ihnen wollten sich von jeder beruflichen Verpflichtung freimachen, um den Hauptteil ihrer Zeit ihrem »Beruf« als Bürger zu widmen, das heißt ihren politischen, religiösen und militärischen Pflichten nachzukommen. So wurde denn der schon seit geraumer Zeit gelegentlich übliche Rückgriff auf sklavische Arbeitskräfte fremder Herkunft zur Regel: In einer Stadt, in der die Zahl der für die Arbeit zur Verfügung stehenden Bürger zu gering war, um die Nachfrage nach Arbeitskräften zu decken, konnte man die Aufrechterhaltung aller für die Herstellung, Verteilung und Instandhaltung der materiellen Güter notwendigen Funktionen nur durch den Kauf von Sklaven im Ausland (»Ware Mensch«) gewährleisten.

Die seit 510 durchgesetzten Reformen des Kleisthenes (nach dem Zwischenspiel der Tyrannis des Peisistratos zwischen 550 und

529, dessen Regierung besonders den Aufschwung des Handels begünstigte) beschleunigten diesen Prozess nur noch, indem sie in den letzten Jahren des 6. Jahrhunderts die Grundlagen für die Demokratie legten, eine Verfassungsform, die in Athen bis zur Eroberung durch Philipp von Makedonien (338) Bestand hatte. Man könnte sogar sagen, dass mit dem Einzug der Demokratie in der *Polis* auch die Sklavenarbeit immer größeren Umfang annahm, oder, um eine Formel von Moses I. Finley aufzugreifen, dass ein wichtiger Aspekt der griechischen Geschichte »der Vormarsch von Freiheit und Sklaverei Hand in Hand« gegangen sei.[19]

In anderen Städten des griechischen Festlands oder der griechischen Kolonien des Mittelmeerraums erreichte die Demokratie nie einen so hohen Entwicklungsstand wie in Athen. Aber der »Mensch als Ware« fand sich überall[20] oder wurde notfalls durch eine andere Form der Sklaverei ersetzt, die der Zwangsarbeit verwandt war: so zum Beispiel in Sparta, jener aristokratischen und kriegerischen Stadt, in der man die Arbeitskraft der Heloten ausbeutete, jener Nachkommen der (griechischsprachigen) Messenier, die in dieser Gegend vor ihrer Eroberung durch die Spartaner (8.–7. Jahrhundert v. Chr.) gelebt hatten.[21]

Das antike Griechenland hat also die Sklaverei nicht erfunden: es gab sie bereits zuvor und anderswo. Aber es erfand zwischen dem 5. und 6. Jahrhundert unserer Zeitrechnung die Sklavenhalterordnung. Anders gesagt entstand dort offensichtlich die erste Gesellschaft in der ganzen Menschheitsgeschichte, in der die Sklaverei nicht länger ein wirtschaftliches Hilfsmittel unter anderen war, sondern zum wichtigsten Produktionsmittel überhaupt wurde (selbst wenn es in der Praxis daneben fast überall weiterhin selbstständige Arbeit oder Lohnarbeit gab).

All dies lief zudem in einem kulturellen Umfeld ab, in dem weder materieller Reichtum, noch Rentabilität, weder Technologie noch Arbeit im allgemeinen, selbst nicht auf freiwilliger Basis, besonderes Ansehen genossen, am allerwenigsten aber körperliche Arbeit. Letztere war in den Augen der freien Bürger erniedrigend, so dass sie es völlig normal fanden, sie andere für sich tun zu lassen.

Diese »anderen« – die Sklaven – nahmen in einem solchen System einen klar abgegrenzten Platz ein. Um diesen genauer bestimmen zu können, werden wir uns zunächst den rechtlichen und dann den wirtschaftlichen Aspekten ihrer Stellung zuwenden.

Die Rechtsstellung der Sklaven

Zunächst einmal einige terminologische Anmerkungen. Im antiken Griechenland scheint es kein feststehendes Vokabular zur Bezeichnung der Sklaverei gegeben zu haben. So wurde zum Beispiel ein Sklave im 5. und 4. Jahrhundert wahlweise mit einem der drei folgenden Wörter belegt: *oiketes, doulos* oder *andrapodon*. Aber er konnte auch mit den mehr zweideutigen Begriffen *therapon, akolouthos, hyperetes* oder *pais* bezeichnet werden.

Das gebräuchlichste Wort war *oiketes,* das die Zugehörigkeit eines Sklaven zu einem Familienverband (*oikos*) betonte, an dessen Spitze ein »Herr« stand. Der Begriff *doulos,* dessen Etymologie ungewiss ist, verwies auf den offensichtlichsten Aspekt des Sklavenstatus: die Unfreiheit (bei Platon beispielsweise wird *douleia* zur Bezeichnung jedweder Art von Unterwerfung oder moralischer Knechtschaft verwandt). Das neutrale Wort *andrapodon* war dem Begriff *tetrapodon* nachgebildet; so wie *tetrapodon* »Vierfüßler« »Stück Vieh« bedeutete, so wies *andrapodon* »Menschenfüßler« darauf hin, dass ein Sklave nach Ansicht der Freien in die Nähe der Tiere (oder wie wir heute sagen würden, der Roboter) zu rücken war.

Bei den anderen Wörtern ist es nicht immer einfach festzustellen, ob sie sich in dem jeweiligen Textzusammenhang auf Sklaven im eigentlichen Sinn des Wortes beziehen: *Therapon* bedeutet »Diener«, *akolouthos* »der Folgende bzw. Gefolgsmann«, *hyperetes* »Helfer«, *pais* schließlich heißt »Kind« bzw. »Knabe«, ein zugleich liebevoller wie auch abwertender Begriff, da der betreffende Sklave ja in keinerlei biologischer Verbindung zu seinem Herrn stand und nicht notwendigerweise jung war. Es handelte sich bei ihm einfach um ein Wesen, das selbst als Erwachsener immer noch als Kind begriffen wurde, ohne Verstand oder die Fähigkeit, sich selbst zu lenken.

Gab es zumindest bei den Eigennamen Patronymika, die speziell für Sklaven verwandt wurden? Dies war nicht der Fall, selbst wenn Sklaven häufig Namen trugen, die leicht erkennbar auf ihre fremde Herkunft verwiesen: Völkernamen (*Phrygios, Lydos, Syros*), topographische Namen (*Asia, Italia*) oder typische Namen der phrygischen Urbevölkerung (*Manes, Midas*).

Die Rechtsstellung der Sklaven war dagegen viel eindeutiger definiert, als die begriffliche Unklarheit der Bezeichnungen für sie vermuten ließe. Sie ergab sich aus einer grundlegenden Widersprüchlichkeit, die überraschenderweise für die Griechen kein Problem darstellte: Obwohl ein Sklave biologisch als menschliches Wesen (*anthropos*) anerkannt wurde, war er nichtsdestotrotz symbolisch gesehen nur ein Besitztum, nicht anders als ein Möbelstück oder ein Haustier.

Er gehörte also einem Eigentümer, der die technische Bezeichnung »Herr« (*despotes*) trug und eigentlich jeder Freie sein konnte, der in der Stadt lebte. Dabei spielte es keine Rolle, ob dieser ein Vollbürger oder ein in der Stadt lebender Fremder war, und ob dieser Fremde in die Liste der »Metöken« (der ständigen Mitbürger) eingetragen war oder nicht. Der Sklave wohnte bei diesem Herrn (ein flüchtiger Sklave wurde gebrandmarkt und streng bestraft). Er musste für ihn zeitlich unbegrenzt arbeiten, ohne anderes Entgelt als nur seinen Unterhalt dafür zu bekommen und ohne etwas vom Ertrag seiner Arbeit behalten zu dürfen (außer wenn der Herr eine »Prämie« aussetzte, wozu er in keiner Weise verpflichtet war). Er konnte ohne seine Einwilligung weitergegeben werden: sei es auf richterlichen Beschluss hin, sei es, weil es seinem Herrn so gefiel (zum Beispiel als Schenkung unter Lebenden, durch ein Testament oder im Rahmen eines ordnungsgemäßen Verkaufvertrags). Selbst besaß er keinen Anspruch auf Besitz: Sogar das *peculium*, ein kleines persönliches Vermögen, das er manchmal anlegen durfte, konnte er nicht ohne Zustimmung seines Herrn verwenden. Schließlich besaß er keine Rechtspersönlichkeit. Es war ihm deshalb nicht erlaubt, eine Familie zu gründen (und selbst, wenn er in Wirklichkeit eine hatte, konnte diese jederzeit von seinem Herrn aufgelöst werden, da es sie rechtlich gesehen gar nicht gab). Er erschien in keinem offiziellem Register (außer in Güterverzeichnissen). Kurz gesagt war er, wie Yvon Garlan feststellte, nichts anderes als ein »absoluter Fremder« in der Polis.[22]

In der Praxis war diese gesellschaftliche Ausgrenzung jedoch nicht so radikal. Zum einen galt der Sklave im antiken Familienrecht als Mensch, der kultisch mit der Familie seines Herrn verbunden war. Bei seiner Ankunft wurde er mit Nüssen und Früchten als Symbolen des Wohlstands überschüttet und erhielt gleichzeitig einen neuen Namen. Später nahm er am Kult der Hausgötter teil. Zum anderen hütete man sich, gewisse Grenzen zu überschreiten, um nicht durch *hybris* den Zorn der Götter auf die Gemeinschaft herabzubeschwören, weshalb man es vermied, Sklaven zu kastrieren oder sie grundlos zu schlagen oder zu verletzen. War ein Sklave seiner Herkunft nach Grieche, so beließ man ihm auch einige religiösen Vorrechte, wie die Einführung in die Mysterien von Eleusis. Schließlich wurde ihm oft auch, vor allem ab dem 4. Jahrhundert, eine gewisse Verantwortung im kaufmännischen Bereich übertragen – eine unausweichliche Folge der immer größeren Rolle, die er auf diesem Sektor spielte.

Aus der grundlegenden Ambiguität ihrer Rechtsstellung erklärt sich auch, wieso die Stellung der Sklaven vor Gericht so kompliziert geregelt war. Im Prinzip konnte sich kein Sklave vor Gericht verteidigen noch Klage erheben (selbst nicht, um seine eigene Freiheit einzufordern). Er wurde dort vielmehr von seinem Herrn vertreten – außer in zwei ganz bestimmten Fällen:

1) wenn er in der Volksversammlung einen Verräter, ein Sakrileg oder einen Amtsmissbrauch anzeigte (worauf er freigelassen oder hingerichtet werden konnte, je nach dem, ob sich seine Anzeige als begründet oder unbegründet erwies).

2) wenn die ihm anvertrauten beruflichen Tätigkeiten es erforderlich machten, in kaufmännischen Angelegenheiten einen Prozess zu führen.

In diesen beiden Fällen, und zwar ausschließlich in diesen, war sein Zeugnis genauso viel wert wie das eines Freien. In allen anderen Fällen war es nur gültig, wenn es unter der Folter abgelegt wurde – wodurch sich wieder einmal bestätigte, wie Yvon Garlan her-

Diener (Sklaven?) bereiten im Mischkrug (Krater) den Wein für ein Gastmahl. Rotfigurige Schale.

vorhob, »dass die Beziehung zwischen Sklaven und Freien grundsätzlich durch die Gewalt bestimmt war«.[23] In einem solchen Fall konnte der Sklave entweder von seinem Herrn selbst oder (wenn es zum Prozess kam) von dem Kläger (ohne dass der Besitzer des Sklaven die rechtliche Möglichkeit gehabt hätte, dies zu verhindern) oder von speziellen Folterknechten (*basanistai*) auf die Folter (*basanos*) gespannt werden. Trotz der Unmenschlichkeit des Verfahrens – das Aristophanes in einer Passage seiner *Frösche* parodiert (v. 618–625) – scheint es, als sei die Glaubwürdigkeit der den gefolterten Sklaven entrissenen Geständnisse niemals in Zweifel gezogen worden.

Allgemein gesehen machte man den Herrn für die von seinem Sklaven angerichteten Schäden verantwortlich. Er musste der geschädigten Partei Genugtuung leisten, indem er ihr (zeitweise oder für immer) den schuldigen Sklaven auslieferte. Bei Körperverletzung eines Freien hatte die geschädigte Partei das Recht, die Strafe selbst zu vollziehen (es handelte sich immer um Leibesstrafen; Peitschenhiebe, Kerkerhaft, Tragen von Halseisen oder Ketten usw.). Hatte ein Sklave einen Freien getötet, so musste ihn sein Eigentümer den Gerichten ausliefern, die ihn dafür mit dem Tode bestraften (ein Sklave, der einen Menschen getötet hatte, hatte in keinem Fall das Recht, Notwehr als Argument anzuführen).

Trug andererseits ein Sklave durch die Schuld Dritter körperliche Verletzungen davon, so musste sein Herr vor Gericht Klage erheben. Starb der verletzte Sklave, dann wurde der Schuldige vor das Gericht des Palladion zitiert (genau wie jeder, der ohne Vorsatz einen Bürger oder einen Fremden getötet hatte): War der Täter selbst Sklave, so drohte ihm die Todesstrafe; anderenfalls konnte er mit einer einfachen Geldstrafe und der Auflage, sich zu reinigen, davonkommen. Wurde ein Sklave dagegen von seinem eigenen Herrn verletzt oder getötet, so griffen die Gerichte nicht ein, außer wenn die Angelegenheit von einem Dritten vor sie gebracht wurde (dem eine schwere Geldstrafe drohte, wenn er nicht ein Fünftel der Stimmen der Geschworenen auf sich vereinigen konnte).

Angesicht dieser Verfügungen kann man verstehen, wenn ein Sklave, der beständig von seinem Herrn verfolgt wurde, schließlich keinen anderen Ausweg mehr sah, als »zeitweise Asyl im Heiligtum des Theseion auf der Agora oder zu Füßen des Altars der Erinnyen auf dem Areopag zu suchen, in der Hoffnung, die Priester würden sein begründetes Recht anerkennen und seiner Bitte willfahren, an einen anderen Herrn verkauft zu werden.«[24]

Die wirtschaftliche Rolle der Sklaven

Selbst wenn die Sklaven keine »soziale Klasse« im eigentlichen Sinne darstellten,[25] da ihre Aufgaben so unterschiedlicher Natur waren, so schlossen diese doch das ganze Spektrum jener Tätigkeiten ein, die für das reibungslose Funktionieren der Gemeinschaft notwendig waren. Die Freien dagegen behielten sich nur Aktivitäten vor, die mit Politik (die von der Verwaltung unterschieden wurde), Justiz und Verteidigung (zumindest die Verteidigung zu Lande, die von der Verteidigung zur See unterschieden wurde) zu tun hatten.

Am meisten wissen wir von den Haussklaven, anders gesagt den Dienstboten, und zwar dank der Komödien von Aristophanes (erwähnt seien nur Xanthias in den *Fröschen* oder Carion im *Plutos*, ferne Ahnherrn von Molières Scapin) und Menander. Sklaven hielten das Haus in Ordnung, tätigten die Einkäufe, bereiteten die Speisen zu, nähten und säuberten die Kleidung, begleiteten ihren Herrn auf seinen Gängen und waren auch gehalten, auf dessen Feldern zu arbeiten. In Athen besaßen die meisten Bürger (und Metöken) im

Schmiedewerkstatt. Schwarzfigurige attische Amphora, um 510 v. Chr.

Schnitt zwei oder drei »Allzwecksklaven« dieser Art. Eine kleine Minderheit lebte auf größerem Fuße, wie der Philosoph Aristoteles, der testamentarisch nicht weniger als dreizehn Dienstboten freiließ. Als arm galten dagegen jene, die sich nicht einmal einen Sklaven leisten konnten, aber diese völlig verarmten Bürger scheinen nicht sehr zahlreich gewesen zu sein.

In der Landwirtschaft waren die Sklaven nicht die einzigen, die arbeiteten. Wie bereits erwähnt, gab es auch kleine selbständige Bauern, die auf ihrem Land oder in seiner unmittelbaren Nähe lebten, ebenso wie freie und arme Leute, die gelegentlich ihre Dienste gegen Lohn vermieteten. Aber die Sklavenarbeit spielte doch weiterhin die Hauptrolle, da zum Beispiel im Athen des 5. Jahrhunderts v. Chr. die meisten Bürger ein Stück Land besaßen, ohne sich selbst immer darum kümmern zu können, da sie zu sehr mit der Erfüllung ihrer Bürgerpflichten beschäftigt waren (dazu zählten auch die zahlreichen Feldzüge im Rahmen des Peloponnesischen Krieges). Auf größeren Besitzungen, deren Fläche bis zu dreißig Hektar betragen konnte, unterstanden die dort arbeitenden Feldsklaven einem Verwalter – oft selbst nur ein Sklave, dem es gelungen war, das Vertrauen seines Herrn zu gewinnen.

Auch in den Handwerksbetrieben waren großenteils nur sklavische Arbeitskräfte tätig. Zum Beispiel lag die Massenproduktion gewerblicher Erzeugnisse ganz in der Hand von Werkstätten, in denen nur Sklaven arbeiteten (*ergasteria*): So berichtet der Redner Demosthenes, sein Vater, ein sehr reicher Athener, habe zwei Werkstätten dieser Art besessen, von denen die eine Messer, die andere Betten herstellte (*Gegen Aphobos* I, 9). Auch die Gewinnung von silberhaltigem Blei in den Bergwerken von Laureion, das Athen zur Münzprägung benötigte, wurde durch die Minenarbeit von Sklaven (zwischen zehn- und zwanzigtausend) besorgt, von denen ein Gutteil den Peloponnesischen Krieg zu einer Massenflucht benutzte (Thukydides, *Geschichte des Peloponnesischen Krieges* VII, 27). Andere Sklaven wiederum betrieben die wichtigsten Handelsaktivitäten – unter anderem in den Häfen und zur See – und führten die Bankgeschäfte (die nicht in hohem Ansehen standen). Im 4. Jahrhundert kam es sogar vor, dass reiche Händler ihren Sklaven die direkte Verantwortung für Handelsoperationen im Ausland anvertrauten.

Im übrigen gab es in den verschiedensten Tätigkeitsbereichen Sklaven, die man als *choris oikuntes* bezeichnete, das heißt als Sklaven, denen ihr Herr erlaubte, außerhalb seines Hauses zu wohnen und mehr oder weniger selbständig zu arbeiten, solange sie ihm eine festgelegte Summe als Vorleistung erbrachten. Es gab auch Sklaven, die ihr Herr »vermietete« (wie es heute Zeitarbeitsvermittlungen gibt). Zu ihnen zählten Sklaven, die für staatliche Baustellen rekrutiert wurden, aber auch Musiker und Tänzer, die auf Symposien die Gäste unterhalten sollten, wie auch Prostituierte.

Zahlreiche Sklaven waren auch im öffentlichen Sektor beschäftigt. Diese »Beamten« hatten nur ihren »Herrn« gewechselt: Anstatt einem Privatmann zu gehören, unterstanden sie nun der Kontrolle des ganzen Gemeinwesens. Sie mussten die meisten der untergeordneten Verwaltungsarbeiten (als Büroangestellte, Türsteher, Gefängniswärter, Münzprüfer auf den Märkten usw.), gegen eine sehr knapp gehaltene Nahrungszuteilung (um 320 für drei Oboli pro Tag in Eleusis) verrichten.

Zudem unterhielt Athen während des ganzen 4. Jahrhunderts

eine Truppe skythischer Sklaven, die mit Bögen und Schwertern bewaffnet waren, die so genannten skytischen »Bogenschützen«. Anfangs etwa dreihundert an der Zahl, nahmen sie bei Volks- und Ratsversammlungen wie beim Zusammentreten des Areopags Polizeiaufgaben wahr. Allerdings scheinen sie niemandem besonderen Respekt eingeflößt zu haben, wenn man danach urteilt, wie Aristophanes sich in den *Thesmophoriazusen* über sie lustig machte. Mit dieser einzigen Ausnahme hatten die Sklaven in Athen ebenso wenig das Recht, Waffen zu tragen oder im Heer zu dienen, wie sie politische Rechte besaßen – Privilegien, die einzig freien Bürgern zustanden (anders als in Sparta, wo die Heloten, deren Stellung nicht ganz der von Sklaven entsprach, gezwungen waren, im Heer mitzukämpfen).

Bevor wir nun zum Abschluss dieses kurzen Überblicks kommen, soll noch die Antwort auf zwei Fragen gegeben werden, über die schon viel Tinte geflossen ist: In welchem Verhältnis stand die Zahl der Sklaven zu der der Gesamtbevölkerung in den griechischen Stadtstaaten? Wie rentabel war ihre Arbeit, verglichen mit der Arbeit freier, selbstständiger oder bezahlter Arbeiter?

Hinsichtlich der zahlenmäßigen Bedeutung der Sklaverei in Griechenland, ist unsere (sehr fragwürdige) Quelle das *Gelehrtengastmahl* des Athenaios von Naukratis, eines Kompilators des frühen 3. Jahrhunderts unserer Zeitrechnung. Er berichtet, dass 317 v. Chr. – dem Jahr, in dem Demetrios von Phaleron von den makedonischen Machthabern zum Herrn in Athen eingesetzt worden war – eine Volkszählung stattfand, wonach 400 000 Sklaven, 21 000 waffenfähige Bürger und 10 000 waffenfähige Metöken in der Stadt lebten. Diese Zahlen mögen übertrieben erscheinen. Man kann sich kaum vorstellen, dass Athen zu dieser Zeit (zuzüglich der freien Frauen und Kinder) eine halbe Million Menschen beherbergt hat. Noch unbegreiflicher scheint es, dass ungefähr 30 000 waffenfähige Männer genügt hätten, um einen Haufen von 400 000 Sklaven in Schach zu halten. Die vorsichtigeren Historiker neigen deshalb heute dazu, diese Zahlen nach unten zu korrigieren; 100 000 Sklaven hätten an die 30 000 Freien und Metöken gegenübergestanden (also ingesamt 200 000 Freie, Frauen und Kinder mitgezählt). Diese

Einschätzung scheint für Athen realistischer. Die Sklaven hätten so ein Drittel der Gesamtbevölkerung ausgemacht, ein Verhältnis, wie es auch um 1860 im Süden der Vereinigten Staaten bestand.

Die zweite Frage bezüglich der Rentabilität der Sklavenarbeit ist noch viel schwerer zu beantworten, nicht allein, weil bezifferbare Angaben fehlen, sondern auch, weil sie einer Neugierde unserer Zeit entspringt, die die Antike nicht kannte: war doch sogar der Begriff der Rentabilität bei den Griechen unbekannt. Die meisten Historiker, die sich in jüngster Zeit mit der antiken Sklaverei befassten, gleich ob Marxisten oder Liberale, sind der Überzeugung, dass Sklaven zwangsläufig weniger – oder weniger gut – als Freie arbeiten; aber diese Überzeugung beruht letztendlich nur auf einer psychologischen Eingebung. Das Einzige, das wir auf Grund der vorhandenen literarischen und archäologischen Zeugnisse sicher wissen, ist, dass die Sklaven – zumindest jene Sklaven, die außerhalb des familiären Haushalts wirtschaftlich tätig waren – nicht nur bewirkten, dass die griechische Gesellschaft überhaupt funktionierte, sondern auch ihren Herren Geld (manchmal viel Geld) einbrachten.

Angefügt sei noch, dass die Sklaven, allein schon durch ihre Fortpflanzung, den Reichtum ihrer Herren mehrten, ohne dass neue Investitionen nötig gewesen wären. Aber wenn auch statistisch gesehen die meisten Sklaven Nachkommen von Sklaven waren, so sollte man nun doch weiter in der Zeit zurückgehen, um zu erfahren, wie ursprünglich freie Menschen, die keine Griechen waren, eines Tages als Sklaven in Griechenland enden konnten.

Die Herkunft der Sklaven

Eine bestimmte Antwort auf diese Frage – gewissermaßen »legitimiert« durch die berühmten Zeilen des Philosophen G. W. F. Hegel über die »Dialektik von Herrn und Knechten« in seiner »Phänomenologie des Geistes« (1807) – galt lange in der Geschichtswissenschaft als maßgeblich: Die ersten Sklaven seien Kriegsgefangene gewesen, denen der Sieger aus Milde das Leben geschenkt habe. Eine Antwort, deren Hauptinteresse darin bestand, die Sklaverei zu »rechtfertigen« oder zumindest ihren »positiven« Aspekt zu unterstreichen, indem man sie – um die Worte von Moses I. Finley aufzugreifen, der selbst diese Hypothese nicht übernimmt, als Ergebnis einer »gemilderten Form barbarischer Kriegsführung«[26] – also als Fortschritt sah.

Der Hauptnachteil einer solchen Erklärung ist, dass sie allem Anschein nach historisch falsch ist. Soweit wir wissen, erlebte die Sklaverei in Griechenland einen Aufschwung im 6. und 5. Jahrhundert, zu einem Zeitpunkt also, an dem keine griechische Stadt im Krieg mit den Völkern des Ostens (Kleinasien und Syrien) und des Nordostens (Skythien und Thrakien) lag, woher die meisten Sklaven »barbarischer« Herkunft stammten. Was nun die Sklaven griechischer Herkunft betrifft, die nach einer militärischen Niederlage versklavt wurden, so gibt es wohl außer den spartanischen Heloten noch einige andere – wie zum Beispiel die Einwohner von Mytilene, die nach der Niederschlagung ihres Aufstand gegen Athen verschleppt wurden, oder die Bewohner der Insel Melos, deren ganze Schuld in ihrer Neutralität bestand; im ganzen gesehen sind aber nur wenige Fälle dieser Art bekannt. Der Krieg (oder seine verwandten Formen, wie Beutezüge, Seeräuberei usw.) mag also durchaus eine Zusatzversorgungsquelle dargestellt haben (wie die in Athen gebräuchliche Versklavung bei ihrer Geburt ausgesetzter Kinder). Aber er kann nicht als Hauptlieferant für sklavische Arbeitskräfte gelten.

Wie können dann die Sklaven nach Griechenland gekommen sein? Die meisten heutigen Historiker optieren für den Sklavenhandel, der schon in homerischer Zeit im ganzen Mittelmeerraum gang und gäbe war und der in klassischer Zeit an Orten wie Korinth, Aigina, Chios, Delos, Zypern und, nicht zu vergessen, in Athen selbst bezeugt ist. Insgesamt gesehen konnte die griechische Welt tatsächlich nur deshalb so leicht zur Sklavenhalterordnung als Produktionsweise übergehen, weil zu einem bestimmten Zeitpunkt der Sklave in ihren Augen zu einem »Werkzeug« wurde, das man leicht auf dafür spezialisierten »Märkten« erwerben konnte.

Wir wissen nur wenig darüber, wie diese Märkte genau funktionierten. Wir können jedoch mit gutem Grund annehmen, dass Kaufleute »barbarischer« Herkunft dort Gefangene, die ebenfalls

Die Hafenstadt Delos *auf der gleichnamigen Kykladeninsel war in hellenistischer Zeit Schauplatz eines der größten Sklavenmärkte der antiken Welt.*

Barbaren waren, an Griechen verkauften, die als Käufer fungierten: ein Mechanismus, nach dem grob gesagt noch Jahrhunderte später der Sklavenhandel funktioniert, wenn arabische oder afrikanische Händler afrikanische Gefangene an europäische Käufer verkauften. Wir glauben also, dass die meisten Sklaven in Griechenland Fremde waren (in der ganzen Geschichte der Sklaverei ist der Sklave übrigens fast immer ein *Fremder*), aber wir wissen nicht, wie sie auf die Märkte gelangten.

Es ist nicht einfach, sich eine Vorstellung vom Durchschnittspreis eines Sklaven zu machen, die Preise schwankten (soweit wir überhaupt durch die literarischen Zeugnisse davon erfahren) in beträchtlichem Maße je nach Ort und Zeit – und natürlich je nach Geschlecht, Alter, Gesundheitszustand und beruflichen Fähigkeiten der verkauften Sklaven.

Schließlich lässt sich nur schwer feststellen, inwieweit der Sklave, der seiner Rechtsstellung nach bereits am unteren Ende der sozialen Skala anzusiedeln war, zusätzlich noch seiner »barbarischen« Herkunft wegen besonders verachtet wurde.

Man weiß, dass für die Griechen die Barbaren, das heißt die Nicht-Griechen, im allgemeinen von »Natur« aus als minderwertig galten und im Gegensatz zum idealen Menschenbild standen, das nur ein Grieche verkörpern konnte und dass dieser Ethnozentrismus, obwohl er keineswegs eine Besonderheit der griechischen Kultur darstellt, dort manchmal übermäßige Ausmaße annahm.

Man weiß auch, dass der Sklave in Griechenland, selbst wenn er auf griechischem Boden geboren wurde und keine andere Sprache als Griechisch sprach, immer als Barbar galt. Davon zeugt schon die Tatsache, dass man ihm häufig Namen gab, die an seine fremde Herkunft – sei sie nun wirklich oder vermutet – erinnerten. Davon zeugt auch die Darstellung von Sklaven auf Tongefäßen, deren physische Charakteristika (kurze Haare, Spitzbart und grobe Züge) und Kleidung (Wolltunika, die bis zu den Knien reicht, Kappe aus Hundehaut und geschnürte Stiefel) bewusst die ethnischen Unterschiede betonten. Solche Bemerkungen könnten zur Vermutung Anlass geben, dass die Sklaven im antiken Griechenland unter bestimmten Formen des »Rassismus« (um einen zeitgenössischen Begriff zu verwenden, der keine Entsprechung im Griechischen hat) oder zumindest am »Protorassismus« zu leiden hatten.

Diese Schlussfolgerung kann jedoch, aus Gründen, die ich anderswo dargelegt habe,[27] nur mit Vorsicht gezogen werden. Denn wenn die Mehrheit der Griechen im heutigen Sinne rassistisch gewesen wäre, hätten sie auf die Hautfarbe der Sklaven – besonders auf die schwarze, die von der ihrigen verschieden war – abschätzig reagiert. Dies war aber keineswegs der Fall. Es findet sich in der ganzen griechischen Kultur kein Beleg dafür, dass sich die Griechen besonders für die Hautfarbe der Barbaren interessiert hätten (als ob schon die einfache Tatsache, Barbar zu sein, für eine Verurteilung ausgereicht hätte).

Denn obwohl schwarze Sklaven in Athen und anderen griechischen Städten arbeiteten, war ihre Stellung als Sklaven und nicht ihre Hautfarbe unmittelbar die Ursache für ihre soziale Minderwertigkeit. Jedenfalls wurde der Schwarze, solange er kein Sklave war, keineswegs vollständig ausgeschlossen – wie Mischehen zwischen Griechen und Schwarzen in hellenistischer Zeit zeigen, die offensichtlich weder selten waren noch als anstößig galten.

Es gab jedoch eine Rechtspraxis, die es dem Sklaven ermöglichte, seinem Stand zu entrinnen: die Freilassung. Dass es sie gab, beweist, dass die Mehrheit der Griechen den Sklavenstand nicht für einen »biologisch bedingten«, »natürlichen Stand« hielten, kurzum, dass die Kategorie »Sklave« nicht einmal unbewusst mit einer »rassischen Kategorie« gleich gesetzt wurde.

Die Praxis der Freilassung

Diese Praxis ist seit Ende des 6. Jahrhunderts v. Chr. und zwar zuerst in Chios belegt, einem der ersten Orte, wo »der Mensch als Ware« erstmals in Massen auftrat. Möglicherweise gab es schon früher Freilassungen in mündlicher Form, ohne dass eine offizielle Urkunde ausgestellt worden wäre, eine Praxis, die sich übrigens noch lange in bestimmten griechischen Städten halten sollte. Als Vorsichtsmaßnahme zur Absicherung gegen eventuelle Anfechtungen suchte man der Erklärung des Herrn durch die Gegenwart vieler Zeugen so viel Publizität wie nur möglich zu verschaffen: So fand eine Freilassung beispielsweise im Rahmen einer Gerichtssitzung, eines religiösen Festes oder einer Theatervorstellung statt – ein Brauch, der Mitte des 4. Jahrhunderts in Athen verboten wurde, da er anscheinend die öffentliche Ordnung störte.[28]

Seit dem 4. Jahrhundert kam es immer häufiger zu Freilassungen. Xenophon und Aristoteles sahen darin den besten »Anreiz« für Sklaven, andere Autoren prangern sie als Missbrauch an. In hellenistischer Zeit mehrten sich in Stein gemeißelte Freilassungsurkunden: in Delphi hat man an die 900 davon gefunden, die alle aus den letzten beiden Jahrhunderten vor unserer Zeitrechnung stammen. Diese ziemlich ungewöhnliche dokumentarische Dichte erlaubt es uns, die Rechtsbestimmungen der dort systematisierten Praxis detailliert kennen zu lernen.

Nur ausnahmsweise wurden Sklaven, die Fälle von Staatsverrat,

Sakrileg oder Veruntreuung öffentlicher Gelder angezeigt hatten, auf staatlichen Befehl in Anerkennung ihrer Dienste für die Allgemeinheit freigelassen. Normalerweise wurde die Freilassung eines Sklaven von dessen Eigentümer nach Belieben verfügt, wobei dieser Herr ein Vollbürger, ein Metöke oder in hellenistischer Zeit sogar eine Frau sein konnte, die ohne Genehmigung ihres Vormunds handelte. Der Sklave selbst spielte bei dem Verfahren gar keine Rolle. Dennoch wurde ihm bei diesen privaten Freilassungen, außer wenn sie ausdrücklich kostenlos waren, immer die Zahlung einer Ablösung auferlegt – ob dies nun eigens erwähnt wurde oder nicht – von der man annimmt, dass sie seinem Handelswert entsprach. Die dem Herrn zu entrichtende Summe wurde dabei entweder aus dem *peculium* des Betroffenen genommen oder vom Herrn geliehen, beziehungsweise von einer speziell zu diesem Zwecke gebildeten Vereinigung von Privatpersonen vorgestreckt.

Im übrigen waren die Formeln für ein Freilassungsverfahren unterschiedlich, je nachdem ob dieses religiöser oder profaner Natur war. Bei Freilassungen in religiöser Form spielte eine Gottheit eine aktive Rolle bei der Befreiung. Durch die Erlangung seiner Freiheit wurde der Sklave der entsprechenden Gottheit geweiht – wofür es die Priester dieser Gottheit auf sich nahmen, seine Rechte zu verteidigen. Seit dem zweiten vorchristlichen Jahrhundert konnte die Freilassung sogar in Form eines Verkaufs des Sklaven an die Gottheit – zum Beispiel an den Apollo von Delphi – im Tausch für seine Freiheit erfolgen.

Bei einer profanen Freilassung, bei der keinerlei Gottheit intervenierte, war einzig der Wille des Sklaveneigentümers, manchmal in Form einer testamentarischen Verfügung, entscheidend. Gegen Zahlung einer finanziellen Abgabe kam es in diesem Fall dem Staat zu, dessen Vertreter als Zeuge fungieren konnte, die Rechte des Freigelassenen zu garantieren.

Die Rechte und entsprechenden Pflichten des Freigelassenen wurden normalerweise in den Freilassungsurkunden erwähnt. Meistens wurde dem ehemaligen Sklaven eine uneingeschränkte Freiheit gewährt (von der auch alle seine Kinder, die *nach* der Freilassung geboren wurden, profitieren sollten): die Freiheit zu reisen und seinen Aufenthaltsort beliebig zu wählen, das Recht, zu tun, was ihm gefiel und über seine Besitzungen frei zu verfügen. Um jeden späteren Versuch, ihn erneut zu versklaven, auszuschließen, wurde meistens unter Androhung einer Geldstrafe vorgesehen, dass entweder sein früherer Herr oder dessen Erben, beziehungsweise ein namentlich bezeichneter Bürge oder irgendeine andere Person guten Willens für ihn eintreten sollten.

Im Laufe der Zeit kam es jedoch vor, dass die Freiheit des Freigelassenen in diesen Urkunden immer häufiger eingeschränkt wurde. Zunächst brauchte er einen Bürgen (*prostates*), um überhaupt vor Gericht auftreten zu können. Dann konnte von ihm verlangt werden, seinem ehemaligen Herrn gegenüber die eine oder andere besondere Pflicht zu erfüllen (für seine Beerdigung zu sorgen usw.), und in hellenistischer Zeit legte man ihm eine eher allgemeine Verpflichtung auf, die die Historiker heute als *paramone* bezeichnen, und die ihm für eine bestimmte Zeit (die meistens mit dem Tod des Begünstigten endete) auferlegte, in der Nähe seines ehemaligen Herrn zu »bleiben«, zu »weilen« (*paramenein*), und ihm einige besonders aufgeführte Dienste zu leisten (ihn auf Reisen zu begleiten, ihm eine Rente zu zahlen usw.). Die *paramone* lief also darauf hinaus, den Freigelassenen in einer ungewissen Rechtslage zu belassen, die irgendwo zwischen der Sklaverei und der eigentlichen Freiheit angesiedelt war.

In klassischer Zeit dagegen war die Stellung der freigelassenen Sklaven wesentlich klarer umrissen: sie war der Rechtsstellung der Metöken ähnlich, wenn auch mit ihr nicht ganz identisch. So konnten zum Beispiel beide ebenso wenig wie ihre Nachkommen (selbst wenn es sich um eine Mischehe zwischen Athenern und Metöken handelte) in Athen Bürgerrechte erwerben.[29] Auch war es ihnen nicht gestattet, in Attika Land zu besitzen. Sie mussten jedes Jahr eine relativ geringe Kopfsteuer bezahlen (das *metoikion*) und wie die Vollbürger entsprechend ihrem Vermögen u. a. in Kriegszeiten Sondersteuern abführen sowie freiwillige Abgaben, die so genannten *Liturgien*, für den Unterhalt der Trieren und der Chöre bei religiösen Festen leisten. Ebenso mussten sie entsprechend ihrem

Vermögen im Landheer als Hopliten oder leicht bewaffnete Fußsoldaten kämpfen und in der Flotte als Ruderer dienen. Fiel ein Freigelassener einem Mord zum Opfer, so wurde der Täter vor das Gericht des Palladion zitiert, wo ihm eine härtere Strafe drohte als für die Ermordung eines Sklaven, aber eine geringere als für die eines Vollbürgers. Schließlich nahmen Metöken wie Freigelassene in breitem Umfang am religiösen Leben der Stadt teil.

Dennoch war ihre Lage offensichtlich weit prekärer als die der Metöken. Der Freigelassene lief immer Gefahr, seine neue Rechtsstellung ebenso in Frage gestellt zu sehen wie sein korrektes Verhalten gegenüber seinem ehemaligen Herrn, was die Erledigung der ihm gegenüber (schriftlich oder mündlich) eingegangenen Verpflichtungen betraf. In einem solchen Fall drohte ihm im überwiegenden Teil der griechischen Welt die Gefangenschaft, der er nur entgehen konnte, wenn ein Dritter für ihn ein Vergleichsverfahren beantragte.

So waren die Nachkommen von Freigelassenen erst nach mehreren Generationen so weit in der Masse der Metöken aufgegangen, dass sie nicht mehr von diesen zu unterscheiden waren. Jedoch konnten sie nie hoffen, eines Tages Vollbürger zu werden – so sehr war zumindest in Athen das Bürgerrecht ein »biologisches« Recht, das unter Ausschluss jeder anderen Erwerbsform vom Vater auf den Sohn vererbt wurde.

Dies konfrontiert uns erneut mit der schwierigen Frage, inwieweit die »Natur« des Sklaven als gänzlich verschieden von der seines Herrn galt. Oder anders formuliert, wie die Sklaverei gerechtfertigt wurde.

Die Rechtfertigung der Sklaverei

Interessanterweise gibt es eine solche so gut wie gar nicht. Die Sklaverei ist in Griechenland eine gegebene Tatsache, eine gesellschaftliche Gegebenheit, die allgemein akzeptiert wird und kein Gegenstand von Diskussionen, ja noch nicht einmal von Überlegungen ist. Nur sehr wenige Autoren haben ihr auch nur einige Zeilen gewidmet. Wir kennen zwar den Titel einer Abhandlung *Über Freiheit und Sklaverei*, die im 4. Jahrhundert vor unserer Zeitrechnung von

Die Philosophen Platon *und* Aristoteles.

dem Philosophen Antisthenes verfasst wurde, aber der einzige daraus überlieferte Satz – »Der Mensch, der andere fürchtet, ist, ohne es zu wissen, ein Sklave« – lässt vermuten, dass es sich wohl eher um ein moralisches Werk handelte. Was wiederum die *Oikonomika* Xenophons betrifft, die sich mit der Verwaltung von Landgütern beschäftigen, so erwähnen sie die Sklaven nur, um ihren Herren praktische Ratschläge zu geben, wie Sklavenarbeit am besten auszubeuten sei: so rät Xenophon, eitlen Sklaven zu schmeicheln, damit sie lieber arbeiteten (*Oikonomika* XIII, 9). Aus diesem Grund sind für uns nur die Schriften Platons und Aristoteles' von Interesse.

Platon, ein entschiedener Gegner der Demokratie und großer Bewunderer von Sparta, war das reine Gegenteil des Humanisten, den Generationen christlicher Kommentatoren – für die Sokrates als Präfiguration von Jesus erscheinen musste – aus ihm zu machen suchten. In Wirklichkeit war Platon derjenige, der das meiste dafür tat, um die sozialen Ungleichheiten, die er um sich herum beobachten konnte, in rechtlich fixierte Rangordnungen umzuformen und in Verbindung zu einer transzendenten Ordnung zu setzen. Ein »gerechter« Staat war für ihn derjenige, in dem »das Seinige zu tun

68

und sich nicht in vielerlei einzumischen« Gerechtigkeit war (*Der Staat* IV, 433d). Mit anderen Worten: Jeder sollte auf dem Platz bleiben, auf den er geboren wurde und der von Natur aus der seine war. Und weil es in der Natur der Sache lag, dass die Griechen die Barbaren beherrschten, stellte Platon als erster die Theorie auf, dass kein Grieche versklavt werden dürfte (*Der Staat* V, 469c) – wie ein fernes Echo des biblischen Verbotes, dass kein Jude einen anderen Juden mehr als sechs Jahre als Sklave halten dürfe.

Ob im idealen *Staat* oder im späteren und pragmatischeren Staatswesen der *Gesetze*, immer waren die Sklaven von Natur aus dazu bestimmt, in ihrer Sklavenrolle zu verbleiben. Man sagt manchmal, dass sich Platon in den *Gesetzen* bei der Beschreibung des Staates von der athenischen Verfassung beeinflussen ließ: das ist richtig, aber sobald es sich um Sklaven oder Metöken handelte, trachtete er im allgemeinen danach, sie zu verschärfen – so wenn er zum Beispiel riet, Sklaven, die aus verschiedenen Ländern stammten, zu vermischen, damit sie in Ermangelung einer gemeinsamen Sprache weniger versucht seien, eine Verschwörung anzuzetteln (*Gesetze* VI, 776c-777c). Wenn es sicher legitim ist, sich heute noch aus guten Gründen für Platon zu interessieren, so sicher nicht wegen seiner originellen Äußerungen zur Sklaverei.

Was Aristoteles betrifft, so sind seine Überlegungen schlicht verwirrend. Im Gegensatz zu Platon beabsichtigte er nicht die Errichtung eines Idealstaates, in dem die Sklaven in aller Ewigkeit Sklaven bleiben sollten. Als einziger griechischer Philosoph bemühte er sich, detailliert darzulegen, warum in den tatsächlich bestehenden Staaten die Sklaven nur Sklaven sein konnten – und nichts anderes. Seine im ersten Buch der *Politik* vorgelegte »Beweisführung« kreist um ein zentrales Argument: »Der Sklave ist Sklave, weil er als Sklave geboren wurde – in anderen Worten ist er von Natur aus Sklave« und eine einfache Definition »denn von Natur (*physis*) aus ist derjenige Sklave, der … in dem Maße an der Vernunft Anteil hat, daß er sie vernimmt, aber sie nicht besitzt« (*Politik*, Buch I, 1254b).

Die wahre Wurzel der Sklaverei besteht also für Aristoteles in einem angeborenen Wesenszug (man würde heute von genetischer Veranlagung sprechen): der Unzulänglichkeit der Seele – eine natürliche, unheilbare und erbliche Unzulänglichkeit. Wenn nämlich jeder Mensch aus Körper und Seele besteht, und wenn bei einem Freien, nämlich einem Griechen, die Seele den Körper beherrscht, so beherrscht dagegen bei einem Sklaven (der zwar ein Mensch, aber wie jeder Barbar ein Mensch minderer »Rasse« ist) der Körper die Seele. Äußerstenfalls kann der Körper sogar die Seele ersticken: der Sklave ähnelt dann einem Tier. Im übrigen ist der »nützliche Beitrag«, den Sklaven und Haustiere leisten, identisch: die einen wie die anderen »helfen mit dem Körper bei (der Versorgung) mit lebensnotwendigen Mitteln« (*Politik*, Buch I, 1254b).

Angesichts eines solchen Textes stellen sich dem modernen Leser unausweichlich zwei Fragen. Wenn Aristoteles sich soviel Mühe gab, um die Sklaverei philosophisch zu rechtfertigen, heißt das dann, dass diese Praxis zu seiner Zeit bedroht war? Und wenn er so deutlich die »naturbedingte« Minderwertigkeit der Sklaven unterstrich, so deshalb, weil es zu seiner Zeit andere Erklärungen für diese »Minderwertigkeit« gab?

Die erste Frage kann man ohne zu zögern mit Nein beantworten. Zwar findet man bei einigen griechischen Autoren Warnungen vor den schädlichen Folgen jedes »übertriebenen« Verhaltens – wobei unter dieser sehr weit gefassten Kategorie, wenn auch nicht an erster Stelle, auch die schlechte Behandlung von Sklaven erscheint –, aber in der ganzen griechischen wie übrigens auch römischen Literatur wird die Sklaverei als solche kein einziges Mal angeprangert. Die antike Welt ist im ganzen gesehen »eine Welt ohne Abolitionisten«.[30]

Die zweite Frage dagegen eröffnet eine interessante Perspektive. Wenn Aristoteles das Bedürfnis hatte, seine Rechtfertigung der Sklaverei in der »Natur« zu verankern, so zweifelsohne deshalb, weil es zu seiner Zeit eine *andere* Theorie dieser Praxis gibt, die er bekämpfen wollte. Welche aber? Die traditionellen Kommentatoren, die sich mehr mit metaphysischen Fragen als mit sozialen Problemen beschäftigen, haben sich nicht für dieses kleine Rätsel interessiert.

Dennoch braucht man nur die Fragmente zu überfliegen, die von den Sophisten erhalten sind (jenen wandernden »Intellektuellen«, die schon Sokrates ins Lächerliche zog), um in der *Messenischen Rede* des Rhetors Alkidamas, eines Schülers des Gorgias, folgenden Satz zu finden:»Gott hat alle Menschen frei geschaffen, die Natur hat niemanden zum Sklaven gemacht.« Angenommen, dass Alkidamas in dieser Rede aus dem Jahre 362 vor Christus die Absicht hatte – wie so viele Sophisten vor ihm – den konventionellen Charakter staatlicher Gesetze zu unterstreichen, und angenommen, dass er sich nicht nur auf den Fall der messenischen Heloten bezog, die nach dem Sieg Thebens über Sparta im Jahre 370 befreit worden waren, so könnte sein Satz nahe legen, dass die Sklaverei wie so viele andere menschliche Institutionen ihren Ursprung in der Gewalt hat, die – nachträglich – durch Brauch und Recht legitimiert wurde. Mit anderen Worten würde Alkidamas die Sklaverei nicht von einer naturgegebenen Notwendigkeit ableiten, sondern von einem einfachen Zufall, dem Zufall des Krieges.[31]

Von der Argumentation des Alkidamas blieb uns nur dieses Fragment erhalten, von dem der Verfasser der Scholien zur *Rhetorik* des Aristoteles versichert, dass dieser es in einer leider verlorenen Passage seines Werks zitieren wollte (I, 13, 1373b). Wie dem auch sei, wenn Aristoteles, wie es wahrscheinlich ist, die betreffende Argumentation kannte, so konnte er wohl nicht umhin, sie gefährlich zu finden. Zunächst weil dieses Argument von einem systematischen Relativismus zeugt; sodann, weil es voraussetzt, dass Kriege erlaubt sind, damit die Sklaverei es auch ist. Nun war aber nicht jeder Krieg von vornherein ein gerechter Krieg. Und wie könnte ein ungerechtfertigter Gewaltakt einen freien Menschen in einen Sklaven verwandeln? Wie könnte er dies für einen Schüler Platons schwer wiegende Ärgernis begründen, dass ein Grieche, also ein »von Natur« aus freier Mensch, versklavt würde? Darin lag eine Schwierigkeit, für die die Theorie des Alkidamas keine Lösung anbot. Um den grundsätzlichen Unterschied zwischen einem Freien und einem Sklaven, oder, was für Aristoteles aufs Gleiche hinauskommt, zwischen einem Griechen oder einem Barbaren, zu rechtfertigen, musste dieser »natur«bedingt sein und nicht von der Gewalt der Menschen abhängen, da für Aristoteles alle Barbaren von »Natur« aus Sklaven der Griechen waren.

Da die aristotelische Sklavenlehre es vorzog, diesen Unterschied lieber auf einem biologischen Substrat (im weitesten, vorwissenschaftlichen Sinne des Begriffs) als auf dem Zufall oder der Geschichte zu begründen, stellte sie sehr wohl – um auf unser modernes Vokabular zurückzugreifen – eine Vorform des Rassismus dar. Deshalb ging sie nicht nur über Platon hinaus, sondern widersprach sogar der gängigen Praxis in den griechischen Stadtstaaten, wo man immerhin dem Freilassungsverfahren die Macht zugestand, einen Sklaven seinem »Urzustand« zu entreißen.

Aber für Aristoteles selbst lag darin vielleicht kein so entscheidender Widerspruch wie für uns heute, weil er gelegentlich an anderen Stellen schrieb, dass ein Freier freundschaftliche Beziehungen zu einem Sklaven unterhalten könne, nicht als Sklave, sondern als Mensch (*Nikomachische Ethik* VIII, 11, 7). Zudem sollte seine Lehre von der Sklaverei lange nur in gebildeten Kreisen bekannt sein und während der Antike keinerlei praktischen Einfluss ausüben.

Dies sollte jedoch nicht länger der Fall sein, sobald der Aristotelismus mit Thomas von Aquin (13. Jahrhundert) zur philosophischen Grundlage der christlichen Lehre – das heißt der ganzen abendländischen Kultur – wurde und nun dazu diente, die schändlichsten Formen von Ausbeutung jener neuen Barbaren zu rechtfertigen, für die die Europäer Indianer und Schwarze hielten.

DRITTES KAPITEL

Rom – die Zeit der ersten Sklavenaufstände

Wie die griechische war auch die römische Gesellschaft eine Sklavenhaltergesellschaft – die zweite große Sklavenhaltergesellschaft der Antike, und zwar kontinuierlich über tausend Jahre lang, von 753 v. Chr., dem legendären Zeitpunkt der Gründung Roms, bis 476 n. Chr., als Romulus Augustulus, der letzte Kaiser des Weströmischen Reiches, gestürzt wurde.

Um der Klarheit der Darstellung willen werde ich diese lange Zeitspanne in zwei Epochen unterteilen, die jeweils der Zeit der Republik und der Kaiserzeit entsprechen. Traditionsgemäß setzen die Historiker den Beginn der Kaiserzeit mit dem Jahre 27 v. Chr. an, als Augustus eine Art persönlicher Diktatur errichtete, die euphemistisch als »Prinzipat« (die Herrschaft des *princeps* oder *Ersten*) bezeichnet wurde. Ich werde auch auf die großen Sklavenaufstände (die berühmten »Sklavenkriege«) eingehen, die die Endphase der Republik kennzeichneten, das heißt das 2. und 1. Jahrhundert vor unserer Zeitrechnung.

Die Republik

Während der gesamten republikanischen Ära stieg die Zahl der Sklaven unentwegt an. Dies war eine unmittelbare Folge der Bestrebungen der Republik, ihren Einflussbereich seit Beginn des 2. vorchristlichen Jahrhunderts im Rahmen einer ehrgeizigen territorialen Expansionspolitik mit besonders agressiven militärischen Mitteln auszudehnen, um sich auf diese Weise die Beherrschung des gesamten Mittelmeerraums zu sichern. Und nach jedem

neuen, siegreich bestandenen Krieg konnten die auf dem Schlachtfeld gemachten Gefangenen, wenn nicht gar die ganze Bevölkerung
der unterworfenen Städte, versklavt werden.

Überall in Gallien, Spanien, auf dem Balkan, in Nordafrika und
im Vorderen Orient verkauften die Quästoren, die als Finanzbeam-
te an den Zügen der römischen Heere teilnahmen, den Händlern,
die ihren Spuren folgten, ihre menschliche Beute, die anschließend
nach Italien gebracht wurde. Die siegreichen Feldherrn selbst
schlugen kräftig zu. Dafür zeugen drei Beispiele aus zeitgenössischen Quellen: 167 v. Chr. ließ der Konsul Aemilius Paullus (Mace-
donicus) nach der Kapitulation des letzten Königs von Mazedonien
150 000 Bewohner von Epirus in die Sklaverei verkaufen. Nach dem
Sieg des Scipio Aemilianus und der Zerstörung Karthagos am Ende
des Dritten Punischen Krieges (146) wurden 200 000 Gefangene als
Sklaven nach Rom gebracht. Caesar schließlich ließ nach seiner Eroberung Galliens (51) eine Million Gallier deportieren. Dies beweist
zur Genüge, dass insgesamt einige Millionen Sklaven, die *per definitionem* Fremde waren, in den fünf Jahrhunderten des Bestehens
der Republik gewaltsam nach Italien verbracht wurden.

Aber wenn auch der Krieg (zusammen mit der Seeräuberei) für
die Römer die wichtigste Beschaffungsquelle für Sklavenarbeit darstellte, so war er doch nicht die einzige. In Rom wie in Griechenland
konnte man auch auf darauf spezialisierten Märkten Sklaven erste-
hen (einer davon wurde zum Beispiel auf dem Forum abgehalten,
nicht weit entfernt vom Castor-Tempel). Der Verkauf fand hier in
Form von Versteigerungen statt, wobei der Verkäufer den Gewinn
versteuern musste. Die Sklaverei konnte auch rechtliche Gründe
haben, wie die Schuldknechtschaft (die schon 326 v. Chr. abgeschafft wurde), die Kindesaussetzung und die Rechtsminderung.

Ein Vater oder eine uneheliche Mutter, die ein Kind bei der Geburt nicht anerkennen wollten oder nicht die Mittel hatten, es aufzuziehen, hatten das Recht, es auszusetzen – das heißt, dass sie es
normalerweise vor einem öffentlichen Gebäude ablegten. Wenn jemand das Kind mitnahm, so war es wahrscheinlich dazu bestimmt,
seinem »Retter« als Sklave zu dienen. Sobald diese »Findelkinder«
erwachsen waren, zwang man sie häufig zur Prostitution; einige

wurden sogar kastriert, da manche Reiche Geschmack an Eunuchen gefunden hatten. Andere machte man zu Berufsbettlern, indem man sie bewusst verstümmelte, um das Mitleid der Vorübergehenden zu erwecken.[32] Das Recht, Kinder auszusetzen, sollte von Kaiser Valentinian 374 n. Chr. abgeschafft werden. Die Praxis als solche, die – wie wir der Literatur entnehmen – bei niemandem wirklichen Anstoß erregte, wurde deshalb nicht aufgegeben: sie bestand in Italien und dem Rest Europas bis zum Ende des Mittelalters fort, während Kastration und Kinderprostitution durch Konstantin den Großen beziehungsweise durch Kaiser Justinian I. (529 n. Chr.) verboten wurden.

Was die Rechtsminderung oder den Rechtsverlust, die *deminutio capitis*, wörtlich die »Minderung der Persönlichkeit«, betrifft, so handelte es sich dabei um eine schwere Strafe, die das römische Recht stufenweise verhängte: die *deminutio minima* betraf nur den privatrechtlichen Status, die *deminutio media* brachte den Verlust des Bürgerrechts aber nicht der persönlichen Freiheit mit sich und erst die *deminutio maxima* bedeutete den Verlust beider, das heißt die Versklavung (die teilweise oder im Ganzen widerrufen werden konnte).

In Griechenland wie in Rom besaß der Sklave (die Bezeichnung *servus*, von lateinisch *conservare*, soll nach Augustinus daran erinnern, dass es sich um jemanden handelt, dem man das Leben gerettet hat) keine Rechtspersönlichkeit. Er hatte zwar einen Vornamen, aber keinen Familien- oder Beinamen. Er besaß keine Güter, hatte nicht das Recht zu heiraten oder Kinder aufzuziehen und keinen Zugang zu Gericht (außer wenn er als Zeuge berufen wurde, wobei er ggf. unter der Folter aussagen musste). Kurz gesagt, er war eine Sache (*res mobilis*, ein beweglicher Besitz), die seinem Herrn gehörte (*dominus* entspricht im Lateinischen dem griechischen *despotes*), und sein Herr hatte die absolute Gewalt über ihn, genau wie ein Vater über seine minderjährigen Kinder (*patria potestas* oder *potestas dominica*). Nur einmal im Jahr, an den Saturnalien (Mitte Dezember), war die gesellschaftliche Hierarchie auf Grund einer alten religiösen Tradition, die unseren modernen Karneval vorwegnimmt, kurzfristig aufgehoben. Ein oder zwei Tage lang

*Römischer Ackerbausklave mit Fußfessel.
Aus: H. Koller, Orbis Pictus Latinus,
Düsseldorf/Zürich 1999.*

wurden die römischen Sklaven von ihren Herren bedient und nutzten die Zeit, um ihren Herren ganz ungestraft zu sagen, was sie von ihnen hielten. Die Herren ertrugen diese Unverschämtheiten – brummend, wie uns der Dichter Horaz berichtet (Satiren II, VII) – weil sie wussten, dass sie nach dem Ende der »tollen Tage« die Dinge wieder fest im Griff halten würden.

Im täglichen Leben war die tatsächliche Lage der Sklaven sicher komplexer, als dieses starre Rechtsgebäude vermuten lässt. Wahrscheinlich war sie je nach Ort, Zeit, Rang, Vermögen oder Charakter des jeweiligen Herrn verschieden. Liest man dagegen die Werke, die seit einem halben Jahrhundert über das Leben im antiken Rom erschienen sind, so kann man sich nur wundern, mit welchem Nachdruck bestimmte Autoren unterstreichen, dass die Lebensbedingungen der römischen Sklaven insgesamt gesehen angenehm gewesen sein sollen. Man erklärt uns, dass viele von ihnen nicht schlechter als ihre Herren lebten, dass einige sogar zu Reichtum kamen und dass fast alle, die dies wünschten, freigelassen wurden (was ihnen die Möglichkeit eröffnete, in den verschiedensten Berufen wahre Reichtümer anzuhäufen).[33] Dieses idyllische Bild lädt zu Träumen ein, selbst wenn man bedenkt, aus welchen politischen Gründen heraus es französische und italienische Latinisten – die kein Hehl aus ihren Sympathien für das Regime Mussolinis machten – in den 30er Jahren des 20. Jahrhunderts zeichneten, bevor angelsächsische Historiker es in ihrem Kampf gegen die sowjetische Geschichtsschreibung während des Kalten Krieges wieder aufgriffen.

Nichts scheint jedenfalls den Optimismus zu rechtfertigen, den die einen wie die anderen an den Tag legen. Galt doch in der römischen Kultur allgemein die »Muße« (*otium*) als »natürlicher« Zustand des Freien. Es war eine Kultur der Honoratioren oder vielmehr der Besitzenden, die auf ihre Privilegien bedacht und bereit waren, für deren Verteidigung zu kämpfen, die die Arbeit verachteten und wenig geneigt waren, »Niedrigergestellte« mit Wohlwollen zu bedenken. In dieser Kultur scheint das Leben der Sklaven keine große Beachtung gefunden zu haben und ihr Wohlbefinden noch weniger. Und wenn in den Theaterstücken eines Plautus (*Pseudolus*, *Mostellaria* usw.) oder Terenz (3.–2. Jahrhundert v. Chr.) schlaue Sklaven auftreten, die – wie ihre griechischen Vorbilder oder der Scapin Molières – sehr geschickt darin sind, ihre Ziele zu erreichen, so sollte man nicht vergessen, dass es sich um Komödien handelt, die das Publikum zerstreuen sollten und die keineswegs unmittelbar die alltägliche Wirklichkeit widerspiegelten.

Zugegebenermaßen waren die Sklaven, die in den ärmeren Haushalten lebten, nicht immer die Beklagenswertesten. Denn wenn der Herr arm war, konnte der Sklave sein Leidensgefährte, sein »Double«, ja sogar sein Freund werden. Mochten auch die nicht sehr begüterten Römer nur zwei oder drei Sklaven besitzen, so hatten andere doch viel mehr, die Reichsten sogar mehrere hundert, ja manchmal mehrere tausend Sklaven, die sie meist nicht besonders rücksichtsvoll behandelten.

Die meisten Sklaven waren auf dem Land beschäftigt, entweder auf einem Landgut, einer *villa*, wo sie unter der Leitung eines aus ihren Reihen hervorgegangenen Verwalters (*vilicus*) arbeiteten, oder auf den Latifundien, riesigen Güterkomplexen, die sich langsam, zum Nachteil kleinerer und mittlerer Besitzer in Süditalien und auf Sizilien herausbildeten. Bei der Feldarbeit zwang man sie, Fußeisen zu tragen (worüber sich der Sklave Grumio in den ersten Versen der *Mostellaria* des Plautus beschwert). In seiner Abhand-

Leben auf einem römischen Gutshof: T. Paconius Caledus *beaufsichtigt die Landarbeiter (Sklaven?) und notiert die Erträge auf seiner Schreibtafel. Römisches Grabrelief.*

lung *De agri cultura* gab Marcus Porcius Cato, genannt Cato der Ältere oder Cato maior (234–149 v. Chr.) erbauliche Ratschläge, wie man die Arbeitskraft der Feldsklaven am besten ausnutzen könnte: Er empfahl unter anderem, die Lebensmittelrationen der Kranken zu schmälern und mitleidslos all jene zu verkaufen, die zu alt waren, um noch auf dem Acker arbeiten zu können. Ein Jahrhundert später erinnerte Varro (*Rerum rusticarum* I, 17) an die Warnung Platons, es sei auf dem Lande besser, die Sklaven, die dieselbe Sprache sprechen, voneinander zu trennen, damit sie keine Verschwörungen anzetteln könnten.

Sklaven konnten auch direkt im Haushalt ihres Eigentümers dienen und zwar als Ärzte, Musikanten, Türsteher, Masseure, Friseure, Köche, Kutscher, Sänften- oder Fackelträger usw. Andere wurden als Arbeiter im Betrieb ihres Herrn beschäftigt oder erhielten wie in Griechenland die Erlaubnis, »außerhalb« des Hauses zu wohnen, das heißt gegen Zahlung einer Abgabe selbständig als Handwerker oder Krämer zu arbeiten. In sehr großen Häusern gab es sogar gebildete Sklaven, die häufig als Buchhalter und Sekretäre fungierten oder als Hauslehrer mit der Erziehung der Kinder des Herrn betraut waren.

Was die Kinder der Sklaven betraf, so brachte man ihnen – wenn man sie überhaupt aufzog – im Haus ausschließlich Dinge bei, die zu ihren späteren Aufgaben zählen würden. Aber im Prinzip sollten Sklaven eigentlich gar keine Kinder haben. War es doch eine kostspielige Investition mit ungewisser Rendite (das Kind konnte krank werden, sterben, davonlaufen usw.) ein Kind jahrelang zu ernähren und zu erhalten, bevor es selbst arbeiten konnte, und dazu waren nur wenige Sklaveneigentümer bereit. So tat man alles, um die Sklaven daran zu hindern, sexuelle Beziehungen zu haben, was um so einfacher war, als die Mehrzahl der Sklaven Männer waren. Der Sklave wurde also nicht nur wie ein »Untermensch« behandelt, man verweigerte ihm sogar das Recht, die natürlichsten Bedürfnisse des Menschen zu befriedigen.

Betont sei auch, dass es Sklaven waren, die zusammen mit Strafgefangenen und einigen freien Freiwilligen – von denen es anfangs nur wenige gab – das Gros jener Gladiatoren stellten, deren bloße Existenz schon auf der Verachtung nicht nur des Lebens, sondern auch des – physischen und moralischen – Leidens einer bestimmten Art von Menschen beruhte. Gladiatorenkämpfe sind erstmals 264 v. Chr. in Rom bezeugt. Sie wurden ursprünglich von der Familie eines reichen Verstorbenen anlässlich seines Begräbnisses veranstaltete, so dass ihre Funktion zunächst kultischer Art war. Ein halbes Jahrhundert später waren sie zu einem Massenvergnügen geworden. Immer häufigere Veranstaltungen in Rom selbst und in der ganzen römischen Welt trugen wie die wachsende Beliebtheit der Spiele bis zum Ende der Kaiserzeit (ganz sollten sie erst Ende des 5. Jahrhunderts n. Chr. verschwinden) zum gewaltsamen Tod – Blut musste fließen, um das Volk zufrieden zu stellen – von Zehntausenden von Personen bei. Dennoch (und auch dies spricht nicht gerade für die antike Kultur) wurde in den intellektuellen Kreisen Griechenlands und Roms keinerlei Kritik daran laut (außer im 70. Brief des Stoikers Seneca an Lucilius).

Neben den Privatsklaven (*servi privati*) gab es auch noch die Kategorie der Staatssklaven (*servi publici*), die unter anderem mit Straßenbauarbeiten betraut wurden oder als untergeordnete Beamte in der Verwaltung Verwendung fanden (als Beamte im Wasserwerk oder den Archiven, als Buchhalter, Gefängniswärter usw.)

Auch hier stimmen die meisten Historiker immer noch ohne Beweise darin überein, dass die Lage der Sklaven, die das Gros der römischen Beamtenschaft ausmachten, besser gewesen sei als die der Privatsklaven – wenn auch nur deshalb, weil sie wie in Athen ein kleines Gehalt bekamen. Aber das ist zu viel gesagt. Vor allem vergisst man dabei, dass viele der Staatssklaven für besonders schwere Arbeiten (auf Baustellen, in Steinbrüchen oder Bergwerken) oder gefährliche Tätigkeiten (Matrosen auf Handelsschiffen, die immer in der Gefahr eines Schiffsbruchs oder Piratenüberfalls schwebten) verwandt wurden.

Denn wenn die römischen Sklaven nicht so unglücklich waren, warum strebten sie dann alle ohne Unterschied danach, freigelassen zu werden, wie unzählige historische und literarische Zeugnisse belegen?

Die Freilassung (*manumissio*) war in der Tat das einzige Mittel, um dem Sklavenstand, der per definitionem erblich war, zu entkommen. Es setzte vor allem voraus, dass der Sklave sich ein Sondergut, *peculium*, ansparen konnte, damit er das Geld zusammenbekam, um von seinem Herrn die eigene Freiheit zu erkaufen.

Die Freilassung konnte auf dreierlei Weise erfolgen: *per vindictam* (durch den Stab) im Rahmen eines Scheinprozesses, bei dem ein Bürger in Gegenwart eines Magistrats, des Herrn und des Sklaven, den Kopf des Sklaven mit einem Stab berührte und erklärte: »Ich sage, dass dieser Mann frei ist«; *censu* (durch den Census), wobei der Herr seinen Sklaven in die Bürgerliste eintragen ließ, in der nicht nur alle Bürger erfasst wurden, sondern auch alle fünf Jahre die genaue Höhe ihres Vermögens, um sie dementsprechend auf die verschiedenen Tribus und Zenturien zu verteilen, die ihrerseits die Grundlage des politischen Systems bildeten; schließlich *per testamentum* (durch testamentarische Verfügung), wodurch der Sklave beim Tod seines Herrn entweder direkt oder durch dessen Erben freigelassen wurde.

Im Laufe der Zeremonie setzte der Freigelassene (*libertinus*[34] oder *libertus*, wobei ersteres einfach seinen neuen Stand bezeichnete, letzteres stärker seine Verpflichtungen gegenüber seinem Wohltäter betonte) die phrygische Mütze aus rot gefärbtem Schafsfell (*pileus*) auf, ein Freiheitssymbol, das die Sklaven während der Saturnalien trugen und das die Sansculotten 1789 wieder zu Ehren bringen sollten. Er übernahm künftig den Familien- und Vornamen seines ehemaligen Herrn, wobei der Name, den er als Sklave getragen hatte, zu seinem Beinamen wurde (da freie Römer normalerweise drei Namen hatten). So wurde der von Cicero (Marcus Tullius Cicero) freigelassene Sklave Tiro zu Marcus Tullius Tiro. Der Freigelassene konnte nun eine berufliche Tätigkeit seiner Wahl – eventuell erfolgreich – ausüben. Aber er besaß noch lange nicht alle Bürgerrechte.

Ihm war es zwar gestattet, mit einer *ingenua* bzw. einem *ingenuus* (Bezeichnung für eine freigeborene Person, deren beide Eltern frei waren) im Konkubinat (*contubernium*) zu leben, aber nicht mit einem freien Partner eine rechtmäßige Ehe (*conubium*) einzugehen. Er besaß auch nicht das *ius honorum*, das Recht, in ein öffentliches Amt gewählt zu werden. Von den Zensoren zwangsweise in eine der vier städtischen Tribus eingetragen (vorzüglich in die volksreicheren und weniger angesehenen), übte er sein Wahlrecht praktisch nicht aus (da das in republikanischer Zeit gültige Wahlrecht den ärmeren Klassen nur selten die Möglichkeit zur Wahl bot). Bis zur Zeit des Marius (siebenmal Konsul zwischen 107 und 87 vor Chr.) konnte er in keiner Legion dienen. Sein ehemaliger Herr blieb sein Patron (*patronus*, wörtlich: derjenige, der die Stelle des *pater*, des Vaters, einnimmt), der ihm Hilfe und Schutz (vor allem vor Gericht) schuldete. Der Freigelassene wiederum schuldete seinem Patron *obsequium* (Gehorsam), wodurch seine Rechte vor Gericht im Falle eines Streits mit seinem Patron eingeschränkt waren. Er schuldete ihm auch eine bestimmte Anzahl von Arbeitstagen im Jahr (*operae*). Starb er ohne Erben, so fiel ein Teil seines Eigentums an seinen Patron (aber er konnte im umgekehrten Fall auch einen Teil der Güter seines Patrons erben, wenn dieser dies ausdrücklich in seinem Testament festgelegt hatte). Der Sohn eines Freigelassenen war sofort frei und galt als *ingenuus*, wenn seine Mutter keine Sklavin war und er nach der Freilassung seines Vaters geboren worden war (obwohl er bis 312 v. Chr. keinen Zugang zum Senat hatte). Wurde dagegen der Sohn eines Freigelassenen vor

Grabaltar des Freigelassenen C. Calpurnius Beryllus.

dessen Freilassung geboren, so wurden erst die Enkel frei. In der Praxis dauerte es also je nach Fall zwei oder drei Generationen, bevor die Nachkommen eines Sklaven in der freien Bevölkerung aufgingen – und die Schande des Sklavenstandes getilgt war.

Der Freigelassene selbst dagegen bekam sein ganzes Leben lang die Verachtung der »guten Gesellschaft« zu spüren. Man sprach weiterhin von ihm als *servus*. Natürlich dachte kein Freier daran, ihn zum Essen einzuladen – wie man der Bemerkung von Horaz (dem Sohn eines Freigelassenen, der selbst ein ehemaliger städtischer Angestellter war) entnehmen kann, der den edlen Maecenas, seinen Schutzherrn und Günstling des Augustus, mit schmeichelnden Worten lobt, weil er an seiner Tafel jedermann willkommen heiße, solange er nur frei geboren sei (*dum ingenuus*, Satiren I, VI, 9–11).

Das hinderte die Freigelassenen jedoch nicht daran, im städtischen Leben Roms eine wichtige Rolle zu spielen. Aus ihren Reihen, besonders aus denen der intelligenten und gebildeten unter den ehemaligen Sklaven, gingen Ärzte, Baumeister, Musiker und Grammatiklehrer hervor. Der erste Schriftsteller lateinischer Sprache, Livius Andronicus (280–205 v. Chr.), war vor seiner Freilassung Hauslehrer. Der Komödiendichter Terenz (nach Aussage seines Beinamen *Afer* afrikanischer, wohl libyscher Herkunft) war ebenso wie der aus Thrakien stammende Fabeldichter Phaedrus ein Freigelassener. Man weiß auch, dass ein anderer Freigelassener, namens Menodoros, unter Pompeius Admiral wurde. Wieder ein anderer, der Bäcker Marcus Vergilius Eurysaces, wurde zu Beginn des Prinzipats des Augustus so reich, dass er nahe der *porta maior* in Rom ein bemerkenswertes Grabmal errichten ließ, dessen große runde Löcher vage an Ofenöffnungen erinnerten.

Dennoch sollte man nicht vergessen, dass es nicht genügte, die Freiheit zu begehren, um sie zu erhalten: In Rom konnte ein Sklave nicht ohne Genehmigung seines Herrn ein *peculium* anlegen. Von dessen gutem Willen und davon allein hing letztendlich die Möglichkeit einer Freilassung ab.

Zuletzt sei noch darauf hingewiesen, dass es im Heer zwar auch Freigelassene geben konnte, aber – von wenigen Ausnahmen abgesehen[35] – keine Sklaven. Auf Kriegsschiffen wurden den Sklaven nur untergeordnete Aufgaben übertragen, Ruderer wie Soldaten mussten römische Bürger sein. Wahrscheinlich aus Angst vor Aufständen wollten die Römer den Sklaven keine Waffen anvertrauen oder auch nur eine militärische Ausbildung geben.

Sie hatten nicht Unrecht. Denn im Gegensatz zu Griechenland hatte man es in republikanischer Zeit in Rom häufig mit Sklavenunruhen zu tun, da die Sklaven – im Gegensatz zur Meinung zahlreicher zeitgenössischer Historiker – ihr Schicksal scheinbar keineswegs als »natürlich« empfanden.

Schon Titus Livius spricht von der »Angst vor den Sklaven«, dem *terror servilis*, den die Besitzenden beim ersten Aufstandsversuch dieser »Unglücklichen« (*miserrimi*) im Jahre 460 v. Chr. empfanden (Geschichte Roms II, 53–65). Aber erst später, gegen Ende der republikanischen Zeit, kam es im römischen Machtbereich zu den ersten historisch belegten Sklavenaufständen – Aufständen, die in der Geschichte der Menschheit zu den frühesten zählten, in denen sich Unterdrückte gegen die soziale Ungerechtigkeit erhoben.

Die Epoche der Sklavenaufstände

Warum gerade gegen Ende der republikanischen Zeit? Zweifelsohne weil die territoriale Expansionspolitik, die zu einem starken zahlenmäßigen Anstieg der Sklaven geführt hatte, bei diesen – trotz der Vielfalt ihres sozialen Standes – zu einer Art »Klassenbewusstsein« geführt hatte. Ein Bewusstsein, das zudem durch die Verbreitung subversiver Ideen, wahrscheinlich religiösen Ursprungs, wachgerüttelt wurde, die (wie zahlreiche Sklaven auch) aus Griechenland oder dem hellenistischen Osten kamen.

So war es zweifelsohne kein Zufall, wenn die drei großen Aufstände gegen die Römer – die diese in ihrem Entsetzen über die Gewalttätigkeit als richtige Kriege, als »Sklavenkriege«, ansahen – mit einem Abstand von jeweils dreißig Jahren zwischen 140 und 70 v. Chr. in Süditalien und Sizilien erfolgten,[36] anders gesagt, in Gegenden, die sowohl von der griechischen Kultur als auch von der Latifundienwirtschaft geprägt waren, bei der die Konzentration beträchtlicher Arbeitskräfte an einem Ort erforderlich war.

Die beiden ersten Aufstände brachen zwischen 134–132 und 103–102 in Sizilien aus. Sie waren um so mehr zum Scheitern verurteilt, als ihre Anführer keinen ausgereiften Schlachtplan besaßen. Ihre unbarmherzige Niederschlagung erklärt teilweise den Rückgang der landwirtschaftlichen Produktion auf der Insel im folgenden Jahrhundert.

Der dritte und berühmteste Aufstand begann 73 v. Chr. in Capua, nahe bei Neapel in Süditalien. Sein Anführer war der Thraker Spartacus, dessen Vergangenheit im Dunkeln liegt. Nachdem er mit etwa dreißig Gefährten aus einer Gladiatorenschule entkommen war, versammelte er dank seiner außergewöhnlichen persönlichen Qualitäten bald ein richtiges Heer von mehreren zehntausend Sklaven um sich. Es kam zu ungewöhnlich heftigen Zusammenstößen mit römischen Legionen. Auf beiden Seiten hieß es erbarmungslos, »Auge um Auge …«. Aber Spartacus, der aus den Niederlagen seiner Vorgänger gelernt hatte, begnügte sich nicht damit zu plündern oder zu töten: er ging nach einer regelrechten Strategie vor.

Unter den Sklaven, deren Führung er übernahm, waren vor allem Kelten und Germanen, die nach den Siegen des Marius über

Römische Gladiatoren. Von einem Grabmal.

die Kimbern und Teutonen (102–101) verschleppt worden waren. Spartacus, der sich sehr wohl der Tatsache bewusst war, dass sie in Italien nie ihre Freiheit wiedererlangen würden, versuchte ihnen im Norden den Rückweg in ihre Heimat zu eröffnen. Es gelang ihm sogar, bis nach Oberitalien zu kommen. Einmal dort, beging er aber – aus uns unbekannten Gründen – einen militärischen Fehler: anstatt weiterzuziehen, kehrte er um und zog wieder nach Süditalien, ohne einen Marsch auf Rom zu wagen.

Dieser Irrtum läutete das Ende all seiner Hoffnungen ein. Marcus Licinius Crassus, der vom Senat zum Befehlshaber über zehn Legionen ernannt worden war, drängte das Sklavenheer bis in den äußersten Südosten der Halbinsel ab. Die Hoffnung der Sklaven, auf Schiffen nach Sizilien übersetzen zu können, zerschlug sich im letzten Augenblick. Anfang des Jahres 71 löste sich ihr Heer auf.

Trotz seiner Tapferkeit unterlag Spartacus, er wurde irgendwo in der Gegend von Brindisi im Kampf getötet. Seine in Gefangenschaft geratenen Gefährten wurden kaltblütig ermordet. Entlang der Via Appia, zwischen Capua und Rom, ließ Crassus zur Warnung sechstausend Sklaven kreuzigen. Der »große« Pompeius seinerseits jagte die letzten Flüchtlinge bis Etrurien. Im folgenden Jahre, 70 v. Chr., wurden die beiden siegreichen Feldherrn – gemeinsam – zu Konsuln berufen.

Von diesen drei Aufständen hat vor allem der letzte, den wir nur aus späteren, keineswegs übereinstimmenden Berichten kennen,[37] die Phantasie der Römer beflügelt und eine dauerhafte Erinnerung hinterlassen. Manchen gilt Spartacus als Erfinder der revolutionären Idee im »proletarischen« Sinne, obwohl dies übertrieben ist, da wir den Inhalt seines »Sozialprogramms« nicht kennen. Sein Name zumindest diente dem Spartakusbund als Aushängeschild, das heißt jener kleinen Gruppe von Sozialisten um Karl Liebknecht und Rosa Luxemburg, die sich im Dezember 1918 von den Sozialdemokraten abspalteten, um die deutsche Räterepublik zu errichten und eine deutsche Kommunistische Partei zu gründen. In Sowjetrussland wurde Spartacus zur proletarischen Symbolfigur erklärt: Die großen Sportveranstaltungen in der UdSSR liefen unter dem Begriff »Spartakiade«, der bekannte armenische Komponist Aram Chatschaturian schrieb 1954 ein »Spartakus«-Ballett. Die Geschichte von Spartacus' Aufstand wurde sehr intensiv von sowjetischen Historikern untersucht, bevor sie schließlich in einem Monumentalfilm von Stanley Kubrick (1960) verherrlicht wurde, zu einer Zeit, in der Regisseure und Schauspieler in Hollywood gern ihre »linke« Einstellung zur Schau trugen.

Gewiss versetzte die von Spartacus geführte Erhebung die besitzende Klasse in Rom in gewaltigen Schrecken, da sie sich zum einen so schnell ausbreitete und zum anderen gewisse freie Proletarier mit aufständischen Sklaven zusammengingen. Bekanntlich stammt das Wort Proletarier aus dem Lateinischen und bezeichnet (nach einem Erklärungsversuch) eine Person, die nichts besitzt außer ihrer Nachkommenschaft (*proles*).[38] Zwischen Sklaven und Proletariern gab es zwar Unterschiede in der Rechtsstellung, aber manche Übereinstimmung in wirtschaftlicher und sozialer Hinsicht. Unter diesen Umständen ist es nicht verwunderlich, wenn sich beide zu einem bestimmten Zeitpunkt ihrer gemeinsamen Interessen bewusst wurden.

Verwunderlicher ist dagegen die Tatsache, dass diese Bewusstwerdung offensichtlich nicht von Dauer war. Jedenfalls gab es nach dem Scheitern des Spartacus innerhalb des römischen Herrschaftsbereichs keine großen Sklavenaufstände mehr. Das Entsetzen, das die blutige Repression des Jahres 71 hervorrief, sowie die von da an erhöhte Wachsamkeit der herrschenden Klasse erklären wahrscheinlich nicht alles. Andere Faktoren spielten ebenfalls eine Rolle.

Einerseits ist in Rom die letzte Jahrhunderthälfte vor unserer Zeitrechnung durch dauernde politische Unruhen gekennzeichnet, die nach dem Attentat auf Caesar in einem neuen Bürgerkrieg eskalierten. Nun zögerten weder die Anhänger Octavians (des künftigen Augustus) noch die seines Gegenspielers Marcus Antonius, flüchtige Sklaven zur Füllung ihrer Ränge zu rekrutieren: damit verhinderten sie, dass die Gewalttätigsten oder Wagemutigsten unter ihnen einen Aufstand anzettelten.

Die Umformung des römischen Staates zum Kaiserreich brachte zudem tief greifende Wandlungen der römischen Wirtschaft und Gesellschaft mit sich.

Als Trajan dann die Expansionspolitik des Reiches zu Beginn des 2. Jahrhunderts unserer Zeitrechnung zum Abschluss brachte, brach die Einfuhr von versklavten Kriegsgefangenen abrupt ab.

Zudem scheint das Sklavendasein allmählich erträglicher geworden zu sein.

Und die Zahl der Sklaven, die ihre Freilassung erlangten, stieg seit dem 1. Jahrhundert unserer Zeitrechnung spektakulär an.

Die letzten beiden Punkte möchte ich im folgenden genauer untersuchen.

Die Kaiserzeit

Seit dem Prinzipat des Augustus ist bei einem Großteil der Sklaven eine *allmähliche Verbesserung ihrer Lage* zu verzeichnen.

Stellen wir einmal folgende Hypothese auf: Könnte es nicht sein, dass diese Verbesserung darauf zurückging, dass sich nach den großen Sklavenaufständen, in denen Italien von blutigen Wirren erschüttert wurde, fast überall die persönlichen Bindungen zwischen Herren und Sklaven gelockert hatten? Hielt es der Staat deshalb seinerseits für nötig, in einen Bereich – den Privatbereich – einzugreifen, der ihm bis dahin verschlossen gewesen war? Sicher nützte dieses Eingreifen der staatlichen Gesetzgebung zunächst den Sklaveneigentümern, wie jener Senatsbeschluss aus dem Jahre 9 n. Chr. zeigt, der jeden Sklaven mit dem Tode bedrohte, der seinem tätlich angegriffenen Herrn nicht zu Hilfe eilte. Aber auf die Dauer gesehen, sollte die Gesetzgebung auch den Sklaven zugute kommen, die durch das Gesetz mehr und mehr vor der Willkür der *potestas dominica* geschützt wurden.

Wie man wohl ahnt, machte diese Entwicklung nur sehr langsame Fortschritte, die außer auf rein rechtlicher Ebene nur schwer einzuschätzen sind. So wurden noch unter Nero (54–68 n. Chr.) auf Grund des Senatsbeschlusses des Jahres 9 vierhundert Sklaven durch das Heer hingerichtet, weil man sie beschuldigte, ihren ermordeten Herrn nicht richtig bewacht zu haben. Auch unter Trajan (98–117 n. Chr.) kam es nicht selten vor, dass man nach der Ermordung eines Herrn alle seine Sklaven auf die Folter spannte, um zu erfahren, was sie darüber wussten. Erst unter Trajans Nachfolger Hadrian (117–138 n. Chr.) begrenzte man den Personenkreis auf jene Sklaven, die sich im Augenblick des Verbrechens in der Nähe ihres Herrn befunden hatten.

Unter Hadrian begann man die bestehende Gesetzgebung, die dem Herrn Recht über Leben und Tod seiner Sklaven gab, etwas abzumildern: Es war nun ebenso verboten, eine Sklavin an einen Zuhälter oder einen Sklaven an einen Unternehmer von Gladiatorenkämpfen zu verkaufen, wie einen Sklaven kastrieren oder ihn hinrichten zu lassen, ohne in der Sache vorher die Zustimmung eines Magistrats eingeholt zu haben. In den Digesten (der großen Sammlung römischer Rechtstexte, die im 6. Jahrhundert auf Anordnung Kaiser Justinians angelegt wurde) befassen sich mehr als siebzig nach dem 2. Jahrhundert n. Chr. verfasste Texte mit dem

Schutz des Sklaven im Haus seines Herrn. Andere Texte aus der gleichen Zeit versuchen die Streitigkeiten zu regeln, die – zweifelsohne immer häufiger – im Grenzbereich zwischen Sklaverei und Freiheit auftauchen konnten und zwar zugunsten letzterer; zum Beispiel wurde einer Person die Freiheit zuerkannt, deren Mutter auch nur einen Tag seit der Empfängnis freigelassen worden war.[39]

Parallel dazu verbesserte sich auch die Stellung der Freigelassenen. Seit Augustus billigte man ihnen das Recht zu, mit einem frei geborenen Partner eine rechtmäßige Ehe (*conubium*) und nicht nur ein Konkubinat (*contubernium*) einzugehen. Andererseits konnten sie, dank des von den Kaisern seit Marc Aurel ziemlich oft gewährten Privilegs der *natalium restitutio* (Wiederherstellung der Geburtsrechte), nun schneller in den Genuss aller Rechte eines Freien gelangen.

Eine solche Weiterentwicklung des Rechts, die sich bemühte, dem Begriff und der Würde der menschlichen »Person« besser Rechnung zu tragen, war zweifellos Ausdruck einer ethischen Höherentwicklung. Dennoch sollte man die Wirkungen einer solchen nicht überschätzen. Denn wenn sich auch auf dem Lande das tägliche Leben eines Sklaven kaum mehr von dem eines freien Bauern unterschied, so nahm man doch noch immer jenseits der Reichsgrenzen »Barbaren« und vor allem Goten gefangen, um sie zu versklaven. Innerhalb der Reichsgrenzen arbeiteten Sklaven weiterhin (zusammen mit Strafgefangenen) in den Bergwerken, wurden weiterhin wie Tiere gejagt, wenn sie flohen, in düstere Kerker gesperrt (*ergastula*), gefoltert und manchmal gekreuzigt (eine typische Hinrichtungsart für Sklaven), während in den Arenen das Blut der Gladiatoren (nun zusammen mit dem Blut christlicher Märtyrer) floss. Andererseits gab es sogar Sklaven, die reich oder mächtig genug waren, um erlaubterweise ihrerseits Sklaven zu besitzen, die ihnen als »Helfer«, *vicarii*, dienten – eine Tendenz, die man schwerlich als »Fortschritt« interpretieren wird.

Angesichts der erwähnten grausamen Züge des römischen Lebens war die Ausbreitung einer neuen »philanthropischen« oder »humanistischen« Geisteshaltung keineswegs selbstverständlich.

Und wenn sie sich schließlich durchsetzte, so deshalb, weil sie aus der Stoa hervorging, jenem philosophischen System, das unter der Dynastie der Antoniner (2. Jahrhundert n. Chr.) die Grundlage der am Kaiserhof tonangebenden Ideologie bildete. Es ist also wichtig, deren Rolle hier genauer zu untersuchen.

Die zu Beginn des 3. Jahrhunderts vor unserer Zeitrechnung in Athen entstandene Stoa ist die Philosophie *par excellence* einer in Unordnung geratenen Welt, einer Welt, in der die städtischen Gemeinwesen von monarchischen Großreichen abgelöst wurden, in der sich das Individuum nicht mehr in seinem sozialen Milieu aufgehoben fühlte, in der die religiöse Unruhe immer weiter um sich griff – der hellenistischen Welt also, deren kulturelles Erbe das römische Kaiserreich antreten sollte. Dass die Stoa gerade zur rechten Zeit nach Rom gelangte, ist im übrigen auch der Grund für ihren Erfolg. Lehrte sie doch in einer »Notzeit«, den Schmerz zu ertragen. Predigte sie doch den Kosmopolitismus zu einem Zeitpunkt, da den Bürgern durch den Verfall der Polis auch das Zusammengehörigkeitsgefühl abhanden gekommen war; die Ethik der Stoa verstand es, dieses Vakuum mit einem neuen Identifikationsmuster zu füllen: der Hinwendung zu einer abstrakten Größe, dem Menschengeschlecht. Der Philosoph Poseidonios, der wie sein Lehrer Panaitios ein eklektischer Spätstoiker war, trug wie einige andere zur Latinisierung dieser Philosophie bei. In Rom, wo er sich niederließ und bis zu seinem Tode (51 v. Chr.) lebte, war Cicero einer seiner Schüler, durch dessen Vermittlung das stoische Gedankengut an Seneca tradiert wurde. Seneca († 65 n. Chr.) war der erste, dem in der abendländischen Geistesgeschichte das Verdienst zukommt, die Vorstellung entwickelt zu haben (die der Sophist Alkidamas, wie erwähnt, bereits angedeutet hatte), dass kein Mensch »von Natur aus« Sklave sei.

Zitiert seien hier nur zur Information diese wenigen, zu Recht berühmten Zeilen aus seinem 47. Brief an Lucilius, den er zweifelsohne gegen Ende seines Lebens schrieb: »*Servi sunt? Immo homines.*« »Sklaven sind sie.« – Nein, Menschen. »Sklaven sind sie.« Nein, Hausgenossen. »Sklaven sind sie.« Nein, Freunde von geringem Rang. Sklaven sind sie – nein, Mitsklaven, wenn du bedenkst, ebenso viel steht gegenüber dem einen wie dem anderen frei das Schicksal«.[40] Aber auch hier sollten wir uns nicht täuschen lassen. Ebenso wenig wie irgendein anderer griechischer oder römischer Philosoph – auch nicht die Kyniker, die nur die Verachtung des Reichtums lehrten – verurteilte Seneca die Sklaverei als rechtliche und soziale Institution. Bezog er doch nicht politisch-gesellschaftliche, sondern rein moralische Stellung und begnügte sich damit festzustellen, dass die Seele eines Freien im Körper eines Sklaven wohnen kann – ein Satz, der nur dazu bestimmt war, die aristotelische Theorie von der »naturgegebenen« Sklaverei zurückzuweisen.

Dagegen geht Seneca ausführlich auf die Notwendigkeit ein, Sklaven nicht schlecht und unnötig grausam zu behandeln oder gar zu verachten (was auch eine Form von Grausamkeit ist). Und welche Gründe führt er dafür an? Zweierlei: zum einen erscheint ihm ein anständiges Verhalten gegenüber den Sklaven als beste Voraussetzung für deren Treue, so dass ein gut behandelter Sklave selbst unter der Folter schweigen (!) werde; zum anderen betont er, dass wir doch allesamt Sklaven seien, Sklaven der Furcht oder irgendeiner anderen Leidenschaft, und zumindest Gefahr liefen, auch in der Realität Sklaven zu werden, etwa wenn wir im Verlauf eines Krieges oder einer Reise gefangen genommen würden. Deshalb sollten wir unsere Sklaven nicht schlechter behandeln, als wir selbst behandelt werden möchten. Wir sollten sie uns nicht zu Feinden machen, sondern lernen, sie als *familiares* zu betrachten, als Mitglieder unserer eigenen Familie. Wie man sieht, war die Sicht Senecas trotz seines menschlichen Ethos alles andere als die eines Abolitionisten. Und wenn er Sklavenbesitzer, die ihre Sklaven malträtierten, aufforderte, ihr Verhalten zu ändern, so tat er dies, um jeder Änderung in der gesellschaftlichen Wirklichkeit vorzubeugen.

Seinen »humanistischen«, durchaus konservativen und deshalb so beruhigenden Vorstellungen war bei der herrschenden Schicht ein dauerhafter Erfolg beschieden. Dem Gedankengut Senecas waren auch die beiden letzten großen stoischen Philosophen der Kaiserzeit, der Sklave Epiktet und der Kaiser Marc Aurel, verpflichtet.

Der römische Denker Seneca *und der »Philosophenkaiser«* Marc Aurel.

Der um 50 n. Chr. in Hierapolis (Phrygien) geborene Epiktet wurde von seinem Herrn nach Rom mitgenommen und dort wahrscheinlich freigelassen. Seine philosophischen Vorlesungen hatten großen Erfolg und genossen beim gebildeten römischen Publikum gleichsam »Kultstatus«. Kaiser Domitian verbannte den Gelehrten wegen seines Freimuts 89 aus Rom (im Rahmen einer allgemeinen Philosophenvertreibung); Epiktet zog sich schließlich nach Nikopolis in Epirus zurück, wo er um 130 starb. Der griechische Geschichtsschreiber Arrian (der selbst um 175 starb) übernahm es, die wichtigsten Teile seiner mündlichen Lehre aufzuzeichnen. Man findet hier – besonders in den *Unterredungen* – zahlreiche Passagen, in denen wie bei Seneca das Sklavendasein nur als gesellschaftliche Konvention gesehen wird. Aus dieser Sicht ist es aber nur von geringer Bedeutung, Sklave oder frei zu sein, da die einzige wahre Freiheit – die Freiheit der von allen Leidenschaften befreiten Seele – rein innerlich ist.

Am anderen Ende der sozialen Skala findet man Kaiser Marc Aurel. Seine lange Regierungszeit (161–180 n. Chr.) war durch zahlreiche Feldzüge geprägt, die ihn aber nicht am Schreiben hinderten. Seine in griechischer Sprache verfassten *Selbstbetrachtungen,* voll guter, aber wenig origineller Gedanken und Empfindungen, trugen dazu bei, ihn der Nachwelt als Idealverkörperung des Platon so teuren »Philosophenkönigs« erscheinen zu lassen. Aber natürlich hatte auch er nichts von einem Sklavenbefreier an sich.

Das andere wichtige Merkmal einer Wandlung der römischen Gesellschaft ist, wie erwähnt, dass zahlreiche Sklaven in der Kaiserzeit die Freiheit erlangten.

Diese Tendenz – verstärkt durch die 212 von Caracalla in einem Edikt sanktionierte Tendenz, allen auf römischem Boden lebenden Freien das römische Bürgerrecht zu verleihen – erklärt sich durch das Zusammenspiel verschiedener Faktoren.

Dazu zählten sowohl wirtschaftliche Aspekte (der Niedergang der Wirtschaft in Italien, ebenso verursacht durch die Unfähigkeit, ein für allemal das Gespenst des Getreidemangels zu bannen, wie durch das Fehlen jeglicher gewerblicher Entwicklung) als auch rechtliche Gesichtspunkte (die Vereinfachung des Freilassungsverfahrens vor allem seit Kaiser Konstantin) und schließlich kulturelle Momente. Auch hier stand am Anfang die Verbreitung »philanthropischen« Gedankengutes, das heißt stoizistischer Ideen bei der herrschenden Schicht.

Hier sei erwähnt, dass zwar die Stoa die Grundlage der »philanthropischen« Geisteshaltung bildete, das Christentum aber anscheinend nicht die Rolle bei der Abschaffung der Sklaverei spielte, die ihm katholische Historiker einst zuschreiben wollten. Man kann sogar sagen, dass es gar keine Rolle dabei spielte, da sich die Urkirche zwar prinzipiell für eine Freilassung der Sklaven aussprach, aber wohlweislich hütete, ihre eigenen Sklaven freizulassen.

Ja, mehr noch: In völliger Übereinstimmung mit der Lehre des Evangeliums (Math 22, 21, Marc 12, 17, Luc 20, 25) von einer Trennung von geistlicher und weltlicher Macht (»gebt dem Kaiser, was des Kaisers ist und Gott, was Gottes ist«) betonten die ersten Jünger Christi zwar, dass aus rein geistiger Sicht alle Menschen vor Gott gleich seien (Paulusbriefe: Cor 12, 13, Gal 3, 28, Col 3,11), erinnerten jedoch gleichzeitig sehr wohl daran, dass in der irdischen Welt die Sklaven ihren Herren gehorchen müssten (besonders wenn diese ungerecht sind, da es sonst ja kein Verdienst wäre, zu gehorchen!) und sich auch jede andere Person der bestehenden Obrigkeit unterzuordnen habe, weil »es keine Macht gibt, die nicht von Gott käme« (Röm 13, 1 - 2. vgl. auch Petr I, 2, 18 - 19, Eph 6, 5.7, Tim 6, 1 - 2, Tit 2, 9 - 10). In der Nachfolge von Petrus und Paulus forderten die Konzilien im Laufe der ersten Jahrhunderte unserer Zeitrechnung die Sklaven immer wieder auf, ihre Herren zu achten, predigten ihnen Unterwürfigkeit und verurteilten jede revolutionäre Anwandlung. Was Konstantin, den »ersten christlichen Kaiser«, betrifft, so verbot er, Sklavenbesitzer gerichtlich zu verfolgen, deren Sklaven in Folge einer grausamen Bestrafung gestorben waren.[41]

Wie dem auch sei, die wachsende Zahl an Freilassungen stellte hinsichtlich der Sitten und Gebräuche ein sehr folgenschweres Phänomen dar, weil die meisten Freigelassenen schon sehr bald auf der sozialen Leiter nach oben kletterten. Manche machten ein Vermögen. Das bekannteste literarische (wenn auch karikaturistische) Beispiel für einen solchen sozialen Aufstieg bietet der Parvenu Trimalchio, eine Figur aus dem *Satyricon*, einem im 1. Jahrhundert unserer Zeitrechnung, wohl von Petronius, verfassten Schelmenroman. Jener Trimalchio brüstet sich damit, jahrelang der »Günstling« seines Herrn gewesen zu sein, eines Senators, der sich nicht damit begnügte, ihn freizulassen, sondern ihm auch noch nach seinem Tod Millionen von Sesterzen hinterließ (Kap. 75/6). Eine andere Figur aus dem *Satyricon* stellt sich sogar als ehemaliger Freier vor (wahrscheinlich handelt es sich um eine Übertreibung des Petronius), der freiwillig zum Sklaven wurde, um sich nach seiner Freilassung schneller bereichern zu können, als wenn er auf seinen Ländereien geblieben wäre (57).

Tatsächlich stiegen Freigelassene zu bedeutenden Staatsämtern auf oder wurden wegen ihrer Wohltätigkeit berühmt. Man kennt sogar den Fall, wo zwei von ihnen, Pallas und Narcissus, unter Kaiser Claudius zu Leitern der Finanzverwaltung und der Kanzlei aufstiegen. Im allgemeinen bildeten die Freigelassenen, die im Handel und Finanzwesen stark vertreten waren, schließlich im 2. und 3. Jahrhundert unserer Zeitrechnung eine Art »Mittelschicht«. Auf dieser Grundlage entstand die neue Gesellschaft der Kaiserzeit.

Es ist nicht verwunderlich, dass dieses Phänomen seitens der herrschenden Schicht zu unterschiedlichen Reaktionen führte. Die eher konservativen Kaiser bemühten sich darum, die Bewegung einzudämmen. Als erster erließ Augustus einschränkende gesetzliche Verfügungen: so verbot er, Sklaven unter 18 Jahren freizulassen. Freigelassene Sklaven unter dreißig erhielten nur unter bestimmten Bedingungen das römische Bürgerrecht, und gleichzeitig (d. h. testamentarisch) durfte ein Herr nicht mehr als ein Fünftel seiner Sklaven oder insgesamt mehr als 100 davon freilassen. Zudem wiederholte und verschärfte Augustus die rechtlichen Bestimmungen, wonach erst die Enkel eines Freigelassenen in den vollen Genuss der Privilegien kommen sollten, die mit dem Erwerb des römischen Bürgerrechts verbunden waren. Doch wenn auch seine und die von seinen Nachfolgern im gleichen Sinne getroffenen Maßnahmen momentan den Gang der Dinge verzögerten, so konnten sie ihn doch nicht umkehren.

Die »gute Gesellschaft« Roms ihrerseits behandelte die Freigelassenen weiterhin voller Verachtung. Sie tendierte sogar seit Beginn des Kaiserreiches dazu, nur noch diejenigen wirklich als *ingenui* gelten zu lassen, die mindestens zwei Generationen freier Vorfahren nachweisen konnten. Bedenkt man, dass Sklaven ursprünglich Fremde waren, so lässt diese Tendenz die Entwicklung eines unverkennbar »rassistischen« Vorurteils, im heutigen Sinn des Wortes, erkennen.

Aber die Freigelassenen kümmerten sich wenig darum. Die einen, wie der Trimalchio des Petronius, der als Prototyp des Emporkömmlings seine Reichtümer auf bombastische Weise zur Schau stellte, rächten sich, indem sie ihren freigelassenen Freunden prunkvolle Bankette gaben.[42] Die anderen fanden sich eher unauffällig mit der Diskriminierung ab, unter der sie zu leiden hatten. Wussten sie doch, dass ihre Nachkommen nichts mehr damit zu tun haben würden und ungehindert Zugang zu jener Sphäre politischer Aktivitäten haben würden, die ihnen selbst verschlossen blieb. Denn das Römische Reich, dem man zumindest diese den griechischen Poleis der klassischen Antike unbekannte Qualität zugestehen muss, funktionierte wie ein riesiger Kessel, in dem ein Gebräu aus vielen verschiedenen Ethnien hergestellt wurde (heute würde man von einem *melting-pot* sprechen). Und wenn auch manche in seiner »Orientalisierung« den Keim zu seiner »Dekadenz«[43] sahen, so begrüßten doch andere in dieser Entwicklung die unentbehrliche Voraussetzung für eine moralische Bewusstwerdung, deren Auswirkungen noch immer fühlbar sind.

So wurde in der Kaiserzeit die auf Sklavenarbeit basierende Produktionsmethode allmählich abgelöst – als ob sie logischerweise verschwinden müsste, sobald es die demokratische Polis nicht mehr gäbe, mit der sie in Griechenland Einzug gehalten hatte und deren Gegenbild sie darstellte. Jedenfalls sollte sie das Ende des Kaiserreiches nicht überleben. Während die Praxis der Sklavenhaltung selbst fortbestand.

VIERTES KAPITEL

Die Sklaven im mittelalterlichen Abendland

In der Einleitung zu seinem Werk über die mittelalterliche Sklaverei[44] nennt der Historiker William D. Philipps als Grund für die Abfassung eines solchen Buches die Tatsache, dass seine Studenten nichts über die Existenz von Sklaven auf europäischem Boden in den tausend Jahren vor der Entdeckung Amerikas zu wissen scheinen.

Um ganz gerecht zu sein, müsste man hinzufügen, dass dies nicht allein die Schuld dieser Studenten war. Bis in die 60er Jahre des 20. Jahrhunderts waren die meisten Fachwissenschaftler ebenso unwissend und manche sind es heute noch. Für sie war die Sklaverei, die schon in spätrömischer Zeit überall auf dem Rückzug war, dank der Verbreitung der christlichen Moralvorstellungen mit dem Untergang des Reiches ebenfalls untergegangen. Wenn im Laufe der folgenden Jahrhunderte manche Dokumente das Gegenteil zu beweisen schienen, so konnten diese mittelalterlichen Sklaven – Christen, die von Mauren oder Mauren, die von Christen entführt wurden – nur die Zufallsopfer der ständigen Seeräuberei im Mittelmeerraum sein, was dem ganzen einen anekdotenhaften Anstrich gab. Gerade weil die Sklavenhalterordnung durch die feudale Produktionsmethode ersetzt worden war, galt die Sache als abgetan: Nach dem 5. Jahrhundert unserer Zeitrechnung konnten Sklaven im wirtschaftlichen und sozialen Leben keine Rolle mehr gespielt haben. In vielen wissenschaftlichen Handbüchern über das Mittelalter gibt es also immer noch kein Kapitel über die Sklaverei

97

und das Wort »Sklave« taucht in der (sonst bemerkenswerten) Darstellung der Kulturgeschichte des mittelalterlichen Abendlandes von Jacques Le Goff nicht auf.[45]

Dank der grundlegenden Arbeiten von Marc Bloch[46] und vor allem dem Monumentalwerk des großen belgischen Historikers Charles Verlinden[47] rücken die heutigen Mediävisten von dem Irrtum (oder der Verblendung) früherer Gelehrter mehr und mehr ab. Sie räumen ein, dass das Ende der Sklavenhaltung (als Produktionsweise) keineswegs zum Verschwinden der Sklaverei als solcher geführt hat. Selbst wenn diese nach der Völkerwanderung nicht mehr die gleiche wirtschaftliche Rolle wie vorher spielte, selbst wenn sie vielerorts zu einer Randerscheinung wurde, so bestand sie dennoch bis zum Ende des 16. Jahrhunderts selbst in Europa in nicht unerheblichem Umfang fort.

Diese Version entspricht nicht nur als einzige den Tatsachen, sondern sie macht es uns auch leichter, die sonst unerklärliche Tatsache zu verstehen, warum die Sklaverei in den Kolonien der Neuen Welt wiederauflebte. Wie schon Verlinden schreibt: »Man hat zu oft vergessen, dass die Staaten, die als erste Sklaven als Arbeitskräfte in den Kolonien benutzten, dies schon seit Jahrhunderten in ihren Heimatländern taten. Die Sklaverei des europäischen Spätmittelalters war der direkte Vorläufer jener Sklaverei, die durch die Kolonialwirtschaft unbedingt geboten erschien.«[48]

Das vorliegende Kapitel ist der Beschreibung der Formen gewidmet, die diese mittelalterliche Sklaverei annahm. Es wird sich sowohl mit der muslimischen wie mit der christlichen Welt beschäftigen, da sich beide in dieser Epoche intensiv gegenseitig beeinflussten.

Zu Beginn werde ich die für diese Zeit typischen Gesellschaftsentwicklungen beschreiben sowie eine besondere Form von Zwangsarbeit, die darin eine besondere Stellung einnahm: die Hörigkeit. Muss man diese doch zwangsläufig mit der Sklaverei vergleichen, obwohl sie sich auf rechtlicher wie auch auf wirtschaftlicher Ebene davon unterscheidet.

Vom frühen zum späten Mittelalter: Aufstieg und Niedergang des Lehnswesens

Nach der Herrschaft Trajans (berühmt durch seinen letzten siegreichen Feldzug gegen die Daker, dargestellt auf der Trajanssäule in Rom) verzichteten die römischen Kaiser auf eine weitere Ausdehnung ihres Reiches. Deshalb versiegte zugleich mit der militärischen Expansion auch die Hauptquelle für die Versorgung mit sklavischen Arbeitskräften. Die darauf folgende wirtschaftliche und demographische Stagnation läutete den Niedergang des Römischen Reiches ein. Um die fehlenden Sklaven zu ersetzen, schickte Rom Kolonen (*coloni*) aus, um die zum *imperium* gehörenden Ländereien zu bebauen: aber wegen der allgemeinen Verarmung waren viele von ihnen materiell fast wie Sklaven gestellt.

Die äußeren Grenzen des Reiches dagegen wurden immer öfter von »Barbaren« bedroht. Im 3. Jahrhundert gelang es dem Reich noch, ihre ersten Angriffe abzuwehren. In die Defensive gedrängt, teilte es sich nach dem Tode Kaiser Theodosius' I. (395) in ein West- und ein Ostreich. Zuerst brach 476 das Kaisertum des Westreichs zusammen. Danach sollten sich die Migrationen und Einfälle »barbarischer« Völkerschaften (Hunnen, germanische Völker, slavische Völker) noch über einige Jahrhunderte hinziehen, bis sie seit 622 (dem Jahre I der islamischen Zeitrechnung) von den Anfängen der arabischen Expansion verstärkt wurden, die in den Vorderen Orient wie auch nach Afrika und Südeuropa vorstieß (auf der Iberischen Halbinsel landete 711 Tarik, ein muslimischer Berber, der dem Felsen von Gibraltar, Dhabal Tariq, seinen Namen gab).

Die Völkerwanderung führte nicht notwendigerweise zur Abschaffung der Sklaverei – umso mehr als die Germanen selbst gerne auf diese Praxis zurückgriffen.[49] Man kann sogar sagen, dass die Herrschaft germanischer Völker in einigen Fällen die Stellung der Sklaven und anderer minderberechtigter Bevölkerungsgruppen noch verschlechterte: So unterwarfen die Westgoten, die den christlichen Glauben zunächst in der Form des Arianismus angenommen hatten, nach der Eroberung der Iberischen Halbinsel die Juden Spaniens zeitweise einer harten Knechtschaft, von der sie erst die maurische Besetzung des Landes im 8. Jahrhundert befreien sollte. Daneben hatte die Völkerwanderung aber auch noch andere Folgen: sie zog tief greifende soziale Veränderungen nach sich, deren wichtigste ein allgemeiner Rückzug der Bevölkerung aus den Städten aufs Land war.

Wegen der allgemeinen wirtschaftlichen Zerrüttung (die selbst eine Folge der Zerstörung der Städte und der Geldverknappung war) zogen sich die Reichen auf ihre Ländereien zurück. Vom Hunger getrieben, hatten die Armen ihrerseits keine andere Wahl, als auf diesen großen Landgütern Arbeit zu suchen und dabei die von den Besitzern diktierten Bedingungen anzunehmen. Zur dauerhaften Sicherung ihrer Einkünfte suchten letztere der geographischen Mobilität ihrer Abhängigen Einhalt zu gebieten: deshalb waren sie mit allen ihnen zur Verfügung stehenden Mittel bestrebt, die Bauern an ihre Scholle zu binden. Die Kirche machte sich noch zum Sprachrohr dieses rechtlichen Zwangs, indem sie die Massen lehrte, sich mit ihrem Los zufrieden zu geben. So wurde die mittelalterliche Gesellschaft auf Jahrhunderte zu einer Gesellschaft von Grundholden, die abhängig von ihrem Herrn an einem bestimmten Ort blieben: hier muss man den Ursprung der Hörigkeit suchen.

Seit dem Jahre 543 kam mit der Völkerwanderung auch die Pest ins Abendland. Das »tragische 7. Jahrhundert«[50] war in allen Bereichen eine Zeit des Rückschritts, auch auf dem Gebiet von Technik und Produktion. In einem so unsicheren sozialen Umfeld wird verständlich, wieso die persönliche Bindung des Schwachen an den Starken die einzige zuverlässige soziale Bindung überhaupt darstellte. Erst in der zweiten Hälfte des 8. Jahrhunderts sollte die zaghafte »karolingische Renaissance« das Wirtschaftswachstum neu beleben. Als unmittelbaren Grund dafür erkennen die Historiker jetzt unter anderem die Rolle an, die der Aufschwung der arabischen Welt (7.–8. Jahrhundert) spielte, deren Wohlstand im Abendland zu einem Wiederanstieg der Warenausfuhr in den Orient beitrug – unter anderem der Ausfuhr von Sklaven, jener »Handelsware«, deren wichtigster europäische Umschlagplatz zur Zeit Karls des Großen die Stadt Verdun war.

Um die Jahrtausendwende zeichnete sich eine zweite »Renaissance« ab. Grund dafür war neben dem technischen Fortschritt und der Weiterentwicklung der Landwirtschaft die Einrichtung immer neuer Baustellen (Kirchen, Kathedralen, Burgen), der für lange Zeit wichtigsten »Industrie« im Mittelalter. Die demographische Explosion, die Folge wie Ursache dieser tief greifenden Veränderungen war (die Bevölkerung des Abendlandes verdoppelte sich zwischen 1000 und 1300), erleichterte nicht nur eine Wiederbelebung der Städte und des Handels, sondern erlaubte es auch, künftig immer mehr auf sklavische Arbeitskräfte zu verzichten. Standen doch nun genügend freie Arbeitskräfte immer zahlreicher und billiger zur Verfügung, und dies zu einem Zeitpunkt, da Sklaven immer teurer, weniger leicht zu beschaffen und schwieriger zu halten waren.

Diese neuen Arbeitskräfte sollten jedoch nur in den Städten Freiheit und Freizügigkeit erlangen. Auf dem Lande, wo die Mehrheit der Bevölkerung lebte, waren die meisten Bauern fest an die Grundherrschaft gebunden, auf der sie arbeiteten. Tatsächlich befinden wir uns in dieser Zeit, zwischen dem 11. und 13. Jahrhundert, auf dem Höhepunkt des Lehnswesens, eines hierarchischen Systems persönlicher Bindungen zwischen Mitgliedern der herrschenden Schichten, deren materielle Grundlage der Grundbesitz bildete. Ein Grundherr, der ein Lehen besaß, wurde zu einem Lehnsherrn, wenn er dieses einem »Vasallen« gab. Als Entgelt für diese Übertragung leistete der Vasall seinem Herrn den Lehnseid und verpflichtet sich durch einen Treueid, diesem »Rat und Hilfe« zu gewähren. Was das Lehen betraf (ein Wort, das Anfang des 11. Jahrhunderts aufkam) so handelte es sich dabei normalerweise um ein Stück Land. Da jener, der es bekam (und seinerseits an seine Nachkommen weitergab), ein Adliger war, fand er es seiner nicht würdig, es selbst zu bebauen. Er ließ es also durch seine »Hörigen« bearbeiten, die trotz der etymologischen Ableitung (frz. *serf* kommt von lat. *servus*) keine Sklaven, sondern Bauern waren, die allerdings an die von ihnen bearbeitete Scholle gebunden waren und diese – unter Gewaltandrohung – nicht verlassen durften.

Wenn dieses System auch geeignet war, der gesellschaftlichen Zersplitterung Einhalt zu gebieten, so verhinderte es doch nicht die politische Aufsplitterung (diese sollte erst durch die Ausbildung der modernen Staaten überwunden werden). Es begünstigte auch nicht eine Steigerung der landwirtschaftlichen Produktivität, die wie die Technologie selbst – mit einigen rühmlichen Ausnahmen wie der Einführung des Gespanns – zu stagnieren drohte. Zudem wurde dieses System seit dem 13. Jahrhundert von oben wie von unten doppelt in Frage gestellt: von oben, da sich in den meisten europäischen Ländern die politische Macht mehr und mehr in der Hand eines Königs konzentrierte, was seinen direkten Vasallen, den großen Lehnsträgern, unvermeidlich zum Nachteil gereichte; von unten, da die Bauern allmählich eine Verbesserung ihrer rechtlichen (wenn schon nicht ihrer materiellen) Lage erreichten, was schließlich, besonders in Westeuropa, zum fast völligen Verschwinden der Hörigkeit führte. Aber wenn das Lehnssystem »in Reinkultur« nach 1400 nicht mehr existierte, so sollte das Königtum, in dem es gipfelte, noch eine wichtige Rolle spielen, bevor es Ende des 18. Jahrhunderts mit dem unwiderruflichen Aufstieg des Bürgertums endgültig unterging.

Innerhalb dieses in ständiger Entwicklung begriffenen Prozesses erscheint das 14. Jahrhundert als eine Phase der Stagnation, wenn nicht gar eine Periode zeitweiligen Niedergangs. Von einer wirtschaftlichen Rezession, sozialen Erschütterungen und erneut von der Pest heimgesucht, die seit 1348 Leib und Seele gleichermaßen quälte, machte das Abendland eine schwere Krise durch. Zu ihrer Überwindung erschienen manchen der Krieg, die Flucht nach vorne und die Expansion – dieses Mal außerhalb Europas – die einzig möglichen Lösungen. So war es nicht weiter verwunderlich, wenn seit Beginn des 15. Jahrhunderts die Seefahrer zu großen Expeditionen aufbrachen, um die afrikanischen Küsten zu erforschen oder sich bald darauf auf die Suche machten, um eine Westpassage nach Indien zu finden.

Entstehung und Formen der Hörigkeit

Zwischen dem 7. und 9. Jahrhundert löste die Hörigkeit die Sklaverei in der Gesellschaftsstruktur des Abendlandes allmählich ab.

Dieser Prozess setzte ein, als sklavische Arbeitskräfte immer seltener wurden. Noch gegen Ende des 5. Jahrhunderts kam es vor,

Feldarbeit wird in zahlreichen illuminierten Handschriften des hohen Mittelalters dargestellt. Sie wurde großenteils von hörigen Bauern im Rahmen der Grundherrschaft verrichtet. Eine Abbildung aus einer illustrierten Fassung der im 9. Jahrhundert verfassten Enzyklopädie »De universo« des Hrabanus Maurus. *Montecassino, um 1022/23.*

dass bei Raubzügen außerhalb der Grenzen des ehemaligen Römischen Reiches einige »Heiden« gefangen genommen wurden. Aber die Beute fiel immer geringer aus, während der Preis für die Gefangenen stieg. Sahen sich doch die europäischen Händler seit dem 8. Jahrhundert aus den islamischen Ländern, die zu dieser Zeit reicher als die christlichen waren, mit einer steigenden Nachfrage nach Sklaven konfrontiert. Hinzu kam noch, dass es der zu geringe Geldumlauf nicht erlaubte, Sklavenarbeit durch Lohnarbeit zu ersetzen.

Die Lösung des Problems lag also in einer radikalen Veränderung der wirtschaftlichen Lage der unfreien Bauern (die bei weitem am zahlreichsten waren). Die großen Arbeitskolonnen von Sklaven, die sich einst auf den ausgedehnten Landgütern geplagt hatten, waren mit deren Zerfall aufgelöst worden. Die dazugehörigen Sklaven wurden nun meistens paarweise in kleineren, aber unabhängigen Betrieben (Hofstellen) eingesetzt. Ein solches *casamentum* (wie man zu dieser Zeit sagte), eine Form von Pachtverhältnis, die im Gallien des 8. Jahrhunderts weite Verbreitung fand, verpflichtete den Herrn, seinem Sklaven einen Teil seiner Arbeitszeit zur freien Verfügung zu lassen. Zwar galt er als »beliebig zins- und fronpflichtig« (wobei der »Zins« eine Abgabe und die »Fron« eine Arbeitsverpflichtung darstellten, die im Mittellatein als *corrogata* (*opera*), frz. *corvée*, bezeichnet wurde), arbeitete aber praktisch nur die Hälfte der Woche auf den Feldern seines Herrn. Dadurch erwarb er den Anspruch auf ein Familienleben und eine relative wirtschaftliche Unabhängigkeit. Unmerklich (und ohne, dass diese Umwandlung zwangsläufig eine ausdrückliche Änderung seiner Rechtsstellung mit sich gebracht hätte) wurde er zum »Hörigen«.

Sein Herr konnte dabei nur gewinnen. Anstatt das ganze Jahr über Arbeitskräfte ernähren zu müssen, deren Nutzen entsprechend dem jahreszeitlichen Rhythmus der Landarbeit vor allem saisonbedingt war, konnte er nun seinen Bauern die Mühe überlassen, sich selbst zu ernähren. Zudem vermehrten diese sich, sobald sie rechtmäßig eine Familie gründen konnten: Dem Herrn wurde damit die finanzielle Belastung abgenommen, neue junge Sklaven zu kaufen, um die Kranken und Verstorbenen zu ersetzen.

Der Rechtsstand des Hörigen wiederum wurde vor allem dadurch bestimmt, dass ihm die Qualität der Freiheit fehlte. Der Hörige gehörte nicht zum »Volk«. Für die staatlichen Institutionen existierte er nicht. Eine waffenfähige Laufbahn blieb ihm verschlossen. Er durfte die Kirche nicht durch den Haupteingang betreten. Er konnte keinen Eid leisten. Sein Herr, der für seine Taten vor Gericht verantwortlich war, hatte das Recht, ihn nach Belieben zu bestrafen. Damit der Hörige von diesen Einschränkungen frei und in die Gemeinschaft der Freien aufgenommen wurde, war eine Zeremonie erforderlich: die Freilassung.

Die Hörigkeit schloss andererseits eine enge persönliche Abhängigkeit ein. Der Hörige gehörte nicht sich selbst. Er hatte nicht das Recht, das Land zu verlassen, auf dem er arbeiten sollte. Er war das Eigentum eines anderen Menschen, der ihn kaufen, verkaufen oder vererben konnte, ganz wie es ihm beliebte. Diese erbliche Abhängigkeit wurde durch die Mutter übertragen (eine aus dem römischen Recht überkommene Regel, wonach die Nachkommen einer Sklavin ihrem Besitzer gehörten, da die Sklavenehe rechtlich nicht anerkannt war). Der Herr verfügte also nach Belieben über die Kinder seiner Hörigen. Wenn der Zufall der Besitz- und Erbteilungen es wollte, dass ein Höriger zu weit von seinem Besitzer entfernt wohnte, um für ihn arbeiten zu können, musste er dennoch jedes Jahr zu einem bestimmten Zeitpunkt eine persönliche Abgabe, den Kopfzins (*chevage*) zahlen. Gelang es einem Hörigen andererseits, etwas anzusparen, so konnte dies *de jure* sein Herr – ganz oder teilweise – beanspruchen; der Herr war Haupterbe seines Hörigen und zog bei dessen Tod seinen Anteil, den *Sterbfall* (*mainmorte*), ein. Wollte der Hörige eine Frau heiraten, die nicht zur *Genoßsame*, zur Gruppe jener, die von seinem Herrn abhängig waren, gehörte, so musste er an ihn eine Abgabe, die *Beddemund* (*Formariage*) bzw. den Brautgulden, abführen, da der Herr Gefahr lief, seine Rechte auf die Nachkommenschaft seines Hörigen zu verlieren.

Dennoch unterlag der Hörige nicht uneingeschränkt der Gewalt seines Herrn, wie dies bei Sklaven der Fall war. Dieser Gewalt waren vielmehr durch die christliche Morallehre ebenso Grenzen gezogen wie durch den allgemeinen Brauch (*coutume*), jenen Komplex schriftlich nicht fixierter »Gewohnheitsrechte«, die das Leben der Herrschaft und des Dorfes bestimmten. Zudem wurde die traditionelle Barriere zwischen Sklaverei und Freiheit durch die Entwicklung politischer Institutionen, die zwischen dem 11. und 12. Jahrhundert zur Blüte des Lehnswesens führte, nach und nach etwas eingeebnet. Seit dem 10. Jahrhundert wurde in der Vulgarsprache durchgehend der Begriff Höriger verwandt, während auch die Rechtsgelehrten nicht länger von *servus* sprachen. War ihnen doch sehr wohl bewusst, dass dieser Begriff nicht mehr der wirklichen Lage der Hörigen entsprach.

Im Laufe des 11. und 12. Jahrhunderts[51] bestand die Tendenz, auch Männer und Frauen zu den Unfreien zu rechnen, die zwar freier Herkunft waren, aber gegenüber irgendeinem Herrn in einem ähnlichen Abhängigkeitsverhältnis standen. Die Zahl dieser Leute, die in den Quellen als Eigenleute eines Herrn (oder besser noch als seine *homines de corpore*) bezeichnet wurden, stieg seit karolingischer Zeit immer mehr an. Entstand doch damals eine Bewegung, die viele bedürftige Schutzsuchende veranlasste, ihr Schicksal in die Hand eines Mächtigeren als sie selbst zu legen. Aber die Tatsache, dass man sein Leben einem anderen anvertraute, blieb nicht ohne Folgen. Nicht nur, dass diese Bedürftigen gezwungen wurden, die gleichen Verpflichtungen wie die eigentlichen Hörigen einzugehen, sondern ihre Abhängigkeit wurde sogar erblich (obwohl nun in väterlicher Linie, da sie als Freie galten).

Da die Hörigkeit, anders als die Sklaverei, das Individuum nicht an jeder wirtschaftlichen Eigeninitiative hinderte und das demographische Wachstum nicht bremste, konnte man sie – gemäß den Worten von Georges Duby – für einen »Wachstumsfaktor« halten.[52] Nichtsdestotrotz hatten die Hörigen, genau wie vor ihnen die Sklaven, nur ein Ziel, die Freiheit. Da sie nicht nur ausgebeutet, sondern auch systematisch gedemütigt und missachtet wurden, flohen sie, sobald sich eine Gelegenheit bot. Die Glücklicheren fanden Zuflucht in einer möglichst weit von der Burg ihres Herrn entfernt gelegenen Stadt (man versuchte so, eventuelle Beistandspakte zu umgehen, durch die sich verschiedene Herren verpflichtet hatten, jeweilige Flüchtlinge an den rechtmäßigen Besitzer auszuliefern). Andere Hörige wurden so reich, dass sie sich ihre Freiheit, ihre *franchise* (der Name des fränkischen – französischen – Volkes wurde wohl schon seit den Anfängen der Frankenherrschaft im nördlichen Gallien mit frei, »*franc*« gleichgesetzt), kaufen konnten, sei es nun auf individueller Grundlage oder im Rahmen ihrer Dorfgemeinschaft: So gelang es den meisten Landbewohnern der Île-de-France unter Ludwig IX. dem Heiligen (1226–1270), ihre Freiheit durch königliches Privileg zu erlangen.

Ab dem 12. Jahrhundert nahm die Zahl und Härte der Frondienste ab, während nur noch jene Bauern Hörige blieben, die fast völlig mittellos waren. Bedingt durch soziale Unruhen und Epidemien ging die Zahl der Hörigen im westlichen Europa im 14. und 15. Jahrhundert fast auf Null zurück. Als schließlich in der Nacht des 4. August 1789 die Französische Revolution die Hörigkeit zusammen mit den übrigen feudalen Privilegien abschaffte, bestand sie in Frankreich nur noch als ferne Erinnerung an das Ancien Régime fort.

In Osteuropa dagegen, d.h. in Nord- und Ostdeutschland, Polen, Böhmen und Mähren, Ungarn, der Moldau und Valachei (dem heutigen Rumänien), dem Baltikum sowie den altrussischen Ländern, führten andere politische Voraussetzungen dazu, dass sich die Eigenbewirtschaftung riesiger Ländereien durch die adligen Großgrundbesitzer im Spätmittelalter verstärkte (Gutsherrschaft) und einzelne Staaten diesen am Beginn der Neuzeit schrittweise eine fast absolute Gewalt über ihre Bauern zugestanden, einschließlich des Rechts, sie an die Scholle zu binden. So entstand in Osteuropa eine neue Form der Leibeigenschaft, auf die hier nicht eingegangen werden kann, die aber in der Sozial- und Wirtschaftsgeschichte dieser Länder – und insbesondere in der Geschichte Russlands – eine beherrschende Rolle spielte.

Diese Leibeigenschaft, die nicht in allem mit der Hörigkeit im mittelalterlichen Abendland gleichgesetzt werden kann, sollte ungeachtet der Reformen im Russland des 18. Jahrhunderts – unter Peter dem Großen und Katharina der Großen – und trotz zahlreicher Bauernaufstände bis weit ins 19. Jahrhundert unvermindert in Kraft bleiben und erst 1861 durch Zar Alexander II. abgeschafft werden.

Die Sklaven im christlichen Abendland

Zwar spielte in der Wirtschaft des Mittelalters die Landwirtschaft die beherrschende Rolle und die überwiegende Zahl der europäischen Bauern waren in dieser Zeit Hörige, aber dies hieß nicht – wie noch einmal ausdrücklich betont werden soll –, dass es keine Sklaven mehr gab.

Ganz im Gegenteil. Im Europa des 7. und 8. Jahrhunderts gab es, wie »aus allen überlieferten Texten hervorgeht …, zahlreiche Männer und Frauen, die man auf Lateinisch als *servus* und *ancilla* oder mit dem Neutrum *mancipia* bezeichnete, das besonders deutlich macht, dass sie nur Sachen waren«.[53] Diese Menschen wurden in der Tat wie Werkzeuge behandelt, wie lebendes Handwerkszeug, das sein Besitzer je nach Belieben benutzen und pflegen konnte, und dessen Geldwert gegen Ende des 8. Jahrhunderts den eines Pferdes nicht überstieg.

Hätte sich die Kirche nicht gegen eine solche Praxis, die so wenig der christlichen Nächstenliebe entsprach, auflehnen müssen? Gewiss empfahl sie den Sklavenbesitzern wie schon seit den letzten Tagen des Weströmischen Reiches, ihre Sklaven freizulassen. Aber sie war weit davon entfernt, daraus eine moralische Verpflichtung abzuleiten oder gar ihre eigenen Sklaven in Freiheit zu setzen. In der Tat war der mittelalterlichen Kirche vor allem daran gelegen, möglichst viele Menschen, besonders in den höheren Gesellschaftsschichten, zu bekehren: deshalb enthielt sie sich – wie vorher bereits Christus und die ersten Apostel – auch jeder Kritik an der bestehenden Ordnung.[54] Diese Vorsicht kam dem Denken des Klerus umso mehr entgegen, als seine Lehre eine Abwertung alles Weltlichen in sich barg: war doch das »wahre« Leben für ihn das geistliche, nicht das irdische Leben, das Leben nach dem Tode, nicht das Leben hier auf Erden. Eine Überzeugung, die ihrerseits dazu führte, dass der Klerus in der Regel sozialen Ungerechtigkeiten gegenüber gleichgültig blieb, eine Gleichgültigkeit, die nach der Renaissance auch der »laikale« Klerus des modernen Europa – die so genannten Humanisten, Philosophen und Gelehrten – an den Tag legen sollte.

Für Augustinus (354–430) war die Stellung eines Sklaven beklagenswert, wie das Böse, von dem sie nur eine der zahlreichen Facetten war. Im Grunde aber war sie wie das Böse selbst nur eine Spätfolge der Erbsünde, ihrer eigentlichen Ursache: »*prima servitutis causa peccatum est*« (*Gottesstaat*, Buch XIX, Kap. 15). Aus einer solchen Sicht erschien die Sklaverei nicht nur wirtschaftlich notwendig, sondern auch theologisch und moralisch vertretbar – oder anders gesagt, »natürlich«. Nachdem Thomas von Aquin (1228–1274) das erste Buch der *Politik* des Aristoteles mit peinlicher Sorgfalt kommentiert hatte, bestätigte er achthundert Jahre später dessen These, dass es in der Ordnung der Dinge läge, wenn manche Menschen zur Welt kämen, um anderen ihr Leben lang zu dienen.

Den Nachklang dieser theoretischen Erklärungen findet man in der kirchlichen Praxis wieder. Papst Gregor I. (590–604) zum Beispiel verbot Sklaven, freie Christen oder Christinnen zu heiraten.

Die christlichen Denker Augustinus *und* Thomas von Aquin.

Das ganze Mittelalter hindurch arbeiteten Tausende von Sklaven auf den bei Rom gelegenen Landgütern der Päpste oder auf den Besitzungen der großen Klöstern der abendländischen Christenheit. Die Abtei Saint-Germain des Prés zu Paris beschäftigte auf ihren riesigen Fronhöfen zu Anfang des 8. Jahrhunderts mehr als achttausend Sklaven. Etwas später, unter Karl dem Großem (768 – 814), wurde Priestern kirchlicherseits ausdrücklich erlaubt, zwei Sklaven, einen Mann und eine Frau, zu besitzen.

Es gab nur eine offizielle Einschränkung und die betraf den Besitz christlicher Sklaven durch Juden, den bereits der römische Kaiser Konstantin II. 339 verboten hatte. Dieses zweifelsohne regelmäßig übertretene Verbot (besaßen doch die Juden wie die Christen Sklaven und trieben manchmal Handel damit) wurde im Laufe der folgenden Jahrhunderte häufig wiederholt – besonders in den *Siete Partidas* (1256–65), einer unter König Alfons X., dem Weisen, von Kastilien angelegten Sammlung von Gesetzestexten, die jeden dieses Verbrechens schuldigen Juden mit dem Tode bestrafte. Man ahnt, was dahinter steckt: Da das mosaische Gesetz den Besitzer jüdischer Sklaven verpflichtete, diese nach sieben Jahren freizulassen, mussten Christen im Dienste eines jüdischen Besitzers nur zur Religion ihres neuen Herrn konvertieren, um baldmöglichst ihre Freiheit zu erhalten. Bekanntlich sollte die Konkurrenz zwischen

Kirche und Synagoge das ganze Mittelalter über sehr lebendig bleiben …

War vielleicht die Ostkirche liberaler als die römische Kirche? Keineswegs. Das Byzantinische Reich (anders gesagt, das ehemalige Oströmische Reich) hatte Konstantinopel zur Hauptstadt: dieses war aber nicht nur die größte Stadt des Mittelalters, sondern auch, wie einst das antike Byzantium, ein wichtiger Umschlagplatz für Sklaven. Bis es 1453 n. Chr. in die Hand der Türken fiel, blieb die detaillierte Sklavengesetzgebung Kaiser Justinians aus dem 6. Jahrhundert in Kraft – eine Lage, mit der sich die Ostkirche (die man nach dem Schisma von 1054 als *orthodoxe* Kirche bezeichnete) sehr gut abfand. Erst 1095 sollte ein byzantinischer Kaiser den Sklaven die Erlaubnis erteilen, sich kirchlich trauen zu lassen. Eine Besonderheit der byzantinischen Sklaverei – die bedeutende Rolle, die Eunuchen in der kaiserlichen Verwaltung spielten – erklärt sich durch die geographische und kulturelle Nähe zur islamischen Welt, wo das gleiche Phänomen zu dieser Zeit gängige Münze war.

Wenden wir uns wieder der westeuropäischen Gesellschaft zu. Selbst wenn sie die Sklaverei kannte, so war sie doch offensichtlich deshalb noch keine Sklavenhaltergesellschaft wie die griechisch-römische. Auf dem wichtigsten Wirtschaftssektor, dem der landwirtschaftlichen Produktion, war die Hörigkeit an die Stelle der Sklaverei getreten. Die zahlreichen Sklaven, denen man weiterhin begegnete, hatten andere soziale Funktionen: sie waren vor allem Diener (auch französisch »*serviteur*« leitet sich von *servus* ab), seltener Händler, Handwerker oder Angestellte in Handwerksbetrieben (besonders in Werkstätten zur Herstellung von Glas, Keramik, Stoffen und Metallwaren). Eine Analyse ihrer Lage zeigt jedoch, dass diese von Land zu Land verschieden war.

In England, wo Sklaven zur Zeit der normannischen Eroberung (1066) noch 10 % der Bevölkerung ausmachten, nahm ihre Zahl von da an stark ab. Dennoch sei die Anwesenheit eines Sklaven in Gottfried von Straßburgs *Tristan und Isolde* (um 1200 verfasst) vermerkt, dessen Handlung in Südwestengland spielt. Und man weiß, dass arme englische Familien bis weit ins 13. Jahrhundert hinein ihre Kinder als Sklaven nach Irland verkauften.

In Frankreich wurden die Haussklaven (die häufig testamentarisch freigelassen wurden) ab 1300 allmählich von Gesinde oder Dienern abgelöst, die einen kleinen Lohn erhielten, ein Wandel, der sich allerdings im Norden schneller als im Süden vollzog. Bis ins 16. Jahrhundert hinein gab es Sklaven in Montpellier und die letzte notariell beglaubigte Freilassung im Roussillon datiert aus dem Jahre 1612 n. Chr. Marseille stellte einen Sonderfall dar: Da in seinem Hafen die königlichen Galeeren vor Anker lagen, war es bis lange ins 17. Jahrhundert hinein der Schauplatz des Kaufs und Verkaufs von Sklaven. Ein – allerdings erst im 18. Jahrhundert verfasstes – Handbuch des Gewohnheitsrechts vermeldet, dass 1402 n. Chr. vier Sklaven von Perpignan nach Toulouse flohen. Als ihre Eigentümer sie zurückforderten, ließ ihnen der Syndicus der Stadt erklären, dass kraft einer Urkunde von 1226 jeder Sklave, der in diese Stadt flüchte, automatisch frei würde.[55] Hier scheint es sich um erste Ansätze zu einer Vorstellung zu handeln, die seit Ende des 16. Jahrhunderts weite Verbreitung fand: es könne auf dem Boden Frankreichs keine Sklaven geben, da der Name dieses Landes gleichbedeutend mit Freiheit sei.[56]

In Deutschland, das räumlich den slavischen Ländern näher lag, die ein riesiges Reservoir an potentiellen Sklaven bildeten, blieb die Haussklaverei länger bestehen als in Nordfrankreich. Doch war sie auch hier im 14. Jahrhundert so gut wie verschwunden.

Die noch nördlicher gelegenen skandinavischen Länder hielten bis zum Ende des Mittelalters an der Sklaverei fest. Aus diesen Ländern wie auch aus Friesland (an der heutigen deutschen und holländischen Nordseeküste) stammten zahlreiche der Händler, die im mittelalterlichen Abendland Sklavenhandel betrieben.

In Russland hatte die Sklaverei als solche – neben der Leibeigenschaft – bis Anfang des 18. Jahrhunderts Bestand.

Eine wirtschaftliche und soziale Rolle ersten Ranges sollte sie jedoch vor allem in den Ländern Südeuropas, in Italien und auf der Iberischen Halbinsel spielen.

In Italien, das von allen Ländern dieser Zeit das dichteste Netz von Städten besaß, gab es auf dem Land nur wenige Sklaven (außer in den großen Klöstern, die von den Mönchen wie richtige land-

Zeichnungen von Albrecht Dürer: Die Mohrin Katharina *und* Kopf eines Negers.

wirtschaftliche oder manchmal industrielle Produktionseinheiten aufgezogen wurden). Dagegen fand man sie in den Städten in großer Zahl. Die schönen italienischen Stadthäuser und Palazzi waren in Mittelalter und Renaissance mit Dienern fremder Herkunft überfüllt, deren Rechtsstand sich praktisch kaum von dem römischer Sklaven unterschied (mit einer Ausnahme allerdings: es war verboten, sie zu töten). In der Toskana besaß jede wohlhabende Familie Mitte des 14. Jahrhunderts mindestens einen Sklaven.[57]

Nach Aussage der Quellen wurden ein Viertel, wenn nicht gar ein Drittel dieser Diener gekauft, wenn sie noch jünger als fünfzehn Jahre waren. Die meisten jungen Mädchen wurden sexuell ausgebeutet. Nicht selten kamen uneheliche Kinder zur Welt. Je nach Charakter ihres Herrn konnten diese Kinder selbst versklavt oder freigelassen werden. Der Herr konnte einer Sklavin, die ein Kind bekommen hatte, einen Mann seiner Wahl zum Gatten geben. Seltener kam es vor, dass er sie selbst heiratete: in diesem Fall wurden die Sklavin und ihre Kinder automatisch frei. Wie im römischen Recht hatten Sklaven auch die Möglichkeit, ihre Freiheit zu erkaufen, ebenso wie ein Herr seine Sklaven testamentarisch freilassen konnte.

So gesehen blieb die Nachfrage nach Sklaven in Italien bis zum

13., ja sogar bis Mitte des 14. Jahrhunderts ziemlich gering. Erst als die aus Asien kommende große Pestwelle 1348 die Poebene erreichte, führte der von ihr verursachte demographische Einbruch (ein Drittel der Bevölkerung Europas starb in den folgenden drei Jahren) zu einem rapiden Anstieg der Nachfrage nach sklavischen Arbeitskräften. Erst in der zweiten Hälfte des 15. Jahrhunderts (das heißt gegen Ende des Quattrocento) sollte diese zurückgehen und zwar diesmal endgültig, da die Versorgung mit Sklaven aus dem Osten – in Folge der Eroberung Konstantinopels und der Besetzung des Balkans durch die Türken – praktisch unmöglich geworden war. Von da an gab es nur noch in sehr reichen italienischen Familien Sklaven. Einige exzentrische Adlige (aus Florenz, Venedig und Sizilien) sollten sich diesen ebenso seltenen wie exotisch gewordenen Luxus bis ins 18. Jahrhundert hinein leisten. In der Toskana sollten diese »Luxus«-Sklaven sogar erst nach dem Einfall der Truppen Bonapartes in den ersten Jahren des 19. Jahrhunderts endgültig verschwinden.

Für das verstärkte Auftreten der Sklaverei auf der Iberischen Halbinsel gab es einen einfachen Grund: Es war die einzige Region Europas, in der – von 711 bis 1492, dem Zeitpunkt des Falls von Granada, des letzten maurischen Königreiches – große Teile des Landes von Muslimen bewohnt und beherrscht wurden und die christliche Welt in direktem und permanentem Kontakt mit dem Islam stand. Die Sklaverei aber war auf beiden Seiten üblich. Sobald also der Zufall der Waffen eine Veränderung der Grenze mit sich brachte (und dies geschah oft in vier Jahrhunderten der Reconquista) oder sobald einer der beiden Gegner auf Kosten des anderen einen kühnen Raubzug unternahm, fanden sich christliche Gefangene als Sklaven bei den Muslimen oder Muslime als Sklaven bei den Christen wieder.

Wer von ihnen wurde besser behandelt? Das lässt sich nicht entscheiden. Wenn sich einerseits Christen als Zwangsarbeiter auf andalusischen Pflanzungen oder als Rudersklaven auf muslimischen Galeeren plagten, so errichteten andererseits im 11. Jahrhundert mit Ketten beladene Muslime die gewaltige Stadtmauer des stolzen Ávila ... Auf beiden Seiten scheint das Leben eines Sklaven nicht gezählt zu haben, selbst wenn der eine oder andere davon zur Religion seines neuen Herrn konvertierte.

Fest steht, dass die Zahl der Sklaven im späten 14. und im 15. Jahrhundert auf der Iberischen Halbinsel und in Italien bedeutend höher als im 13. Jahrhundert war. Deshalb wurde auch der Gegensatz zwischen Freien und Unfreien immer stärker. Alle Zeugnisse, ob historischer oder literarischer Art, deuten darauf hin, dass die Lage explosiv war. Typisch dafür ist beispielsweise, dass der italienische Dichter Petrarca (1304–1374) in einer seiner *Litterae familiares* (Buch XXII, Brief 12) seine Diener als seine »häuslichen Feinde« bezeichnete. Auf soziale Spannungen deutet auch das 1410 von der Republik Venedig erlassene Gesetz hin, das die Anwendung der Folter bei Sklaven erlaubte, die im Verdacht standen, den Tod ihres Herrn durch Gift oder Zauberei herbeigeführt zu haben.

Woher kamen die mittelalterlichen Sklaven? Um eine Antwort auf diese vielschichtige Frage geben zu können, muss man zunächst zwischen drei Beschaffungsmöglichkeiten unterscheiden: die älteste davon war der Krieg mit seinen Nebenprodukten Seeräuberei und Raubzug (Razzia). Damit konnte man jedoch seit dem Hochmittelalter keine nennenswerte Beute mehr machen, außer wenn man sich im Grenzbereich des christlichen Raums befand. Denn die Christen hatten ganz in der mosaischen Tradition größere Skrupel, ihre Glaubensgenossen zu versklaven, als »Ungläubige« oder »Heiden«. Diese Skrupel waren jedoch keineswegs unüberwindlich. Obwohl seit dem 5. Jahrhundert der Handel mit christlichen Sklaven wiederholt von Konzilien verurteilt worden war, kam es seit dem 11. Jahrhundert nicht selten vor, dass christliche Besitzer orthodoxe oder sogar andere »Christenmenschen« als Sklaven hielten. Man muss jedoch betonen, dass die weitaus meisten Sklaven, die im mittelalterlichen Abendland ausgebeutet wurden, »Ungläubige« waren: auf der Iberischen Halbinsel bevorzugt Mauren aus dem islamischen Bereich, in Italien vielfach Slaven aus den (zum Teil noch heidnischen) Regionen Nord- und Osteuropas (woran noch heute die Tatsache erinnert, dass in zahlreichen europäischen Sprachen das Wort Sklave vom lateinischen *sclavus* = Slave abgeleitet wird).

Eine zweite Beschaffungsmöglichkeit war die Aufnahme ausgesetzter Kinder. Es handelt sich hier um ein Phänomen, das bis zum Erscheinen des Buches von John Boswell[58] wenig bekannt war oder zumindest stark unterschätzt wurde. Boswell, der sich als einer der ersten Historiker systematisch mit »der Aussetzung von Kindern im Abendland, vom Ende der Antike bis zur Renaissance« (dies der Untertitel seines Werks) auseinander setzte, machte zunächst eine Entdeckung: das untersuchte Phänomen war viel weiter verbreitet als bisher angenommen. Die schon im antiken Rom bekannte Praxis, Kinder auszusetzen – illegitime oder unerwünschte Kinder, behinderte Kinder oder einfach Kinder, deren Unterhalt für ihre Familien zu teuer war – bestand zumindest bis Ende des 15. Jahrhunderts fort, als die ersten Waisenhäuser aufkamen. Selbst wenn die Kirche diese Praxis seit dem 13. Jahrhundert verurteilte, so war sie doch wegen ihrer Morallehre indirekt dafür verantwortlich, dass sie sich so lange hartnäckig hielt: In einer Kultur, in der die Sexualität ganz der Zeugung von Kindern untergeordnet und in der jede Form von Verhütung verboten war, stellte die Kindsaussetzung tatsächlich die einzige Möglichkeit zur Familienplanung dar. Und wie in Rom wurde ein bestimmt nicht unerheblicher Teil dieser ausgesetzten Kinder, die von »Fremden« gerettet und erzogen wurden – ohne, dass man je ihre wirkliche Zahl abschätzen könnte – später zu Sklaven ihrer neuen Herren.

Eine dritte Beschaffungsmöglichkeit war der Sklavenhandel. Auch zu diesem Thema liegen nur wenige Untersuchungen vor. Wir wissen nicht viel mehr, als dass im Hochmittelalter der Handel mit gefangenen Slaven über einige wichtige Handelsrouten von Norden nach Süden verlief. Nimmt man eine Karte von Europa zur Hand, so führten diese Straßen von Osten nach Westen, eine davon verband Russland über Armenien mit Persien, eine andere führte von Russland über die Alpenpässe nach Venedig und eine dritte von Russland nach Verdun und weiter durch das Rhônetal nach Marseille (Verdun war nicht nur ein wichtiger Umschlagplatz, sondern auch eines der Zentren, in denen Sklaven kastriert wurden, um als Eunuchen auf die byzantinischen und islamischen Märkte transportiert zu werden).

Schwarze Diener (Sklaven?) als Ruderer einer venezianischen Gondel:
David Brentel, Der Venediger Lust Bracht und Herligkeit *(1585).*

Venedig und Marseille wie bald auch Genua und Barcelona waren die bedeutendsten Häfen, von denen aus Sklaven slavischer
Herkunft nach Süditalien, Sizilien, Zypern und in alle islamischen
Länder verschifft wurden – und zwar auf dem Umweg über Kreta,
das vom 13. bis 17. Jahrhundert venezianische Kolonie war und in
dessen Hauptstadt Candia damals einer der größten Sklavenmärkte
der westlichen Welt abgehalten wurde. Über diese Häfen, in denen
sagenhafte Reichtümer angehäuft wurden, brachte man auch die
im Süden Spaniens gefangenen oder an den Küsten Nordafrikas ge-
raubten Muslime ins Abendland.

Im 9. Jahrhundert erlebte besonders Venedig dank des Sklavenhandels eine Blütezeit: Die Stadt der Dogen exportierte Holz, Eisen
und Gefangene russischer Herkunft in den Orient und importierte
von dort Luxusprodukte wie Stoffe, Teppiche und Gewürze, die von
venezianischen Kaufleuten äußerst gewinnbringend im restlichen
Europa weiterverkauft wurden. Seit dem 11. Jahrhundert wurde
dieser Handel jedoch auf Dauer durch die fortschreitende Bekehrung der Russen zum Christentum gefährdet. Die venezianischen
Händler wandten sich deshalb der dalmatinischen Küste auf der

gegenüberliegenden Seite der Adria zu. Von da an fielen verschiedene »heidnische« Völkerschaften, die bis dahin auf dem Balkan überlebt hatten, massiven Raubzügen zum Opfer; die Mitglieder dieser Volksgruppen wurden als Gefangene nach Venedig gebracht und warteten auf der berühmt-berüchtigten *Riva degli Schiavoni*, dem »Slowenenkai«, auf ihren Abtransport in das Abendland oder den Orient.[59]

Sicher störten die Kreuzzüge – vom Ende des 11. bis ins späte 13. Jahrhundert – zeitweise den Sklavenhandel. Doch sollte dieser, wie wir gesehen haben, im Laufe des 14. und 15. Jahrhunderts wieder aufgenommen und sogar ausgeweitet werden. In dieser Zeit, als die meisten großen italienischen Städte versuchten, mit Venedig zu wetteifern, traf man auf italienischem Boden (und in geringerem Maße auch auf der Iberischen Halbinsel) eine sehr heterogene Schar von Sklavinnen und Sklaven an: Russen, Tscherkessen, Tataren, Bulgaren, Slowenen, Bosnier, Albaner, Griechen, Kreter, Sarden, Korsen, Guanchen von den Kanarischen Inseln und Muslime aus Spanien und Nordafrika.

Zu diesen »weißen« Sklaven kamen seit Ende des 13. Jahrhunderts auch noch einige Schwarzafrikaner hinzu, die in der Südsahara von berberischen oder arabischen Sklavenhändlern gekauft und von letzteren an europäische Sklavenhändler weiterverkauft worden waren – oder die man seit der zweiten Hälfte des 15. Jahrhunderts direkt an der Westküste Afrikas eingefangen hatte. Allerdings waren diese afrikanischen Gefangenen noch nicht sehr zahlreich. Ihr Aussehen war jedenfalls exotisch genug, um bis Ende des 16. Jahrhunderts das Interesse der europäischen Künstler zu wecken, wie die Porträts afrikanischer Sklaven belegen, die man in den Fresken Andrea Mantegnas in der *Camera degli Sposi*, dem »Ehegattenzimmer«, des Herzogspalasts von Mantua ebenso findet wie in den Gemälden zahlreicher Venezianer Maler (Veronese u. a.) und den Zeichnungen von Albrecht Dürer.

1363 verspürte die Republik Florenz das Bedürfnis, den Konzilsbeschlüssen Gesetzeskraft zu verleihen und verbot ihren Bürgern, christliche Sklaven zu kaufen oder einzuführen – was wiederum beweist, dass die Versklavung von Christen immer noch gängige Praxis war. Dann ließen sich in der zweiten Hälfte des 14. Jahrhunderts genuesische Kaufleute, darunter auch zahlreiche Sklavenhändler, auf Dauer in Caffa und Tana nieder, zwei Hafenstädten auf der Krim, am Nordufer des Schwarzen Meeres. Konnten sie doch so leichter russische, tartarische, georgische, armenische und andere Sklaven (oft noch in zartem Alter) kaufen, die man bald – in typisch rassistischer Weise – nach der Farbe ihrer Haut klassifizierte.[60]

Als dieser lukrative Handel schließlich einige Jahrzehnte später definitiv abriss, waren dafür nicht humanitäre, moralische oder religiöse Gründe maßgeblich, sondern einzig die türkische Expansion, die Mitte des 15. Jahrhunderts die Verbindung zwischen dem Schwarzen Meer und dem Mittelmeer kappte.

Ungefähr zur gleichen Zeit kam auch die Reconquista zum Abschluss, was zum Rückzug der letzten Araber aus Spanien führte. Von da an sah sich Europa seiner beiden wichtigsten Nachschubbasen für sklavische Arbeitskräfte beraubt.

Dies war natürlich der Hauptgrund dafür, dass es in den folgenden Jahren in Westeuropa bald keine Haussklaven mehr gab. Aber es war auch ein Grund für das wachsende Interesse europäischer Händler an Sklaven aus Schwarz- und vor allem aus Westafrika: nahm man doch an, dass diese von der Atlantikküste des afrikanischen Kontinents aus »erreichbar« waren.

Die Sklaven in der islamischen Welt

Es wäre unmöglich, dieses Kapitel abzuschließen, ohne, sei es auch nur flüchtig, auf die Lage der Sklaven im islamischen Bereich vom 7. bis zum 15. Jahrhundert einzugehen. War doch das Mittelalter auf politischer wie auf kultureller Ebene die goldene Zeit des Islam. Islamische und christliche Kultur unterhielten in dieser Zeit so enge Kontakte zueinander, dass man die eine ohne die andere nicht verstehen kann. Um so mehr, als diese Beziehungen, wenn sie auch zeitweise (Kreuzzüge) und stellenweise (Iberische Halbinsel, Heiliges Land) offen konfliktgeladen waren, zu anderen Orten und anderen Zeiten unterschwellig die Existenz von Übereinstimmungen aller Art vermuten lassen.

Gerade die Sklaverei bot sich an, um eine solche Übereinstimmung zu erzielen. Und dies war nicht weiter verwunderlich. Gab es doch drei Gründe, warum die islamische Welt die Sklaverei von Anfang an als normal ansah. Zunächst war die fragliche Praxis in vorislamischer Zeit im arabischen Bereich durchaus üblich. Arabische Schiffer, die den Mechanismus des Monsunwechsels verstanden hatten, machten sich offensichtlich diese Winde seit den ersten Jahrhunderten unserer Zeitrechnung zu Nutze, um zur Ostküste Afrikas zu segeln und dort Gefangene zu machen oder zu kaufen. Diese Form des Sklavenhandels, die sich nach dem Auftreten des Islams und der darauf folgenden arabischen Expansion immer weiterentwickelte, war jedoch wegen des begrenzten Fassungsvermögens der *Dhaus* (arabischer Schiffe) bis zum 19. Jahrhundert auf überschaubare Mengen an »Menschenfracht« beschränkt – selbst wenn arabische Reisende um das Jahr 1000 einen regelmäßigen Warenaustausch zwischen Malindi (heute in Kenia) und Kanton in China ebenso erwähnen wie die Tatsache, dass im 13. Jahrhundert auf der Seidenstraße schwarze Sklaven gesehen wurden.

Zudem war die Praxis der Sklavenhaltung in den meisten vorderasiatischen und afrikanischen Gebieten, auf die arabische Eroberer im 7. und 8. Jahrhundert ihre Herrschaft allmählich ausdehnten, schon seit langem verbreitet (besonders im Süden Mesopotamiens, wo feststeht, dass »schwarze« Sklaven auf den Zuckerrohrpflanzungen schon in vorislamischer Zeit bezeugt sind).

Der Islam schließlich, der den genannten Ländern ihre soziale und kulturelle Einheit gab, war chronologisch gesehen nur die dritte der Religionen »des Buches«: Er ließ sich also eindeutig von den Lehren der Thora und der Evangelien inspirieren. Nun verurteilten aber weder das Judentum noch das Christentum zur Zeit des Propheten Muhammad (570–632) die Sklaverei ausdrücklich: der Koran tat dies also auch nicht. Deshalb gab es muslimische Sklavenhändler ebenso gut wie jüdische oder christliche. Keine der drei »Religionen des Buches« kann sich in dieser Hinsicht rühmen, besser als die anderen gewesen zu sein.

Damit war die islamische Gesellschaft zwar eine Gesellschaft, in der Sklaven lebten, aber ebenso wenig wie die christliche in dieser Zeit eine Sklavenhaltergesellschaft. Denn obgleich die Sklaven eine

Sklaven drehen in Ägypten ein Schöpfrad. Lithographie des 19. Jahrhunderts.

wichtige Rolle spielten, war diese doch nicht von zentraler Bedeutung für den Produktionsprozess. Wenn Sklaven auch manchmal auf den Feldern und in den Bergwerken arbeiteten, so waren sie doch meistens im häuslichen (so lebten im Palast des Kalifen von Bagdad im 10. Jahrhundert nicht weniger als elftausend Sklaven) oder handwerklichen Bereich tätig. Einige übten auch jene beiden Berufe aus, die ihnen in der christlichen Welt gänzlich verschlossen waren, die des Beamten und Soldaten.

Wie im Abendland wurden auch hier die Frauen unter der Dienerschaft sexuell ausgebeutet, da sich der Koran damit begnügte zu fordern, dass Dienerinnen nicht gegen ihren Willen »gezwungen« werden sollten, sich zu prostituieren (Sure 24, 33). Jedoch wurde von den Gläubigen auch erwartet, dass sie ihren Sklaven (die das heilige Buch gewöhnlich mit der Umschreibung, »alles, was Deine rechte Hand besitzt«, bezeichnete) »Güte erweisen« (Sure 4, 40), ein ausdrücklicher Befehl, der sich auch in einer berühmten Stelle der *Hadith*, einer Sammlung der Worte und Taten des Propheten, wieder findet.

Tatsächlich wurden die Sklaven in der islamischen Welt nicht mehr misshandelt als im christlichen Abendland. Ihre Rechtsstellung war die gleiche. Wenn zum Beispiel eine Sklavin ihrem Herrn

120

ein Kind schenkte und dieser das Kind anerkannte, so konnten weder Mutter noch Kind verkauft werden und wurden beim Tod ihres Herrn, wenn nicht schon früher, freigelassen. Ehen zwischen Muslimen und Sklavinnen waren nicht selten (genügte es doch, dass die Sklavin freigelassen wurde und zum Islam übertrat); Kinder aus solchen Verbindungen kamen automatisch frei zur Welt. Die Scharia (das islamische Recht) verbot es, einen Muslim zu versklaven oder als Sklaven zu halten (außer wenn sein Übertritt zum Islam nach seinem Erwerb erfolgte). Was Juden und Christen betraf, die nach islamischem Recht den Rechtsstand von Schutzbefohlenen (*dhimmi*) hatten, so sollten sie – zumindest theoretisch – auch nicht versklavt werden. In der Praxis wurde diese Regel allerdings häufig durchbrochen, besonders wenn sich die *dhimmi* in irgendeiner Form der Herrschaft eines muslimischen Herrschers widersetzten (wie zum Beispiel auf der Iberischen Halbinsel zur Zeit der Reconquista). Schließlich riet der Prophet, einem Sklaven die Freilassung nicht zu verweigern, sobald er dessen für »würdig« befunden würde (Sure 24,33). Er ging sogar so weit, zu erklären, dass der Weg zu Gott über den Freikauf von Gefangenen und die Speisung von Armen und Waisen führe (Sure 90, 13).

Wenden wir uns einen Augenblick der Verwendung von Sklaven als Beamte und Soldaten sowie der Tatsache zu, dass es ihnen vereinzelt sogar gelang, sich unter bestimmten Umständen der politischen Gewalt zu bemächtigen – eine Besonderheit der islamischen Welt, zu der sich nirgends sonst ein Pendant findet. Dass bestimmte Sklaven (besonders Eunuchen, die mit dem Schutz des Harems betraut waren) manchmal das Vertrauen ihres Herrn gewinnen konnten und deshalb mit wichtigen Verwaltungsaufgaben betraut wurden, war schon erstaunlich genug. Dennoch sind mehrere solcher Fälle bekannt, wie der Fall eines *Saqaliba*, d. h. Sklaven von slavischer Herkunft, der im maurischen Spanien zum Statthalter von Valencia aufstieg oder der eines äthiopischen Sklaven, der Wesir des Sultans von Delhi und später Statthalter einer Provinz wurde. Auch im Osmanischen Reich nahmen »schwarze« Eunuchen Schlüsselstellungen ein: einer wurde sogar mit der Verwaltung der heiligen Städte Mekka und Medina betraut.[61] Aber am bemer-

121

Die Sultane aus der »Sklavendynastie« der Mamluken *machten als Kriegs-und Bauherren von sich reden: Das Minarett der Weißen Moschee in Ramleh (1318) gehört zu ihren berühmtesten Bauten.*

kenswertesten ist zweifelsohne das Phänomen der berühmten *Mamluken* (ein Begriff, der im Arabischen »in Besitz genommen« bedeutet), jener Sklaven, die dem Kalifen als Soldaten dienten.

Die Anfänge der Mamluken reichen bis ins 9. Jahrhundert zurück, als sich der spätere Abbasidenkalif al-Mamun mit einer Leibwache von »weißen« Sklaven – Griechen, Slaven, Tscherkessen aus dem Kaukasus, Berbern und vor allem Türken aus den Steppen nördlich des Schwarzen Meeres – umgab. Völlig abgeschnitten von ihren Heimatländern, sollten sich diese ungestümen Krieger, die ganz von ihrem neuen Herrn abhingen und sozial gesehen eine beneidenswerte Stellung einnahmen, als loyalere Soldaten als die »einheimischen« erweisen, die sich eher in Palastintrigen und Stammesstreitigkeiten verwickeln ließen. Einige dieser fremden Gefangenen hatten schließlich hohe Ämter am Kalifenhof in Bagdad inne.

Der Emir Ibn Tulon, der 870 in Kairo die kurzlebige Dynastie der Tuloniden gründete, war selbst Mamluk. Zwischen 1206 und 1256 stiegen drei Mamluken zu Sultanen von Delhi auf. Andere Mamluken ergriffen um 1250 in Kairo die Macht, nachdem sie mitgeholfen hatten, die Kreuzfahrer ins Meer zurückzutreiben. Sie sollten ohne Unterbrechung 250 Jahre lang prunkvoll herrschen, indem sie den Gewürzhandel monopolisierten (bis die Portugiesen an den Küsten Indiens auftauchten) und die ägyptische Hauptstadt mit prachtvollen Gebäuden – Palästen, Moscheen und *madrasas* (Koranschulen) – aber auch mit Märkten, Hospitälern und öffentlichen Brunnen ausstatteten, die zu den schönsten Schöpfungen der islamischen Architektur zählen.

Zwei Mamluken-Dynastien lösten sich in Kairo ab, zum einen die Bahri-Dynastie, deren größter Herrscher der wegen seiner militärischen Schlagkraft und kraftvollen Regierung gefürchtete und bewunderte Baibars (1260–1277) war, ein türkischer Ex-Sklave, der ursprünglich auf einem syrischen Sklavenmarkt verkauft worden war und sich durch Kriegstaten und Intrigen an die Spitze der Mamlukenelite gesetzt hatte; zum anderen die tscherkessische oder Burgi-Dynastie,[62] deren Ende mit der osmanischen Eroberung Ägyptens (1517) gekommen war. Nach ihrer teilweisen Entmachtung durch Suleiman den Prächtigen verschwanden die Mamluken jedoch noch keineswegs aus der Geschichte. Im Laufe des 17. und 18. Jahrhunderts gewannen sie wieder an Einfluss, bis ihre Niederlage gegen die Truppen Bonapartes in der Schlacht an den Pyramiden (21. Juli 1798) das blutige Ende ihres überlebten Regimes einläutete.

Im islamischem Bereich ist noch eine weitere Besonderheit zu vermelden: dort brach angeblich der größte Sklavenaufstand aus, der im Mittelalter bezeugt ist. Die *Zanj*, dunkelhäutige Sklaven, die im Süden Mesopotamiens zu schwerer Feldarbeit herangezogen wurden, erhoben sich tatsächlich um 879 auf Initiative eines muslimischen Agitators aus Persien, eines gewissen Ali ben Muhammad, gegen ihre Herren. Nachdem sie ohne Schwierigkeiten die Stadt Basra besetzt hatten, trafen sie auf das Heer des Kalifen, der sie daran hinderte, Bagdad einzunehmen. Ihr Aufstand wurde schließlich 883 in Blut erstickt. Seither steht der Name ihres Anführers wie der des Spartacus symbolisch für Freiheit. Manche Historiker bezweifeln allerdings, dass die *Zanj* Sklaven im eigentlichen Sinne des Wortes waren.[63]

Eines ist allerdings gewiss, je mehr sich der Islam nach Westen hin ausbreitete, desto mehr stieg die Nachfrage nach Sklaven. Schon bald reichte das Angebot aus dem europäischen Bereich (Gefangene, die auf Raubzügen im Mittelmeerraum und später in Südrussland gemacht oder von christlichen Sklavenhändlern gekauft worden waren) nicht mehr aus, um sie zu befriedigen. Nun wandten sich die Araber (die schon seit Jahrhunderten an der Ostküste Afrikas Sklavenhandel trieben) der afrikanischen Westküste als nächstgelegenem »natürlichen« Sklavenreservoir zu. Zur Verachtung des »zivilisierten« Arabers für die »wilden« Schwarzen kam nun noch die des »wahren Gläubigen« für die »Ungläubigen«.[64] Letztendlich ging es nur noch darum, in diesen entfernten Winkel zu kommen, um die erwünschten Sklaven zu kaufen.

Dies sollte bald geschehen. Erstmals tauchten Sklaven aus den Ländern südlich der Sahara im 7. Jahrhundert unserer Zeitrechnung nördlich der Sahara auf. Ungefähr um das Jahr 1000 standen die wichtigsten Verbindungswege, die auf einer Nord-Süd-Achse die Wüste durchquerten, definitiv fest. Sie verbanden die Städte Südmarokkos, Südalgeriens, Tripolitaniens und der Gegend um Fes, mit Gebieten, die den Europäern gänzlich unbekannt waren und die von den Arabern als Sudan bezeichnet wurden: Timbuktu (heute in Mali gelegen, das im 15. Jahrhundert in die Hand zum Islam übergetretener Berber fiel), Gao (Mali), Kano (Nigeria) ...

Die Karawanen hatten viele Gefahren zu bestehen, wie wir aus den Erzählungen eines arabischen Reisenden des 14. Jahrhunderts, Ibn Battuta, wissen. Sie brachen jedes Jahr im Herbst nach Süden auf und kehrten im folgenden Frühling zurück, um die heiße Jahreszeit zu vermeiden. Als Anführer fungierten arabische oder berberische Kaufleute aus Nordafrika, die in der Wüste die Dienste örtlicher Führer in Anspruch nahmen, die wie sie zum Islam übergetreten waren. Auf den afrikanischen Märkten verkauften sie Datteln, Feigen, Zucker, Salz, Kauri (Muscheln, die als Münzen verwandt wurden), Pferde (die südlich der Sahara nicht vorkommen) und handwerkliche Erzeugnisse. Auf der Rückreise brachten sie Sklaven, Gold, Elfenbein, Ebenholz und Straußenfedern mit, sofern sie den Wassermangel und die Überfälle von Banditen überlebten. Diese »schwarzen« Sklaven aus »*bilad-as-Sudan*« (arabisch: »das Land der Schwarzen«) wurden anschließend entweder zur Arbeit auf die Zuckerrohrpflanzungen transportiert, die von Arabern in Nordafrika, Spanien und auf Sizilien angelegt worden waren, oder in die Paläste und Harems des Vorderen Orients gebracht. Als seit dem 14. Jahrhundert auch in der christlichen Welt die Nachfrage nach Sklaven stieg, wurden einige davon auch an spanische, italienische oder französische Händler weiterverkauft.

In Ermangelung detaillierter Quellenangaben ist es schwer, sich eine genaue Vorstellung von der zahlenmäßigen Bedeutung dieses Transsahara-Handels zu machen, der neun Jahrhunderte vor dem transatlantischen Sklavenhandel einsetzte. Neben einigen anderen hat dies der Historiker Ralph A. Austen dennoch versucht, indem er die verschiedensten Informationsquellen noch einmal miteinander verglich.[65] Ich kann seine Schätzungen hier nur wiedergeben. Selbst wenn es sich um annähernde Werte handelt, so sind sie doch erschreckend hoch (an die 7500000 Menschen wurden verschleppt), vor allem, wenn man bedenkt, dass sich der fragliche Sklavenhandel über zwölfhundert Jahre erstreckte. Zwei Spitzenwerte sind dabei bezeichnend: einer im 10./11. Jahrhundert, der

Arabische Sklavenkarawane. Lithographie des 19. Jahrhunderts.

andere im 19. Jahrhundert, in der Zeit vor der europäischen Kolonisierung Afrikas, die zwar den Sklavenhandel verbot, ohne jedoch die Sklaverei als solche auszulöschen.

Fügt man noch die Anzahl »schwarzer« Sklaven hinzu, die zur gleichen Zeit an der Ostküste Afrikas von arabischen oder muslimischen Kaufleuten gekauft oder eingefangen wurden (besonders zu Beginn des 19. Jahrhunderts, als man hier den Sklavenhandel wirklich in großem Umfang praktizierte) oder die Anzahl von Gefangenen, die aus dem heutigen Somalia oder dem Sudan in Richtung Niltal verbracht wurden (verteilt auf eine Zeitspanne, die vom Neuen Reich in Ägypten bis ins 20. Jahrhundert reicht), so kommt man auf eine Gesamtzahl von ungefähr elf Millionen Opfern (was viele Historiker als unterste Grenze ansehen), die ungefähr der des transatlantischen Sklavenhandels entspricht.

Offensichtlich begann die Tragödie der in die Sklaverei verschleppten Afrikaner nicht erst mit der Eroberung Amerikas – sie setzte schon viel früher ein. Dennoch ist der arabische (oder afrikanisch-arabische) Sklavenhandel auch heute noch viel weniger bekannt als der europäische. Schuld sind daran nicht nur fehlende Quellenaussagen, sondern vor allem die Tatsache, dass dieser Sklavenhandel im Gegensatz zum europäischen innerhalb der islamischen Welt niemals wirklich *angeprangert* wurde (nicht einmal in streng wissenschaftlichen Untersuchungen), da es dort immer noch verpönt ist, eine vom Koran gutgeheißene Praxis zu verurteilen.

Die westlichen Historiker dagegen zögern, sich mit diesem Gegenstand zu beschäftigen. Handelt es sich doch um einen wunden Punkt – vor allem in den Vereinigten Staaten, wo ein Teil der afroamerikanischen Gemeinschaft (quantitativ nicht unerheblich und politisch stark engagiert, sei es auf Seiten der Palästinenser gegen Israel oder der arabischen Völker gegen den Westen) sich seit Mitte des 20. Jahrhunderts immer mehr zum Islam bekehrt, ein Prozess, der noch lange nicht abgeschlossen ist.

ZWEITER TEIL

Sklaverei und transatlantischer Sklavenhandel im Zeitalter der europäischen Übersee-Expansion

(ca. 1450 – 1865)

FÜNFTES KAPITEL

Die Entdeckung Afrikas und Amerikas durch die Europäer (vor 1434–1532)

Die »Entdeckung« Amerikas – ein typisch eurozentrischer Ausdruck, da der Erdteil seit Jahrhunderten besiedelt war, bevor Christoph Kolumbus 1492 dort landete – war sicher das wichtigste historische Ereignis der letzten zweitausend Jahre. Betrat doch damit der amerikanische Kontinent die Weltbühne, was die Zerstörung der meisten vorher dort existierenden Gesellschaftssysteme nach sich zog. Und wurde doch damit auch die Geschichte zweier anderer Kontinente tief greifend verändert: die Geschichte Europas, aber auch – und vor allem – die Geschichte Afrikas.

Es ist keineswegs übertrieben, zu behaupten, dass das Schicksal Afrikas durch die Entscheidung der Europäer, einen Teil seiner Bevölkerung nach Amerika zu deportieren, um ihn dort als sklavische Arbeitskräfte auszubeuten, für alle Zeiten völlig verändert wurde. Die wirtschaftlichen, sozialen und politischen Schwierigkeiten, die Afrika seitdem erlitt und mit denen es immer noch zu kämpfen hat, blieben in der Tat ohne diesen demographischen »Aderlass« unverständlich, der gemeinhin als »Sklavenhandel« bezeichnet wird und vom Beginn des 16. bis Ende des 19. Jahrhunderts einen immer größeren Umfang annahm.

Der Handel mit »schwarzen« Sklaven, der schon lange vor der Eroberung Amerikas einsetzte, ist jedoch ein komplexes Phänomen, an dem die Schwarzen selbst in dem Maße teilhatten, als viele von ihnen von anderen Schwarzen an die Europäer verkauft wurden.

Am Vorabend der großen Eroberungen: Westafrika im Katalanischen Weltatlas des Abraham Cresques (1375).

Wir sahen im letzten Kapitel, dass arabische Händler, sogar vor dem Aufkommen des Islam, Schwarze an der Ostküste Afrikas aufkauften und dass muslimische Händler bereits im 7. Jahrhundert unserer Zeitrechnung eine weitere Form von Sklavenhandel organisierten, den Transsahara-Handel, der mindestens bis Ende des 19. Jahrhunderts florierte.

In diesem Kapitel werden wir uns nun den Anfängen eines anderen, noch viel schwerwiegenderen Phänomens zuwenden, dem transatlantischen Sklavenhandel. Anfänge, die mit der systematischen Erforschung der afrikanischen Westküste seit 1434 zusammenfallen, die selbst nur ein Vorspiel zur späteren »Entdeckung« Amerikas war.

Die Erforschung der afrikanischen Küsten (vor 1434–1532)
Seit dem 12. Jahrhundert kauften italienische und spanische Händler in den Häfen Nordafrikas Waren aus Gegenden südlich der Sahara. Fasziniert von diesen geheimnisvollen Ländern, in denen

sie reiche Goldvorkommen vermuteten, durchquerten sie bald die Meerenge von Gibraltar. Genueser Seeleute erreichten 1162 die marokkanische Stadt Salé, nahe dem heutigen Rabat, und 1253 das weiter im Süden gelegene Safi.

Auch das im 12. Jahrhundert entstandene portugiesische Königtum interessierte sich für den atlantischen Raum, vor allem seit es ihm im Rahmen der christlichen Reconquista der Iberischen Halbinsel in der zweiten Hälfte des 13. Jahrhunderts gelungen war, die Algarve zu besetzen. Die Wege nach Süden lagen nun offen vor den Portugiesen, die keine Neulinge zur See waren. Jahrhundertelang hatten sie Fischfang und Seehandel – mit Nordeuropa ebenso wie mit den Ländern des Mittelmeerraums – getrieben und so solide Kenntnisse in der Seefahrt erworben. Auch fehlte es ihnen weder an Mut noch an Motivation: waren sie doch besessen von Goldgier und immer auf der Suche nach neuen Getreideanbaugebieten.

Gold hofften sie über den direkten Zugang zu den Ländern südlich der Sahara zu finden, um so das *de facto* Handelsmonopol der Muslime zu umgehen. An Getreide wiederum hatte Portugal, dem es an geeigneten Anbauflächen mangelte, einen chronischen Bedarf. Anfangs war also nicht der Erwerb von Sklaven das wichtigste Motiv für die Ausrüstung portugiesischer Expeditionen. Dennoch wurde 1317 einem Genueser Seefahrer namens Manuel Pesagno der Befehl über eine portugiesische Flotte wie die Erlaubnis, an der marokkanischen Küste Seeräuberei zu treiben, nur gegen das Versprechen erteilt, dem portugiesischen König ein Fünftel der auf den Korsarenzügen gefangen genommenen Männer abzuliefern.

Die Kanarischen Inseln, wo die Portugiesen erstmals im 14. Jahrhundert gelandet waren (bei der dort lebenden Bevölkerung, den Guanchen, handelte es sich wahrscheinlich um Berber), wurden 1402 erneut von Jean de Béthencourt aufgesucht: Da dieser normannische Seekapitän in Diensten des kastilischen Königs stand, konnte sich dieser den Besitz der Inseln 1477 definitiv sichern. 1415 bemächtigten sich die Portugiesen bei einem von König Johann I. angeordneten Überfall des Hafens von Ceuta, im Norden Marokkos. 1418 besetzten sie den Archipel von Madeira, der ungefähr 500 Kilometer westlich der marokkanischen Küste lag. 1432 ließen sie sich auf den Azoren nieder, 1434 umsegelte eine weitere portugiesische Expedition unter Führung von Gil Eanes das Kap Bojador (heute in der Westsahara), womit die Erforschung Schwarzafrikas eigentlich erst begann.

Einige Jahre lang verhinderten technische Schwierigkeiten ein weiteres Vordringen. Einerseits verfügten die Seefahrer über keine Versorgungsbasis an der afrikanischen Küste, wo das Trinkwasser knapp war. Andererseits erleichterten die Winde, die meist in Nord-Südrichtung bliesen, zwar die Hinfahrt, machten aber die Rückfahrt schwierig, wenn nicht gar unmöglich. Eine Lösung dieses Problems brachte schließlich Mitte des 15. Jahrhunderts die Entwicklung der Karavelle, eines kleinen Schiffes mit Dreieckssegeln, die es ihm ermöglichten, näher am Wind zu segeln (portugiesischer Typ), oder mit einer Kombination von Dreiecks- und Viereckssegeln (spanischer Typ). Die Weiterentwicklung der Meereskartographie und der Navigationsinstrumente (Kompass und Astrolab wurden seit 1450 durchgängig benutzt) trugen ihrerseits dazu bei, das große Abenteuer möglich zu machen.

Inzwischen war zur Suche nach Gold und Getreideland noch ein weiteres Motiv hinzugekommen: das Zuckerfieber. Der Rohrzucker, der durch die arabischen Eroberer wohl schon im 8. Jahrhundert in Spanien und im 9. Jahrhundert in Sizilien eingeführt worden war und in verarbeiteter Form als Sirup oder Kristallzucker zum Süßen, Verfeinern und Konservieren vieler Nahrungs- und Genussmittel diente, hatte die Europäer sofort magisch angezogen. Diese benutzten die Kreuzzüge dazu, um in Syrien und Palästina eigene Zuckerrohrplantagen und Raffinerien (Mühlen) anzulegen. Nach ihrer Vertreibung durch die Muslime mussten sie diese Pflanzungen nach Westen verlegen. Zypern, Sizilien, Süditalien, Spanien und Portugal boten zwar günstige klimatische Bedingungen, aber nicht genügend Anbauflächen. Angesichts einer laufend wachsenden Nachfrage erwies es sich als unentbehrlich, neues Land zu finden.

Deshalb wurde zu Beginn des 15. Jahrhunderts der Zuckerrohranbau auf den Kanarischen Inseln, Madeira und den Azoren eingeführt. Da diese Inselgruppen nur dünn besiedelt waren, brauchte

134

man zusätzliche Arbeitskräfte, die leicht auszubeuten waren. Die Arbeit war jedoch hart und Freiwillige fanden sich kaum, weshalb man diese Arbeitskräfte zwangsweise herbeischaffen musste. So wurde die Arbeit auf den Zuckerrohrplantagen auf Madeira in den 20er Jahren des 15. Jahrhunderts erstmals fast ganz von Sklaven afrikanischer Herkunft geleistet, die im Mittelmeerraum gekauft und von Portugal ins Land gebracht worden waren – eine Lösung, die sich an das Vorbild Siziliens anlehnte, wo die Plantagen von Sklaven verschiedener Herkunft bearbeitet wurden und die – diesmal direkt von Afrika aus – in der Neuen Welt wiederaufgegriffen werden sollte.

Sicher erscheint uns diese »Lösung« himmelschreiend ungerecht. Aber im 15. Jahrhundert hielt man sie für ganz »natürlich«. Man sollte nicht vergessen, dass die Sklaverei zu dieser Zeit in den Gesellschaften des europäischen Mittelmeerraums ununterbrochen seit der Zeit des Römischen Reiches existierte (und zwar besonders ausgeprägt auf der Iberischen Halbinsel). Damit waren praktisch die Würfel gefallen. Europa, das immer mehr Zucker konsumieren wollte, brauchte Arbeitskräfte. Seine eigenen Traditionen wie auch seine Rechtsstrukturen (die direkt aus dem römischen Recht übernommen waren) erlaubten es ihm, diese zu versklaven. Auch die Kirche widersetzte sich dem keineswegs. Der gegen die Schwarzen gerichtete Rassismus (entstanden in den Jahrhunderten, in denen es afrikanische Sklaven in Europa gab) tat ein Übriges. So musste man nur noch versuchen, diese neuen Sklaven in möglichst nahe gelegenen Regionen zu erwerben, in jenem riesigen Menschenreservoir nämlich, für das man den südlich der Sahara gelegenen Teil Afrikas hielt …

Die Portugiesen setzten also ihren Weg nach Süden fort. 1441 umfuhren sie das Kap Blanco und machen sich daran, an dieser fast gänzlich verlassenen Küste (dem späteren Mauretanien) die wenigen Bewohner einzufangen, die sie dort antrafen. Zwei portugiesische Expeditionen – von denen die eine unter dem Befehl von Antão Gonçalves, die andere unter dem von Nuno Tristão stand – fingen so ein paar Dutzend Sklaven ein, die noch im gleichen Jahr nach Portugal gebracht wurden. Damit begann eine neue Form des

Sklavenhandels, der sich nun anstelle des Landwegs des Seewegs bediente.

Ein anderer Portugiese, Gomes Eanes de Azurara, der Verfasser einer *Chronik über die Entdeckung und Eroberung von Guinea* (1453)[66] hatte nur kurze Zeit später die Gelegenheit, der Landung einer dieser »Ladungen« deportierter Gefangener beizuwohnen. Es handelte sich seinem Bericht nach um eine Gruppe muslimischer Berber, bei denen sich aber auch bereits einige Schwarze befanden – und alle diese Menschen waren offensichtlich tief unglücklich. Azurara selbst schien bewegt: »Obwohl wir ihre Sprache nicht verstehen konnten,« erinnerte er sich einige Jahre später, »stimmten die Töne, die sie hervorbrachten, nur zu gut zu ihrer immensen Traurigkeit.« Eine Gefühlsregung, die dem Chronisten wohl rasch wieder verging ...

Von Anfang an wurde dieser Handel direkt von Heinrich dem Seefahrer (1394–1460) kontrolliert. Dieser dritte Sohn des portugiesischen Königs Johann I. ahnte die Bedeutung Afrikas, das er zugleich erforschen und zum Christentum bekehren wollte. Um seine Ziele zu erreichen, ließ er in Sagres, im Südwesten der Algarve, deren Statthalter er war, ein Arsenal errichten, wo er nach 1421 eine Gruppe von Astronomen und Geographen um sich versammelte, die immer auf dem neuesten Stand der Entdeckungen arabischer wie europäischer Seefahrer waren. Niemand konnte ohne seine Erlaubnis nach Afrika fahren oder von dort zurückkommen, ohne ihm das obligatorische Fünftel seines Profits abzuliefern. Und die Profite waren erheblich, selbst wenn man nach 1450 auf Überfälle oder Menschenjagden verzichtete und allmählich dazu überging, die Sklaven zu kaufen, wodurch man gefahrlos immer größere Mengen an Sklaven verschiffen konnte.

Heinrich, der die Kirche um die Billigung seiner Handelstätigkeiten gebeten und diese erhalten hatte, zog also, wenn man so sagen kann, nicht nur materielle sondern auch geistliche Gewinne daraus. Erkannte doch der Papst in einem Privileg von 1455 tatsächlich die Rechtmäßigkeit der portugiesischen Eroberungen südlich des Kap Bojador an und erlaubte Portugal, alle heidnischen Völker zu versklaven, nicht ohne vorher all jenen einen vollkommenen Ablass versprochen zu haben, die sich an diesem »heiligen« Krieg beteiligten.

1450 errichteten die Portugiesen ein Fort auf der Insel Arguin, nördlich der heutigen Stadt Nuakschott, von wo aus im folgenden Jahrzehnt jedes Jahr sieben- bis achthundert Sklaven nach Portugal geschickt wurden. Die berberischen Zenaga (Sanhaja) die auf der Insel lebten, dienten ihnen als Mittelsmänner. Sie kauften Pferde in Marokko, um sie südlich der Sahara weiterzuverkaufen und von dort »schwarze« Sklaven zurückzubringen, die sie ihrerseits an die Portugiesen verkauften, gegen den Erwerb von Stoffen, Sätteln, Metallwaren, Salz und Safran.

Zwischen 1448 und 1460 kamen die Portugiesen bis in die Gegend um das Kap Verde (das heißt die Region von Dakar) und zu den Kapverdischen Inseln. Sie beschlossen, sich dort wie auf Madeira und den Azoren dauerhaft niederzulassen. 1451–1462 landeten sie an der Küste des heutigen Sierra Leone. 1469 erhielt Fernão Gomes vom portugiesischen König Alfons V., dem Afrikaner, die Lizenz, fünf Jahre lang diese Küste zu erforschen – die man als Golf von Guinea bezeichnen sollte. Während dieser Fahrt in östlicher Richtung bot sich den Portugiesen erstmals nahe bei Kap Drei Spitzen die Gelegenheit, Gold zu kaufen. Ebenfalls in dieser Gegend – heute auf halbem Wege zwischen Abidjan (Elfenbeinküste) und Akkra (Ghana) – ließen sie 1481 das gewaltige Fort Elmina errichten, das jahrzehntelang als Umschlagplatz für die zur Deportation bestimmten Sklaven dienen sollte.

In den folgenden Jahren versuchten die Portugiesen zum einen weiter ins Landesinnere vorzudringen, vor allem ins Nigerdelta, wo damals das Königreich von Benin (das heutige Nigeria) in voller Blüte stand, zum anderen besiedelten sie nun die Inseln von Fernando Po (heute Äquatorialguinea), São Tomé und Príncipe (1471). Sie begaben sich selbst in die Stadt Benin, wo sie vom dortigen König freundlich empfangen wurden: ihr Kommen sollte sichtbare Spuren in den Bronzeskulpturen hinterlassen, die später von Künstlern dieses überfeinerten Hofes hergestellt wurden.

1479 unterzeichnete Portugal den Vertrag von Alcáçovas mit Spanien. Die beiden rivalisierenden Nachbarstaaten, die beide

Hernán Cortés, *der Eroberer des Aztekenreiches.*

hochfliegende Pläne für ihre Seefahrt hatten, steckten darin ihre jeweiligen Einflusssphären ab. Spanien ließ seine Oberhoheit über die Kanarischen Inseln anerkennen und erkannte dafür die Rechte Portugals auf die anderen Atlantikinseln sowie die afrikanische Küste südlich des Kap Bojador an.

Bald danach (1492) gründete Portugal eine Kolonie in Fernando Po (die es 1778 an Spanien abtreten sollte), während in São Tomé wie auf den Kapverdischen Inseln die Wirtschaft schnell auf den Anbau von Zuckerrohr umgestellt wurde. Auch hier führte die Anlage von Pflanzungen zu einem beachtlichen Bedarf an sklavischen Arbeitskräften vor Ort. An der eigentlichen afrikanischen Küste konnten sich die Portugiesen nicht festsetzen, da ihr Mutterland weder reich noch volkreich genug war, um die dauerhafte Inbesitznahme eines so ausgedehnten Kontinents ins Auge zu fassen. Und König Johann II., der Sohn Alfons V., war weniger an einer Kolonisierung als solcher interessiert, als an der Errichtung einer Kette von Faktoreien, die sein Land – unter Umgehung der islamischen Welt – mit Indien verbinden sollten.

Um 1483 stießen die Portugiesen bis zur Mündung des Kongo vor und wenig später zur Küste Angolas. Um sich leichter mit Sklaven eindecken zu können, brachten sie einen kongolesischen König dazu, sich zum Christentum zu bekehren und ein Bündnis mit Portugal zu schließen. Wenig später umrundete Bartolomeu Dias als erster Seefahrer das Kap der Guten Hoffnung (1487/88). Zehn Jahre nach Dias sollte Vasco da Gama schließlich seine große Fahrt antreten: Als er seine Reise vom Kap der Guten Hoffnung bis zum Hafen von Calicut (dem heutigen Kozhikode im indischen Staat Kerala) fortsetzte, öffnete er für Portugal den Seeweg nach Indien (1497/98).

Die Küsten Afrikas waren nun im wesentlichen erforscht. Zwei Jahre später (1500) sollte ein anderer Portugiese die Küste Brasiliens erreichen.

Die Sklaverei in Afrika in der Zeit vor dem europäischen Sklavenhandel

In Afrika sollten die Portugiesen nicht lange die einzigen bleiben. Auch die Spanier griffen alsbald in den Sklavenhandel ein, gefolgt von den Engländern und Holländern (in der zweiten Hälfte des 16. Jahrhunderts) sowie wenig später (im Laufe des 17. Jahrhunderts) den Franzosen.

Doch betrieben die Europäer bis zur zweiten Hälfte des 19. Jahrhunderts ihren Handel von bestimmten Punkten der Küste aus und verzichteten darauf, das Innere des afrikanischen Kontinents zu erforschen. War es ihnen doch ein Leichtes, von arabischen oder afrikanischen Zwischenhändlern Sklaven zu kaufen, die von weit her aus dem Landesinneren geholt worden waren.

Um zu verstehen, wie dieser »Markt« funktionierte, muss man sich vor Augen halten, dass die Sklaverei nicht von den Europäer in Schwarzafrika eingeführt wurde. Diese Institution existierte schon sehr lange vorher, selbst wenn man nur wenig über ihre Modalitäten und ihre Geschichte vor dem 19. Jahrhundert weiß, da wegen der fehlenden Schriftlichkeit keine Archive existieren.

Drei Punkte scheinen dennoch gesichert.

Erstens: Glaubt man den Berichten arabischer Reisender, so gehörte die Sklaverei zur alltäglichen gesellschaftlichen Realität der verschiedenen großen Feudalreiche – Ghana, Mali und Songay –, die in Westafrika südlich der Sahara zwischen dem 9. und 16. Jahrhundert in Blüte standen. Das gleiche traf seit dem 10. Jahrhundert für die Haussa und später für die Yoruba im heutigen Nigeria zu, ebenso wie im 17. Jahrhundert für das Königreich Dahomé (das heutige Benin) und im 18. Jahrhundert für das Reich der Aschanti (das heutige Ghana) wie auch weiter südlich für das Kongogebiet. Diese allgemein »übliche« Sklaverei nahm zweifelsohne keine riesigen Ausmaße an. Sie scheint für die afrikanische Wirtschaft, die vor allem auf die Beschaffung des Lebensnotwendigen ausgerichtet war, keine entscheidende Rolle gespielt zu haben. Dennoch galt sie als etwas Alltägliches, so alltäglich wie im Mittelalter in den Ländern des Islam oder des christlichen Abendlandes. Ihre Hauptursache war der Krieg. Wurden doch immer, wenn ein Konflikt zwischen zwei Staaten oder zwei rivalisierenden Stämmen ausbrach, die (in begrenzter Zahl) gemachten Gefangenen anschließend auf das Gebiet des Siegers verbracht. Einige davon wurden gezwungen, im Haushalt oder auf den Feldern zu arbeiten (eine harte Arbeit, da der Boden ausgedörrt und der Pflug zu dieser Zeit in Afrika noch unbekannt war). Andere konnten verschenkt oder sogar an Händler verkauft werden.

Zweitens: Diese Sklavenhändler, die an der Südgrenze der Sahara operierten, waren seit dem 7. Jahrhundert Araber (oder muslimische Berber). Auch an der afrikanischen Ostküste, die seit langem auf dem Seeweg Verbindungen zu den Ländern am Arabischen Golf unterhielt, waren arabische Händler neben Indern, Malaien und Chinesen tätig. Wenn aber die Portugiesen an der Küste des Golfs von Guinea auftauchten, wimmelte es nur so von afrikanischen Händlern. Und zwar mit gutem Grund. War doch ihre Arbeit – Sklaven in den Königreichen im Landesinneren zu kaufen oder einzufangen, um sie an die europäischen Seefahrer weiterzuverkaufen – von Anfang an sehr lukrativ. Denn wenn die Nachfrage nach Sklaven auch von den Europäern ausging, so versuchten doch auch einige afrikanische Könige und Kleinkönige ihrerseits einen Teil der Sklaven zu verkaufen, die sie sich bei Überfällen auf ihre Nachbarstämme verschafft hatten. Sie waren auf diesen Handel angewiesen, um ihrerseits von den Europäern kostbare Stoffe, seltene Nahrungsmittel, Fässer mit Alkohol und später (Ende des 16. Jahrhunderts) Feuerwaffen kaufen zu können – alles Dinge, die sie nicht wirklich »brauchten«, ebenso wenig wie Europa den Zucker »brauchte« – aber die sie aus Prestigegründen haben wollten.

Drittens schließlich: Diese afrikanischen Sklavenhändler konnten nicht ermessen, wie furchtbar das, was sie taten, wirklich war.[67] Es dürfte sie wenig gekümmert haben, um so weniger, als sie den Unterschied zwischen der traditionellen Sklaverei, so wie sie seit Jahrhunderten in Afrika praktiziert wurde, und der »modernen« Sklaverei, die Europäer den Schwarzen aufzwangen, nicht erfassen konnten. In Afrika selbst war die Lage eines Sklaven, der auf den Ländereien eines Mächtigeren arbeitete, von der eines freien Kleinbauern nicht völlig verschieden. Der Sklave hatte das Recht zu heiraten und seine Kinder aufzuziehen. Er war der Besitzer seines eigenen Hauses und seiner eigenen Sachen. Er wurde nicht »grundlos« misshandelt. Es scheint sogar, als ob in einer Großfamilie ein junger Haussklave nicht viel anders behandelt worden wäre als die freien Kinder, in deren Gesellschaft er aufwuchs. Da Freilassungen häufig vorkamen, wurde kein Freier wegen seiner Abstammung von Sklaven verachtet.

Dies alles galt nicht auf den Zuckerplantagen der atlantischen Inseln und noch weniger in den fernen Kolonien Amerikas, die wie kapitalistische Betriebe geführt wurden. Aber weder die unglücklichen jungen Leute, die versklavt wurden, noch die schwarzen Sklavenhändler, die sie ursprünglich an die Europäer verkauften, konnten dies wissen oder voraussehen.[68]

Die Eroberung Amerikas (1492–1532)

Im letzten Jahrzehnt des 15. Jahrhunderts kauften die Portugiesen an die dreitausend Sklaven pro Jahr. Diese wurden mit Vorliebe auf die atlantischen Inseln geschafft, eventuell auch an die Algarveküste oder nach Lissabon selbst, wo Mitte des folgenden Jahrhunderts auf eine Gesamtbevölkerung von 100 000 Einwohnern eine Anzahl von 10 000 schwarzen Sklaven kam. Aber solange Vasco da Gama noch nicht zu seiner Fahrt aufgebrochen war, schien es ziemlich ungewiss, ob man einen Seeweg nach Indien finden werde, indem man die Küsten Afrikas entlangsegelte. Manche verfielen nun darauf, dass der Weg nach Indien vielleicht kürzer wäre, wenn man nach Westen, anstatt wie bisher nach Süden oder Osten segelt würde. Neben anderen versuchte auch ein genuesischer Seemann namens Christoph Kolumbus 1483 diese Idee dem portugiesischen König Johann II. zu »verkaufen«.

Man hat oft gesagt, dass Kolumbus nicht allein, ja so sogar nicht primär von dem Wunsch beseelt war, von sich reden zu machen oder sich zu bereichern. Er war vor allem ein Mann seiner Zeit (der Zeit der Reconquista), das heißt ein Mann mit starken christlichen Überzeugungen. Sein Endziel war die Befreiung der Heiligen Stätten in Jerusalem: entweder sollte man sie den Muslimen abkaufen oder ein Heer aufstellen, das stark genug wäre, um diese von dort zu vertreiben. Für beides brauchte man Gold, viel Gold. Und um dieses »edle« Ziel zu erreichen, wollte er – da der Landweg über den Nahen Osten durch die Muslime versperrt war – unbedingt einen Seeweg nach Indien finden, in jenes Land, wo nach der mittelalter-

142

lichen Vorstellungswelt riesige Mengen dieses sagenhaften Metalls lagerten.

Andererseits war Kolumbus ein erfahrener Seemann. Wenn seine religiösen Motive seine Begeisterung erklärten, so machten seine weit reichenden Kenntnisse sie vollends glaubwürdig. Er hatte die antiken und mittelalterlichen Geographen gelesen. Durch Seeleute, die er im Mittelmeerraum getroffen hatte, war ihm allerlei Insiderwissen über die »Geheimnisse« der fernen Meere anvertraut worden. Den Gelehrten des Mittelalters war zudem bekannt, dass die Erde eine Kugel ist. Eines Tages musste ein Seemann kommen, der kühner als die anderen war, und es wagen, die Wahrheit darüber herauszufinden. Kolumbus war überzeugt davon, dass er dazu berufen war. Aus einer Vielzahl von Gründen heraus glaubte er, der richtige Mann für diese Aufgabe zu sein.

Dennoch gelang es ihm trotz eines glühenden Plädoyers nicht, Johann II. von seiner Sache zu überzeugen; der portugiesische Hof verdächtigte ihn, die wirkliche Entfernung nach Indien falsch berechnet zu haben. Da auch die Könige von England und Frankreich kein Interesse an seinem Projekt hatten, wandte er sich an den spanischen Hof. Nachdem er den Herzog von Medina Celi wie auch den Beichtvater der Königin für seine Pläne gewonnen hatte, konnte er mit ihrer Hilfe seinen Plan Isabella von Kastilien vortragen. Und die Rivalität zwischen Spanien und Portugal trug das ihre dazu bei, dass die Katholische Königin ihm schließlich ihre Unterstützung gewährte und ihm auch den nicht unbedeutenden Titel eines Admirals und Generalstatthalters der zu entdeckenden Inseln und Kontinente verlieh.

Sollte es den Spaniern gelingen, den Portugiesen den Rang abzulaufen? Ja und Nein. Nachdem Kolumbus am 3. August 1492 Palos de Moguer mit einer kleinen Flotte von drei Karavellen verlassen hatte, erreichte er, nach einer Zwischenlandung auf den Kanarischen Inseln, im Morgengrauen des 12. Oktobers dieses Jahres die Bahamas. In den folgenden Wochen landete er auf den Großen Antillen, Kuba und Haiti (das er für »spanisch« erklärt, indem er ihm den lateinischen Namen »Hispaniola« gab). Er glaubte, gewonnen zu haben. Er wusste nicht, dass die Inselkette, auf der er gelandet war, nicht zu Indien, sondern zu einem neuen Kontinent gehörte – eine Illusion, von der er sich später nur mühsam freimachen sollte.

Vor seinem Tode unternahm Kolumbus noch drei weitere Fahrten nach Amerika (1493–1496, 1498–1500 und 1502–1504). Diese trugen nicht nur zur Verbesserung der Kenntnisse von der Karibik bei, sondern auch zur Errichtung der spanischen Herrschaft in diesen Gebieten. Aber die Fehler, die er als Statthalter der Insel Hispaniola machte, der Neid, den sein Ruf erregte und vor allem die zunehmende Erkenntnis von der Größe der noch zu erobernden Länder, überzeugten die Katholischen Könige schließlich davon, Kolumbus' Gewalt einzuschränken und anderen Konquistadoren zu erlauben, auch ihr Glück zu versuchen. Nun war die Stunde der Spanier gekommen, Revanche zu fordern. Wie die Portugiesen hatten auch sie große Erfahrung in der Seefahrt. Katalanen und Aragonesen befuhren seit langem das Mittelmeer. Die Basken gingen traditionell im Atlantik auf Fisch- und Walfang. Alles, was die Seeleute brauchten, finanzielle Mittel und Handelsbeziehungen, sollten sie von Sevilla bekommen, während Kastilien und vor allem die Estremadura (eine unterentwickelte Binnenlandschaft, unmittelbar an der portugiesischen Grenze, mit Blickrichtung nach Westen) einen Gutteil der Freiwilligen stellten: Bauern ohne Hoffnung, je reich zu werden, niederer Adel (*hidalgos*) ohne Vermögen aber nicht ohne Ehrgeiz, Abenteurer aller Art ... Denn, wenn auch einige von denen, die man künftig als Eroberer (*conquistadores*) bezeichnen sollte, gewisse religiöse Überzeugungen mit Kolumbus gemein hatten, so war der Großteil der Truppen doch vor allem auf Gewinn aus, einen Gewinn, von dem man glaubte, er sei leicht zu machen und praktisch unbegrenzt.

1499 segelte der Florentiner Amerigo Vespucci im Dienste Spaniens die Ostküste Brasiliens entlang. Dabei wurde ihm bewusst, dass dieses Land nicht Indien, sondern ein neuer Kontinent war (der bald nach seinen Vornamen benannt werden sollte). Im selben Jahr erforschten Alonso de Hojeda, Pedro Alonso Niño und Juan de la Cosa die Küste Venezuelas. Ermutigt von dem Gerücht, dass sich im Westen ein an Gold reiches Königreich, das sagenhafte El Dorado, befände, zogen Rodrigo Bastidas und Juan de la Cosa 1501 mit einer weiteren Expedition die Küste Kolumbiens entlang, wo sie jedoch keine anderen festen Siedlungen als die kleine Stadt Santa Maria la Antigua de Darién anlegen konnten. Diese sollte wenige Jahre später Vasco Núñez de Balboa (1513) als Ausgangspunkt dienen, als er als erster die Meerenge von Panama durchquerte, um bald darauf (1519) an der Pazifikküste Panamas eine Faktorei zu gründen. Ebenfalls 1519 trat ein portugiesischer Seemann in spanische Dienste, Fernão de Magalhães. Er sollte unter dem Namen Magellan bekannt werden und als erster die Welt umsegeln: 1520 erreichte er den Rio de la Plata, entdeckte die Meerenge, die seither seinen Namen trägt, bevor er 1521 nach einer Überquerung des Pazifik in Nordwestrichtung auf den Philippinen landete.

In der Zwischenzeit hatte man begonnen, die Karibik systematisch in Besitz zu nehmen. Juan Ponce de León eroberte 1508 Puerto Rico, Juan de Esquival 1509 Jamaika, Diego Velázquez 1511 Kuba. Zum Statthalter von Kuba bestellt, schickte letzterer nacheinander drei Expeditionen nach Mexiko. Die ersten beiden (1517 und 1518) scheiterten. Erst der dritten, unter Führung von Hernán Cortés (1519–1521), sollte Erfolg beschieden sein.

Cortés hatte nicht den Auftrag, das Land zu erobern, sondern nur, es zu erkunden. Im übrigen hatte er nur einige hundert Mann bei sich. Sobald er aber den Fuß auf mexikanischen Boden gesetzt und entdeckt hatte, dass es dort eine glänzende Kultur gab – das Aztekenreich, das er für sagenhaft reich hielt – beschloss er, es anzugreifen. Als gewiefter Diplomat und wagemutiger Soldat ahnte er, dass dieses Reich mit seiner Hauptstadt Tenochtitlan (dem heutigen Ciudad de México) die von ihm angeblich unterworfenen Völker keineswegs fest im Griff hatte, während die von ihm geforderten Steuern allen verhasst waren. Cortés, dessen eigenen Kräfte unzureichend gewesen wären, schloss also Bündnisse mit verschiedenen Indianerstämmen, die die aztekische Herrschaft abschütteln wollten. Dank ihrer Hilfe ließ er sich als Freund in Tenochtitlan empfangen und bemächtigte sich des Aztekenkaisers Montezuma durch Verrat. Nach verschiedenen Wechselfällen des Glücks (Indianeraufständen und deren brutale Unterdrückung durch die Spanier) fiel Tenochtitlan schließlich ganz in die Hand der Spanier: das Ende des Aztekenreiches war gekommen (1521).

Velázquez, der Cortés ausgeschickt hatte, erlaubte auch Pánfilo de Narváez die Gründung einer Kolonie im heutigen South Carolina. Die 1528 aufgebrochene Expedition erreichte zwar Florida, erlitt dort aber Schiffbruch. Einer der wenigen Überlebenden, Álvar Núñez Cabeza de Vaca, machte sich im Laufe der folgenden Jahre daran, den Süden der späteren Vereinigten Staaten zu erforschen und kam sogar bis Kalifornien (1536).

Von Panama aus fuhren die Spanier die Pazifikküste Kolumbiens entlang nach Süden. 1526 landeten Francisco Pizarro und Diego de Almagro in Peru. Auch hier entdeckten sie die Existenz einer glänzenden Kultur, des Inkareiches, dessen Zentrum in Cuzco (auf Ketschua »Nabel der Welt«) lag.

Wie Cortés begriff auch Pizarro sehr schnell, welchen Nutzen er aus der Schwäche dieses Reiches ziehen konnte, das durch Thronfolgestreitigkeiten zwischen zwei Halbbrüdern, Huascar und Atahualpa, geschwächt war. Da er zu Beginn nur über 168 Männer verfügte, gab er vor, für letzteren Partei zu ergreifen. Als dann Verstärkung aus Panama eintraf, zwang er dem Inkareich nach und nach seine Herrschaft auf. 1532 nahm er Atahualpa wegen Verrats gefangen und ließ ihn im folgenden Jahr erdrosseln. Trotz des tapferen, aber verspäteten Widerstands der Inka endete die lange Belagerung von Cuzco mit einem spanischen Sieg. Und trotz der Guerillatätigkeit der folgenden Jahre wurde der letzte Inkaherrscher Túpac Amaru I. schließlich gefangen genommen und 1572 hingerichtet.

Wie die Portugiesen 1455 baten auch die Spanier den Papst, ihre Rechte in den neu eroberten oder noch zu erobernden Ländern in gehöriger Form anzuerkennen. Papst Alexander VI., der selbst spanischer Abstammung war, gewährte ihnen dies problemlos: Die Eroberung Amerikas sei solange als »Gerechter Krieg« (nach der aristotelischen Definition) zu sehen, als sich die Spanier verpflichteten, die Bewohner dieser Gebiete zum Christentum zu bekehren (Bulle *Dudum siquidem* von 1493). Gleichzeitig, ebenfalls im Jahre 1493, erließ Alexander VI. die Bulle *Inter caetera*, in der er eine imaginäre Demarkationslinie in Nordsüdrichtung zog, hundert Seemeilen westlich der Kapverdischen Inseln: westlich dieser Linie wurde den Spaniern das Eroberungsrecht zugestanden, während die östlich dieser Linie entdeckten oder zu entdeckenden Gebiete unter portugiesischer Herrschaft verbleiben sollten.

Nach Protesten des portugiesischen Königs wurde diese imaginäre Linie ein Jahr später im Vertrag von Tordesillas (1494) noch einmal verlegt: künftig sollte sie 370 Meilen westlich der Kapverdischen Inseln verlaufen. Damit waren beide Seiten zufrieden gestellt: Portugal, das große Summen in die Suche nach einem Seeweg nach Indien investiert hatte, sah seine Pläne in Afrika besser abgesichert, Spanien seine Eroberungen in Amerika nicht in Frage gestellt.

Sechs Jahre nach Unterzeichnung dieses Vertrags wurde im April 1500 ein portugiesischer Seefahrer, Pedro Álvarez Cabral, vom Sturm an die Küste Brasiliens verschlagen. Auch er war im Glauben, nach Indien zu segeln, wohin Vasco da Gama zwei Jahre früher gelangt war. Nun nahm er die Osthälfte Brasiliens, die diesseits der in Tordesillas gezogenen Linie lag, im Namen des Königs von Portugal in Besitz. Nach bewährtem Schema vertraute der König wie in Afrika die Erschließung dieses neuen Gebietes privaten Investoren an, die sich auf die Verwertung des Brasilholzes (aus dem ein rotes Harz austrat, das die Europäer zum Färben verwandten) konzentrieren sollten. Einige Forts und Handelsfaktoreien wurden an der Küste errichtet. Das Landesinnere aber wurde in den folgenden dreißig Jahren nicht erforscht. Denn, wenn die Portugiesen auch nicht das Interesse an Brasilien verloren, so waren sie doch anfangs noch weit entfernt davon, ihm ebenso viel Bedeutung wie ihren afrikanischen Kolonien zuzuschreiben. Erst nach 1530 nahm dieses Land einen immer wichtigeren Platz in der Strategie Portugals ein.

Folgen der Eroberung:
indianische und afrikanische Sklavenarbeit

Langfristig gesehen, sollte die Eroberung Amerikas nicht dazu beitragen, die Wirtschaftsentwicklung der Iberischen Halbinsel günstig zu beeinflussen. Aber auf das tägliche Leben in Europa hatte sie positivere Auswirkungen. Fanden doch die Europäer in Amerika

Pflanzen wie Mais, Tabak, Tomaten und Kartoffeln, die sie in ihre Heimat mitnahmen und auf die sie schon bald nicht mehr verzichten wollten. In absehbarer Zeit sollte Amerika Europa auch mit Zucker, Kakao, Kaffee und Baumwolle versorgen. Auf ideeller Ebene schließlich zerstörte die Entdeckung dieses neuen Kontinents das mittelalterliche Weltbild endgültig. Der Mythos vom »guten Wilden«, den Philosophen wie Montaigne[69] auf der Grundlage von Erzählungen spanischer und später französischer Reisender[70] ausbildeten, spielte durch seine Kritik an zahlreichen europäischen Vorurteilen eine positive Rolle, während die Hoffnung auf ein neues Leben in einer Welt, die noch die Unschuld des Urzustands kannte, jahrhundertelang dem »amerikanischen Traum« neue Nahrung gab.

Für die Indianer selbst jedoch waren die Folgen der Eroberung katastrophal. Die Einführung spanischen Geldes und der spanischen (in Brasilien der portugiesischen) Verwaltung führte zum Zusammenbruch ihres traditionellen Wirtschafts- und Gesellschaftsgefüges und ihrer politischen Strukturen. Ihr Glaube und ihre religiösen Praktiken wurden von den Missionaren systematisch bekämpft und unterdrückt. Über diesen *Ethnozid*, die Zerstörung der indianischen Kulturen, hinaus, ist manchmal auch von *Genozid* die Rede, da in den wenigen Jahrzehnten nach der Eroberung Tausende und Abertausende von Indianern auf brutalste Art und Weise ermordet wurden.

Wir wollen hier einzelne Etappen dieser Tragödie beleuchten, von der selbst heute noch viele Aspekte nicht bekannt sind. Die allerersten Kontakte zwischen Europäern und Indianern (die diese zuerst freundlich aufnahmen, ja sie sogar für Götter hielten) waren eher gut. In seinem Tagebuch zeichnete Kolumbus am 12. Oktober 1492 ein – zumindest auf physischer Ebene – schmeichelhaftes Porträt der ersten »Wilden«, die er an diesem Tage sah. Aber trotz allem waren diese Frauen und Männer »Wilde« für ihn. In den Augen der Europäer, die aus einem Land mit einem zentralistischen Königtum kamen, in dem die Kirche stark in das gesellschaftliche Leben eingebunden war, waren diese nackten Wilden, deren Sprache sie nicht verstanden, buchstäblich Leute »ohne Glauben noch Moral«, da sie anscheinend ohne Staatskirche und staatliche Ordnung lebten.

Anders gesagt, handelte es sich bei ihnen kaum um Menschen, sondern vielmehr um »Hunde« (das spanische *perro* für Hund war zu dieser Zeit eine üble Beleidigung). Sollte es sich doch um Menschen handeln, so bestenfalls um Menschen der untersten Kategorie, eher Tieren als Menschen vergleichbar. Diese Vorurteile wurden noch größer, als die Konquistadoren begriffen, dass sie nicht das gesuchte Indien, sondern ein noch völlig unbekanntes Westindien erreicht hatten und sich nun fragen mussten, woher diese neuen Inder eigentlich kamen: Wenn diese noch nie den geringsten Kontakt mit dem Rest der Menschheit gehabt hatten, wie konnten sie dann auch von Adam und Eva abstammen? Sollten sie zufällig die geheimnisvollen Überlebenden der »verlorenen zehn Stämme« des Alten Testaments sein? Jener ursprünglichen Stämme des Königreichs Israel, die sich wieder dem Götzendienst zugewandt hatten und deshalb acht Jahrhunderte vor unserer Zeitrechnung von den Assyrern vernichtet worden waren? Zur Lösung dieser Rätsel bedurfte es langer theologischer Dispute, die erst 1537 (provisorisch) beendet wurden, als Papst Paul III. in der Bulle *Sublimis Deus* die Indianer zum ersten Mal ausdrücklich als Menschen anerkannte.

Dennoch war das Schicksal dieser Menschen von den ersten Tagen der Eroberung an bedroht. Die Europäer wollten sie sowohl zwangsbekehren als auch zur Bebauung ihres Landes zwingen. Die Indianer aber, deren Gesellschaftsstrukturen auf einem empfindlichen Gleichgewicht beruhten, wollten weder ihre Lebensweise noch ihre Religion ändern. Manche flüchteten, andere versuchten, Widerstand zu leisten. Sehr schnell traten an die Stelle friedlicher Beziehungen heftige Konflikte, in deren Verlauf die erdrückende technologische Überlegenheit der Europäer ihren Opfern keinerlei Chance ließ.

Es scheint, als habe Kolumbus im Laufe seiner zweiten Fahrt in die Neue Welt von kriegerischen Völkern gehört, die angeblich Menschenfresser waren – sollte dies wahr sein, so können diese Praktiken nur eine religiöse Bedeutung gehabt haben – und die man schließlich als »Kannibalen« bezeichnete, nach dem indianischen Wort für einen Stamm, der dessen verdächtigt wurde. Aber ganz gleich, ob es sie nun wirklich gab oder nicht, jedenfalls stellte man diese Menschenfresser der Kleinen Antillen als schreckliche Verbrecher hin: Um sie zu unterwerfen und etwaige Nacheiferer abzuschrecken, wollte man sie mit exemplarischer Strenge behandeln. Unmittelbar nach seiner Ankunft (30. Januar 1494) hatte Kolumbus an Antonio de Torres über sie geschrieben, sie seien »wilde Menschen, aber gut gebaute Kerle, die rasch alles begreifen« und die, sobald »sie ihrem nicht menschenähnlichen Zustand entrissen sind (…) die besten Sklaven abgeben werden«.[71] Die Idee war geboren. Sie war nicht weiter neu, wie der zeitliche Kontext und die Entdeckung Afrikas als Präzedenzfall zeigen. Man musste sie nur noch in die Tat umsetzen.

Dies aber sollte nur um so schneller geschehen, als die Eroberung Amerikas, die ursprünglich ein religiöses und militärisches Abenteuer zur See gewesen war, nun allmählich zu einem Wirtschaftsunternehmen umfunktioniert wurde. Aber entgegen der anders lautenden Empfehlung von Kolumbus – der 1495 einige Hundert »menschenfressende« Arawak als Sklaven nach Spanien geschickt hatte, wo sie schnell starben – zog Isabella die Katholische es vor, die Indianer in ihrem eigenen Land zu versklaven. So wurden sie in der Karibik gezwungen, auf den von den Spaniern angelegten Zuckerrohrplantagen zu arbeiten, auf dem Festland dagegen wurden sie zur Arbeit in den Gold- und Silberbergwerken verdammt. Ein wenig später wurde, unter der Bezeichnung *repartimiento* in Mexiko und *mita* in Peru, ein Ausbeutungssystem mit dem Ziel eingeführt, die Indios abwechselnd in der Landwirtschaft, im Bergbau, in der Textilverarbeitung, im Straßenbau und beim Bau von Häusern, öffentlichen Gebäuden und Kirchen einzusetzen. Selbst wenn das System nicht gut funktionierte (manchmal sogar so schlecht, dass die Besitzer einzelner *Haciendas* oder Latifundien lieber wieder auf die Lohnarbeit zurückgriffen) wurden die Indianer praktisch in den meisten *encomiendas* (von Indianern bevölkerte Gebiete, die der spanische König an den einen oder anderen Konquistador mit dem Recht verliehen hatte, dort wie ein Feudalherr schalten und walten zu können) wie Sklaven gehalten. Und

Bartolomé de Las Casas, *der »Apostel der Indianer«, trat der Versklavung der Indios entgegen.*

von vornherein häuften sich die Beispiele für eine schlechte Behandlung der Indianer so sehr, dass Kolumbus bereits auf seiner zweiten Fahrt (1498–1500) gegen die schlimmsten Missbräuche protestieren musste.

Vergeblich. Schon 1510 regelte ein grundlegender Text, die Konquistadorenproklamation (*requerimiento*) des Rechtsgelehrten Juan de Palacios Rubios, wie die Eroberung zu erfolgen habe: Sooft die Spanier ein neues Volk entdeckten, sollten sie ihm diese Proklamation verlesen, in der es aufgefordert wurde, sich zu unterwerfen und zu bekehren. Wenn die Indianer ihren Inhalt akzeptierten, durften sie nicht versklavt werden, wenn sie ihn ablehnten, mussten sie dagegen versklavt werden. Diese Vorgehen war um so fragwürdiger, als die Indianer natürlich kein Spanisch verstanden.

Um übrigen wurde die Ungerechtigkeit dieses Vorgehens von zwei bedeutenden spanischen Humanisten heftig kritisiert: von Francisco de Vitoria, einem Theologen, Rechtsgelehrten und Professor an der Universität von Salamanca, und von Bartolomé de Las Casas, dem Sohn eines Gefährten des Kolumbus, der in den Dominikanerorden eingetreten war, zum Bischof von Chiapas (Mexiko) ernannt wurde und 1552 einen »Kurzgefassten Bericht von der Verwüstung der westindischen Länder« verfasste, das erste große Werk gegen den Kolonialismus.[72] Als Karl V. 1530 verbot, Indianer zu versklaven oder als Las Casas anlässlich der berühmten »Junta von Val-

151

ladolid« (August 1550) die Argumente des Aristotelikers Juan de Sepúlveda zugunsten der Sklaverei widerlegte, war es schon zu spät, um die Indianer vor jenem Zerstörungsprozess zu retten, den die Eroberung Amerikas in Bewegung gesetzt hatte. Tatsächlich sollten die meisten von ihnen in den folgenden vier Jahrzehnten sterben.

Wie viele genau? Es liegen keine glaubwürdigen Statistiken darüber vor. In Ermangelung objektiver Quellenaussagen lassen sich also nur Vermutungen anstellen. Auf der Grundlage der von den spanischen und portugiesischen Archiven gelieferten Angaben kann man wahrscheinlich von einer Bevölkerung von etwa zehn Millionen Indianern in Mittel- und Südamerika gegen Ende des 16. Jahrhunderts ausgehen. Manche Historiker[73] behaupten nun, dass ihre Zahl vor 1492 achtmal so hoch gewesen sei. Eine solche Schätzung ist vielleicht übertrieben, aber es ist nicht unwahrscheinlich, dass es sich mindestens um dreißig bis vierzig Millionen Menschen handelte.

Wie konnten so viele Indianer in weniger als einem Jahrhundert sterben? Es gibt eine zweifache Erklärung dafür. Zum einen brachten die europäischen Seefahrer, deren Hygiene mehr als relativ war, jede Menge Keime mit sich, die bis dahin in der Neuen Welt unbekannt waren. So verbreiteten sich Grippe, Pocken und Masern (Ansteckungskrankheiten, gegen die die Indianer keinerlei angeborenen Immunität besaßen) epidemieartig wie ein Lauffeuer unter der einheimischen Bevölkerung und dezimierten sie rasch. Manche sprechen in diesem Zusammenhang von »bakteriellem Völkermord«, ein unangebrachter Ausdruck, weil das Verbrechen des Genozids seiner üblichen Definition nach die bewusste Absicht zu töten ebenso voraussetzt wie einen konzertierten Plan, diese Absicht in die Tat umzusetzen. Dagegen hatten die Europäer, die ihre Bakterien mitbrachten, keineswegs die Absicht, diese zu übertragen, um den Tod herbeizuführen, wenngleich viele den fraglichen Bakterien zum Opfer fielen.

Die Zwangsarbeit tat ein Übriges. Außer in den Reichen der Inka und Azteken sowie in einigen anderen staatlich organisierten Gesellschaften, wo es schon vor der Eroberung Sklaverei gab, die jedoch auf wirtschaftlicher Ebene keine entscheidende Rolle spielte,[74] bestanden die meisten indianischen Gesellschaftsgefüge aus kleinen Gemeinden, die von der Hand in den Mund lebten: Traditionell produzierten die Indianer nur gerade das Minimum dessen, was sie brauchte. Sie waren in keiner Weise auf die physisch anstrengende Fronarbeit vorbereitet, die ihnen die Europäer aufbürdeten, sei es auf dem Feld und in den Zuckerrohrplantagen oder noch schlimmer in den Gold- und Silberbergwerken. Wie die Bakterien tötete auch die Zwangsarbeit. Und in ihrem Fall ist die Schuld der Europäer unumstritten, da hier ihre Missachtung indianischen Lebens ins Spiel kam.

Jedenfalls machten sich die gewaltigen Auswirkungen dieser beiden Faktoren bereits in den ersten Jahren des 16. Jahrhunderts bemerkbar, und sie brachten gewaltige wirtschaftliche Probleme mit sich: Sahen sich die Europäer doch plötzlich mit einem Mangel an Arbeitskräften konfrontiert und zwar gerade als sie dringend leicht auszubeutende Arbeitskräfte brauchten, um aus ihren Eroberungen den erwarteten wirtschaftlichen Gewinn ziehen zu können. Zu diesem Zeitpunkt also, zwischen 1500 und 1510, kamen die Konquistadoren auf die Idee, indianische Arbeitskräfte, die ausfielen oder nur wenig »produktiv« waren, wie man heute sagen würde, durch importierte Arbeitskräfte zu ersetzen: durch die Schwarzen Afrikas, deren Gesundheit robuster war und deren »Produktivität« auf den Kanarischen Inseln, auf Madeira und den anderen Atlantikinseln seit fast einem Jahrhundert erprobt war.

Die Anhänger einer solchen Idee (zu denen vorrangig auch Kolumbus zählte, der Madeira gut kannte) behaupteten, dass die Arbeitskraft eines einzigen Schwarzen so groß wie die von vier Indianern sei. Ein wirtschaftliches Argument dieser Art wirkte in einem gesellschaftlichen Milieu, das von dem Wunsch nach Reichtum besessen war, sehr überzeugend. Es genügte auf jeden Fall, um jeden Einwand, der im Namen der Menschlichkeit, der Moral oder der Religion gemacht werden konnte, beiseite zu schieben. In der Hoffnung, die Indianer so besser schützen zu können, waren selbst ihre Verteidiger für die Einfuhr schwarzer Sklaven (ein Standpunkt, den vor allem Las Casas vertrat, der seinen Irrtum erst spät ein-

153

sehen sollte). Alles was noch fehlte, war die offizielle Erlaubnis Ferdinands des Katholischen.

Die erste Lizenz dieser Art wurde 1501 erteilt. Es handelte sich damals nur darum, einige Dutzend schwarzer Sklaven aus Spanien zur Arbeit in den Goldbergwerken der Insel Hispaniola abzustellen.[75] Während der folgenden zwanzig Jahre fand ein »Transfer« schwarzer Sklaven ausschließlich und deshalb nur in begrenztem Umfang von der Iberischen Halbinsel aus statt (obwohl schon 1526 ein kongolesischer König, der sich hatte taufen lassen, in einem Brief an den König von Portugal dagegen protestierte, dass afrikanische Händler ständig Raubüberfälle auf sein Volk verübten, um ihre Gefangenen dann den Portugiesen als Sklaven zu verkaufen).

Als schließlich der Bedarf an Arbeitskräften in der Karibik immer weiter anstieg, erlaubte König Johann III. von Portugal[76] 1533 schließlich, die Sklaven auf direktem Wege von Afrika nach Amerika zu transportieren. Dies hieß aber auch, dass man allmählich an den Aufbau jener Strukturen ging, die charakteristisch für den berühmten »Dreieckhandel« – den atlantischen Sklavenhandel in seiner klassischen Form – waren.

SECHSTES KAPITEL

Der Aufschwung des Sklavenhandels (1532–1685)

Wer die Geschichte des Handels mit schwarzen Sklaven erzählen will, erzählt auch die Geschichte der größten Zwangsumsiedlung von Völkern seit Menschengedenken.

Er erzählt auch die Geschichte des größten Handelsunternehmens aller Zeiten und vor allem des ersten Unternehmens internationalen Formats, das drei ganze Kontinente umfasste. Er schildert mit anderen Worten die Entstehung des europäischen Kapitalismus und die Anfänge der Globalisierung. Denn es waren die Gewinne aus dem atlantischen Sklavenhandel und den Pflanzungen, die zur Anhäufung von so viel Kapital führten, dass die industrielle Revolution in Europa nach dem Ende des 18. Jahrhunderts überhaupt möglich wurde.

Im vorigen Kapitel bin ich detailliert auf die Frühzeit der Eroberung Amerikas eingegangen, jene entscheidende Phase, in der sich der rechtliche, politische und wirtschaftliche Apparat in großen Linien abzuzeichnen begann, der die Grundlage des Sklavenhandels bilden sollte. Über die weiteren Phasen der Erforschung Amerikas im 16./17. Jahrhundert durch die bedeutendsten europäischen Mächte – deren wichtigste zwischen 1530 und 1630 zweifelsohne Spanien war – werde ich also schneller hinweggehen.

Von der Eroberung zur Kolonisierung

In dem Jahrzehnt nach der ersten Fahrt des Kolumbus erkannte das spanische Königtum, dass es nicht in seinem Interesse lag, die Konquistadoren von ihren Eroberungen Besitz ergreifen zu lassen. Ganz gleich, ob es diese neuen Länder gegen die Begehrlichkeit anderer Nationen verteidigen oder feste Einkünfte für die Krone aus ihnen ziehen wollte, das Königtum musste die Kontrolle über seine amerikanischen Besitzungen direkt ausüben. Damit setzte der eigentlichen Kolonisierungsprozess ein, das heißt die Schaffung geeigneter Institutionen, um das einmal erforschte Gebiet nach und nach organisatorisch zu erfassen.

In Spanien wurde 1524 ein »Consejo de las Indias«, ein Indienrat, eingerichtet. Seine Aufgabe bestand darin, alle die Kolonien betreffenden Rechtsgeschäfte zu überprüfen und den König in diesen Angelegenheiten zu beraten. In Amerika selbst führte man ein System von »Vizekönigreichen« ein, das sich an dem von der Krone Aragón zur Kontrolle ihrer Mittelmeerbesitzungen verwandten System orientierte. Zwei Vizekönige als persönliche und direkte Vertreter des spanischen Königs teilten den amerikanischen Raum unter sich auf: ein Vizekönig in Neu-Spanien, der in Mexiko saß, und ein Vizekönig in Peru mit Sitz in Lima. Diese Vizekönigreiche waren ihrerseits in kleinere, und damit leichter zu verwaltende Provinzen unterteilt, die *audiencias*. Im Laufe des 16. Jahrhunderts wurden nacheinander zehn *audiencias* eingerichtet: in Santo Domingo (1511), Mexiko (1527), Panama (1538), Lima (1543), Guatemala (1544), Neu-Galizien und Santa-Fé (1549), Charcas (1559), Quito (1563) und Chile (1565). Diese waren ihrerseits in *gouvernorats* unterteilt und letztere wiederum in *corregimientos* oder *alcaldías mayores*. Dieses pyramidenförmige System sollte bis Ende des 18. Jahrhunderts stabil bleiben, als einzig die große Waldregion im Inneren des Kontinents noch nicht systematisch erforscht war.

Das im Südosten des spanischen Herrschaftsbereichs gelegene Brasilien wurde zunächst vom portugiesischen König etwas vernachlässigt, da er nicht über die Mittel verfügte, ein so ausgedehntes Gebiet zu besetzen. Erst als 1530 die Franzosen, die die Gültigkeit des Vertrags von Tordesillas nicht anerkannten, damit drohten, sich seiner riesigen potentiellen Ressourcen zu bemächtigen, reagierte König Johann III.: Er entsandte ein militärisches Expeditionscorps, um dieser Einmischung ein Ende zu bereiten und gründete gleichzeitig die Stadt São Vicente (1532). Dann unterteilte er Brasilien in Kapitanate, deren Erschließung er *donatários* (Beschenkten) überließ, das heißt privaten Unternehmern. Da sich dieses System (das auf Madeira und den Azoren gut funktioniert hatte) im Laufe der folgenden Jahre als ineffektiv erwies, wurde 1548 schließlich ein Generalstatthalter ernannt, um die *donatários* besser unter Kontrolle zu halten. In diesem Land, wo es vor der Eroberung nichts den Stadtkulturen der Azteken oder Inkas Vergleichbares gab, zogen es die portugiesischen Kolonialherren vor, sich auf die Küstenregionen zu beschränken, deren Klima besonders günstig für den Zuckerrohranbau war. Bald stellte sich jedoch heraus, dass der Arbeitskräftemangel zum Hauptproblem werden sollte. Waren doch die wenigen an der Küste lebenden Indianer bald durch die von den Europäern eingeschleppten Krankheiten so dezimiert, dass jeder, der noch dazu in der Lage war, sich ins Landesinnere zurückzog, in der Hoffnung, so den Bandeiranten, diesen Sklavenhändlern traurigen Angedenkens, zu entgehen. Die 1538 in Angriff genommene Einfuhr von schwarzen Sklaven nahm deshalb einen rapiden Aufschwung.

Im Norden der spanischen Provinzen Mexikos (die Ende des 16. Jahrhunderts unter anderem Florida, Louisiana und einen Teil des heutigen Texas umfassten) erstreckte sich eine andere riesige Landmasse, um deren Besitz sich bis Ende des 18. Jahrhunderts Engländer, Franzosen und Holländer stritten.

Von den einzelnen Stationen dieses großen Abenteuers seien hier nur wenige erwähnt: Die erste große Fahrt nach Nordamerika seit den Zeiten der Wikinger war die Reise des Italieners Giovanni Caboto, der 1497 im Dienste Englands Neufundland entdeckte und später die Küsten Grönlands, Labradors und Neuenglands erkundete. Weitere Expeditionen gingen von Frankreich aus, finanziert von Jean Ango, einem Schiffsreeder aus Dieppe; zu nennen ist die Fahrt des Italieners Giovanni da Verrazano, der an die Küste von Maine kam, 1525 die Mündung eines Flusses entdeckte (der später nach dem Engländer Henry Hudson benannt werden sollte, der ihn 1609 hinauffuhr) und dort eine Faktorei errichtete, die er zu Ehren König Franz' I. Neu-Angoulême nannte. 1534 ergriff der Seefahrer Jacques

Cartier, immer noch im Namen Franz' I., von Kanada Besitz. Siebzig Jahre später gründete Samuel de Champlain am St. Lorenzstrom die Stadt Quebec (1608), die zusammen mit dem 1642 gegründeten Montreal künftig das Herz von Neu-Frankreich bilden sollte. 1585 versuchte Sir Walter Raleigh vergeblich, eine erste englische Kolonie in Virginia zu gründen. 1614 schließlich ließen sich die Holländer im Süden der Insel von Manhattan nieder, verwandelten Nouvelle-Angoulême in Nieuwe Amsterdam und stießen schließlich 1616 bis zu jenem Abschnitt der südamerikanischen Küste vor, der Holländisch-Guyana werden sollte.

Ab Mitte des 17. Jahrhunderts landeten besonders viele Einwanderer aus England an der Ostküste Nordamerikas. Nach der Gründung der Kolonie Massachusetts durch eine Gruppe von Puritanern, die sich auf der Mayflower (1620) eingeschifft hatten, ließen sich die Engländer in zwölf weiteren Kolonien nieder: Virginia, New York, Delaware, New Jersey, New Hampshire, Maryland, Nord- und South Carolina, Pennsylvanien, Georgia, Connecticut und Rhode Island. Als diese dreizehn »Staaten« 1776 ihre Unabhängigkeit erklärten, bildeten sie den Kern der heutigen Vereinigten Staaten.

So kurz dieser chronologische Überblick auch gewesen sein mag, so zeigt er doch, dass die Eroberung des amerikanischen Kontinents bald der ausschließlichen Kontrolle der Spanier und Portugiesen entglitt, um seit Ende des 16. Jahrhunderts zu einer allgemein europäischen Angelegenheit zu werden. Wir werden nun sehen, ob der atlantische Sklavenhandel die gleiche Entwicklung durchmachte.

Handel im Aufschwung

Als Anhaltspunkt sei zunächst darauf verwiesen, dass im zweiten Drittel des 16. Jahrhunderts der atlantische Sklavenhandel den Transsaharahandel an Bedeutung überstieg. Hatte letzterer damals durchschnittlich fünftausend Sklaven pro Jahr an die nordafrikanischen Küste befördert,[77] so war die Zahl der im atlantischen Handel pro Jahr transportierten Sklaven, von weniger als zweitausend in den 30er Jahren, in der fraglichen Zeit rasch auf fünftausend und mehr angestiegen.

Die Stadt auf der Insel Gorée *bei Kap Verde, ein wichtiger Umschlagplatz des atlantischen Sklavenhandels.*

Dabei sollte nicht vergessen werden, dass Amerika bis 1550 nicht der Hauptabnehmer für Sklaven aus dem Atlantikhandel war. Bis Mitte des 16. Jahrhunderts ging es in erster Linie darum, Sklaven zur Arbeit auf die Plantagen von São Tomé und die Inseln im Nordatlantik zu schicken, in zweiter Linie um eine Versorgung des europäischen Markts. Die spanischen Kolonien Amerikas kamen erst an dritter, Brasilien an letzter Stelle. Nach 1550 jedoch kehrte sich das Verhältnis um. Nun wurden die spanischen Kolonien zum wichtigsten Abnehmer für afrikanische Sklaven, Brasilien bemühte sich ab 1575 mit ihnen gleichzuziehen (in dem Maße, wie die Portugiesen dort den Zuckerrohranbau förderten), während die Einfuhr nach Europa selbst allmählich zurückging.

Wie wurde dieser Sklavenhandel organisiert? Während der ersten Hälfte des 16. Jahrhunderts kamen hauptsächlich Portugiesen zum Kauf von (oder manchmal auch zur Jagd auf) Sklaven an die

159

afrikanische Küste, besonders an Flussmündungen wie die des Senegal oder des Kongo, wo die afrikanischen Zwischenhändler gewöhnlich auf sie warteten. An bestimmten Punkten ließen sich portugiesische Sklavenhändler auch auf Dauer nieder, wie zum Beispiel in Luanda, der Hauptstadt des heutigen Angola, wo 1590 schon 300 von ihnen lebten. Die Sklaven wurden dann von den »Umschlagplätzen«, wo sie zunächst gesammelt wurden (auf São Tomé, den Kapverdischen Inseln und anderswo), auf ebenfalls portugiesischen Schiffen in jene Länder verbracht, in denen sie schließlich zum Kauf angeboten wurden: Portugal, Spanien oder die amerikanischen Kolonien.

Als Mitte des 16. Jahrhunderts der Bedarf der spanischen den der portugiesischen Kolonien überstieg, tauchten bald spanische Sklavenhändler in nicht unerheblicher Zahl auf. Da ihnen jedoch im Vertrag von Tordesillas kein direkter Zugang zur afrikanischen Küste zugestanden worden war, sahen sie sich gezwungen, ihre Sklaven von den Portugiesen zu kaufen (meistens auf den Kapverdischen Inseln), bevor sie sie auf eigenen Schiffen nach Amerika verfrachteten.

Unter diesen spanischen Sklavenhändlern, von denen die meisten aus Sevilla kamen, wie auch unter den portugiesischen Händlern aus Lissabon war eine ganze Anzahl Konversos oder Neuchristen, das heißt Juden oder Nachkommen von Juden, deren Bekehrung zum Christentum oft nicht vor der allgemeinen Vertreibung der Juden von der Iberischen Halbinsel erfolgt war (1492 aus Spanien, 1497 aus Portugal). Jüngst wurde (besonders von angelsächsischer Seite) aus diesem Grunde polemisch versucht, eine »besondere« Verantwortung der Juden als solcher für den transatlantischen Sklavenhandel zu konstruieren.

Eine solche Anklage ist in mehrfacher Hinsicht absurd,[78] ganz abgesehen davon, dass tagespolitische Ziele hinter ihr stehen, die darauf abzielen, die politischen und sozio-ökonomischen Spannungen zwischen der jüdischen und der schwarzen Bevölkerung in den USA zu schüren, war doch zum einen auf der Iberischen Halbinsel der Bevölkerungsanteil der Juden vor der Vertreibung recht groß, so dass wahrscheinlich nicht wenige christliche Familien in Spa-

160

nien zu irgendeinem Zeitpunkt der mittelalterlichen Geschichte zumindest einen jüdischen Vorfahren in ihren Reihen hatten, allen Verboten des Umgangs zwischen Christen und Juden zum Trotz. Und waren doch zum anderen die Konversen ja gerade keine Juden mehr, sondern Christen, und die Behauptung der Inquisitionstribunale, dass ein Teil von ihnen heimlich weiter dem jüdischen Glauben anhing, war vollkommen willkürlich. Zudem war die überwiegende Mehrheit der europäischen Sklavenhändler – in allen Ländern zusammengenommen – natürlich christlichen Glaubens …

Was wurde aus den afrikanischen Sklaven, sobald sie endlich ihren Bestimmungsort erreicht hatten? In Portugal, jenem europäischen Land, in dem sie um 1550 am zahlreichsten vertreten waren (beispielsweise machten sie in Lissabon 10 % der Gesamtbevölkerung aus), übernahmen sie alle Arten von Aufgaben: Diener, Gärtner, Landarbeiter, Werftarbeiter usw. Portugal war zu dieser Zeit, wie Hugh Thomas schreibt, ein »wahres Babel«. Nichts beweist dies besser als das Testament einer gewissen Maria de Vilhena aus Évora, die bei ihrem Tode im Jahre 1562 ihre zehn Sklaven freiließ, darunter einen Chinesen, drei Indianer, zwei Mauren, einen Osteuropäer, einen Schwarzen und zwei Mestizen …[79]

Auch in Spanien gab es überall Sklaven. In Andalusien besaß jede wohlhabende Familie Mitte des 16. Jahrhunderts mindesten einen. In Sevilla kamen 1565 auf 85000 Einwohner sechstausend Sklaven (in der Mehrzahl »Schwarze«). Sie wurden nicht unbedingt misshandelt. Will man gewissen Komödien von Lope de Vega Glauben schenken (»Amar, servir y esperar«), so spielten schwarze Dienerinnen bei ihrer Herrin manchmal die Rolle von Vertrauten. Die Kinder der Sklaven wurden getauft. Die Schwarzen wurden vollberechtigt in die katholische Kirche aufgenommen und besaßen in Sevilla ihre eigene religiöse Bruderschaft. Sexuelle Beziehungen zwischen Weißen und Schwarzen waren weder verboten noch selten. Ein freigelassener Schwarzer oder ein Mulatte konnte sogar eine gewisse Rolle im städtischen Leben spielen. Dabei sollte man aber auch nicht aus den Augen verlieren, dass hauptsächlich schwarze Sklaven dazu verdammt waren, in den andalusischen Bergwerken zu arbeiten.

Selbst wenn sie in Frankreich weniger zahlreich als auf der Iberischen Halbinsel waren und die französische Obrigkeit offiziell behauptete, dass es in ihrem Land keine Sklaverei gäbe,[80] fand man doch während des ganzen 16. Jahrhunderts schwarze Sklaven in Südfrankreich ebenso wie in Italien. Noch zu Beginn des folgenden Jahrhunderts war es in Florenz, Neapel oder Venedig relativ einfach, Sklaven zu kaufen.[81] Dennoch reichte nach dem 16. Jahrhundert das demographische Wachstum in Europa selbst nach und nach aus, um die Nachfrage nach Arbeitskräften zu befriedigen, so dass man nach 1600 die Einfuhr von Sklaven allmählich einstellte.[82]

In der Wirtschaft Mittel- und Südamerikas dagegen spielten die Sklaven im 16. und 17. Jahrhundert eine immer wichtigere Rolle. Auch war ihr Los härter als das ihrer Brüder in Europa. Alle anstrengenden Tätigkeiten wurden ihnen aufgebürdet: die Männer arbeiteten auf den Plantagen, in den Bergwerken, im Hafen, auf den Werften oder in den Schneidereien, die Frauen als Dienstboten oder Prostituierte. Im übrigen wurde ihnen das Recht auf ein Familienleben oder auch nur die freie Wahl eines Ehepartners, das ihnen in Spanien durch die »Siete Partidas« zuerkannt war, in der Neuen Welt verweigert – was allerdings keineswegs eine immer größere Promiskuität verhinderte, die zahlreiche Rassenmischungen zur Folge hatte, deren Vielschichtigkeit nach einigen Generationen jeden Versuch einer Typologisierung von selbst verbot.

In Brasilien kamen diese Rassenmischungen zwischen Weißen, Schwarzen und Indianern am häufigsten vor. Und das aus gutem Grund. War doch Brasilien in der ganzen Geschichte des atlantischen Sklavenhandels von allen Ländern Amerikas das Land, das bei weitem am meisten afrikanische Sklaven aufgenommen hatte (vier von insgesamt elf Millionen). Zwar lebten 1570 erst zwei- bis dreitausend Schwarze in der portugiesischen Kolonie, aber dreißig Jahre später, im Jahre 1600, waren es schon 15000, die fast alle auf den immer ausgedehnteren Zuckerrohrplantagen arbeiteten. Mit seinen 120 Zuckermühlen wurde Brasilien so in den ersten Jahren des 17. Jahrhunderts, noch vor São Tomé und den atlantischen Inseln, für Europa zum Hauptlieferanten für Zucker und profitierte folglich auch am meisten vom Sklavenhandel – einem Sklavenhandel, der um so reger wurde, als es in einem Land, in dem die Durchschnittslebenserwartung eines Plantagensklaven nicht mehr als etwa zehn Jahre betrug, für einen Pflanzer billiger war, neue Sklaven aus Afrika kommen zu lassen, als die schwarzen Frauen zu ermutigen, Kinder großzuziehen.

Als 1580 der portugiesische König Heinrich I. ohne Erben starb, fielen sein Reich und seine überseeischen Besitzungen an König Philipp II. von Spanien. Portugal sollte erst nach 1640 seine Unabhängigkeit wiedergewinnen. In dieser Zeit war Spanien wirklich die erste Wirtschaftsmacht der Welt. Es beherrschte den Weltmarkt, gleich ob es sich um Sklaven, Gold, Zucker, Salz, Pfeffer oder Gewürze handelte.

Die Spanier waren damals versucht, ihre Rivalen auf den Weltmeeren, Engländer, Holländer und Franzosen, definitiv auszuschalten. Jedenfalls ging ein Gutteil ihrer Anstrengungen 70 Jahre lang in diese Richtung. Aber vergeblich. Und ebenso vergeblich drohte Papst Urban VIII. 1639 in einer Enzyklika, alle am Sklavenhandel beteiligten Katholiken zu exkommunizieren.

Die Internationalisierung des Sklavenhandels

Als erste fühlten sich die Engländer von den natürlichen Ressourcen des Golfes von Guinea – Gold, Elfenbein und Pfeffer – angezogen. Seit den 30er Jahren des 16. Jahrhunderts störten ihre ungebeten auftauchenden Schiffe (auf englisch *interlopers* genannt, nach dem französischen Ausdruck *interlope* für Schwarz- oder Schleichhandel) die Portugiesen so sehr, dass sie 1555 offiziell Protest am englischen Hofe einlegten, wenn auch ohne Erfolg. Des Krieges müde, gestanden die Portugiesen schließlich 1572 den Engländern das Recht zu, Gold an der Küste des Golfes von Guinea zu kaufen. Jedoch war damals noch nicht die Rede davon, ihnen den Kauf von Sklaven zu erlauben. Das Problem sollte sich von neuem stellen, als die Engländer dreißig Jahre später ihren Fuß in die Karibik setzten: zunächst auf die Bermudas (1609), dann auf Barbados (1627), die Inselgruppe St. Kitts und Nevis (1628) und schließlich die benachbarten Inseln Montserrat und Antigua (1632). Tatsächlich machten sie sich daran, auf diesen Insel den Tabakanbau zu etablieren, indem sie *indentured servants* ins Land holten, arme englische Bauern, die einige Jahre lang umsonst auf den Plantagen arbeiteten, gegen das Versprechen, Land zu erhalten, um sich selbständig machen zu können. Sehr bald stellte sich jedoch heraus, dass dieses System nicht ausreichte, um das Bedürfnis nach Arbeitskräften zu befriedigen.

Am 20. April 1619 setzte ein holländisches Schiff im Hafen von Jamestown, in der englischen Kolonie Virginia, wo nun auch vermehrt Tabak angebaut wurde, zwanzig afrikanische Sklaven an Land. Es war das erste Mal, dass Schwarze auf diese Weise den Boden der späteren Vereinigten Staaten betraten. Und es war auch der Beginn eines besonders schmerzlichen Kapitels in der Geschichte jener, die sich heute als Afroamerikaner bezeichnen.

Was machten die Holländer eigentlich in dieser Weltgegend? Sie trieben natürlich Handel wie die Engländer auch. Schon 1570 hatten sie Handelsbeziehungen zu Brasilien geknüpft, und zwanzig Jahre später tauchten sie erstmals in Afrika auf. Auch sie waren zunächst vor allem auf Gold und Elfenbein aus. Aber nicht lange. Dann interessierten sie sich auch für Sklaven. Hatten doch die holländischen Kaufleute, die Zucker in ihr Land importieren wollten, auch in die brasilianischen Zuckerrohrplantagen investiert. 1621 erhielt die Niederländische Westindienkompanie, die erste ihrer Art, ganz ordnungsgemäß ein Handelsmonopol für Afrika und Amerika. 1624 besetzten die Holländer zeitweise die Stadt Bahia und ließen sich für längere Zeit in Pernambuco (heute Recife) nieder. Damit besaßen sie bereits Anfang der dreißiger Jahre des 17. Jahrhunderts neben ihrer Faktorei in Manhattan noch verschiedene andere in der Karibik, in Curaçao, Saint-Eustache und Saint-Thomas. 1637 überfielen und besetzten sie das portugiesische Fort Elmina, 1641 die Faktorei in Luanda. So endete auf einen Schlag das portugiesische Monopol in Afrika – ein Monopol, das mehr als hundertfünfzig Jahre bestanden hatte. Die Portugiesen aber, die zeitweise aus Angola vertrieben wurden, beschlossen daraufhin die für Brasilien benötigten Sklaven, an der Küste von Mosambik zu holen.

Was die Franzosen betraf, so stiegen sie in den 30er Jahren des 16. Jahrhunderts an den Flussmündungen des Senegal und des Gambia in den Sklavenhandel ein. Unter ihnen waren Seeleute aus dem normannischen Hafen Dieppe, deren Fahrten von Jean Ango finanziert wurden. Aber es fällt schwer, ihre Expeditionen von denen einfacher Piraten zu unterscheiden. Man war auf diesen anfangs eher improvisierten Fahrten primär auf der Suche nach Gold und Pfeffer. Im übrigen sollte dieser Handel bald vorübergehend durch die Glaubenskriege unterbrochen werden.

Aber sobald unter Heinrich IV. der Friede in Frankreich wiederhergestellt war, fühlte man sich in den ersten Jahren des 17. Jahrhunderts erneut von Amerika angezogen. Nicht zufrieden damit, einen Teil Kanadas besetzt zu haben, wollte man auch in der Karibik Fuß fassen. 1627 schickte Kardinal Richelieu einige hundert Normannen zur Besiedelung der kleinen Insel Saint-Christophe, nördlich von Guadeloupe. Wenig später wurden auch Guadeloupe selbst und Martinique bevölkert (1625–1642). Gleichzeitig wählten französische Schmuggler das spätere Französisch-Guayana (Cayenne wurde 1637 gegründet) wie auch den Westteil der Insel Hispaniola (Port-Margot 1641) zu ihrem Stützpunkt. Deshalb wurde 1635 auf Befehl Richelieus (nach niederländischem Vorbild) die erste Handelskompanie der amerikanischen Inseln (*Compagnie des Iles d'Amérique*) gegründet. Aber schnell sollte sich herausstellen, dass die Verwendung von »Engagés«[83] zur Befriedigung der Bedürfnisse im französischen Guadeloupe ebenso wenig ausreichte, wie vorher im englischen Barbados.

Im Laufe derselben Jahre, von 1630 bis 1640, überzeugten die holländischen Kaufleute auch die englischen Pflanzer in Barbados davon, den Tabakanbau aufzugeben, um sich wie die brasilianischen Pflanzer auf den Zuckerrohranbau umzustellen (der mehr Arbeitskräfte erforderte, aber viel rentabler war). Bei dieser Gelegenheit entschied man sich, künftig definitiv auf die Verwendung europäischer »Engagés« zu verzichten. Der bis dahin in relativ bescheidenem Umfang betriebene Sklavenhandel nahm immer größere Ausmaße an, als das Beispiel von Barbados mehr und mehr Schule machte: Um 1660 folgten ihm Guadeloupe, Martinique und

Jamaika, später der ganze Rest der Karibik. Denn ein Sklave kostete zwar beim Kauf zweimal so viel wie der Unterhalt eines »Engagé«, war aber wesentlich rentabler, da sowohl er selbst als auch seine mögliche Nachkommenschaft nicht nur auf Zeit, sondern für immer gebunden waren. Außerdem hatten sich Afrikaner Tropenkrankheiten gegenüber als widerstandsfähiger erwiesen als Europäer.[84]

Im ersten Viertel des 17. Jahrhunderts begannen die Franzosen »offiziell« Sklavenschiffe nach Afrika zu schicken (es handelte sich dieses Mal nicht mehr um Piraterie), um im Mündungsdelta des Senegal jene Sklaven zu kaufen, die die Pflanzer auf den Antillen anforderten. So entstanden jene Strukturen, die man bald als »Dreieckshandel« bezeichnen sollte: europäische Schiffe kauften Sklaven in Afrika, verkauften sie in Amerika und brachten von dort Zucker (zum Raffinieren) und andere tropische Produkte, wie exotische Hölzer, Tabak oder Indigo nach Europa.

Das Zeitalter der ersten »Multinationalen«

In den 40er Jahren des 17. Jahrhunderts hatte Holland die Vorherrschaft auf den Meeren und Amsterdam stand auf dem Höhepunkt seiner Macht. In Afrika wie in Amerika hatten die Holländer offensichtlich die Portugiesen abgelöst, während Spanien immer mehr in einer langen politischen, wirtschaftlichen und kulturellen Krise versank.

Seit 1648 jedoch gewannen die Portugiesen (teilweise) die Kontrolle über ihre brasilianischen und (gänzlich) über ihre angolesischen Besitzungen zurück. Die Holländer blieben im Kongo präsent wie auch in ihren Faktoreien in der Karibik (zu denen noch Aruba und Bonaire hinzukommen sollten). Durch den Vertrag von Breda (1667) gelangten sie wieder in den Besitz der fünfzehn Jahre zuvor in Surinam von den Engländern gegründeten Kolonie. Im Tausch dafür traten sie die Insel Manhattan an England ab. 1654 zogen sie sich definitiv aus Pernambuco zurück. Aber wenn damit auch der Traum von einem holländischen Brasilien endgültig ausgeträumt war, so war die Welt doch nun in eine Phase eingetreten, die nicht mehr allein von einem Machtzentrum aus beherrscht wurde. Der Handel mit schwarzen Sklaven war nun zu einer internationalen Angelegenheit geworden. In der zweiten Hälfte des 17. Jahrhunderts lagen die wichtigsten Anteile an diesem Markt in der Hand Portugals, Englands und Spaniens. Aber diese drei rivalisierenden Mächte mussten auch mit den Holländern, den Franzosen und den Engländern in Nordamerika rechnen – ohne dabei die Schweden (die 1640 in den Sklavenhandel einstiegen), die Dänen (die 1671 die Insel Saint-Thomas besetzten) und die Brandenburger bzw. Preußen (die sich nach 1687 für eine geraume Zeit auf der Insel Arguin niederließen) zu vergessen.

Im Mittelpunkt dieses blühenden Handels stand eine Ware, die in Europa Gegenstand unstillbaren Verlangens geworden war: der Zucker. Wegen seiner kraftspendenden Eigenschaften ebenso geschätzt wie als Symbol einer gewissen Lebenssüße war der Zucker im Laufe des 17. Jahrhunderts aus der europäischen Ernährung nicht mehr wegzudenken. Man gewöhnte sich daran, Tee und Kaffee damit zu süßen, die in dieser Zeit ebenso wie die Schokolade immer mehr in Mode kamen (in London wie wenig später auch in Paris öffneten seit den 50er Jahren des 17. Jahrhunderts immer mehr Kaffee- und Teestuben ihre Pforten: *coffeehouses* und *teahouses*). Zucker war unentbehrlich bei der Herstellung von Kuchen, Konfekt, Konfitüren und Rum. Weit davon entfernt, nur ein Privileg der Oberschicht zu sein, wurde er von allen Gesellschaftsschichten geschätzt, da sein Genuss für die Ärmsten gleichsam ein Zeichen für sozialen Aufstieg war.

Deshalb wurden – vor allem in Brasilien, aber später auch in der Karibik – immer mehr Zuckerrohrplantagen angelegt. Dies wiederum führte zu einer immer systematischeren, immer unbarmherzigeren Ausbeutung der Sklavenarbeit, wie auch, in absoluten Zahlen, zu einem ständigen Zuwachs an Sklaven – zudem die Verbreitung von Feuerwaffen in Afrika immer »rentablere« Menschenjagden ermöglichte.

Die europäischen Mächte profitierten aber nicht nur vom Handel mit Zucker und Sklaven, sondern fanden noch eine weitere Möglichkeit, um sich zu bereichern: Die Kolonien, die praktisch nur Zucker in Monokultur anbauten, mussten alle Konsumgüter, die sie zum Leben brauchten, aus ihrem jeweiligen Mutterland einführen. Jedes Mutterland wiederum setzte alles daran, um für seine eigenen Kolonien der einzige Lieferant zu bleiben. In Frankreich wurde dieses protektionistische System besonders unbeugsam umgesetzt: Entsprechend dem von Colbert, dem Minister Ludwigs XIV., formulierten »Exklusivitätsprinzip« durften die französischen Kolonien nur mit Frankreich Wirtschaftsbeziehungen unterhalten und für diesen Handel einzig französische Schiffe benutzen. Die Realität war jedoch oft ganz anders. Weiterhin wimmelte es von Schmugglern und Piraten, die viele Hindernisse zu umgehen verstanden. Zudem besaß jedes Land seine besonderen Eigenheiten. Um dies aufzuzeigen, sollen in diesem Kapitel nacheinander Spanien, Portugal, England und Frankreich untersucht werden.

Spanien und Portugal

Seit Portugal seine Unabhängigkeit wiedererlangt hatte (1640), war die Beschaffung von Sklaven für die Spanier nicht unproblematisch geworden. Weder die Konzessionen, die König Philipp IV. portugiesischen Händlern gewährte, noch der Schmuggel konnten die Nachfrage befriedigen. Indessen gab es um 1640, wenn man einem zeitgenössischen Zeugnis Glauben schenken will,[85] 330 000 afrikanische Sklaven in den spanischen Kolonien Amerikas, von denen ungefähr die Hälfte (150 000) in Peru und 80 000 in Mexiko lebten. Aber da diese Zahl für ungenügend erachtet wurde, erlaubte Philipp IV. schließlich 1651 den spanischen Kaufleuten, Sklavenhandel zu betreiben. Die unmittelbare Folge dieser Entscheidung war die Einfuhr von zusätzlich 60 000 Sklaven nach Spanisch-Amerika in der Zeit zwischen 1651 und 1675, von denen die meisten holländischen Zwischenhändlern auf den Antillen abgekauft worden waren.

Interessanterweise unternahm das spanische Königtum zu diesem Zeitpunkt keinerlei Schritte beim Papst, um die Bedingungen des Vertrags von Tordesillas zu revidieren, der den Portugiesen das Monopol auf den Kauf von Sklaven an der afrikanischen Küste beließ. Dennoch fehlte es in der spanischen Kirche nicht an Stimmen, die dagegen protestierten, dass die Versorgung der Kolonien in weitem Maße von protestantischen Kaufleuten, Ketzern also, abhing ...

Schließlich erhielt eine französische Handelsgesellschaft, die *Compagnie de Guinée*, für die Zeit von 1702 bis 1712 das berühmte *asiento*, das heißt das offizielle Monopol auf die Einfuhr von Sklaven nach Spanisch-Amerika, womit die Franzosen offiziell auf der Bildfläche des Sklavenmarktes erschienen.

Portugiesischerseits sicherten vor wie nach der Wiedererlangung der Unabhängigkeit Händler aus Lissabon und Porto, die unermüdlich zwischen Afrika und Brasilien hin- und herpendelten, die Lieferung von Arbeitskräften nach Brasilien, wohin während der ersten Hälfte des 17. Jahrhunderts an die 150000 Sklaven verbracht wurden. Die Zahl stieg in der zweiten Hälfte dieses Jahrhunderts auf 350000 an und betrug allein (!) in der ersten zehn Jahren des 18. Jahrhunderts bereits 150000.

Die wichtigsten Lieferanten Portugals saßen damals im Kongo (wo sich gewisse Häuptlinge vor Ort überzeugen ließen, zum Katholizismus überzutreten) und in Angola, das langsam ganz von den Portugiesen oder besser gesagt den brasilianischen Pflanzern abhängig wurde. Im Laufe der Jahre organisierten diese immer öfter selbst Fahrten nach Afrika. Anlässlich einer solchen Fahrt sollte im Roman von Daniel Defoe (1719) das Schiff von Robinson Crusoe untergehen (dessen Abenteuer direkt auf denen des schottischen Seemanns Alexander Selkirk basieren).

Seit den letzten Jahren des 17. Jahrhunderts wurde in Brasilien neben den Plantagen ein neuer Wirtschaftszweig erschlossen: die Bergwerksindustrie. Führte doch die Entdeckung von Diamantenvorkommen und vor allem von Edelmetallen in jener Gegend, die man heute als Minas Gerais bezeichnet, im ersten Jahrzehnt des 18. Jahrhunderts zu einem wahren »Goldrausch« (wie man ihn erst wieder 150 Jahre später in Kalifornien erleben sollte).

England

Die Engländer organisierten ihren Sklavenhandel im wesentlichen von der Insel Barbados aus, die auf Grund ihrer geographischen Lage eine wahre Drehscheibe zwischen Nord- und Südamerika darstellt. Im übrigen nahmen sie 1655 den Spaniern Jamaika ab. Um die Nachfrage nach Sklaven in der Karibik befriedigen zu können,

Der englische Philosoph John Locke.

wurde 1651 in London eine Guinea Handelsgesellschaft gegründet, die sich ebenfalls am niederländischen Vorbild orientierte. Man gewährte ihr völlige Handelsfreiheit an der afrikanischen Küste – von Sierra Leone bis zur Goldküste, dem heutigen Ghana, und sogar noch weiter. Die finanziellen Schwierigkeiten, in die sie allerdings bald geraten sollte, bewirkten, dass sie von der »Handelsgesellschaft der königlichen Abenteurer in Afrika« (*The Company of Royal Adventurers trading into Africa*) abgelöst wurde (1663). Unter den Aktionären dieser Gesellschaft findet man zahlreiche wichtige Persönlichkeiten des zeitgenössischen England, unter anderen den Philosophen John Locke, der mit seinen Schriften zugunsten der Freiheit mehr Ehre einlegte als mit seinen kommerziellen Aktivitäten.

Die neue Handelsgesellschaft ließ sich also in englischen wie auch in ehemals holländischen Faktoreien in Afrika (Cape Coast in Ghana) und Amerika nieder, so in Nieuwe Amsterdam, das 1664 zu Ehren des Herzogs von York, des Bruders Karls II. und Vorstehers der Gesellschaft, in New York umbenannt wurde. Zu Beginn konzentrierte sie ihre Handelstätigkeit nicht nur auf den Sklavenhandel, sondern auch auf Elfenbein und Gold (Gold, mit dem die neuen Goldstücke geprägt wurden, die man als *guinees* bezeichnete).

Trotzdem hatte sie mit so vielen Schwierigkeiten zu kämpfen, dass sie ihrerseits 1672 durch eine Königliche Afrikagesellschaft

(*Royal African Compagny*, abgekürzt RAC) abgelöst werden musste, der auf tausend Jahre (!) ein Monopol auf den Sklavenhandel gewährt wurde. Obwohl die RAC mit der Unterstützung namhafter Aktionäre rechnen konnte (unter denen man wiederum Locke findet), sollte auch sie schließlich in große Schwierigkeiten geraten. Denn selbst wenn es sich um die erste Aktiengesellschaft dieser Größenordnung in der Geschichte des Weltkapitalismus handelte, so verfügte sie doch immer noch nicht über ausreichend Kapital (oder es wurde nicht richtig verwaltet), um die Ausgaben, die zum Unterhalt der zahlreichen englischen Stützpunkte in der Welt erforderlich waren, abzudecken. Dies zwang sie zu riesigen Anleihen, deren Zinsen sie bald zugrunde richteten.

Zwischen 1672 und 1689 verschiffte die RAC nicht weniger als 90 000 Sklaven von verschiedenen Punkten der afrikanischen Küste aus, vom Senegal über die schon berühmte »Sklavenküste« (dem heutigen Benin und Nigeria) bis nach Angola. Davon wurden 25 000 auf Barbados ausgeladen, 23 000 auf Jamaika und 7 000 auf den anderen Inseln der englischen Antillen, während der Rest an spanische, aber auch nordamerikanische Händler weiterverkauft wurde.

Letztere folgten in der Tat nach und nach dem Beispiel, das ihnen ihre Landsleute aus dem Mutterland in der Karibik boten. Schon 1637 wurde ein in Massachusetts gebautes Schiff auf die Antillen geschickt, um dort Sklaven zu kaufen, die in Connecticut weiterveräußert werden sollten. Ab 1645 liefen Schiffe aus dem Hafen von Salem (nahe Boston) aus, um die Sklaven direkt aus Afrika zu holen, nach Neu-England zu bringen oder gegen Zucker auf den Antillen weiterzuverkaufen. Jedenfalls gab es im Laufe des 17. Jahrhunderts bald immer mehr Sklaven in den dreizehn englischen Kolonien – vor allem in Virginia, wo Tabakplantagen angelegt wurden – die allein von der RAC in der Zeit zwischen 1672 und 1725 75 000 Sklaven erwarben.

Nebenbei sei vermerkt, dass sich Carolina 1669 eine – von Locke durchgesehene, wenn nicht gar verfasste – Verfassung gab, in der die Sklaverei als notwendige Institution bezeichnet wurde. Die Sklaven, verkündete Artikel 98, müssen das Recht haben, eine Reli-

171

gion ihrer Wahl anzunehmen, aber, präzisierte Artikel 101, die Herren üben trotzdem »die Macht und absolute Gewalt über ihre Negersklaven«[86] aus, ganz gleich welche religiösen Ansichten letztere vertreten. Offensichtlich waren also die Afrikaner für den ersten Theoretiker des modernen Liberalismus keine vollwertigen Menschen.[87]

Wenden wir uns wieder der bewegten Geschichte der RAC zu. Trotz all ihrer Anstrengungen sollte sie nie mehr als einen Teil des Sklavenhandels kontrollieren. Neben dem »legalen« Sklavenhandel blühte in der Tat ein »illegaler« Schwarzhandel von einem Ende der Meere bis zum anderen. So gelang es Händlern aus New York, in Madagaskar Sklaven von Piraten zu kaufen, die diese an der Ostküste Afrikas eingefangen hatten. Da die RAC im Allgemeinen die immer noch wachsende Nachfrage nach Arbeitskräften nicht befriedigen konnte, übten Plantagenbesitzer und Sklavenhändler unentwegt Druck auf die englische Regierung aus, um eine allgemeine Freigabe des Sklavenhandels zu erreichen. 1698 bekamen sie endlich, was sie wollten: die RAC verlor ihre Monopolstellung. Es war das erste Mal, wenn man so sagen kann, dass im Bereich des internationalen Handels die störenden Auswirkungen der Globalisierung fühlbar wurden.

Auf einmal waren die englischen »Schwarzhändler« Sklavenhändler wie alle anderen auch. Als Gegenleistung für die ihnen gewährte Handelsfreiheit mussten sie künftig für jeden verschifften Sklaven eine Steuer bezahlen, die für den Unterhalt der englischen Stützpunkte bestimmt war – eine Steuer, gegen die sie natürlich heftig protestierten. Ihre Geschäfte gingen deshalb nicht schlechter: Zwischen 1698 und 1707 transportieren sie 75 000 Sklaven, während die RAC in der gleichen Zeit nur 18 000 einschiffte.

Dieser blühende Handel führte natürlich auch in den englischen Häfen zum Aufschwung von Handel und Industrie (Zuckerraffinerien, Tabakmanufakturen) – zunächst in Bristol, das dem Sklavenhandel einen Großteil seines Wohlstands verdankte, und später in Liverpool. In den gebildeten Kreisen löste er eine Vorliebe für das Exotische aus, wovon der große Erfolg zeugt, den der Roman von Aphra Behn, *Oroonoko oder Der königliche Sklave*, der 1688 in

Schwarze Diener an Europas Höfen: Antoine Pesne, *Prinz Friedrich Wilhelm von Preußen und sein Mohrenpage, Öl auf Leinwand, 1711. Stiftung Preußischer Kulturbesitz.*

London erschien, nicht nur in England, sondern in ganz Europa hatte.

Dieses sentimentale Werk, das angeblich auf Erinnerungen der Verfasserin an eine Reise nach Surinam beruhte, war in mehr als einer Hinsicht eine Premiere. Es war nicht nur der erste Bestseller, den eine Frau auf Englisch schrieb, sondern auch der erste europäische Roman, dessen Held ein Schwarzer war, der vorgeblich aus dem heutigen Ghana stammte.[88] Vor allem aber war es das erste literarische Werk, in dem zwar nicht die Sklaverei als solche, aber doch wenigstens die Misshandlung der schwarzen Sklaven (vor allem mit der Peitsche) ausdrücklich angeprangert wurde.[89]

Frankreich

Damit der Staat aus dem Sklavenhandel den größtmöglichen Profit ziehen konnte, gründete Colbert nach dem Vorbild von Richelieu nacheinander verschiedene Handelsgesellschaften, die ein Monopol auf den Handel von Afrika nach Amerika erhielten: 1664 die Westindienkompanie (*Compagnie des Indes occidentales*), 1674 die Senegalkompanie (*Compagnie du Sénégal*) und 1683 die Guineakompanie (*Compagnie de Guinée*). Aber diese verschiedenen Gesellschaften waren – trotz der französischen Inbesitznahme der Insel Gorée an der Mündung des Senegal im Jahre 1677 – nur schlecht für die Führung eines so abenteuerlichen Handels gerüstet. Als sie auch noch unüberlegte Anleihen aufnahmen, machten sie eine nach der anderen Bankrott. Im übrigen wurde man sich in den letzten Jahren des 17. Jahrhunderts der Tatsache bewusst, dass kein staatliches Unternehmen, in keinem Land, ein Monopol auf den Sklavenhandel geltend machen konnte. So wie die verschiedenen europäischen Mächte zu einer gütlichen Einigung kommen mussten, so auch die verschiedenen Interessengruppen, die in jedem Land um die Aufteilung des Marktes miteinander konkurrierten.

Trotz dieser Situation – oder vielleicht gerade wegen ihr – erlebten die Plantagen auf den französischen Antillen ihre Blütezeit. Zählten sie doch Anfang der 80er Jahre des 17. Jahrhunderts eine Sklavenpopulation, die mit ungefähr 25 000 Schwarzen etwas höher als die Zahl der französischen Einwanderer lag.

Diese Zahl erklärt, dass in Frankreich wie in England die Vorliebe für das Exotische in Kunst und Literatur zur Mode wurde – wie beispielsweise die Präsenz einer jungen schwarzen Dienerin auf dem berühmten Bild von Antoine Coypel, »Jeune fille caressant un chien« von 1682 (Louvre), belegt. Aber sie erklärt auch die Besorgnis der weißen Behörden angesichts einer solchen Massierung von Arbeitskräften, die als bedrohlich empfunden wurde. Eine Besorgnis, die wiederum Colbert dazu veranlasste, eine Reihe von Verordnungen zusammenstellen zu lassen, die Ordnung in diese komplizierte Lage bringen sollten: den »Code noir«, der 1685 verkündet wurde.

Dieser Text, der seinesgleichen in keinem anderen europäischen Land hatte, verdient es, genauer analysiert zu werden. In der Tat handelte es sich dabei, paradoxerweise, um den ersten Versuch in der Neuzeit, die Rechtsstellung der Sklaven zu definieren, das heißt, juristisch die Existenz eines Wesens festzustellen, das von der Definition her keinerlei Rechte besaß (oder, wenn man dies vorzieht, die Gewalt, die man den Sklaven antat, de facto zu legitimieren). Der »Code noir«, der dazu bestimmt war, in allen königlichen Kolonien Anwendung zu finden, sollte außer auf den Antillen auch auf der seit 1663 von den Franzosen besetzten Ile Bourbon (der heutigen Ile de la Réunion) und in Louisiana gelten, das ebenfalls in den letzten Jahren des 17. Jahrhunderts von Frankreich in Besitz genommen worden war.

Seine Verkündung im Jahre 1685 (zwei Jahre nach dem Tod von Colbert, der seine Vorbereitung angeordnet, aber den endgültigen Text nicht mehr gelesen hat) war kein Zufall. 1685 war auch das Jahr, in dem Ludwig XIV. mit dem Edikt von Fontainebleau das Edikt von Nantes widerrief – oder mit anderen Worten: die Religionsfreiheit aufhob, die Heinrich IV. den Protestanten gewährt hatte. Der »Code noir« wiederum fügt sich, wenn man so will, gut in diesen Versuch einer religiösen Reconquista ein, die direkt aus der Gegenreformation hervorgegangen war. Dies belegen schon seine ersten Artikel: Vertreibung der Juden aus den Kolonien (Artikel 1); Pflicht, die Kinder der Sklaven katholisch taufen zu lassen (Artikel 2); Verbot der öffentlichen Abhaltung anderer Gottesdienste als des katholischen (Artikel 3); Verpflichtung für die Sklavenbesitzer (gleich welcher privaten Glaubensüberzeugung), die Betreuung ihrer Sklaven nur Aufsehern anzuvertrauen, die mit Gewissheit katholisch sind (Artikel 4); Verbot für protestantische Sklavenbesitzer,

Minister Colbert, der große Förderer der französischen Kolonialpolitik.

ihre Sklaven bei der Ausübung des katholischen Glaubens zu stören (Art. 5).

Wieder stehen wir vor einem Widerspruch in sich, der Sklave wird formell wieder in die Menschheit aufgenommen (da der König um sein Seelenheil ebenso besorgt ist, wie um das seiner »freien« Untertanen), praktisch jedoch durch die anderen Bestimmungen des Code aus ihr ausgeschlossen. Die sechzig Artikel des Code sind in der Tat ausnahmslos darauf bedacht, den Sklaven in den ihm gebührenden Stand zurückzuversetzen: den Stand einer Person, die absolut rechtlos ist. So hatten Sklaven beispielsweise nicht das Recht, ohne Zustimmung ihres Herrn zu heiraten (Art. 11) und die aus einer solchen Verbindung hervorgegangenen Kinder gehörten von Rechts wegen dem Herrn ihrer Mutter (Art. 12). Es war Sklaven verboten, Waffen zu tragen (Art. 15), sich mit Sklaven, die einem anderen Besitzer gehörten, zu treffen (Art. 16), Zuckerrohr auf eigene Rechnung zu verkaufen (Art. 18) oder irgendetwas zu Eigen zu besitzen (Art. 28).

Ein Sklave konnte natürlich weder eine Sache vor Gericht verfechten noch Klage erheben. Selbst wenn sein Zeugnis vom Gericht angefordert wurde, hatte es aus sich selbst heraus keinerlei Beweiskraft (Art. 30/31). Der Sklave, der seinen Herrn oder ein Familienmitglied seines Herrn schlug, wurde automatisch zum Tode verurteilt (Art. 33), aber die Todesstrafe konnte eventuell auch wegen eines einfachen Diebstahls verhängt werden (Art. 35). Der geringste Diebstahl von Gemüse konnte mit Peitschenhieben oder der Brandmarkung mit glühendem Eisen bestraft werden (Art. 36). Drakonische Strafbestimmungen richteten sich gegen die *Marrons*, d. h. Sklaven, die versuchten, in die Wälder zu flüchten (von spanisch *cimarron,* einem Begriff, der in Amerika zur Bezeichnung eines Tieres verwandt wurde, das in den Wald flüchtete). Einem Marron schnitt man beim ersten Fluchtversuch die Ohren ab, bei einem Rückfall trennte man ihm die Kniekehle durch, beim dritten Versuch wurde er mit dem Tode bestraft (Art. 38), wobei sein Besitzer vom Staat eine finanzielle Entschädigung erhielt, die seinem Preis entsprach.

Da sie als »bewegliche Habe« betrachtet wurden (Art. 44), waren die Sklaven beim Tod ihres Herrn in dessen Erbe inbegriffen. Ihr Schicksal blieb an die Scholle gebunden, die sie bearbeiteten (was ihren Besitzern nicht untersagte, Kinder von ihren Eltern zu trennen, solange diese nicht kirchlich getraut waren). Der Code regelte auch, in rigoroser Form, den Rechtsstand der Freigelassenen (Art. 55 und 59). 1724 sollte er noch um neue Bestimmungen ergänzt werden. Es handelte sich um neue Restriktionen mit dem Ziel, Ehen zwischen Schwarzen und Weißen gänzlich zu verbieten und die (nicht häufig) vorkommende Praxis der Freilassung noch strenger zu kontrollieren.

Seltsamerweise rief dieser Text, der auf das römische Recht zurückgriff, um in den französischen Kolonien die Ausübung einer wahren Schreckensherrschaft abzusegnen, weder sofort, noch während des größten Teils des 18. Jahrhunderts Kritik in irgendeiner Form hervor. Er erregte weder den Groll der Theologen noch der meisten Aufklärungsphilosophen, wie wir im nächsten Kapitel sehen werden. Im übrigen fand er in Spanien Nachahmung[90] und sollte erst zeitgleich mit der Sklaverei im Jahre 1848 endgültig (in den französischen Kolonien) abgeschafft werden.

Dann fiel er – von unseren Schulbüchern gänzlich ignoriert – für anderthalb Jahrhunderte dem tiefsten Vergessen anheim, als ob man diese ganze Zeit über nicht sehen wollte, wie düster sein Schatten über dem »großen Jahrhundert« des Sonnenkönigs lag.[91]

SIEBTES KAPITEL

Ein Schatten liegt über der Aufklärung (1685–1777)

Im 18. Jahrhundert, dem Jahrhundert der Aufklärung, erreichte auch der Sklavenhandel seinen Höhepunkt. Sind Licht und Schatten also so untrennbar miteinander verbunden? Ist es nicht genug, dass die Vernunft siegt, damit auch die Gerechtigkeit siege? Macht die Vernunft vielleicht sogar gemeinsame Sache mit dem Bösen? Offensichtlich lässt sich diese Lehre aus der europäischen Geschichte ziehen. Eine bittere Lehre, die aber erst zwei Jahrhunderte später, nach Dutzenden von Kriegen und mehreren Ansätzen zum Völkermord unmittelbar nach dem 2. Weltkrieg von den Philosophen Max Horkheimer und Theodor W. Adorno gezogen wurde (1947: *Dialektik der Aufklärung*).

Kehren wir jedoch einstweilen zu den letzten Jahrzehnten des 17. Jahrhunderts zurück. Damals erkannten die Franzosen, die erst nach 1640 wirklich in den Sklavenhandel eingestiegen waren, dass ihnen die Portugiesen, Spanier, Engländer und Holländer einiges voraus hatten. Ludwig XIV., der sich der Bedeutung des Einsatzes voll bewusst war, beschloss daraufhin, Frankreich um jeden Preis einen wichtigen Anteil am Sklavenhandel zu sichern. Während er sich, wie oben dargestellt, in eine ehrgeizige Kolonialpolitik stürzte, versuchte er gleichzeitig den Holländern eine Art vorweggenommenen »Gemeinsamen Markt« vorzuschlagen: Die fünf wichtigsten Seemächte sollten übereinkommen, die Belieferung Amerikas mit Sklaven »gerecht« unter sich aufzuteilen. Aber der Plan scheiterte. So blieb nichts weiter übrig, als einen Handelskrieg zu führen.

Dieser sollte das ganze 18. Jahrhundert hindurch wüten. Erst nach und nach konnte Frankreich hinter Portugal, England und Spanien (zusammen mit Kuba) den vierten Rang im internationalen Sklavenhandel für sich erobern.

Der Krieg auf den Meeren

Die erste Episode dieses erbitterten Wettbewerbs spielte im Spanischen Erbfolgekrieg (1701–1713), einem Krieg, bei dem es nicht oder nicht nur, wie ursprünglich vorgegeben, um die Durchsetzung eines Enkels Ludwigs XIV. als Erbe des spanischen Throns ging, sondern vielmehr um den Vorrang im Westindienhandel.

Das 1702 der Guineakompanie erteilte Monopol hatte in der Tat sofort die Rivalen Frankreichs auf den Plan gerufen. Nach zehn Jahren erbitterter Kämpfe gingen die Engländer siegreich aus diesem Konflikt hervor. Die Verträge von Utrecht (1713) machten Britannien zu Beginn des 18. Jahrhunderts zur wirklichen Herrin der Meere. Die Briten konnten nicht nur in Gibraltar und auf Menorca Fuß fassen, sondern erhielten auch Akadien (die heutigen kanadischen Provinzen Neu-Braunschweig und Nova Scotia) sowie Neufundland. Gleichzeitig übertrug man ihm das *asiento*, das heißt das Monopol auf die Einfuhr von Sklaven und anderen Handelswaren in die spanischen Kolonien.

Die britische Krone verkaufte dieses Monopol sofort an eine neue Handelsgesellschaft, die *South Sea Company*, weiter. Unter deren Aktionären befand sich das ganze Establishment der Zeit: Mitglieder der Königsfamilie, Parlamentarier, »Intellektuelle« wie Daniel Defoe, Isaac Newton, Jonathan Swift (der Verfasser von *Gullivers Reisen*), John Gay (der die *Bettleroper* schrieb), Alexander Pope und sogar der Schweizer Kanton Bern.[92] Die Gesellschaft verpflichtete sich für eine Dauer von dreißig Jahren jährlich 4 800 Sklaven zu liefern und dem spanischen König für jeden gelieferten Sklaven 33 1/2 Pesos zu bezahlen. Aber auch sie sollte in große finanzielle Schwierigkeiten geraten und konnte nicht verhindern, dass daneben ein so genannter illegaler Sklavenhandel (unter Leitung von Engländern, Holländern, Portugiesen und Franzosen) florierte.

Fünfzig Jahre später beendete der Vertrag von Paris (1763), dessen Bedeutung vielen Zeitgenossen völlig entging, einen anderen europäischen Konflikt, der aus der französisch-englischen Rivalität hervorgegangen war, den Siebenjährigen Krieg. Indem er den Engländern Neu-Frankreich zusprach, läutete er das Ende der französischen Kolonialherrschaft in Kanada ein. Guadeloupe und Martinique dagegen, die die Engländer ebenfalls begehrten (teilweise sollten sie diese Länder während der Französischen Revolution und ein letztes Mal nach dem Sturz Napoleons besetzen), blieben Frankreich nach 1815 erhalten, während der Westteil der Insel Hispaniola, den Spanien im Frieden von Rijswijk (1697) offiziell an Frankreich abgetreten hatte, unter der Bezeichnung Santo Domingo eine Plantagenkolonie wurde: Zucker, Kaffee, Indigo und Baumwolle sollten dort bald vorzüglich gedeihen. Mitte des 18. Jahrhunderts gab es bereits insgesamt 300000 Sklaven auf den französischen Antillen – wo 1759 Landwirtschafts- und Handelskammern geschaffen wurden, die sogar einen Vertreter an den Versailler Hof entsandten.

In Louisiana fiel das Handelsmonopol nacheinander an Antoine Crozat (1712) und den schottischen Finanzmann John Law, der dort im Auftrag des Prinzregenten, Philipp von Orléans, tätig war (1717). Die Franzosen gründeten die Stadt La Nouvelle-Orléans (1718) und förderten die Entwicklung des Zuckerrohranbaus. Dennoch sollte die Geschichte dieser neuen französischen Provinz in Amerika (wo nach dem Verträgen von Utrecht Tausende von französischsprachigen Akadiern Zuflucht fanden) sehr bewegt sein. 1762 an Spanien abgetreten (während das Westufer des Mississippi an England kam), sollte sie 1800 wieder an Frankreich fallen, bevor sie Bonaparte, der ihre strategische Bedeutung völlig verkannte, für 15 Millionen Dollar an die junge Republik der Vereinigten Staaten verkaufte (1803). Auch Ile de France (heute Mauritius), das 1715 von Frankreich besetzt worden war, fiel 1810 wieder in englische Hand.

Was die neue französische Indienkompanie (*Compagnie des Indes*) betraf, die John Law 1719 in Paris auf die Beine stellte, so überstand dieses riesige Unternehmen, das ein Monopol auf den französischen Überseehandel (und sogar auf die Ausstellung von Banknoten) besaß, nur mit Mühe die schwere Finanzkrise, in die es seit 1720 geriet. Führte diese doch nicht nur zur Flucht von Law nach Brüssel, sondern auch zum schmählichen Ende des ersten französischen Versuchs, Papiergeld in Umlauf zu bringen. Aber in Frankreich wie in England oder Holland brachte der endgültige Misserfolg der Monopolwirtschaft letztendlich nur einen Aufschwung des privaten Handels mit sich. Ob es sich um den Dreieckshandel – Europa, Afrika, Amerika – oder um die direkte Schiffsverbindung zwischen Brasilien und den portugiesischen Faktoreien in Afrika handelte, die Zeitspanne zwischen 1730 und 1780 fiel in allen Ländern mit einem Höhepunkt des Sklavenhandels zusammen. Während dieser fünfzig Jahre erreichten die jährlichen Einfuhrzahlen von Sklaven Spitzenwerte: So wurden zum Beispiel im Jahrzehnt zwischen 1730 und 1740 allein 170000 Sklaven auf englischen Schiffen und 100000 weitere auf französischen Schiffen transportiert.

Zu dieser Zeit begannen auch die englischen Kolonien in Nordamerika zur Bewirtschaftung ihrer Tabak-, Reis-, Indigo- oder Baumwollplantagen immer stärker auf die Arbeitskraft von Sklaven zu setzen. In einigen Staaten sollten diese bald die Mehrheit bilden: Bereits 1732 standen allein in South Carolina 14000 Weißen 32000 Schwarze gegenüber.[93] Im übrigen waren alle Kolonien in diesen Handel verwickelt, denn wenn auch die Pflanzungen aus klimatischen Gründen vorzüglich im Süden angelegt wurden, so gehörten doch die Schiffe, die Sklaven – manche aus Afrika, andere aus der Karibik – ins Land brachten, Reedern aus den Neuenglandstaaten, besonders aus Rhode Island (Newport und Providence).[94]

In diesem Kontext fieberhafter Handels- und Spekulationstätigkeit war es deshalb nicht weiter verwunderlich, wenn die europäischen Häfen, aus denen die Sklavenschiffe ausliefen (und wo der Zucker raffiniert wurde) im Laufe des 18. Jahrhunderts immer größere Reichtümer anhäuften – gleich ob es sich um Nantes, Bordeaux, La Rochelle oder Saint-Malo in Frankreich oder um London, Bristol und Liverpool in England handelte (nicht zu vergessen die Nordseehäfen und Kopenhagen). Der Aufschwung dieser Häfen (wo sich kleine Gemeinden von Negersklaven bildeten, die von ihren Herren nach Europa mitgebracht worden waren) wirkte sich auch günstig auf ihr Umfeld aus. So trug zum Beispiel die Handelstätigkeit im Hafen von Liverpool zur Entwicklung der Manufakturen in der Nachbarstadt Manchester bei, da sie den Absatz der dort hergestellten Baumwollstoffe erleichterte (die an den Höfen der afrikanischen Könige ebenso hoch geschätzt waren, wie bei den Pflanzerfamilien in den Kolonien). Deshalb kann man sagen, dass der Sklavenhandel unmittelbar eine Rolle beim Aufkommen der Industriellen Revolution in England spielte, die selbst wiederum an den Aufschwung der Textilherstellung geknüpft war.

In Frankreich führten die beträchtlichen Gewinne der Kaufleute – so entsandte zum Beispiel in Nantes eine bedeutende Familie wie die Montaudoin zwischen 1694 und 1791 nicht weniger als 357 Schiffe nach Afrika oder auf die Antillen, besonders nach Santo Domingo[95] – zu übertriebenen Investitionen. Denn man sollte nicht vergessen, dass im 18. Jahrhundert der Begriff »Luxus« aufkam.[96] Und noch heute genügt es, über die Plätze und durch die Prachtstraßen von Nantes oder Bordeaux zu gehen, um zu ermessen, wie viel die verschwenderische Pracht ihrer Gebäude aus dem 18. Jahrhundert (Villen, Justizpaläste, Theater) den damals von einigen ebenso unternehmungslustigen wie gänzlich skrupellosen Kaufleuten angehäuften Reichtümern verdankt.

Die große Passage

Tatsächlich durfte man sich nicht zu viele Gewissensbisse machen, wenn man im Handel mit dem »Ebenholz« (die Engländer sprachen von »schwarzem Elfenbein«, *black ivory*) reich werden wollte, denn der Sklavenhandel war eine Tätigkeit, die zum einen völlige Gleichgültigkeit gegenüber den Leiden der Opfer voraussetzte, zum anderen echten Mut erforderte, um den Gefahren der Reise zu trotzen. Dabei ist es der Mühe wert, einen Augenblick auf die Wechselfälle der Mittelpassage (*middle passage*) einzugehen, des mittleren Abschnitts im Dreieckshandel zwischen Europa, Afrika und der Neuen Welt, jener gefürchteten Überfahrt von Afrika nach Amerika, die wir dank der Bordtagebücher europäischer Kapitäne gut ken-

Ein Trupp gefangener Schwarzer wird zum Verkauf an die Küste gebracht. Lithographie des 19. Jahrhunderts.

nen und die vier Jahrhunderte lang für Millionen Schwarze in die Sklaverei und dann zum Tode führte.

Mitte des 18. Jahrhunderts besaß ein Sklavenschiff eine Mannschaft von ungefähr dreißig Leuten: diese bestand neben einem Kapitän und seinen Offizieren aus einem Wundarzt, einem Koch, einem Bäcker, einem Zimmermann, einem Dutzend Vollmatrosen (an die fünfzehn Mann), Jungmatrosen und Schiffsjungen. Bei seiner Abfahrt aus Europa musste das mit Kanonen bestückte Schiff mit allem ausgestattet sein, was zu seinem Unterhalt nötig war, mit Lebensmitteln im Überfluss und einem hinreichenden Vorrat an Süßwasser, da eine »Dreiecksfahrt« wenigstens anderthalb Jahre, manchmal aber auch wesentlich länger, dauerte und die Möglichkeiten zur Ergänzung der Vorräte begrenzt waren. Außerdem musste es im Kielraum verschiedene Waren mitführen, die in Afrika gegen Sklaven eingetauscht werden konnten: in Europa hergestellte und mit »indischen« Motiven bemalte oder bedruckte feine Baumwollstoffe (die berühmten *Indiennes*-Stoffe aus Nantes), Gewehre,

Pulverfässer, Schnaps (mit Wasser versetzt), Geschirr, Hausrat, Glaswaren usw.

Ein Sklavenschiff war also ein großes Handelsschiff (von einer Tonnage von mehreren hundert BRT), unter dessen Brücke Umbauten durchgeführt worden waren, um auf kleinstem Raum den Transport möglichst vieler Sklaven zu ermöglichen. Sobald es in Sichtweite der afrikanischen Küste anlangte, musste es vor Anker gehen. Der Kapitän setzte mit einer Schaluppe an Land, wo ihn die Vermittler vor Ort erwarteten. Es konnte sich als notwendig erweisen, vor Beginn jeder Verhandlung durch Geschenke die Genehmigung des örtlichen Herrschers zu erlangen. Sobald diese gewährt war, wurde der »Markt« in unmittelbarer Nähe des Ufers eröffnet. Die angebotenen Sklaven waren in Ketten geschlagen. Man hatte sie in weit entfernten Gegenden, in Wald- oder Buschgebieten, manchmal Hunderte von Kilometern im Landesinneren geraubt, und sie hatten oft schon eine lange Fußreise hinter sich, auf der sie durch die *Schebah*, hölzerne Gabeln, die ihnen den Hals einschnürten, miteinander verbunden waren. Nicht selten hatte man ihnen auch die Füße gefesselt, um sie an einer Flucht zu hindern.

Auf dem »Markt« selbst kam es zu hartnäckigen Verhandlungen. Die Sklaven, die nackt durch den Käufer einer unbarmherzigen körperlichen Prüfung unterzogen wurden (besondere Aufmerksamkeit wurde dabei den Augen und Zähnen gewidmet), wurden nicht einzeln, sondern in einem Los von drei bis fünf oder sechs Leuten verkauft: Diese Praxis erlaubte es dem Verkäufer, auch die kleinen Mädchen, die Heranwachsenden und Kranken zusammen mit den gesunden Erwachsenen »loszuschlagen«. Sobald ein Sklave verkauft war, wurde er mit glühendem Eisen gebrandmarkt. Als Zahlungseinheit diente das *pieza de Indias*, eine Rechnungseinheit, deren Gegenwert an Gewehren, Pulverfässern, Schnaps oder Baumwollballen das ganze 18. Jahrhundert hindurch immer mehr anstieg; so beklagten sich 1772 die Kaufleute in Nantes bitter darüber, dass sich der Preis eines Sklaven in 17 Jahren durchschnittlich verdoppelt habe.

Selten gelang es einem Kapitän, sein Schiff auf einmal zu füllen. Die Verkaufsverhandlungen, die an verschiedenen Punkten der

Untersuchung eines Sklaven vor dem Verkauf.

Küste geführt wurden, zogen sich also über mehrere Wochen, ja sogar Monate hin. Im Laufe der Jahre wurde die afrikanische Küste so nach und nach in Zonen aufgeteilt, die einzelnen Nationen vorbehalten waren: Die Franzosen betrieben den Sklavenkauf im Gebiet von Mauretanien bis nach Sierra Leone, die Holländer an der Elfenbeinküste wie auch zusammen mit Engländern und Dänen an der Goldküste (Ghana) und Sklavenküste (Benin), während Franzosen und Engländer sich die Küsten Nigerias, Kameruns und des Kongo streitig machten und sich die Portugiesen hauptsächlich im Kongo und in Angola (wie auch im fernen Mosambik, wohin man nur kam, wenn man das Kap der Guten Hoffnung umsegelte) mit Ware versorgten.

War ein Sklavenschiff gefüllt, so begann endlich die »große Passage«, die Atlantiküberquerung, die nicht nur wegen der Stürme und der Piraten manche Gefahren in sich barg. Sie war besonders furchtbar für die Sklaven, die, um Ungezieferbefall zu vermeiden, immer nackt blieben und wie Vieh im Kielraum des Schiffes eingepfercht waren (die Matrosen schliefen in Hängematten an Deck).

Tag und Nacht mussten die Sklaven zu zweit aneinander gekettet in schlecht gelüfteten Räumen liegen, die kaum einen Meter hoch waren. Um Platz zu sparen, zwang man sie, auf der Seite zu schlafen (vorzugsweise auf der rechten, um das Herz »frei zu lassen«). Tagsüber ließ man sie nacheinander an Deck kommen, um ihnen zu essen zu geben und ihnen alle vierzehn Tage den Kopf zu rasieren. Ihre Verpflegungsrationen (Reis-, Bohnen- und Manioksuppen) waren nicht nur eintönig, sondern – wie die Wasserzuteilungen – auch auf ein Minimum reduziert. Von Zeit zu Zeit nahm man ihnen unter dem wachsamen Auge der Mannschaft die Ketten ab und zwang sie zu laufen oder an Deck zu den Klängen einer von den Matrosen gespielten Musik zu tanzen: so hoffte man, sie bei guter Gesundheit zu erhalten. Heinrich Heine hat diesen mit Peitschenhieben erzwungenen Tanz der Sklaven und viele andere makabre Details der »großen Passage« in seiner Ballade *Das Sklavenschiff* (1853) geschildert, an deren Schluss der Sklavenhändler Mynher van Koek den lieben Gott bittet, das Leben seiner Menschenfracht gnädiglich zu erhalten:

»Verschone ihr Leben um Christi willn,
Der für uns alle gestorben!
Denn bleiben mir nicht dreihundert Stück,
So ist mein Geschäft verdorben.«

Es war nicht ungewöhnlich, dass es in der KZ-Atmosphäre eines Sklaventransporters zu Aufständen kam. Seit Beginn der Reise und solange die Küste Afrikas noch in Sichtweite war, waren die Sklaven versucht, ihrem Los zu entrinnen, indem sie sich ins Meer stürzten. Später, wenn die Unglücklichen begriffen, dass sie nichts mehr zu verlieren hatten, konnten richtige Meutereien ausbrechen. Es kam vor, dass Mitglieder der Mannschaft erschlagen wurden. Aber meistens wurden die Aufstände in Blut erstickt und die »Anführer« vor den Augen ihrer Kameraden gefoltert und getötet, um deren Herzen mit »heilsamem« Schrecken zu erfüllen.

Wenn eine Meuterei – ausnahmsweise[97] – erfolgreich war, und die Schwarzen ihrer Henker ledig wurden, indem sie diese über

An Bord: Sklaven im Zwischendeck.

Bord warfen, gelang es ihnen in den meisten Fällen dennoch nicht, ihr eigenes Leben zu retten, da sie es nicht verstanden, die schweren Segelschiffe zu lenken, deren Steuerung eine sachverständige Handhabung erforderte. So blieb ihnen oft nichts weiter übrig, als auf dem Meer zu treiben und auf den Tod durch Durst oder Hunger zu warten. In seiner Erzählung *Tamango* (1833) hat Prosper Mérimée das tragische Ende einer solchen Revolte beschrieben. Ein anderer Aufstand auf dem spanischen Segler *Amistad* (1839), den Stephen Spielberg in einem Film populär machte, ging besser aus: Unter der Führung des Joseph Singbe (oder Cinqué) landeten die meuternden Sklaven, nachdem sie sich auf der Höhe von Kuba ihrer Schiffsmannschaft entledigt hatten und zwei Monate lang auf dem Meer getrieben waren, schließlich in Long Island (New York). Sie wurden in New Haven (Connecticut) eingekerkert, und man machte ihnen zwei Prozesse wegen Mordes und Seeräuberei, die beide mit einem Freispruch endeten. Aber dieser Sieg, der auch ein Sieg der amerikanischen Abolitionisten war, war nur möglich, weil zu diesem Zeitpunkt der Sklavenhandel bereits verboten war.

Fügt man zur Zahl derer, die als Folge von Meutereien zugrunde gingen, noch die Zahl jener hinzu, die an verschiedenen Krankheiten (darunter an der Vitamin-C-Mangelkrankheit Skorbut) oder anlässlich eines Schiffsbruchs starben, beziehungsweise während der Überfahrt Selbstmord begingen, so kommt man mit den meisten Historikern zu dem Schluss, dass wenigstens eine Million Sklaven, das heißt ungefähr ein Zehntel aller in vier Jahrhunderten Sklavenhandel nach Amerika transportierter Sklaven, nicht lebend dort ankamen. Und vielleicht sind diese Zahlen, wegen der unsicheren Berechnungsgrundlage, noch untertrieben.

Das Schicksal der Überlebenden dagegen ist genau bekannt. Hatten doch die Sklavenbesitzer bis zur Abschaffung der Sklaverei keineswegs ein schlechtes Gewissen und dachten gar nicht daran, etwas zu verbergen.

Das Leben auf den Plantagen

Näherte sich ein Sklavenschiff der amerikanischen Küste, so nahm der Kapitän eine »Auffrischung« seiner Ladung vor: die Sklaven wurden gewaschen. Man gab ihnen Stücke gekochten Fleisches und flößte ihnen ein wenig Branntwein ein. Dann wurde erneut jeder Einzelne vom Wundarzt untersucht, der sich bemühte, jede bis dahin noch nicht entdeckte Krankheit zu kaschieren, um künftige Käufer besser täuschen zu können.

Schließlich kündigte ein Kanonenschuss, nach dem Ende der für alle aus Afrika kommenden Schiffe obligatorischen Quarantäne, den Beginn des Verkaufs an. Dieser fand üblicherweise auf dem Schiff selbst statt, um der Mannschaft eine besserer Überwachung von Sklaven und Käufern zu ermöglichen. Wie in Afrika wurden Sklaven im Los verkauft (wobei um 1700 der Verkaufspreis den Kaufpreis um das Vier- oder Fünffache überstieg). Zum zweiten Mal wurden die Sklaven durch ihren neuen Besitzer mit glühenden Eisen gebrandmarkt (wie auch später immer wieder, sobald sie den Besitzer wechselten). Gleichzeitig gab man ihnen nun europäische Namen.

Dann begann ihr Leben auf den Zuckerrohr-, Kaffee-,[98] Baumwoll-[99] oder Indigoplantagen. Glück hatten jene, die Haussklaven wurden: sie teilten das tägliche Leben ihrer Herrschaft und kümmerten sich um die anfallenden Hausarbeiten. Alle anderen mussten die weit härtere Feldarbeit verrichten.

So war auf den Antillen zum Beispiel eine Zuckerplantage in zwei Abschnitte eingeteilt, den »Garten« und die »Mühle«. Als »Garten« wurden die Felder bezeichnet, wo die Sklaven unter Aufsicht eines weißen Vorarbeiters, des »Kommandanten«, vom Aufgang der Sonne bis zu ihrem Untergang arbeiten mussten. Sie waren in drei Gruppen aufgeteilt: die gesunden Männer (*grand atelier*), die Frauen (*second atelier*) sowie die Kinder und Rekonvaleszenten (*petit atelier*). Um die Mittagszeit wurde ihnen eine kurze Pause zugestanden, aber nicht zur Entspannung: musste doch jeder Sklave sein Essen selbst aus dem Gemüse zubereiten, das er auf einem kleinen, ihm zugewiesenen Stück Land anzubauen hatte. Jene, die während der Mittagszeit keine Zeit fanden, ihr Land zu bestellen (oder denen der Besitzer nicht einmal den sonntäglichen Ruhetag zugestand), hatten keine andere Möglichkeit, als dies nachts zu tun.

Auch in der Zuckermühle oder an den Siedekesseln war die Arbeit ermüdend und zudem noch gefährlich. Konnten sich doch die Sklaven jederzeit verletzen oder verbrennen, wenn sie aus Müdigkeit unaufmerksam wurden. »In der Mühle«, erklärt Jean Meyer, »quetschen die Walzen der Pressen den Saft aus den gebündelten Zuckerrohren (…). Sobald das Zuckerrohr zerquetscht ist, wird der Saft kanalisiert in die Raffinerie geleitet, wo die unter der Hitze und dem Dampf leidenden Sklaven mit den komplizierten Operationen beginnen, die zur Gewinnung von Zucker und Rum führen. Der rohe Saft wird in riesigen Kesseln zum Kochen gebracht. (…) Dann schütten die Sklaven den kochenden Saft in einen anderen Heizkessel, um den Schaum abzuschöpfen. (…) Die so geklärte Flüssigkeit wird anschließend in eine Reihe von kleineren und immer heißeren Behältern gegossen. Sobald der Saft klar und eingedickt ist, wird er zum Abkühlen auf Platten geleitet, wo sich der Zucker kristallisiert, während sich am Boden ein bräunlicher Rückstand, die Melasse, absetzt. (…). Diese Melasse wird anschließend mit Hilfe verschiedener Destillationsverfahren in Rum verwandelt.«[100]

Die Sklaven wurden ständig überwacht, in der »Mühle« ebenso wie im »Garten«. Sie durften die Plantage nicht einmal bei Nacht

Zucker für Europas Märkte: eine mit Sklaven betriebene Zuckermühle auf
Antigua. *Lithographie von 1823.*

verlassen und ihrer Kontakte zur Außenwelt waren so weit wie
möglich eingeschränkt. Sie hatten nicht das Recht, irgendetwas zu
Eigen zu besitzen oder eine Familie zu gründen. Selbst wenn Skla-
venhochzeiten in Form von Scheinzeremonien religiöser Art statt-
fanden, so hatten sie doch keinerlei rechtliche Bedeutung. Der Ehe-

mann, die Frau und die Kinder wurden trotzdem später getrennt verkauft, wenn dies angeblich im Interesse ihres Herren lag. Die Familie eines Sklaven wurde immer wieder auseinander gerissen: erstmals im Rahmen organisierter Menschenjagden in Afrika, dann bei den Verkaufsaktionen nach der Ankunft in Amerika und selbst später noch, wenn sie schon seit Jahren am selben Ort gelebt hatte. Dies erklärt die noch heute häufig festgestellte traditionelle »Destrukturierung« schwarzer Familien auf dem amerikanischen Kontinent.

Hinzugefügt sei noch, dass auch die kleinste Verfehlung gegen die vom Herrn aufgestellten Regeln streng bestraft wurde. Um so härter, als in Plantagen »optimaler« Größe, die einige Hundert Hektar umfassten und in denen zweihundert Sklaven Seite an Seite arbeiteten, die Eigentümer, deren weiße Verwalter und Vorarbeiter den Sklaven an Zahl entscheidend unterlegen waren, in beständiger Furcht vor Aufständen lebten.

Und nicht ganz grundlos. Sklavenaufstände waren in der Geschichte Kolonialamerikas ebenso häufig wie blutig. Der erste, dessen Spuren sich erhalten haben, brach 1521 auf der Insel Hispaniola aus, weitere 1527 auf Puerto Rico und in Mexiko, 1548 in Kolumbien, 1550 in Peru usw. Seit der Besetzung durch die Engländer (1665) befand sich Jamaika bis 1740 in einem ständigen Kriegszustand, der die Herrschaft der Weißen ernsthaft bedrohte. Brasilien wurde bis ins 19. Jahrhundert immer wieder von heftigen Unruhen erschüttert (Aufstand der Sklaven vom Stamm der Haussa im Jahre 1835). Die Liste dieser Aufstände wäre lang ... Aber ihr Ausgang war immer derselbe: sie wurden grausam unterdrückt.

Zahlreiche Sklaven suchten auch eine Lösung in der Flucht, dem *marronnage*. Wir sind jedoch nur ungenügend über das Schicksal jener informiert, denen es gelang, nicht wieder eingefangen zu werden. Es scheint, als sei auf den französischen Antillen der *grand marronnage* (dessen Ziel die Gründung kleiner Gemeinden ehemaliger Sklaven war, die im Wald versteckt lebten) überhaupt nur auf Santo Domingo möglich gewesen, da die anderen Inseln zu klein waren. In Brasilien konnte wenigsten die Marron-Gemeinde von Palmares achtzig Jahre lang autark leben, bevor sie von den

Portugiesen zerstört wurde (1697). Eine andere Marron-Gemeinschaft, der es als einziger seit ihrer Entstehung Ende des 17. Jahrhunderts gelang, eine eigenständige Gemeinde zu bilden und bis heute fortzubestehen, findet sich interessanterweise in Surinam: es handelt sich um die Gemeinschaft von Saramaka, die der Ethnologe Richard Price untersucht hat.[101]

Sie stellt natürlich einen Ausnahmefall dar. Normalerweise wurden die Flüchtigen wieder eingefangen und unbarmherzig bestraft. Kastration oder das Abschneiden eines Ohrs oder Fußes gehörten seit dem 16. Jahrhundert zu den üblichen Strafen für flüchtige Sklaven. Aber die Strafen für geringere Vergehen – Fesseln und Auspeitschen – waren kaum weniger grausam. Jean Meyer betont, dass »die Fesselung in den schmerzhaftesten und entwürdigendsten Stellungen von den sadistischen Phantasien mancher Besitzer zeugt«.[102]

Vor allem Peitschenhiebe wurden rückhaltlos verteilt. Selbst wenn ihre Zahl durch das Gesetz begrenzt war, wusste der Besitzer, dass er dieses ganz ungestraft übertreten konnte. Wer sollte ihn anzeigen, da Sklaven keinerlei Zugang zu den Gerichten hatten und ihr Wort keinerlei Gewicht besaß? Wenn der Rücken des Sklaven schließlich ganz zerrissen und sein Hinterteil blutig geschlagen war, goss man (nach dem Beleg zahlreicher Aussagen) Zitronensaft auf seine Wunden, nicht nur um ihn vor Wundbrand zu schützen, sondern vor allem, um ihn noch mehr leiden zu lassen …

Sadismus ist kein zu starkes Wort dafür. Und diese Gewalt, die man den Schwarzen antat, diese Folter, der sie – wie im 18. Jahrhundert allgemein bekannt – täglich ausgesetzt waren, war zugleich wirklicher, grausamer und massiver als die Alkovengrausamkeiten, die sich ein Marquis de Sade ersann. Und dennoch haben sie niemanden oder fast niemanden gestört, auch nicht zur Zeit der Aufklärung.

Die Gleichgültigkeit der Humanisten

Noch Jean Meyer schrieb, dass »die Philosophen – Montesquieu, Voltaire, Condorcet u. a. – ungeachtet ihrer unterschiedlichen Anschauungen über die Rechtmäßigkeit und den Nutzen von Kolonien – die Sklaverei einhellig verdammt hätten«.[103]

Man kann eine solche Behauptung nur als falsch bezeichnen. Dennoch begegnet man ihr keineswegs selten, selbst bei ernsthaften Historikern, da die Frage einer philosophischen Kritik an der Sklaverei noch zu wenig erforscht ist.

Um zu verstehen, wie ungenügend eine solche Kritik war und warum dies noch heute oft verschleiert wird, muss man sich eine einfache und unbestreitbare Tatsache vor Augen führen, die ebenfalls lange unbeachtet blieb, die Tatsache nämlich, dass die Sklaverei lange Zeit überhaupt niemanden gestört hat. Beispiele dafür finden sich sowohl in der Antike, wo die Sklaverei von den Zeitgenossen für absolut normal gehalten und auch von der Nachwelt – die darin lange eine gewöhnliche wirtschaftliche Tatsache sah – nicht stärker kritisiert wurde, als auch in späteren Jahrhunderten. So bestand sie in der Zeit vom Untergang des Römischen Reiches bis ins 17. Jahrhundert in Europa zwar fort, war aber für die Gebildeten praktisch »unsichtbar«, ebenso »unsichtbar« wie im 16., 17. und 18. Jahrhundert für die meisten Europäer in den amerikanischen Kolonien – während sich die wenigen anderen mit der Vorstellung trösteten, es sei besser, Sklave und Christ als frei und Heide, das heißt zur Hölle verdammt, zu sein.

Diese Gleichgültigkeit hatte in allen drei Fällen die gleiche Wurzel: Hier wie da war der Sklave fast immer ein Fremder, meistens ein Fremder, der aus einem fernen und wenig bekannten Land kam, ein Muslim, ein Wilder, ein Schwarzer. Und wenn sich niemand dafür interessierte, dass das Schicksal dieses Fremden unbillig war, wenn sich die »frommen« humanistischen oder christlichen Seelen so leicht damit abfanden, so deshalb, weil dieser Fremde und der Kulturkreis, aus dem er stammte, von den Europäern mit der größten Gleichgültigkeit, wenn nicht mit tiefster Verachtung gestraft wurde. Eine Verachtung, die man nicht umhin kann, als »rassistisch« zu bezeichnen.

Rassistisch: die Anwendung dieses Wortes auf eine vor dem 19. Jahrhundert aufgekommene Geisteshaltung hat lange nicht nur die vorsichtigsten Universitätsprofessoren, sondern auch die engagiertesten Forscher und die progressivsten Intellektuellen geschockt. Ich erinnere mich an einen für seine extrem linken Ansichten bekannten Philosophen, der Ende der 70er Jahre erklärte, dass es »anachronistisch« sei, vor dem Siegeszug der Nationalstaaten im 19. Jahrhundert (als wenn dieser einzig dadurch bedingt worden wäre) von Rassismus zu sprechen. Dieselbe These verfocht auch Hannah Arendt in ihrem Buch, »Elemente und Ursprünge totaler Herrschaft« (1951, dt. 1955). Zwar kommt ihrem Werk das Verdienst zu, einen bis dahin wenig erforschten Weg – die Geschichte des Rassismus – beschritten zu haben, die darin enthaltenen Schlussfolgerungen sind aber so umstritten und wenig haltbar, dass sie nicht ernsthaft verteidigt werden können – selbst wenn man sie manchmal noch mit Achtung zitiert.[104]

Dank neuerer und gründlicherer Arbeiten (wie die von Léon Poliakov in Frankreich) wurden wenigstens zwei Punkte klargestellt.

1) Selbst wenn das Wort »Rassismus« erst im 20. Jahrhundert entstand und die großen Rassentheorien, die wie wissenschaftliche Systeme aufgebaut waren, erst aus dem 19. Jahrhundert stammen, so gründen diese Lehren doch auf den biologischen (oder pseudobiologischen) Theorien des 18. Jahrhunderts.

2) Diese Theorien wiederum beruhten ihrerseits auf einem Fundus sehr alter »naturalistischer« Glaubensüberzeugungen, die seit Ende des Mittelalters von Volk und Gebildeten gleichermaßen geteilt wurden.

Einem gemeinsamen Fundus, der aus verschiedenen, leicht zu erkennenden Quellen schöpft: der Feindseligkeit des mittelalterlichen Christen gegenüber den »Ungläubigen«, seinem Hass auf die »Ketzer« aber auch – der für eine griechisch-lateinische Oberschicht charakteristischen – Xenophobie, das heißt der Verachtung des Barbaren, der von Natur aus als minderwertig galt. Ebenso wie die Verachtung der Schwarzen seit den ersten Jahrhunderten der christlichen Zeitrechnung auf der willkürlichen Auslegung einer Bibelstelle beruht, die so wichtig ist, dass wir uns näher damit befassen müssen.

Berichtet doch das Buch Genesis, dass Noah unmittelbar nach der Sintflut eine Weinrebe pflanzte, den daraus gewonnenen Wein trank und sich so daran berauschte, dass er nackt in seinem Zelt einschlief. Der jüngste seiner drei Söhne, Cham, der ihn in diesem

Zustand fand, machte sich über ihn lustig, während die beiden anderen, Sem und Japhet, züchtig die Blöße ihres Vaters mit einem Gewand bedeckten. Sobald Noah aufwachte und erfuhr, dass Cham sich schamlos an seiner Nacktheit erfreut hatte, verfluchte er dessen Sohn Kanaan: Bis ans Ende aller Zeiten sollten die Nachkommen Kanaans die Diener (oder Sklaven, das Hebräische unterscheidet nicht zwischen den beiden Begriffen) der Nachkommen Sems und Japhets sein (Gen. 9, 20-27).

Nichts weist im folgenden Text darauf hin, dass die Nachkommen eines der Söhne Noahs eine spezifische Hautfarbe hatten. Dennoch bildete sich seit den Anfängen des Christentums oder vielleicht auch schon früher die Tradition heraus, in der schwarzen »Rasse« die Nachkommen Chams zu sehen: Eine Tradition, die zweifelsohne auf der Tatsache beruhte, dass in der *Genesis* unter den Völkern, die von Kanaan abstammen, auch die Bewohner der Königreiche Kusch und Punt erwähnt werden, die die alten Ägypter im Süden ihres eigenen Landes, im Gebiet des heutigen Sudan und Somalias, ansiedelten.

Begründet auf die fragwürdige Auslegung einer legendären Erzählung machte sich nach und nach im Laufe der ersten Jahrhunderte unserer Zeitrechnung die Überzeugung breit, die Schwarzen könnten zu Recht als Sklaven behandelt werden, da ihre »Minderwertigkeit« von einem göttlichen Fluch herrühre. Eine Überzeugung, die von Anfang an sowohl Christen wie Muslime teilten, die sich beide auf den Pentateuch beriefen und die kaum auszurotten war, da sie genug Stoff für die ganze mittelalterliche Ikonographie bot (in der Teufel und Dämonen in der Regel schwarz dargestellt wurden), bis ins 18. Jahrhundert in der europäischen Literatur weitertradiert wurde, um sich später noch in katholischen Missionsschriften wiederzufinden.

Der Rassismus der Europäer, dessen Zielscheibe die Schwarzen waren, war also schon gründlich ausgeprägt, als Kolumbus an der Küste Amerikas landete. Deshalb hatten die Eroberer auch so wenig Schwierigkeiten (und so wenige Gewissensbisse), die Sklaverei in der Neuen Welt einzuführen. Aber man sollte auch die Fähigkeit des menschlichen Geistes nicht unterschätzen, eine Haltung einzunehmen, die von der allgemein gültigen abweicht: Denn selbst da, wo eine erdrückende Mehrheit sich, ohne nachzudenken, der herrschenden Ideologie anschließt, finden sich nicht selten ein oder zwei Menschen, die fähig sind, anders zu denken.

Einem dieser unabhängigen Denker sind wir schon begegnet: Bartolomé de Las Casas. Paradox ist daran, dass Las Casas normalerweise als einer der Verantwortlichen für das Unglück der Schwarzen gilt. Gehörte er doch in der ersten Hälfte des 16. Jahrhunderts zu jenen, die – um die Indianer vor schlechter Behandlung zu schützen – sehr überzeugend vorschlugen, sie in den Bergwerken und auf den Plantagen durch aus Afrika eingeführte Sklaven zu ersetzen. Das stimmt. Aber man sollte dabei gerechterweise nicht vergessen, dass ihm als einem der ersten bewusst wurde, dass er den Teufel mit Beelzebub ausgetrieben hatte. Und zweifellos war er der erste, der zu Beginn der 60er Jahre des 16. Jahrhunderts in seiner »Geschichte Westindiens«[105] schrieb, dass man nichts damit gewonnen habe, in Amerika eine Form der Sklaverei durch eine andere zu ersetzen. Späte, also vergebliche Gewissensbisse? Vielleicht. Aber selbst wenn das fragliche Buch erst sehr viel später (350 Jahre später genau genommen) veröffentlicht wurde, sollte man Las Casas nicht das Verdienst absprechen, für einen Mann seiner Zeit außerordentlich klarsichtig gewesen zu sein.

Scharfblick besaß auch der portugiesische Kapitän Fernão de Oliveira. Dieser veröffentlichte 1554 in Coimbra ein Buch über »Die Kriegskunst zur See« (*Arte da Guerra da Mar*), womit sozusagen der zweihundert Jahre später aufkommende Abolitionismus aus der Taufe gehoben wurde. Oliveira verteidigte in seinem Buch die Vorstellung, wonach der Kauf oder Verkauf von Menschen eine verabscheuungswürdige Tat sei. Und zwar um so abscheulicher, als die afrikanischen Herrscher jene schwarzen Gefangenen, die sie an die Europäer verkauften, durch gänzlich ungerechtfertigte Menschenjagden in ihre Gewalt gebracht hätten. Zudem könne überhaupt kein Krieg gerecht genannt werden, der einzig zum Erwerb von Sklaven geführt werde.

Mehrfach haben sich bedeutende Denker der spanischen Spätscholastik, der auch Bartolomé de Las Casas verpflichtet war, vom

Standpunkt der Naturrechtslehre mit der Frage der Rechtmäßigkeit von Sklaverei befasst. 1557 erklärte der spanische Dominikaner Domingo de Soto in seiner Abhandlung »Von Justiz und Recht« (*De justitia et de jure*), dass es unrechtmäßig sei, einen Menschen als Sklaven zu halten, der ursprünglich gewaltsam in diesen Zustand versetzt worden sei, selbst wenn dieser Mensch »regulär« auf einem Markt gekauft worden wäre. Noch drei Jahre später ermahnte ein anderer spanischer Dominikaner, Martín de Ledesma, in seinen *Commentaria* (1560) alle Sklaveneigentümer, ihre von portugiesischen Händlern gekauften Sklaven auf die Gefahr der ewigen Verdammnis hin sofort freizulassen. 1569 versuchte ein weiterer Dominikaner, Tomas de Mercado, in seiner »Summa der Verträge« (*Suma de Tratos y Contratos*) aufzuzeigen, dass eine Beteiligung am Sklavenhandel mit Amerika eine Todsünde sei. Schließlich widerlegt 1573 der Rechtsgelehrte Bartolomé Frías de Albórnoz in seinem sofort von der Inquisition verurteilten Werk, »Über die Kunst, Verträge zu schließen« (*Arte de los Contratos*), die klassische These, wonach es erlaubt sei, Kriegsgefangene zu Sklaven zu machen. Man braucht wohl kaum hinzuzufügen, dass diese revolutionäre Sicht der Dinge – selbst wenn sie ihren Verfassern zur Ehre gereichte – bei den Zeitgenossen keinen Widerhall fand. Wenigsten ihre Namen sollten hier angeführt werden.

Diese vereinzelten Meinungsäußerungen waren Randerscheinungen und im ganzen spanisch-portugiesischen Raum fand sich in 17. Jahrhundert, das in manchem geistig weniger rege als sein Vorgänger war, nichts Entsprechendes.

Nichts Entsprechendes findet man auch bei den Humanisten der europäischen Renaissance, die sich für das klassische Altertum begeisterten. Selbst wenn Jean Bodin (1576), wie es scheint, kein Freund der Sklaverei war, so gab er doch klugerweise vor, nichts von der Existenz von Sklaven in Frankreich, vor allem in Marseille und auf den königlichen Galeeren, zu wissen. Thomas Morus hielt in seiner *Utopia* (1513) an der Sklaverei als Einrichtung für Kriegsgefangene und Verbrecher fest und sein Freund Erasmus von Rotterdam äußerte sich überhaupt nicht dazu.

Nichts Entsprechendes findet man auch bei den Philosophen

des 17. Jahrhunderts, von denen Locke, wie wir sahen, nichts gegen die Einführung der Sklaverei in Carolina einzuwenden hatte.

Ebenso wenig wie bei den Rechtsgelehrten derselben Zeit, von denen Grotius in seiner 1625 veröffentlichten Abhandlung »Vom Recht des Krieges und des Friedens« (*De jure belli ac pacis*, Buch III, Kapitel VII), das Recht des Siegers anerkannte, die Besiegten zu versklaven, solange es sich nicht beiderseits um Christen handelte.

Ebenso wenig natürlich wie bei den Theologen (außer – wie angeführt – einigen spanischen Spätscholatikern): Weder Luther noch Calvin prangerten die Sklaverei an, was den größten katholischen Theologen des 17. Jahrhunderts, Bossuet, nicht daran hinderte, die Protestanten im Allgemeinen darauf hinzuweisen, dass »eine Verurteilung der Sklaverei einer Verurteilung des Heiligen Geistes gleichkäme, der den Sklaven durch den Mund des heiligen Paulus befohlen habe, in ihrem Stand zu verharren, und ihre Herren nicht verpflichtet habe, sie freizulassen« (*Avertissement aux Protestants*, Absatz 50).

Aber am schärfsten ist das 18. Jahrhundert zu tadeln, das vorgab, aufklären zu wollen, und besonders die französischen Philosophen dieser Zeit, die angeblich die Vorreiter von Vernunft und Aufklärung waren.

Das Schweigen der Philosophen

In der ganzen französischen Literatur vor Mitte des 18. Jahrhunderts wird man vergeblich auch nur die kleinste Kritik an der Sklaverei suchen.

Nichts. Nicht einmal ein Hinweis darauf.[106]

Denn diese Art von Wirklichkeit war unsichtbar, obwohl man in der fraglichen Literatur vermehrt Anzeichen für ein Interesse an exotischen Kulturen, vornehmlich an den amerikanischen, findet. Der Erfolg der *Manon Lescaut* (1731) des Abbé Prévost, deren Schlusskapitel in Louisiana spielt, von Rameaus Balletoper *Les Indes galantes* (1735) oder der *Lettres d'une Péruvienne* von Françoise de Grafigny (1742)[107] beweisen in der Tat, dass man von Amerika fasziniert war.

Aber fasziniert vor allem deshalb, weil der »gute Wilde« (der noch der »Natur« – so Montaigne und Diderot – oder den »alten Griechen« – so der Jesuit Lafitau aus Bordeaux – nahe stand[108]) nicht nur bezauberte, sondern auch ein bequemes »Mittel« zu einer indirekten Kritik an den europäischen Sitten bot. Niemals wurde auch nur ein Blick – sei es auch nur *en passant* – auf die Sklaverei geworfen und noch weniger wurde sie je angeprangert. Man interessierte sich für den freien Indianer. Nicht für den Schwarzen in Ketten.

Aber dieses Schweigen war noch lange nicht das Schlimmste. Es gibt Texte, in denen sich Philosophen zum Beweis dafür, dass sie zu allem etwas zu sagen haben, anmaßten, gelehrte Abhandlungen über den Charakter der »Neger« (ein Begriff, der im Französischen seit Beginn des 16. Jahrhunderts gebräuchlich ist), über ihre »barbarischen« Sitten oder einfach über den Ursprung ihrer ganz erstaunlichen Farbe zu schreiben. Das war Rassismus in Reinkultur.

Auch die Klügsten waren nicht frei davon. Sogar der geistvolle Voltaire übernahm im »Versuch einer Schilderung der Sitten und des Geistes der Nationen« (*Essai sur les moeurs et l'esprit des nations*, 1756) aus reinem Antiklerikalismus, das heißt, nur um der Bibel widersprechen zu können, die »polygene« These, wonach, im Gegensatz zur Behauptung der Genesis, Weiße und Schwarze zu verschieden voneinander wären, um von den gleichen Vorfahren abzustammen. Und sogar für den gelehrten Buffon konnten die Schwarzen in seiner Naturgeschichte (*Histoire naturelle*, 1749–1788, in 36 Bänden) nur aus einer »Entartung« der Weißen hervorgegangen sein, ganz als ob *Weiß* die normale und *Schwarz* eine beunruhigende Farbe wäre.

Ebenso wenig wie viele andere, bei denen man einfach bedauert, dass sie den Gegenstand nicht mit Schweigen übergangen haben.

Erst mit Montesquieus »Vom Geist der Gesetze« (*Esprit des Lois*, 1748) kam dann Bewegung in die Sache – so lernt man es wenigstens in den französischen Schulbüchern.

In einem gewissen Sinne stimmt dies auch. Aber man muss genauer hinsehen. Auch auf die Gefahr hin, die Begeisterung der Schulbücher dämpfen und auf einige Legenden verzichten zu müs-

Die Aufklärungsphilosophen Charles de Montesquieu *und* Jean-Jacques Rousseau.

sen, die von den republikanischen Nachfahren der Aufklärung – vielleicht nicht ohne Gewissensbisse – sorgsam gehegt wurden.

Späte und verhaltene Kritik

War doch Montesquieu, wenn man auf seine Veröffentlichungen schaut, nicht gerade ein Gegner der Sklaverei. So muss man beispielsweise nur seine »Persischen Briefe« (*Lettres persanes*, 1721) öffnen, um festzustellen, dass er die Römer für ihre Praxis der Sklaverei pries (Brief 115). Und wenn er im selben Werk bisweilen das Engagement der großen europäischen Mächte in den Kolonien anprangerte (Brief 121), so nur, um zu unterstreichen, dass er den expansionistischen Ehrgeiz eines »Despoten« wie Ludwigs XIV. ablehnte, und nicht weil ihm die Sklaverei als solche widerwärtig war.

Wenden wir uns nun seinem Werk »Vom Geist der Gesetze« (*De l'esprit des lois*) und dem berühmten 5. Kapitel des 15. Buches, »Von der Sklaverei der Neger«, zu, das so oft und so entstellt zitiert wird. Im Gegensatz zu dem, was Generationen von Kommentatoren geschickt wiederholt haben, enthält auch dieses kurze Kapitel (einige dreißig Zeilen lang) keinerlei Verurteilung der Sklaverei als solcher, sondern nur eine Verurteilung des Rassismus und der schlechten Behandlung der Sklaven durch die Plantagenbesitzer. Wenn Montesquieu die Sklaven verteidigt, so nicht (wie er es tun sollte) im Namen des Rechts, sondern im Namen der »Barmherzigkeit« und des »Mitleids«, die das traurige Los dieser Unglücklichen in jeder christlichen Seele wecken sollte.

Barmherzige Worte, sicherlich, aber ohne jegliche revolutionäre Zielsetzung. Und deren Wirkung zudem noch dadurch abgeschwächt wurde, wie der Rechtsgelehrte Montesquieu in anderen Kapiteln desselben 15. Buches auf die Sklaverei einging. Erklärte er doch, dass sie »in gewissen Ländern« (worunter er die Tropen verstand) auf »der natürlichen Vernunft beruhen kann« (Kapitel 7), schlug gleichzeitig »Regeln« vor, um sie effektiver zu gestalten (Kapitel 17) und warnte schließlich davor, so unvorsichtig zu sein, »auf einen Schlag durch ein allgemeines Gesetz eine beträchtliche Zahl von Sklaven freizulassen« (Kapitel 18). Nichts davon ist natürlich gegen den »*Code noir*« gerichtet (dessen Existenz nicht einmal erwähnt wird). Es stimmt zwar, dass man in seinen *Pensées*[109] weniger konventionelle Töne finden könnte, aber die waren auch nicht für eine unmittelbare Veröffentlichung bestimmt.

Aber selbst wenn Montesquieu die Bewirtschaftung der Zuckerrohrplantagen weniger interessierte als die seiner Weinberge, so tut dies doch, wenn auch aus anderen Gründen, seiner Persönlichkeit keinen Abbruch. »Vom Geist der Gesetze« sorgte seinerzeit für ein gewisses Aufsehen. Von da an kam in Frankreich etwas Bewegung in die Sklavenfrage – umso mehr, als der Anteil der Schwarzen an der Gesamtbevölkerung auf den Antillen immer mehr anstieg, während das Ansehen der Plantagenbesitzer wegen ihrer ständigen Forderungen im Mutterland nach und nach schwand. Mit anderen Worten wurden nun auch allmählich anklagende Stimmen laut. Zwar ziemlich spät. Aber besser spät als nie.

So regte sich nun beispielsweise Voltaire, der bis dahin nichts zu sagen hatte (vielleicht weil er als geschickter Spekulant Dividenden aus dem Sklavenhandel bezog), in seinen Erzählungen, »Geschichte der Reisen des Scarmentado« (*Histoire des voyages de Scarmentado*, 1754) und »Candide« (1759) über die grausame Behandlung der Sklaven in Amerika auf. Sein eigentliches Anliegen bestand jedoch, in diesen Tagen unmittelbar nach dem Erdbeben von Lissabon

(1755), in der Widerlegung des metaphysischen Optimismus eines Leibniz und nicht in der Abschaffung des »*Code noir*«, den er ebenso wie Montesquieu mit keinem Wort erwähnte. Der heutige Leser des 20. Kapitels von Candide ist zu Recht erstaunt, dass der von Voltaire vorgeführte, verstümmelte Sklave berichtet, er sei von seinen Eltern »verkauft« worden – wo doch jedermann auch zu Voltaires Zeiten sehr wohl wusste, dass Sklaven so nicht erworben wurden.

1758 verurteilte der Generalsteuerpächter Helvétius in seinem »Vom Geist« (*De l'Esprit*)[110] den Sklavenhandel und entrüstete sich in einigen wenigen Sätzen darüber, dass der Zucker, auf den Europa so versessen war, vom Blut der Sklaven durchtränkt sei. Obwohl er sehr wohl sah, dass etwas gegen diesen Skandal getan werden musste, schlug er nicht die Abschaffung der Sklaverei, sondern eher einen Verzicht auf den Genuss von Zucker vor. Wenn er daraus folgerte, man solle den »Blick von einem so unheilvollen Schauspiel abwenden, das der Menschheit so sehr zu Schande und Schrecken gereiche«, so lässt sich dazu nur sagen, dass soviel Schamgefühl hier nur wenig angebracht war.

Denn die Vernunft der Aufklärung, die in ihrem natürlichen Ethnozentrismus weiß und christlich war, konnte in den Schwarzen nur schwerlich Menschen wie alle anderen sehen. Die unter der Leitung von Diderot und d'Alembert entstandene Enzyklopädie (1751–1772) zeigte genau ihre Grenzen auf. Der offen rassistische Artikel »Neger« enthielt nur einen Satz, in dem der Sklavenhandel als »gegen das Naturrecht« gerichtet verurteilt wurde. Der Artikel »Sklave« erwähnte wohl den »*Code noir*«, beschränkte sich aber darauf, seine wichtigsten Bestimmungen wiederzugeben, ohne die geringste Kritik daran zu üben. Was den vom Chevalier de Jaucourt verfassten Artikel »Sklaverei« betrifft (1755), so verurteilte er die fragliche Institution zwar definitiv, hütete sich aber wohlweislich davor, auf ihre historisch bedingten Veränderungen seit dem 15. Jahrhundert einzugehen. Erst der »Sklavenhandel« wurde in dem ebenfalls von Jaucourt etwas später (1765) verfassten Artikel in seiner zeitgenössischen Form vehement angeprangert, wie man von Rechts wegen schon viel früher hätte erwarten können.

Dasselbe gilt auch für Rousseau. Sollte es der große Verfechter der Gleichheit aller Menschen denn vergessen haben, die Sklaverei zu verurteilen? Keineswegs. Er verdammte sie ausdrücklich und so gründlich wie möglich zu Beginn seines »Gesellschaftsvertrags« (*Du contract social*, 1762): »Man mag die Dinge betrachten, wie man will: Das Recht zur Sklaverei ist nichtig, nicht nur, weil es widerrechtlich ist, sondern auch weil es ohne Sinn und Bedeutung ist. Die Wörter Sklaverei und Recht widersprechen einander und heben sich gegenseitig auf.« (Buch I, Kapitel 4).[111] Wie weit sind wir hier doch von den halbherzigen Formulierungen und Maßnahmen à la Montesquieu entfernt. Aber bei diesem Text handelte es sich um die politische Versklavung (weißer) Untertanen in einer europäischen Monarchie, in deren Händen Rousseau wieder die legislative Gewalt sehen möchte. Es handelte sich weder um die (schwarzen) Sklaven Amerikas, an deren Teilhabe an seinem »Gesellschaftsvertrag« er keine Sekunde Zeit verschwendete, noch um den »*Code noir*«, den er souverän ignorierte. Seine Meinung über die Indianer der Karibik oder die »Bewohner Afrikas« dagegen findet sich in seinem *Discours sur l'origine de l'inégalité*[112] (unter anderem in den langen Anmerkungen des ersten Teils), wo man erneut auf einen unterschwelligen Rassismus stößt.

Locke, Montesquieu, Voltaire, Diderot, Rousseau (und bald auch Jefferson): Vielleicht haben die Philosophen der Aufklärung den Absolutismus in Europa deshalb so bekämpft, weil sie nur zu genau die Wirklichkeit der Sklaverei in den Kolonien kannten, wie der Soziologe Orlando Patterson behauptet. Und vielleicht war aus dieser Sicht »die parallele Entwicklung von Sklaverei und einer Kultur der Freiheit kein Zufall, sondern eine gesellschaftsgeschichtliche Notwendigkeit«.[113]

Vielleicht. Jedenfalls musste man noch ein wenig warten, bevor sich die Dinge in den Texten, wenn nicht in den Köpfen änderten und die Freiheit eines Schwarzen endlich denselben Stellenwert besaß wie die Freiheit eines Weißen. Eine wirkliche historische Wende zeichnete sich in Großbritannien in den 60er Jahren des 18. Jahrhunderts ab, konnte jedoch erst in den 70er Jahren mit der verspäteten Hilfe einiger französischer Intellektueller als abgeschlossen gelten.

204

Von britischer Seite wurden die drei wichtigsten Schriften von Schotten verfasst. Den Anfang machte 1755 der Philosoph Francis Hutton mit seinem *System of Moral Philosophy*, in dem er die großen Prinzipien entwarf, auf die sich die Abolitionisten bald berufen sollten. Ihm folgte der Rechtsgelehrte George Wallace, der 1760 in seinem Werk, *A System of the Principles of the Law of Scotland*, klar Stellung gegen die Sklaverei bezog. Die gleiche Richtung schlug als letzter 1771 John Miller in seiner historischen Abhandlung, *The Origin of the Distinction of Ranks*, ein.

Französischerseits drückten ebenfalls drei Bücher den beginnenden 70er Jahren ihren Stempel auf. Das erste war die monumentale *Histoire philosophique et politique du commerce et des établissements des Européens dans les deux Indes*, die Abbé Guillaume Thomas François Raynal 1770 drucken und 1772 veröffentlichen ließ.[114] Er war Mitglied des »linken« Flügels der Enzyklopädisten um Helvétius und verfasste das Werk zusammen mit anderen Autoren, an erster Stelle Diderot. Diesmal nahmen die Zuckerrohrplantagen eine zentrale Stellung ein, der »*Code noir*« wurde angeprangert und die Sklaverei in Amerika ebenso entschieden verurteilt, wie der politische oder religiöse Absolutismus in Europa. Dennoch gelang es auch Raynal nicht, sich ganz dem Rassismus seiner Umgebung zu entziehen. Denn wenngleich er dazu aufrief, den Sklavenhandel sofort zu stoppen, so zog er doch die Abschaffung der Sklaverei nur als Langzeitmaßnahme in Betracht, die in naher Zukunft undurchführbar sei: undurchführbar, weil es zu viele Sklaven in den Kolonien gäbe und diese nicht gebildet genug seien, um auf einen Schlag befreit zu werden. In dieser Hinsicht ging er nicht einmal so weit wie Las Casas, der gegen Ende seines Lebens sehr wohl eine sofortige Abschaffung der Sklaverei ins Auge fasste, die eine massenhafte Rückkehr der Spanier in ihr Mutterland nach sich ziehen sollte. Das Monumentalwerk von Raynal, das sowohl Geschichte als auch Philosophie, Wirtschaft und Politik einbezog, sollte nichtsdestoweniger einen nachhaltigen Einfluss auf die gebildeten Kreise nicht nur in Frankreich haben (wo trotz einer Verurteilung durch das Parlament in den 70er Jahren 25 000 Exemplare verkauft wurden – eine sehr hohe Zahl für diese Zeit), sondern auch in Nordamerika (wo 1775 die erste Übersetzung in Philadelphia erschien) und England (wo 1788 die erste Übersetzung in London herauskam).

Typisch für diese Wende war auch eine kuriose Science-Fiction-Erzählung: *L'an 2440: rêve s'il en fut jamais* (1771) von Louis Sébastien Mercier.[115] In dieser philosophischen Erzählung, der ebenfalls großer Erfolg beschieden sein sollte, beschrieb Mercier (der vorgab, 1768 eingeschlafen und erst 672 Jahre später wieder aufgewacht zu sein) ein utopisches 25. Jahrhundert, in dem der Sklavenhandel, die Sklaverei und die Kolonien selbst glücklicherweise verschwunden waren (vgl. besonders Kapitel 40). Die Argumente, die Mercier anführte, waren nicht nur vernunft-, sondern noch stärker gefühlsbetont. Zum Teil spricht seine Entrüstung eine für seine Zeit neue Sprache, die des Herzens.

Ebenso stand es um Bernardin de Saint-Pierre, der 1773 seine *Voyage à l'Ile-de-France* veröffentlichte: in Briefform verfasste Erinnerungen an eine Reise, die er wenige Jahre zuvor gemacht hatte. Brief 12: »Über die Schwarzen« enthält nicht nur eine nachdrückliche Verurteilung der Sklaverei und der Misshandlungen der Sklaven, sondern auch ein glühendes Plädoyer zugunsten ihrer Freiheit (dessen Echo man noch 1787 in seinem berühmten »Bestseller« *Paul und Virginie* finden sollte). Brief 12 endete schließlich mit einem Postscript, in dem Bernardin de Saint-Pierre, entrüstet über das Schweigen der meisten Schriftsteller seiner Zeit, erklärte, er »wäre verärgert, weil die Philosophen, die die Missstände mit soviel Mut bekämpften, von der Sklaverei der Schwarzen nur gesprochen hätten, um sich darüber lustig zu machen, (…) als ob dieses Verbrechen nicht heute geschähe und die Hälfte Europas daran beteiligt wäre«.

Falls hier eine neue Zeit begann, so kann man zumindest sagen, dass die Philosophen der Aufklärung tatsächlich nicht viel dazu beigetragen hatten, um ihr Kommen zu beschleunigen.[116] Zu verurteilen ist also nicht die Aufklärung als solche,[117] sondern einzig ihre Unzulänglichkeiten.

Jedenfalls nahm die Bewegung für die Sklavenbefreiung nicht in Frankreich, sondern im angelsächsischen Raum ihren Aufschwung.

Denn in einer englischen Kolonie im Staate Pennsylvanien wurde in der Quäkergemeinde von Philadelphia die erste Verurteilung der Sklaverei ausgesprochen (1759), die nicht von einem Einzelnen, sondern einer sozialen Gruppe ausging.

Und einem anderen amerikanischen Staat der Atlantikküste, dem Staate Vermont, gereicht es zur Ehre, als erster in der Menschheitsgeschichte die Sklaverei auf seinem Grund und Boden für illegal erklärt zu haben. Das Datum sollte man sich merken: es war das Jahr 1777.

Man stand am Anfang eines langen Kampfes.

ACHTES KAPITEL

Der lange Weg zur Abschaffung der Sklaverei (1777–1865)

Immer noch kann die Geschichte des Wegs, der zur Abschaffung der Sklaverei führte, nicht abschließend behandelt werden, da diese in der Tat weiterhin in zahlreichen Ländern in unterschiedlichster Gestalt existiert, selbst wenn die Sklaverei seit 1948 von der internationalen Gemeinschaft offiziell verurteilt wird. In diesem Kapitel soll also nur der erste Abschnitt dieser Geschichte geschildert werden: von der Abschaffung der Sklaverei durch einen Einzelstaat (Vermont) bis zu ihrer endgültigen Abschaffung im ganzen Hoheitsbereich der Vereinigten Staaten (1865). Spätere Abschnitte sollen im dritten Teil untersucht werden.

Zunächst geht es um zwei verschiedene, jedoch eng miteinander verknüpfte Aspekte, die in unserer Geschichte eine wichtige Rolle spielen: die Abschaffung der Sklaverei als solcher und die Abschaffung des atlantischen Sklavenhandels. Eine solche Unterscheidung könnte insofern überflüssig erscheinen, als die Abschaffung der Sklaverei, die des Sklavenhandels automatisch nach sich ziehen musste. Aber die ersten Vorkämpfer für die Abschaffung der Sklaverei waren Menschen des 18. Jahrhunderts, die in ihrer Mehrheit glaubten, es sei klüger und realistischer, umgekehrt vorzugehen. Das heißt, zunächst auf eine Abschaffung des Sklavenhandels hinzuarbeiten, um dann darauf zu warten, dass die Sklaverei – mangels Masse – von selbst einginge. Heute mag uns ihr Ansatz kleinmütig erscheinen. Um ihnen gerecht zu werden, muss man aber daran erinnern, dass die Abolitionisten in Europa bis Mitte des 19. Jahrhunderts nur eine Minderheit darstellten und sich folglich gezwungen sahen, eine Strategie der kleinen Schritte zu verfolgen, wenn sie die Verwirklichung ihrer Bestrebungen eines Tages erleben wollten.

Außerdem muss man sich im folgenden Kapitel immer wieder vor Augen halten, dass die Abolitionisten nicht deshalb schließlich die Mehrheit und die Oberhand gewannen, weil das politische oder moralische Gewissen der wichtigsten Sklavenhalterstaaten plötzlich wie durch ein Wunder wachgerüttelt worden wäre. Es geschah vielmehr einfach deshalb, weil das Plantagensystem – Betriebe, von denen ihr Eigentümer erwartete, dass sie regelmäßig Profit abwarfen – im dritten Viertel des 18. Jahrhunderts seinen Höhepunkt überschritt, und es im Laufe der folgenden Jahrzehnte immer mehr Leuten bewusst wurde, dass die Sklaverei, wirtschaftlich gesehen, nicht mehr die beste Lösung war. Stiegen doch die Preise für Sklaven ständig weiter an, und in den Kolonien stellten ihr zahlenmäßig immer größerer Anstieg allmählich eine wirkliche Bedrohung für ihre weißen Eigentümer dar. Gleichzeitig sahen nun viele – von dem schottischen Nationalökonomen Adam Smith (*The Wealth of Nations*, 1776[118]) über David Hume und Benjamin Franklin bis hin zu den französischen Physiokraten, Quesnay und Mirabeau – in der Lohnarbeit eine zugleich weniger kostspielige und weniger schwierig umzusetzende Lösung.

Ob man nun will oder nicht, die Sklaverei und der Sklavenhandel wurden letztlich nicht allein (und nicht einmal hauptsächlich) aus moralischen, sondern vor allem aus wirtschaftlichen Gründen abgeschafft.

Abolitionismus in Dänemark, Großbritannien und den Staaten Nordamerikas

Betrachtet man die chronologische Abfolge der Ereignisse, so sicht man, dass die ersten zu verzeichnenden Erfolge der abolitionistischen Bewegung in Nord-Süd-Richtung verliefen: sie nahm ihren Ursprung in Dänemark, England und einigen Staaten des Nordostteils der amerikanischen Atlantikküste, während fast ein Jahrhundert später Spanien (mit seinen Kolonien), das Osmanische Reich,

Portugal und Brasilien das Schlusslicht bildeten. Frankreich, das an der Nahtstelle zwischen den Nord- und Südstaaten lag, stellte in gewisser Hinsicht einen Sonderfall dar, da es als einziges Land, die Sklaverei gleich zweimal im Abstand von fünfzig Jahren abschaffen musste.

Ausgangspunkt der abolitionistischen Bewegung waren die dreizehn englischen Kolonien Nordamerikas, die 1776 eigenständig ihre Unabhängigkeit erklärt hatten. Ihre Vorreiter waren Mitglieder der *Gesellschaft der Freunde*, anders gesagt der Quäker, einer protestantischen Bewegung liberaler Ausrichtung, die der englische Schuster George Fox Mitte des 17. Jahrhunderts ins Leben gerufen hatte und die wenige Jahrzehnte später in der von dem Quäker William Penn gegründeten Kolonie Pennsylvanien entscheidenden Einfluss gewann. Das 1688 von einer Gruppe deutscher und holländischer Mennoniten der Quäkerversammlung vorgelegte »Protestschreiben von Germantown«[119] war nur eine »Flugschrift«. Ihr kam jedoch das Verdienst zu, eindeutig zu erklären, »dass man kein größeres Recht habe, Schwarze als Sklaven zu halten als Weiße«. Noch wichtiger war, dass die Quäker von Philadelphia 1759 – gemeinsam – beschlossen, niemanden mehr in ihren Reihen zu dulden, der am Sklavenhandel beteiligt war. 1761 belegte der Staat Pennsylvanien jeden in die Kolonie eingeführten Sklaven mit einer Steuer von 10 Pfund. Und 1767 veröffentlichte schließlich Anthony Benezet, ein Quäker, dessen aus Frankreich stammende Familie zuerst nach London und dann nach Philadelphia ausgewandert war, ein Buch mit dem Titel: *A Caution and Warning to Great Britain and her Colonies, in a short representation of the calamitous State of the enslaved Negroes in the British Dominions. Collected from various authors etc.*, ein Werk, das in England viel gelesen wurde und entscheidenden Einfluss auf die Entstehung der abolitionistischen Bewegung gewann.

Kurz nach der Amerikanischen Unabhängigkeitserklärung wurde die Sklaverei erstmals (mit sofortiger Wirkung) in drei Staaten (wo es in der Tat nur einige wenige Sklaven gab) abgeschafft: 1777 in Vermont sowie 1783 in Massachusetts und New Hampshire. Maßnahmen für eine schrittweise, aber nicht sofortige Sklavenbefreiung wurden ungefähr zur gleichen Zeit in Pennsylvanien (1780), Rhode Island und Connecticut (1784) ergriffen. Andere Staaten begnügten sich vorerst damit, jenen Schwarzen die Freiheit zu gewähren, die während des Unabhängigkeitskrieges freiwillig ins amerikanische Heer eingetreten waren (Virginia 1783, New Jersey 1784). 1787 wurde schließlich eine wichtige Schwelle überschritten: Die vom Kontinentalkongress beschlossene *Northwest Ordinance* erklärte die Sklaverei auf dem gesamten Gebiet der künftigen Staaten Ohio, Indiana, Illinois, Michigan und Wisconsin für ungesetzlich.

Dennoch sollte man nicht glauben, dass die jungen Vereinigten Staaten von Amerika alle an einem Strang gezogen hätten, um eine Abschaffung der Sklaverei zu erreichen. Das war keineswegs der Fall. Zunächst stieß der Druck, der wie in Europa vom Norden ausging, im Süden (wo die Baumwollplantagen lagen) auf starken Widerstand. Sodann gab es in jedem Staat Gruppen mit gegensätzlichen Interessen, die die Erlassung oft widersprüchlicher Gesetze durchsetzten, so dass die Lage, wie es föderalistischen Prinzipien entsprach, leicht anarchisch wurde.

Was den Sklavenhandel betraf, so verschob die 1787 angenommene Verfassung der Vereinigten Staaten seine eventuelle Abschaffung in der Tat auf 1808, während sie sich sehr wohl hütete, zur Abschaffung der Sklaverei selbst Stellung zu beziehen: Die Bundesregierung befand, dass die Frage nicht in ihre Kompetenz falle. Hinzugefügt sei noch, dass dies eine der Fragen war, über die auch die »Gründerväter« keineswegs alle einer Meinung waren. So wünschte beispielsweise Thomas Jefferson, dass die Abschaffung der Sklaverei eines Tages »mit Zustimmung der Sklavenbesitzer« erfolgen solle (*Notes of the State of Virginia*[120]); in der Zwischenzeit hatte er ein Verhältnis mit einer seiner Sklavinnen. Die Haltung von George Washington war eindeutiger: Als er starb, schenkte er seinen Sklaven testamentarisch die Freiheit.

Diese relative Anarchie sollte es auch der parlamentarischen Versammlung von North Carolina 1787 ermöglichen, die Unterstützung flüchtiger Sklaven als Straftat zu qualifizieren (eine Straftat, die auf bundesstaatlicher Ebene 1793 zu einem Verbrechen erklärt werden sollte). In den folgenden Jahren beschlossen andere Staaten, gerade freigelassenen Schwarzen den Zugang zu ihrem Gebiet zu verbieten (Virginia 1793) oder deren Rechte und Bewegungsfreiheit einzuschränken (Ohio 1804). Ja mehr noch, als eine Gruppe von Freigelassenen aus Philadelphia eine Petition im Kongress einreichte, die eine völlige und sofortige Abschaffung der Sklaverei und des Sklavenhandels forderte, wurde ihr Antrag 1800 mit 85 zu nur einer Gegenstimme abgewiesen: nichts war geeigneter, um wenigstens noch für eine geraume Zeit jedem weiteren Versuch dieser Art vorzubeugen.

In Europa war Dänemark das erste Land, das 1803 den Sklavenhandel offiziell abschaffte. Diese erstmals unter Struensee (1770) in Angriff genommene Maßnahme war ein Teil der Reformen des dänischen Gesamtstaates (zu dem damals auch Schleswig-Holstein gehörte); die adligen Philanthropen des »Emkendorfer Kreises« um Julia und Fritz Reventlow hatten durch verschiedene abolitionistische Aktionen (u. a. Freikauf von schwarzen Sklaven) der Regierungsentscheidung vorgearbeitet. Verbindungen zum Emkendorfer Kreis unterhielt auch der Dichter und Journalist Matthias Claudius, der »Wandsbecker Bothe«, der 1773 die Leiden der Plantagensklaven in einem Gedicht anprangerte:

Der Schwarze in der Zuckerrohrplantage
Weit von meinem Vaterlande
    Muß ich hier verschmachten und vergehn,
Ohne Trost in Müh und Schande;
    Ohhh die weißen Männer!! klug und schön!

Und ich hab den Männern ohn Erbarmen
    Nichts getan.
Du im Himmel! hilf mir armen
    Schwarzen Mann!

Die stärkste Bewegung zugunsten der Sklavenbefreiung entstand in England in der zweiten Hälfte des 18. Jahrhunderts. Zu Beginn stand diese Bewegung offensichtlich im Zusammenhang mit dem

212

Granville Sharp, *führender Gegner der Sklaverei.*

Aufkommen des Methodismus (einer protestantischen Kirche, die 1738 von dem englischen Pfarrer Wesley gegründet worden war, der auf Reisen nach Amerika zu einem entschiedenen Gegner der Sklaverei wurde). Als ihre offizielle Geburtsstunde kann man 1765 ansetzen: In diesem Jahr begegnete Granville Sharp, ein junger englischer Staatsbeamter, der den methodistischen Ideen nahe stand, in einer Londoner Straße (Mincing Lane) einem fast sterbenskranken schwarzen Sklaven, den er gesundpflegte. Als dieser ganz geheilt war, wurde er von seinem Eigentümer gekidnappt, der versuchte, ihn an einen Siedler auf Barbados zu verkaufen. Sharp, der verständigt wurde, bemühte sich, den Handel zu verhindern und erregte so den Zorn des Eigentümers, der ihn vor Gericht laden ließ. Zwar wurde die Klage schließlich zurückgezogen, bot aber Sharp die Gelegenheit, eine zusammenhängende rechtliche Beweisführung zugunsten einer sofortigen Befreiung all jener Sklaven auszuarbeiten (man schätzte ihre Zahl auf 15000), die sich in England befanden, weil sie ihre Eigentümer auf Reisen begleitet hatten.

Bald sollte diese Argumentation auch in vergleichbaren Fällen vorgebracht werden. Der berühmteste davon, den Sharp 1772 wiederum vor Gericht brachte, war der des Sklaven James Somersett. Indem Richter Mansfield feststellte, dass die Sklaverei naturwidrig sei und deshalb nur durch ein Gesetz eingeführt werden könne – ein Gesetz, das es in England nicht gäbe – fällte er eine für Sharp günstige Entscheidung und gewährte Somersett die Freiheit: So wurde die Sklaverei auf englischem Boden abgeschafft, als Vorspiel zu ihrer Abschaffung im Rest des Empire. Dies hinderte allerdings denselben Richter 1783 nicht daran, dem Kapitän des Sklavenschiffes *Zong* Recht zu geben, der 132 kranke Sklaven über Bord hatte werfen lassen, angeblich um Trinkwasserreserven zu sparen, in Wirklichkeit aber, um die Versicherungssumme zu kassieren (auf die er keinen Anspruch gehabt hätte, wenn sie verdurstet oder an einer Krankheit gestorben wären): Aber dieses Urteil, das erneut damit begründet wurde, dass Sklaven nicht mehr als bewegliche Habe seien, wurde in der Berufung kassiert.

Gleich im Anschluss daran wurde in London die erste Gesellschaft zur Abschaffung des Sklavenhandels (*Society for the Abolition of the Slave Trade*) gegründet. Unterstützt wurde sie nicht nur von Sharp, sondern auch von dem Töpfer Josiah Wedgwood (der ihr Siegel entwarf, ein Medaillon, das in hunderttausenden von Exemplaren Verbreitung fand), dem unermüdlichen Redner Thomas Clarkson, der von den Ideen des Quäkers Benezet beeinflusst war, und vor allem von einem jungen Adligen, dem Abgeordneten von Yorkshire William Wilberforce, der zu ihrem wahren Vorkämpfer

Lord Mansfield, *der durch sein Urteil im berühmten Fall des geflohenen Sklaven James Somersett die Sklaverei in England aufhob.*

werden sollte. Wilberforce, ein persönlicher Freund des Staatsmanns Wilhelm Pitt des Jüngeren – eines Anhängers der Theorien von Adam Smith – bemühte sich seit 1787 die Aufmerksamkeit des englischen *Establishments* auf das Los der Sklaven zu lenken.

Im selben Jahr begann eine Gesellschaft, die einem afrikanischen König im Süden Guineas mehrere tausend Hektar Land abgekauft hatte – die spätere englische Kolonie Sierra Leone – in England zurückgebliebene ehemalige schwarze Sklaven in kleinen Gruppen dorthin zu schicken, denen bald andere ehemalige Sklaven aus Nordamerika folgen sollten. Damit war – wenn man so sagen kann – das Startzeichen zu der Bewegung »Back to Africa« gegeben.

Ebenfalls in London erschien 1787 das erste von einen Schwarzen verfasste Buch gegen den Sklavenhandel, die *Thoughts and Sentiments on the Evel and Wicked Trafic of the Slavery and Commerce of the Human Species.*[121] Der Verfasser, Quobna Ottobah Cugoano, war 1757 an der Küste Ghanas geboren, im Alter von 13 Jahren eingefangen und als Sklave in die Karibik verbracht worden. Sein Herr hatte ihn schließlich nach England mitgenommen, wo er 1773 getauft wurde. Er war nicht der einzige Schwarze, der sich für den Abolitionismus engagierte. Ein weiterer sehr aktiver Vorkämpfer der Sklavenbefreiung war Olaudah Equiano, der 1745 im heutigen Nigeria zur Welt kam, ebenfalls zunächst in die Karibik und später nach Europa verschleppt wurde und schließlich 1766 unter dem christlichen Namen Gustavus Vassa die Freiheit erhielt. 1789 veröffentlichte er – ebenfalls in London, *The Interesting Narrative of the Life of Olaudah Equino or Gustavus Vassa, the African, Written by Himself*[122] – eine faszinierende Autobiographie, deren Zuverlässigkeit manche Historiker heute anzweifeln, die aber zum Zeitpunkt ihrer Veröffentlichung die Herzen zu rühren verstand.

Eine 1791 erstmals im englischen Parlament eingebrachte Gesetzesvorlage zur Abschaffung des Sklavenhandels wurde trotz der Unterstützung Pitts des Jüngeren mit 163 zu 88 Stimmen abgelehnt. Der gerade erfolgte Ausbruch der Französischen Revolution schadete paradoxerweise der Sache der Abolitionisten. In London, wo die mächtige Lobby der westindischen Plantagenbesitzer eine fieberhafte Tätigkeit entfaltete, wurde die Vorstellung der Revolutionäre von der Gleichheit aller Menschen in der Tat sehr übel aufgenommen, um so mehr, als beide Länder nach 1793 Krieg miteinander führten. Wilberforce setzte trotzdem seinen mutigen Kampf fort. Die Gesellschaft für die Abschaffung der Sklaverei hielt vermehrt Versammlungen ab und veröffentlichte Pamphlete. Um mit gutem Beispiel voranzugehen, beschlossen sogar Tausende von englischen Hausfrauen, auf dem Zucker im Tee zu verzichten. Was die öffentliche Meinung letztendlich aber überzeugte, war die Tatsache, dass der Sklavenhandel durch die regelmäßigen Preiserhöhungen für afrikanische Sklaven allmählich das verlor, was ihn wirklich interessant machte, nämlich die Rentabilität. Am 23. Februar 1807 verabschiedete das Parlament endlich ein Gesetz, das den Sklavenhandel im ganzen britischen Weltreich ab dem 1. Januar 1808 verbot.

Im selben Jahr zogen auch die Vereinigten Staaten nach. Die angelsächsischen Länder mussten nur noch die übrigen Welt dazu bringen, in ihre Fußstapfen zu treten. Dazu musste England – das keineswegs mit ansehen wollte, wie der Sklavenhandel in anderen Kolonien zum Nachteil seiner eigenen fortgeführt wurde – im Laufe der folgenden Jahrzehnte intensive diplomatische und militärische Anstrengungen unternehmen.

Die Französische Revolution und die erste Sklavenbefreiung

Von England ausgehend verbreitete sich auch in Frankreich seit den 70er Jahren des 18. Jahrhunderts der Einfluss abolitionistischer Thesen.

Nach Diderot (1784 gestorben) und Raynal (der wegen seiner Ideen ins Exil gehen musste, zunächst nach Deutschland, dann nach Russland) nahm ein Philosoph, Mathematiker und Schüler der Physiokraten, der Marquis de Condorcet, den Kampf wieder auf. Seine »Betrachtungen über die Sklaverei der Neger« (*Refléxions sur l'esclavage des Nègres*), die er 1781 unter dem Pseudonym Schwartz veröffentlichte und in denen er – nicht ohne unumstritten rassistische Ansätze – viele wirtschaftliche Argumente für die unzulängliche Rentabilität dieser Einrichtung vorbrachte, waren dennoch alles andere als umstürzlerisch. Während Condorcet noch »über diese Art erzwungener Zustimmung stöhnte, mit der wir für eine gewisse Zeit das Unrecht dulden« (Kapitel IX), schlug er sogar vor, die Sklaverei vorläufig beizubehalten. Anstatt von einer Abschaffung der Sklaverei zu sprechen, beschränkte er sich – wie einige Jahre zuvor die Quäker in Pennsylvanien – darauf, eine Sklaven-

»Am I not a man and brother?« Medaille gegen die Sklaverei, entworfen und hergestellt von Josiah Wedgewood *(1787).*

befreiung in verschiedenen Etappen, jeweils abhängig vom Alter der Sklaven, ins Auge zu fassen. So könne man sie noch »erziehen«, bevor man sie in die Freiheit entlasse. Er schätzte, dass die Sklaverei um 1850 ganz verschwunden sein könnte, wenn man sofort anfinge und alles gut ginge. Zufälligerweise war dieses Datum gar nicht so falsch. Sollte doch ungefähr zu dieser Zeit die zweite Sklavenbefreiung in Frankreich stattfinden.

1788 kam es in Paris nach englischem Vorbild zur Gründung

einer »Gesellschaft der Freunde der Schwarzen« (*Société des Amis des Noirs*). Zu den Mitgliedern zählten einige liberale Adlige wie Olympe de Gouges, eine junge Feministin und Freundin von Mercier, die 1784 ihr literarisches Debüt mit dem abolitionistischen Drama »Zamore und Mirza oder Der glückliche Schiffbruch« feierte (das schließlich im Dezember 1789 vom »Théâtre de la Nation«, der ehemaligen und späteren Comédie Française unter dem Titel »Sklaverei der Schwarzen«, *L'Esclavage des Noirs*, aufgeführt wurde). Das erklärte Hauptziel dieser Gesellschaft, die keineswegs so aktiv wie ihre ältere englische Schwester war, bestand in der Gewährung der Bürgerrechte für Freigelassene und »Farbige« (wie man damals Mulatten und Mestizen nannte) in den französischen Kolonien, nicht aber für die Sklaven selbst. Symptomatisch war dafür die Haltung eines ihrer berühmtesten Mitglieder, des Abbé Grégoire: Bis 1794 war er nur wenig geneigt, schwarzen Sklaven, die keine Mischlinge waren, die absolute Rechtsgleichheit zu gewähren, die er andererseits für die Juden forderte.[123] Im übrigen löste sich die Gesellschaft, die man verdächtigte, Sklavenaufstände zu begünstigen, 1792 wieder auf.

In der Zwischenzeit war die Revolution ausgebrochen. Aber auch die Revolutionäre, von denen manche die rassistische Denkweise ihrer Umgebung teilten, vermochten in den Schwarzen kaum Menschen zu sehen. Die Abschaffung der Sklaverei und des Sklavenhandels gehörte nicht zu ihren vorrangigen Zielen. Die am 26. August 1789 verabschiedete Erklärung der Menschen- und Bürgerrechte blieb zu dieser Frage stumm. Dagegen erwähnte sie das Recht auf Eigentum (das normalerweise für die Zeitgenossen das Recht auf das Eigentum von Sklaven einschloss) als eines der Grundrechte. Natürlich war die Lobby der Plantagenbesitzer in Paris ziemlich aktiv. Die Kolonien wiederum und der damit verbundene wichtige Seehandel spielten eine entscheidende Rolle für die Wirtschaft des Landes. 1789 arbeiteten etwa 500 000 Sklaven auf Saint-Domingue (dem Westteil von Hispaniola) und 700 000 weitere auf Martinique und Guadeloupe: das war nicht zu verachten.

Infolge der Autonomiebestrebungen der Plantagenbesitzer, die schon in den ersten Monaten der Revolution in den Kolonien auf-

*Kniender Schwarzer in Ketten. Bild aus einer Flugschrift des 1787 gegründe-
ten* British Abolition Committee.

kamen, und der wirren Debatten in der Nationalversammlung im
März 1790 (in deren Verlauf Robespierre sein berühmtes »Nieder
mit den Kolonien« einwarf), kam es seit August 1791 zu ersten Sklavenaufständen auf Saint-Domingue. Denn als die Sklaven sahen,
dass ihre Befreiung nicht vom Himmel fallen würde, schlossen sie
sich zusammen. An die Spitze der Bewegung stellte sich ein freigelassener Schwarzer, dem seine Feinde eine bemerkenswerte Intel-
ligenz und eine außergewöhnliche Charakterstärke bescheinigten,
François Dominique Toussaint, der bald wegen der Breschen, die er
in die Reihen seiner Gegner schlug, als Toussaint-Louverture bekannt werden sollte. Im August 1793 zwang er praktisch die Plantagenbesitzer – wie auch den Abgesandten der Gesetzgebenden Versammlung Sonthonax – dazu, anzuerkennen, dass die Sklaverei auf
der Insel *de facto* abgeschafft war. In der Hoffnung, so die Fortdauer

des französischen Einflusses auf Santo Domingo zu gewährleisten und eine Ausweitung des Aufstandes auf die Antillen (die zu diesem Zeitpunkt teilweise von den Engländern besetzt waren) verhindern zu können, beschlossen die Pariser Revolutionäre, sofort nachzugeben beziehungsweise die vollendeten Tatsachen, vor die sie sich gestellt sahen, anzuerkennen. Hatten sich doch die Schwarzen ihre Freiheit bereits mit der Waffe in der Hand erobert. So wurde die Sklaverei durch ein Gesetz vom 16. Pluviose, im Jahre II der Republik (am 4. Februar 1794) – also fünf Jahre nach Ausbruch der Revolution, was dieser nicht gerade zur Ehre gereichte – auf Vorschlag Dantons in allen französischen Kolonien abgeschafft und die ehemaligen Sklaven erhielten alle Rechte französischer Bürger. Aber das Gesetz legte auch ausdrücklich fest, dass alle für seine Anwendung nötigen »Maßnahmen« durch besondere Ausführungsbestimmungen zu regeln seien: Bestimmungen, die in der Praxis nie erlassen wurden. Die Sklaven auf den Antillen – als sie bald darauf wieder unter französischen Oberhoheit kamen –, im Senegal, in Guyana und auf den Maskarenen (Mauritius und Réunion) sollten also nie in den Genuss dieses Gesetzes kommen. Ebenso wenig wie Ägypten, wo General Bonaparte (dessen Rassismus bekannt ist) 1798 landete, ohne die geringste Absicht zu haben, dort das Gesetz von 1794 zur Anwendung zu bringen – was die napoleonische Legendenbildung nicht daran hindern sollte, ihn noch für die künftigen Jahrhunderte zum glorreichen »Erben« der Revolution hochzustilisieren.

Was die Insel Hispaniola betrifft, deren spanischen Teil, Santo Domingo, Frankreich im Vertrag von Basel (1795) erwarb, so geriet sie nach 1796 *de facto* unter die Herrschaft von Toussaint. Napoleon, der sehr wohl erkannte, dass sie auf dem Weg in die Unabhängigkeit war, beabsichtigte unmittelbar nach dem Staatsstreich des 18. Brumaire, sich der Kontrolle über die abtrünnige Kolonie gewaltsam zu bemächtigen. Sein Schwager, General Leclerc, landete dort im Februar 1802 an der Spitze einiger tausend Mann. Als er einige Monate später dem Gelbfieber erlag, wurde sofort Rochambeau (der Sohn des Helden des amerikanischen Unabhängigkeitskrieges) an seiner Stelle zum Oberbefehlshaber ernannt. Die bei-

Toussaint-Louverture, *der Führer des Befreiungs-kampfes der Schwarzen auf Haiti.*

den Parteien standen sich feindlich gegenüber und bekämpften einander mit äußerster Härte. Die französische Armee bediente sich hier einer Taktik, die bereits während der Revolutionskriege gegen die »Chouans« erprobt worden war und in späteren Kolonialkriegen Frankreichs angewandt werden sollte: Sie griff in breitem Umfang auf die Folter zurück und veranstaltete Massenhinrichtungen durch Erschießen (*fusillades*) und Ertränken (*noyades*). Die Armee ließ 1500 eigens in Kuba gekaufte Kampfhunde, die auf das Aufspüren und Zerfleischen flüchtiger Sklaven (Marrons) dressiert waren, gegen die Aufständischen von Saint-Domingue los.

Nach seiner Festnahme wurde Toussaint-Louverture nach Frankreich verschleppt und im Fort Joux im Jura nahe Pontarlier eingesperrt, wo ihn seine Kerkermeister 1803 absichtlich an Kälte und Hunger sterben ließen. Aber auf der Insel selbst verlor die französische Armee, die sich einem erbitterten Widerstand gegenübersah, immer mehr an Boden, bis ihr nichts anderes übrig blieb, als sich Ende 1803 definitiv zurückzuziehen. Rochambeau wurde von den Engländern gefangen genommen. Am 1. Januar 1804 wurde die Unabhängigkeit ausgerufen und die Insel nahm wieder den Namen an, den ihr die Ureinwohner vor der spanischen Eroberung gegeben hatten, Haiti (das man zu dieser Zeit *Hayti* schrieb). Ein anderer ehemaliger Sklave und Stellvertreter von Toussaint-Louverture, Jean-Jacques Dessalines, ließ sich zum Kaiser (Jakob I.) krönen. Siebzehn Jahre später beschloss der Ostteil der Insel, sich vom Rest abzuspalten. Als Dominikanische Republik sollte er aber erst 1844 wirklich unabhängig werden.

Gleichzeitig wurde in Paris eine wichtige Entscheidung getroffen, die der Expedition von Leclerc mit auf dem Weg gegeben wurde: das Gesetz vom 30. Floreal des Jahres X der Revolution (20. April 1802) führte in vier Artikeln die Sklaverei, den Sklavenhandel und den »*Code noir*« wieder ein. Kurz gesagt, die Sklaven auf den Antillen befanden sich erneut in der gleichen, wenn nicht gar in einer schlimmeren Lage als am Vorabend von 1789. Sollten sie doch nach dem Willen der französischen Obrigkeit, die von den Kolonialherren dazu aufgestachelt wurde, den Preis für den Aufstand in Saint-Domingue bezahlen. Künftig wurde auf der Insel nach zweierlei Recht gerichtet, wobei die Schwarzen wesentlich härter als die Weißen bestraft wurden.[124] Das Mutterland traf im Anschluss an das Gesetz vom 30. Floreal zu seinem »Schutz« drei Verfügungen: schwarzen Soldaten oder Mulatten war der Aufenthalt in Paris und den Küstenstädten nicht erlaubt (29. Mai 1802), Schwarzen und Mulatten war die Einreise nach Frankreich untersagt (25. Juni 1802) und Mischehen wurden verboten (8. Januar 1803). Die École Polytechnique erhielt sogar den Befehl, ihre wenigen Schüler afrikanischer Herkunft wieder zu ihren Familien zurückzuschicken.[125]

Anders als man meinen könnte, stießen diese ganzen juristischen Schritte – die nicht gerade einen Fortschritt gegenüber dem Ancien Régime bedeuteten – in Frankreich auf keinerlei Widerspruch, außer von Seiten einiger Liberaler wie Madame de Staël oder Benjamin Constant, die sich zu dieser Zeit im Exil befanden. Sie wurden auch durch den Sturz Napoleons nicht in Frage gestellt. Ganz im Gegenteil, eine ministerielle Anordnung vom 5. August 1818 erinnerte die Plantagenbesitzer auf den Antillen daran, dass sie ihre Sklaven, gleich ob Schwarze oder Mischlinge, nicht ins Mutterland einführen durften. Im Ganzen gesehen sollte sich daran bis 1848 nichts mehr ändern.

Abgeschafft wurde (und dies ist weit mehr als nur ein Detail) lediglich der Sklavenhandel in den französischen Kolonien, eine Maßnahme, die Napoleon jedoch erst am 29. März 1815 dekretierte und auch das nur unter dem Druck der Verhältnisse: geschah dies doch während jener Hundert Tage nach dem Comeback des Kaisers aus dem Exil von Elba, in denen er alles auf eine Karte setzte und (teilweise unter dem Einfluss von Constant) eine Kehrtwendung in Richtung liberaler Ideen vollzog. Die Unterstützung der Schwarzen aber brauchte er, um auf den französischen Inseln die expansionistischen Pläne der Engländer zu durchkreuzen.

Aber zu diesem Zeitpunkt waren die Tage des Sklavenhandels sowieso schon gezählt, woran nur wenig später der Wiener Kongress erinnern sollte.

Eine konzertierte internationale Aktion

Die wichtigste Aufgabe des in der österreichischen Hauptstadt seit September 1814 versammelten Kongresses, dessen Schlussakte am 9. Juni 1815 unterzeichnet wurde, bestand darin, die Landkarte Europas nach dem Sturz Napoleons neu zu zeichnen und eine dauerhafte Friedensordnung zu schaffen. Da der Kongress dabei die Interessen der regierenden Herrscherhäuser mehr berücksichtigte als die der Völker, hat er in den Augen der Nachwelt einen schlechten Ruf bekommen. Zumindest ein Verdienst kann ihm aber nicht abgesprochen werden: bot er doch den wichtigsten europäischen Mächten die Gelegenheit, (auf Antrag Englands) die Grundsätze einer feierlichen Verurteilung des Piratentums und des Sklavenhandels (der diesem gleichgesetzt wurde) zu formulieren – einer Verurteilung, die 1818 auf dem Aachener Kongress wiederholt wurde. Erstmals in der Geschichte des Abendlandes wurde eine internationale Erklärung unterzeichnet, deren erklärtes Ziel nicht der Nutzen eines bestimmten Landes, sondern die Verteidigung einer Sache war, deren Erfolg in engem Zusammenhang mit der Verbreitung der Aufklärung stand.[126]

Dank dieser Verurteilung, der ein offizielles Verbot des Sklavenhandels in Holland und Schweden (1818), in Spanien (1835), Portugal (1839) und Brasilien (1850) folgte, wurde es möglich, wirksamer gegen den illegalen Sklavenhandel vorzugehen, der trotz der von den Regierungen eingegangenen Verpflichtungen weiterhin in großem Umfang von französischen, spanischen, portugiesischen, nordamerikanischen (und sogar einigen englischen) Sklavenhändlern betrieben wurde. An die zwei Millionen Sklaven wurden so zwischen 1811 und 1870 gezwungen, den Atlantik zu überqueren: 60 % waren für Brasilien bestimmt, 32 % für Kuba und Puerto Rico, 5 % für die französischen Antillen und 3 % für die Vereinigten Staaten (wo die schnelle Ausbreitung der Baumwollplantagen einen wachsenden Bedarf an Arbeitskräften erforderte). Auf militärischer Ebene fiel die Kontrolle der westafrikanischen Küste vor allem England zu. Wenn es davon profitierte, um seine Herrschaft über die Meere endgültig zu festigen, so sollte man es doch nicht des Imperialismus beschuldigen, ohne daran zu denken, dass allein sein entschiedenes Eintreten für eine gerechte Sache die Beseitigung einer internationalen Plage überhaupt möglich machte.

Die Aufgabe der englischen Marine war nicht nur heikel – nahmen doch die anderen Länder das von ihr beanspruchte »Visitationsrecht«, um aufgrund der bestehenden Verträge Durchsuchungen vorzunehmen, ziemlich übel auf – sondern wurde auch noch dadurch erschwert, dass die zu überwachende Küste Tausende von Kilometern lang war, die Sklavenhändler hartnäckig weitermachten und sich geschickt jeder Kontrolle entzogen. Anstelle der schweren Handelsschiffe, die viel zu leicht aufzubringen waren, benutzten sie von da an kleinere und wendigere Schiffe, deren verbreitetster Typ die Brigg (*brick*) war – ein schmales Segelschiff, in dessen Rumpf die Sklaven noch schlimmer zusammengepfercht waren als zuvor.

Die Zahl der englischen Patrouillenschiffe, die in den zwanziger Jahre noch sehr unzureichend war, stieg in den vierziger Jahren allmählich an (obwohl die Sterblichkeitsrate der diensttuenden Seeleute, bedingt durch Krankheiten und Kämpfe zur See, sehr hoch war). Nach 1827 wurden an die zwanzig französische Kriegsschiffe zu ihrer Unterstützung abgeordnet. Mehr als tausend Sklavenschiffe (genau genommen 1287) wurden so im Laufe der folgenden vier Jahrzehnte aufgebracht, deren »Ladungen« wieder an die afrikanische Küste – nach Sierra Leone und Liberia – zurückgeschickt wurden. Waren die Kapitäne englischer Nationalität, so drohte ihnen ab 1824 die Todesstrafe. Aber da die Vereinigten Staaten bis 1862 das Recht der Engländer, ihre Schiffe aufzubringen, nicht anerkannten, brauchte ein Sklavenschiff in dieser Zeit nur (illegal) die amerikanische Flagge zu hissen, um sich jeder Kontrolle zu entziehen.

Erst nach der endgültigen Abschaffung der Sklaverei in den wichtigsten Staaten Europas und Amerikas ging 1867 mit der letzten Überfahrt von Afrika in Richtung Kuba die düstere Geschichte der *middle passage* zu Ende.[127]

Aber wenn auch im 19. Jahrhundert in Amerika die Nachfrage nach Sklaven zurückging, so doch nicht in den muslimischen Ländern, wo der »Hauptkunde«, das Osmanische Reich, nach der Annexion des Kaukasus durch Russland (1801) seiner wichtigsten Nachschubbasis beraubt worden war. So erreichte der Transsahara-Sklavenhandel in den Jahren von 1800 bis 1880 mit 1 165 000 deportierten Schwarzen seinen historischen Höhepunkt. Als Folge der Kolonisierung Afrikas sollte er dann im Laufe der folgenden Jahrzehnte rapide zurückgehen.

Der arabische Sklavenhandel an der Ostküste Afrikas wiederum vermeldete ebenfalls im 19. Jahrhundert Spitzenwerte: Zweifelsohne wurden allein in dieser Zeit mehr als eine Million Sklaven deportiert, von denen mindestens die Hälfte in aller Öffentlichkeit zwischen 1800 und 1873 auf den Sklavenmärkten in Sansibar, der Hauptstadt des Sultanats Oman, feilgeboten wurde. Davon war ein Teil für die Arbeit in den Gewürznelkenplantagen auf der Insel Sansibar selbst bestimmt, während der Rest in Richtung Mittlerer Osten, aber auch nach Madagaskar und den Maskarenen, wo die Franzosen seit dem 18. Jahrhundert Zucker- und Kaffeeplantagen angelegt hatten, weiter transportiert wurde. Erst 1873 sollte sich der Sultan von Sansibar in einem Vertrag mit Großbritannien verpflichten, den Sklavenhandel in seinem Herrschaftsbereich abzuschaffen.

Die Sklavenbefreiung in den englischen Kolonien

In der Zeit um 1810 hofften die Engländer noch, dass die Abschaffung des Sklavenhandels auf natürlichem Wege zum Verschwinden der Sklaverei führen würde. Bald stellte sich jedoch heraus, dass dem keinesfalls so war. Nicht nur, dass sich nichts an der Mentalität der Plantagenbesitzer änderte, die jede Sklavenbefreiung strikt ablehnten, auch der Aufschwung der englischen Textilindustrie hing in wachsendem Maße von der Baumwolleinfuhr aus Amerika ab. Zudem fiel es England schwer zu rechtfertigen, warum es soviel Wert auf die Unterdrückung des Sklavenhandels legte, solange es die Sklaverei in seinen eigenen Kolonien akzeptierte. So wurde die abolitionistische Bewegung 1823 in London mit der Gründung einer Gesellschaft zur Abschaffung der Sklaverei (*Anti-Slavery Society*) wiederbelebt.

Da Wilberforce krank war, wurde die Leitung dieses neuen »Kreuzzugs für die Menschenrechte« einem anderen Methodisten, Thomas Fowell Buxton, anvertraut. Überzeugt davon, dass die Abschaffung der Sklaverei in den englischen Kolonien nur ein erster Schritt auf dem Weg zu ihrer Ausrottung im Rest der Welt sein würde, baute Buxton seine Argumentation auf zwei Ideen auf, die *mutatis mutandis* noch heute aktuell sind:

a) die elende Lage und Stagnation des afrikanischen Kontinents sei eine direkte Folge der Sklaverei, die eine Geißel der Menschheit sei;

b) da England über eine so starke militärische Macht verfüge, sei es praktisch verpflichtet, die Initiative zur Bekämpfung dieser Plage zu ergreifen.

Der Kampf für eine Abschaffung der Sklaverei begann mit einigen Reformen. Maßnahmen wurden getroffen, um das Los der Sklaven zu erleichtern. Es wurde verboten, sie auszupeitschen oder Sklavenmärkte abzuhalten; alle nach 1823 geborenen Mädchen mussten freigelassen werden; vor Gericht wurden nun Sklaven als Zeugen zugelassen und ihre Arbeitszeit wurde auf neun Stunden pro Tag begrenzt. Bei jedem neuen Gesetzeserlass machten die Plantagenbesitzer ihrer Empörung Luft. Und wenn die Sklaven sie so klagen hörten, sagten sie sich vielleicht, dass ihnen die englische Regierung weniger Böses wollte als ihre eigenen Herren.

Schon war es erneut zu Aufständen gekommen: in Guyana (einer ehemals holländischen Besitzung, deren sich die Engländer 1796 bemächtigt hatten), auf Barbados (1816) und 1823 erneut in Guyana, wo etwa 13 000 Sklaven ihre Eigentümer einsperrten und zwei Vorarbeiter töteten. Die Niederschlagung dieses Aufstands war sowohl dem Eingreifen der englischen Armee, die an die fünfzig

Sklaven hängte, als auch einem englischen Pastor namens John Smith zu verdanken, den die Schwarzen liebten. Dennoch wurde er verdächtigt, die Sklaven zum Aufstand ermutigt zu haben, und zum Tode verurteilt. Seine Begnadigung kam zu spät: Smith erkrankte und starb im Gefängnis – ein Tod, der ihn zum ersten Märtyrer der abolitionistischen Sache machen und mehr als alles andere zu deren Erfolg beitragen sollte.

Trotz der Opposition der Pflanzerlobby wurden 1828 den Freigelassenen die gleichen Bürgerrechte wie den Weißen zugestanden. 1832 überstürzten sich dann die Ereignisse. Zum einen drohten die Sklavenhalter auf Jamaika, die sich erneut mit der unmittelbaren Gefahr eines Aufstands von Tausenden von Sklaven konfrontiert sahen und von der Regierung nur ungenügend beschützt glaubten, mit einem Anschluss an die Vereinigten Staaten von Amerika. Zum anderen zogen in London, nach einer Wahlreform, die die am stärksten benachteiligten Bevölkerungsklassen begünstigte, Abgeordnete ins Parlament ein, die keinerlei Beziehungen zu Pflanzerkreisen unterhielten.

So konnte endlich am 26. Juli 1833 ein Gesetz zur Abschaffung der Sklaverei in allen englischen Kolonien verabschiedet werden (1838 sollte es auch für Indien Gültigkeit erhalten). Eine Summe von 20 Millionen Pfund, die ungefähr der Hälfte des Wertes aller Sklaven entsprach, sollte den Plantagenbesitzern als Entschädigung ausgezahlt werden. Die ehemaligen Sklaven jedoch, die nun zu »Lehrlingen« befördert wurden, sahen sich gezwungen, noch sieben Jahre lang drei viertel des Tages weiter für ihre ehemaligen Herren zu arbeiten.

Drei Tage nach der Verabschiedung des Gesetzes starb Wilberforce, nicht ohne sich noch über den Sieg der Sache gefreut zu haben, der er sein ganzes Leben gewidmet hatte.

Die endgültige Abschaffung der Sklaverei in den französischen Kolonien

Wie am Vorabend der Revolution und bei der Abschaffung des Sklavenhandels zwang auch jetzt das englische Vorbild Frankreich zum Handeln.

Die Bewegung zu Gunsten der Sklavenbefreiung, die während des Kaiserreichs erstickt worden war, erwachte unter der Restauration zu neuem Leben – wobei sie bei einigen romantischen Schriftstellern wie Victor Hugo, in seinem *Bug-Jargal*, 1820, und Madame de Duras, in ihrer *Ourika*, 1824, Unterstützung fand –, um sich schließlich in der Regierungszeit Louis-Philippes zu formieren. 1833 wurde die französische Gesellschaft zur Abschaffung der Sklaverei (*La Société française pour l'abolition de l'esclavage*) gegründet. Ihr Präsident, ein junger Elsässer namens Victor Schoelcher, der Lateinamerika (»Eindrücke aus Mexiko«, *Impression du Mexique*, 1830) und die Antillen bereist hatte (»Über die französischen Kolonien«, *Des Colonies françaises*, 1842), konnte mühelos nachweisen, wie himmelschreiend ungerecht die Behandlung der Schwarzen in den Kolonien war. Ohne ganz auf Argumente wirtschaftlicher Art zu verzichten, zielte die von ihm geführte Kampagne – die ab 1843 von der Zeitschrift *L'Abolitionniste français* aufgegriffen wurde – vor allem darauf ab, die öffentliche Meinung dafür zu sensibilisieren, dass Sklaverei unmoralisch und Rassismus absurd sei. Diesmal war auch der Einfluss protestantischer Ideen auf die Sklavenbefreiungsbewegung deutlicher spürbar als ein halbes Jahrhundert zuvor (selbst wenn sich der Freimaurer und Republikaner Schoelcher mehr als Rationalist und Agnostiker sah).

Dennoch hielt auch Schoelcher 1833 in seiner ersten großen Streitschrift, »Über die Negersklaverei und die Kolonialgesetzgebung« (*De l'esclavage des Noirs et de la législation coloniale*) wie die meisten seiner Zeitgenossen (Lamartine nicht ausgenommen) an dem kleinmütigen Vorschlag der Schwarzenfreunde (*Amis des Noirs*) fest. Anstatt eine sofortige Sklavenbefreiung zu fordern, begnügte er sich damit, sie auf die Zeit nach dem Ablauf eines Moratoriums von 40 bis 60 Jahren zu verschieben. Erst nach 1840 sprach er sich in seiner Schrift »Abschaffung der Sklaverei: kritische Untersuchung des Vorurteils gegen die Farbe der Afrikaner und der Mischlinge« (*Abolition de l'esclavage: examen critique du préjugé contre la couleur des Africains et des sangs-mêlê*), für eine vollständige und sofortige Freilassung der Sklaven und eine Entschädigung ihrer Eigentümer in den Kolonien aus. Tatsächlich war die Weltwirtschaftslage in raschem Wandel begriffen, und Frankreich, das sich für das Land der Freiheit hielt, galt in dieser Frage allmählich als unentschuldbar rückständig. So häuften sich in den 40er Jahren die Petitionen der Abolitionisten, darunter auch solcher, die wie in England von Frauengruppen unterzeichnet wurden.

Allerdings bedurfte es wiederum erst einer Revolution, um ans Ziel zu gelangen, der Februarrevolution 1848. Die daraus hervorgegangene republikanische Regierung richtete auf Anregung des Physikers François Arago, der das Kriegs- und Marineministerium innehatte, eine Kommission zur Sklavenbefreiung ein, deren Vorsitz am 5. März Schoelcher übertragen wurde. Nachdem er deshalb zum Unterstaatssekretär für Marine- und Kolonialangelegenheiten ernannt worden war, wurde er mit der Vorbereitung zur Ausarbeitung eines Gesetzestextes beauftragt. Das Dekret, das die sofortige Abschaffung der Sklaverei in allen französischen Besitzungen verfügte (und eine Entschädigung für die Pflanzer vorsah), wurde schließlich am 27. April 1848 erlassen. Künftig hatte der Satz, wonach »ein Sklave frei ist, sobald er französischen Boden betritt«, auch in den Kolonien Gesetzeskraft (wie Artikel 7 deutlich machte[128]).

Auf den Antillen war der Zorn der Plantagenbesitzer groß, während die schwarze Bevölkerung in Begeisterungsstürme ausbrach. Selbst wenn er gewollt hätte, hätte Napoleon III., der bald die Republik begraben sollte, dieses Gesetz nicht mehr rückgängig machen können. Nun wurde der Sog, der von der Abolitionsbewegung ausging, so stark, dass der Rest der Welt unwiderstehlich hineingezogen wurde. Seit den zwanziger Jahren des 19. Jahrhunderts hatten die ehemaligen spanischen Kolonien in Amerika, nach Erlangung der Unabhängigkeit, Programme zur stufenweisen Abschaffung der Sklaverei aufgestellt. Schließlich wurde sie nach den britischen und französischen Kolonien auch in Brasilien (wenn auch in mehreren Etappen: 1856, 1871 und 1888), den holländischen Kolonien (1860 in Insulinde, 1862 auf den holländischen Antillen), in Kuba wie in den letzten spanischen Kolonien (1880–1886) – und am Ende auch in den Vereinigten Staaten (1865) abgeschafft.

Der Aufstand der schwarzen Sklaven auf den Antillen gegen die französische Kolonialmacht 1848. Neuruppiner Bilderbogen.

Dort sollte die Abschaffung der Sklaverei allerdings erst nach einem blutigen Bürgerkrieg umgesetzt werden, der sogar die amerikanische Identität als solche in Frage stellte.

Die Abschaffung der Sklaverei in den Vereinigten Staaten

Unabhängig von den Quäkern, die traditionell die Sklaverei ablehnten, wurden in verschiedenen Städten der Vereinigten Staaten seit den letzten Jahren des 18. Jahrhunderts Gesellschaften zur Abschaffung der Sklaverei gegründet.

Daneben gab es noch seit 1816 eine philanthropische Vereinigung, *The Society for Colonizing the Free People of Color of the United States*, mit der Zielsetzung, freigelassenen Schwarzen – die in den Nord- wie in den Südstaaten gleichermaßen unerwünscht waren – zu helfen, wieder in Afrika Fuß zu fassen. Mit Geldern, die sie bei den Plantagenbesitzern gesammelt hatte, erwarb diese Vereini-

231

gung 1821 Land im Süden von Sierra Leone. Im Jahr darauf kam eine erste Gruppe ehemaliger Sklaven unter Führung von Jehudi Ashmun dorthin. Bedingt durch die klimatischen Gegebenheiten und die Feindseligkeit der Bevölkerung vor Ort, waren die Anfänge schwierig. Erst nach einigen Monaten stabilisierte sich die Lage in der Kolonie. Eine Stadt wurde gegründet, die man zu Ehren von Präsident Monroe Monrovia nannte: sie war die Keimzelle eines neuen Landes, das »freie« Menschen aufnehmen sollte, Liberia.[129] 1847 wurde sie die erste unabhängige afrikanische Republik, deren Verfassung an der amerikanischen ausgerichtet war.[130]

Aber nicht alle freigelassenen Schwarzen wollten fortgehen: Viele wollten in dem Land bleiben, in dem sie den größten Teil ihres Lebens verbracht hatten. Zudem bedeutet eine »Kolonisierung« Afrikas solange keine Lösung, als sich die meisten amerikanischen Plantagenbesitzer – zu einem Zeitpunkt, da die Baumwollanpflanzung zum wichtigsten Wirtschaftszweig des Landes wurde – gegen jede Form von Sklavenbefreiung wehrten (Mitte des Jahrhunderts überschritt die Zahl der Sklaven die Drei-Millionen-Grenze und machte in den Südstaaten ein Drittel der Gesamtbevölkerung aus: ein Anteil, der, wie oben erwähnt, dem der Sklaven im klassischen Athen entsprach). Deshalb gründete in Boston der Protestant William Lloyd Garrison, der auch für die politischen Rechte der Frauen eintrat, 1831 die abolitionistische Zeitschrift *The Liberator* und 1833 die erste amerikanische Gesellschaft gegen die Sklaverei. Er konnte auf die finanzielle Unterstützung eines reichen New Yorker Kaufmanns, Arthur Tappan, zählen. Zehn Jahre später hatte die Gesellschaft im gesamten Bereich der Vereinigten Staaten über zweihunderttausend Anhänger. Aber innere Streitigkeiten, die durch die mangelnde Kompromissbereitschaft Garrisons noch verschärft wurden, führten zu Abspaltungen. Und obwohl ihre Aktionen (Versammlungen, Petitionen, Veröffentlichungen) friedlich verliefen, stießen sie im ganzen Land auf heftigen Widerstand. Sogar in den Neuenglandstaaten – wo die Bürgerschaft nach Aussage von Garrison viel rassistischer war als im Süden – weigerten sich die meisten Schulen der Weißen, Schwarze oder Mischlinge als Schüler aufzunehmen.[131] Als die Bewohner von Alton (Illinois) 1837 das Haus von

Elijah P. Lovejoy, eines Zeitungsverlegers, der abolitionistische Ideen verfocht, anzündeten und ihn töteten, hatte die Sache ihren ersten amerikanischen Märtyrer.

Mit der 1840 erfolgten Gründung der Freiheitspartei – zu deren ersten Vorsitzenden ein »bekehrter« (reumütiger) ehemaliger Sklavenhalter, James G. Birney, gewählt wurde – nahm das Problem der Sklaverei plötzlich politische Dimensionen an. Im Mittelpunkt der Diskussionen stand die Frage, wer in der Union die Oberhand gewinnen würde, die Sklavenhalterstaaten oder jene, die die Sklaverei bereits abgeschafft hatten, wobei die symbolische Mason-Dixon-Linie Pennsylvanien im Norden von Maryland im Süden trennte. Nachdem 1819 Alabama der Union beigetreten war, waren beide Seiten mit je elf Staaten gleich stark vertreten. 1820 führte der Eintritt von Missouri zu Diskussionen, die durch einen Kompromiss beendet wurden: Missouri wurde als Sklavenhalterstaat aufgenommen, aber nördlich einer Linie, die 36° 30' nördlicher Breite entsprach, sollte die Sklaverei verboten sein. Das zwangsläufige Ausgreifen der Vereinigten Staaten nach Westen verschärfte den Konflikt nur noch: auf welche Seite würden sich Texas, New Mexico und Kalifornien schlagen, die 1848 von Mexiko abgetreten worden waren?

Während die Lage immer angespannter wurde, entbrannte die abolitionistische Propaganda in den Nordstaaten immer heftiger. Sie berief sich sowohl auf wirkliche Heldentaten, wie die der ehemaligen Sklavin Harriet Tubman, die nach ihrer eigenen Flucht immer wieder in den Süden zurückkehrte, um Hunderten von Sklaven zur Flucht zu verhelfen, als auch auf literarische Werke, wie die 1845 erschienenen Erinnerungen (*Narrative*) des Frederick Douglass, eines aus Maryland geflüchteten Sklaven, der zum Direktor der Zeitschrift *The North Star* aufgestiegen war, oder »Onkel Toms Hütte« (1852). Von einigen fälschlich als »das größte Buch seiner Zeit« begrüßt, war der berühmte Roman von Harriet Beecher Stowe – die melodramatische Geschichte eines Sklaven, von ihm selbst erzählt – vielleicht kein großes Meisterwerk (zumal die weiße, aus Connecticut stammende Verfasserin außer auf einer dreitägigen Reise nach Kentucky keinerlei persönliche Erfahrungen mit der

Der Konflikt um die Sklaverei spaltet die Vereinigten Staaten.
Englische Karikatur von 1856.

Sklaverei verband), aber sein gewaltiger Erfolg beim Publikum wie auch seine zahllosen Übersetzungen und Bühnenfassungen konnten den Nordstaatlern nur das Gefühl vermitteln, dass die Stunde ihres Sieges nahe sei.

Die Südstaatler ihrerseits hatten nicht die Absicht, alles mit sich machen zu lassen. Vierzehn Romane zeichneten in den drei Jahren nach der Veröffentlichung des Bestsellers von Beecher Stowe ein entschieden idyllisches Bild der Sklaverei. Währenddessen machten sich gewisse Propagandisten wie der Journalist George Fitzhugh aus Virginia daran, nachzuweisen, dass das Leben eines Sklaven im Süden der Vereinigten Staaten bei weitem dem Leben eines Arbeiters in den Fabriken Englands vorzuziehen sei.

Auch auf rechtlicher Ebene wütete die Schlacht. Mit dem Prozess gegen die Sklaven, die auf dem Schoner Amistad (1839) meuterten, hatten die Abolitionisten – unterstützt von dem ehemaligen Präsidenten John Quincy Adams – einen Erfolg vor Gericht errungen. Aber ihre Gegner obsiegten in einer anderen Aufsehen erregenden Affäre, der des Sklaven Dred Scott, der einen Prozess anstrengte, um seine Freiheit zu erhalten. Seine Forderung wurde schließlich 1856 in letzter Instanz vom obersten Gerichtshof der Vereinigten Staaten unter anderem mit der Begründung abgewiesen, dass ein Sklave nicht befugt sei, ein Bundesgericht anzurufen, weil er kein Bürger der Vereinigten Staaten sein könne. Bei dieser Gelegenheit wurde auch deutlich, dass die Mehrheit der Richter des Obersten Gerichtshofes dem Kongress nicht das Recht zubilligte, die Sklaverei in irgendeinem Staat zu verbieten. Von da an wurde der Krieg aus der Sicht der Nordstaatler unvermeidlich: Um den Fortbestand der Union zu sichern, musste eine der beiden Seiten den Sieg davontragen. Die erregte Atmosphäre, die am Vorabend des Bürgerkrieges herrschte, wird deutlich durch die Affäre um den radikalen Abolitionisten John Brown, einen amerikanischen Robin Hood, der in Kansas seit 1855 seinen privaten Guerillakrieg gegen die Sklaverei führte und nächtens die Farmen von Sklavenhaltern überfiel, bis er nach seiner Gefangennahme 1859 in Charlestown gehenkt wurde – das Preislied auf den furchtlosen Märtyrer der Sklavenbefreiung (»John Brown's body«) wurde zu einem der meist gesungenen Volkslieder Amerikas.

Die Ereignisse überstürzten sich, als 1860 ein bekannter, wenn auch keineswegs fanatischer Gegner der Sklaverei, Abraham Lincoln, zum Präsidenten gewählt wurde. Führte dies doch in der Tat im Dezember 1860 zum Austritt South Carolinas aus der Union, dem sich bald andere Staaten anschlossen: Mississippi, Florida, Alabama, Georgia, Louisiana, Texas, Virginia, Arkansas, North Carolina und Tennessee. In diesen elf Staaten, die sich zu einer »Konföderation« zusammenschlossen, lebten insgesamt neun Millionen Menschen, während der Norden, das heißt die »Union«, 22 Millionen Einwohner zählte. Lincoln, dem noch mehr daran lag, die Einheit seines Landes zu erhalten als die Sklaverei abzuschaffen, konnte nicht untätig zusehen.

Die ersten Schüsse fielen am 12. April 1861 in Fort Sumter (South Carolina). Die ungewöhnlich heftigen Kämpfe sollten sich über vier

Abraham Lincoln. *Der Präsident, verehrt und gehasst als Sklavenbefreier und Überwinder der »Sezession« des Südens, starb am 14. April 1865 durch ein Attentat.*

Jahre hinziehen. Trotz der demographischen und wirtschaftlichen Überlegenheit des Nordens konnten die Südstaatler, deren Taktik auf der Schnelligkeit begründet war, zunächst deutliche Erfolge verzeichnen. Der Marsch von General Lee auf Washington wurde freilich durch die blutige Schlacht bei Gettysburg (Juli 1863) aufgehalten, die einen wirklichen Wendepunkt im Krieg darstellte. Als sich General Lee schließlich am 9. April 1865 bei Appomattox (Virginia) General Grant ergab, hinterließ der amerikanische Bürgerkrieg auf dem Felde 600 000 Tote, darunter 38 000 Schwarze, die sich von Anfang an, besonders in den Reihen der Nordstaatler, an den Kämpfen beteiligt hatten. Es war also nicht nur der erste »moderne« Krieg, in dem alle wirtschaftlichen Ressourcen mobilisiert und neue Technologien (Panzer, Minen und Torpedos) angewandt wurden, sondern auch das erste große »Gemetzel« in der Geschichte der Gegenwart.[132]

Lincoln, der schon am 1. Januar 1863 die Befreiung aller Sklaven in den Südstaaten proklamiert hatte, zog die Konsequenz aus dem sich abzeichnenden Sieg und ließ diese Entscheidung auf rechtlichem Wege formgerecht absichern: Am 31. Januar 1865 verabschiedete der Kongress auf seinen Antrag hin die dreizehnte Ergänzung zur amerikanischen Verfassung, die die Sklaverei auf dem ganzen Gebiet der Vereinigten Staaten abschaffte.[133] Die Abänderung wurde noch vor Jahresende ratifiziert. Damit war eine entscheidende Etappe auf einem Weg erreicht, dessen Ende noch nicht absehbar war.

Abraham Lincoln selbst aber sollte diesen entscheidenden Sieg mit dem Leben bezahlen. Am 14. April 1865, nur fünf Tage nachdem sich General Lee ergeben hatte, wurde er von einem fanatischen Südstaatler mit einem Pistolenschuss getötet.

DRITTER TEIL

Von der Kolonisierung Afrikas bis zur Gegenwart

(19. bis 21. Jahrhundert)

NEUNTES KAPITEL

Afrika: von der Kolonisierung zur Unabhängigkeit

Es ist faszinierend zu beobachten, wie sich Geschichte ständig wiederholt: hatten sich doch die Portugiesen gleich im Anschluss an die Reconquista auf ihrem Vormarsch nach Süden auf die atlantischen Inseln und anschließend auf die Westküste Afrikas gestürzt und damit jenem Sklavenhandel den Weg bereitet, dem sie sich in den nächsten vier Jahrhunderten widmen sollten. Und diese vierhundert Jahre Sklavenhandel, in deren Verlauf sich die wichtigsten europäischen Länder nach und nach an der afrikanischen Küste niederließen, brachten diese wiederum darauf, Afrika zu »kolonisieren« – das heißt, es als ihr Eigentum zu betrachten. Als ob Europa vom Ende des Mittelalters bis zum Ende des 19. Jahrhunderts nur ein und dasselbe Ziel verfolgt hätte: nach und nach alle Länder südlich des Mittelmeerraums zu beherrschen.

Immerhin veränderte sich diese expansive Strategie im Laufe des 19. Jahrhunderts von Grund auf: Die Europäer, die sich bis dahin damit begnügt hatten, Faktoreien an der Küste Afrikas einzurichten, ohne sich groß ins Landesinnere zu wagen, versuchten von da an, sich im afrikanischen Hinterland festzusetzen. Nun ging es ihnen nicht mehr darum, südlich der Sahara Fuß zu fassen. Nun wollte man den ganzen Kontinent kontrollieren.

Wie kam es dazu? Die Gründe waren vielfältiger Natur. Offensichtlich war jedoch das demographische und wirtschaftliche Wachstum der wichtigste Beweggrund des europäischen Imperialismus. Wir sahen, wie im ganzen 18. Jahrhundert der Handel mit

241

den Kolonien zur Anhäufung von Kapital führte und wie dieses seinerseits die großen Investitionen der ersten industriellen Revolution erst möglich machte. Im Anschluss daran strebte dieser aggressive Kapitalismus logischerweise danach, in Übersee seine Macht über die Rohstoffe und die Märkte zu festigen, von denen sein Vermögen abhing.

Aber diese objektive Erklärung reicht nicht aus. Denn um die europäischen Expansion ganz zu begreifen, sollte man auch die symbolischen Dimensionen nicht außer Acht lassen. Der Wunsch, die christliche Religion zu predigen oder die Botschaft der Aufklärung zu verbreiten, war, anders als manche behaupten, nicht nur ein ideologisches Alibi. Auch die Motive der ersten Einwanderer waren teilweise unbewusster Natur: Man träumte davon, Neues zu entdecken, wünschte, Eigentum zu erwerben, und wurde von der Wahnvorstellung verfolgt, in Etwas einzudringen ...

Antriebskräfte, die um so stärker hervortraten, als der Weg ins Innere Afrikas ja keineswegs eine Reise wie jede andere darstellte und lange Zeit als eine Art Initiationsritus erlebt wurde, deren Gefahren den Reiz nur erhöhten (siehe die Erzählung von Joseph Conrad, Im Herz der Finsternis, 1899). Zudem ja am Ende dieser Reise der damals so fast absolut »Andere« auf den Weißen wartete, der Schwarze.

Forscher, Missionare, Kolonisten

Dank der Vervollkommnung der Beobachtungs- und Messinstrumente konnte das Wissen Europas über das Innere Afrikas in der zweiten Hälfte des 18. Jahrhunderts allmählich Fortschritte verzeichnen. Akademien und Gelehrte Gesellschaften riefen nun zu Forschungsexpeditionen auf, deren Ziel die Erstellung genauerer Karten, aber auch die Sammlung geographischer, botanischer, zoologischer oder anthropologischer Kenntnisse war.[134]

1795–1797 erreichte der schottische Chirurg Mungo Park die Stadt Segu am Niger und fand so bestätigt, dass dieser Fluss von West nach Ost fließt. 1818 entdeckte der Franzose Gaspard Théodore Mollien die Quellen des Senegal, als er das Hochland von Fouta Djalon erforschte. Die Engländer Clapperton und Denham kamen 1823 bis zum Tschadsee. 1828 besuchte René Caillié als erster Franzose Timbuktu. Der Portugiese Silva Porto machte sich seinerseits 1839 von der Küste Angolas auf, um drei Jahre lang Zentralafrika zu durchstreifen. Diese wenigen Abenteurer waren starke Persönlichkeiten, wie dies für die Romantik typisch war. Sie sollten aber nicht lange die Einzigen bleiben. Bald folgten ihnen Missionare nach – vor allem protestantische Missionare, denen nicht nur an einer Bekehrung der »Eingeborenen«, sondern auch an ihrem Schutz lag. Fielen diese doch weiterhin Menschenjagden jeglicher Art zum Opfer, die zugunsten arabischer Händler oder europäischer Pflanzer auf sie veranstaltet wurden.

So ließen sich in den 30er Jahren des 19. Jahrhunderts französische Protestanten im Basutoland nieder, während der französische König Karl X. eifrig die Kolonisierung Algeriens (des letzten Schlupfwinkels muslimischer Korsaren im Mittelmeerraum) betrieb.

Auch in Togo wurden nach 1847 portugiesische Sklavenhändler durch deutsche Missionare abgelöst.

Das größte Abenteuer dieser Art aber erlebte der schottische Missionar David Livingstone, der berühmteste aller Afrikareisenden. Nach der Gründung einer ersten Gemeinde in der Kalahari 1840 erforschte er den Lauf des Sambesi, fand die Victoria-Fälle und entdeckte mehrere große Seen. Seine »*Missionary Travels and Researches in South Africa*« (1858)[135] stießen in Europa und den Vereinigten Staaten auf reges Interesse. Als Livingstone 1859 erneut nach Afrika aufbrach, wurde seine Expedition von der englischen Regierung finanziert. Und dem Sonderberichterstatter einer großen amerikanischen Zeitung, Henry Stanley, der sich auf die Suche nach dem seit Jahren als verschollen geltenden Livingstone machte, gelang es schließlich, ihn 1871 am Ufer des Tanganjikasees wieder zu finden. Zwei Jahre später starb Livingstone im Norden des heutigen Simbabwe an der Ruhr. Die Kraft seiner Überzeugung, mit der er gegen die Sklaverei kämpfte, – eine Kraft, die sich bereits in der 1839 in London gegründeten *British and Foreign Anti-Slavery Society* verkörpert hatte – half England, sich seiner zivilisatorischen »Mission« bewusst zu werden.

Auch im Kolonialzeitalter trieben Sklavenhändler in Afrika trotz offizieller Verbote weiterhin ihr brutales Gewerbe. Sklaventransport in Mosambik, 1892.

Als man nach 1854 anfing, Chinin als Medizin gegen das Sumpffieber einzusetzen, verringerte dies die Gefahr von Reisen nach Afrika. Zudem betrauten die europäischen Regierungen nun nach und nach Forscher mit kolonisatorischen Aufgaben. Kapitän Faidherbe, der 1852 auf Gorée landete, bemühte sich um eine Befriedung des Senegal, wo trotz der Abschaffung des Sklavenhandels im Jahre 1831 immer noch heftige Stammesfehden wüteten, während sein Landsmann Henri Duveyrier, anlässlich seiner Durchquerung der Nordsahara, deren Inbesitznahme durch Frankreich vorbereitete. Zwei andere Franzosen, Mage und Quintin, bemühten sich seit 1863 die Beziehungen ihres Landes zu El-Hadj Omar, einem Führer des Stammes der Tukulor, zu festigen, der die Region kontrollierte, die sich zwischen der Sahara und Guinea erstreckte. Pierre Savorgnan de Brazza wiederum stellte, nachdem er die Wälder von Gabun durchquert und das rechte Flussufer des Kongo erreicht hatte, das Reich des Königs Makoko (1879–1882) unter französisches Protektorat. Natürlich wurde bei jeder neuen Annexion die Abschaffung der Sklaverei verkündet.

Die Rivalität zwischen England und Frankreich, die schon das ganze 18. Jahrhundert hindurch bestanden hatte, machte sich im Rahmen dieses Kolonisierungsprozesses erneut deutlich bemerkbar. 1807 wurde Sierra Leone der britischen Krone angegliedert, 1850 kaufte England den Dänen Einrichtungen an der Goldküste (dem heutigen Ghana) ab, und griff kurz darauf im Nigerdelta ein, um Interessen seiner Staatsangehörigen zu schützen, die sich seit der Abschaffung des Sklavenhandels auf den Kauf von Palmöl zur Herstellung von Maschinenöl umgestellt hatten. Nach der Ernennung eines Konsuls in Lagos annektierte England 1861 diese Stadt, in der es von Sklavenhändlern nur so wimmelte. Gleichzeitig unterstellte es die Bevölkerung der Goldküste (einschließlich des Königreichs der Asante, nach über zwanzig Jahre dauernden kriegerischen Auseinandersetzungen) seiner Schutzherrschaft und griff aktiv an der afrikanischen Ostküste ein, um auch dort den Sklavenhandel zu unterbinden. 1873 musste der in Sansibar residierende Sultan von Oman darauf verzichten.

Der belgische König Leopold II. gründete seinerseits 1876 in Brüssel einen internationalen Afrikaverein (*Association internationale africaine*), dessen offizielles Ziel die Abschaffung jeglicher Form von Negersklavenhandel war: Denn selbst wenn es zu diesem Zeitpunkt praktisch keinen Sklavenhandel zur See mehr gab, florierte er doch in der Hand der Araber im Landesinneren weiter. Aber Leopold II. verfolgte noch andere Ziele. Seine Beauftragten betrauten Henry Stanley, der inzwischen Äquatorialafrika von Ost nach West durchquert hatte, mit Aufklärungstätigkeiten, da man beabsichtigte, das linke Kongoufer zu besetzen, wo ein gefürchteter arabischer Sklavenhändler namens Tippo Tip sein Unwesen trieb. Nach erfolgreichem Abschluss der Operation wurden die unter die Aufsicht des Afrikavereins gestellten Gebiete 1884/5 in den unabhängigen Staat Kongo überführt. Leopold II., der diesen Staat als sein persönliches Eigentum betrachtete, erklärte sich sofort zu seinem Herrscher, um ihn bei seinem Tod 1909 an Belgien zu vermachen.

Portugal, das seit Jahrhunderten historische Rechte in dieser Gegend zu haben glaubte, legte Widerspruch ein, aber Bismarck, der 1884 die reichen und dicht bevölkerten Gebiete von Kamerun und Togo unter deutsches Protektorat gestellt hatte, nahm – wenn auch nicht ohne Hintergedanken – zugunsten des belgischen Königs Stellung. Da die Konflikte in Afrika nach einer Lösung verlangten, berief man eine Konferenz nach Berlin ein, an der die wichtigsten europäischen Mächte (einschließlich der Vereinigten Staaten und des Osmanischen Reiches) teilnahmen und die 1885 mit der Anerkennung der gegebenen Tatsachen endete, das heißt der Aufteilung des afrikanischen Kontinents zwischen Frankreich, Großbritannien, Deutschland, Belgien und Portugal (dem das Gebiet südlich des neuen kongolesischen Staates zugesprochen wurde). Gleichzeitig verpflichtete die am 26. Februar 1885 unterzeichnete Schlussakte dieser Kongo-Konferenz die Kolonialmächte dazu, die Lebensbedingungen der »Eingeborenen« zu verbessern und vor allem gegen Relikte des Sklavenhandels und der Sklaverei in den von ihnen besetzten Gebieten vorzugehen (Artikel 6). Vier Jahre später, 1889, wurde die Sklaverei im Osmanischen Reich abgeschafft.

Die große Teilung

Parallel zur Jagd nach einem Hinterland in Afrika liefen nach der Berliner Kongo-Konferenz auch die Kolonisierungsbestrebungen verstärkt weiter, wobei sich jedes europäische Land bemühte, seine Einflusszone auf Kosten seiner Nachbarn zu erweitern.

Neben politischen und wirtschaftlichen Zielen verfolgte die Kolonisierung Afrikas künftig auch ein humanitäres Ziel, das man nicht einfach als Vorwand abtun sollte: den Kampf gegen die Überreste von Sklaverei und Sklavenhandel. Dieses Ziel – auf das sich alle christlichen Missionare wie später auch die katholische Hierarchie in Gestalt des Kardinals Lavigerie beriefen – wurde erneut beim Abschluss einer zweiten internationalen Konferenz erwähnt, die 1889/90 in Brüssel tagte. Tatsächlich bemühten sich die Kolonialmächte in den folgenden zehn Jahren darum, den Sklavenhandel in den von ihnen kontrollierten Gebieten abzustellen und jene Sklavenhändler, die weiterhin wie der berühmte Rabeh Zubair ihr Unwesen trieben, zu verfolgen. Rabeh wurde schließlich 1900 in Kusseri nahe der heutigen Hauptstadt des Tschad von drei französischen Militäreinheiten besiegt.

Am Vorabend des Ersten Weltkriegs schien sich die Lage vor Ort zu stabilisieren. Bei weitem am ausgedehntesten war das unter französischer Herrschaft stehende Gebiet. Es setzte sich aus zwei verschiedenen Bereichen, in Äquatorial- und Westafrika,[136] zusammen, wobei letzterer durch die Sahara mit dem Maghreb verbunden war: das heißt mit Tunesien, das seit 1883 französisches Protektorat war, Algerien, das seit 1830 besetzt war und nicht als Kolonie, sondern als integrierter Bestandteil Frankreichs galt, und Marokko, wo die Errichtung des Protektorats im Jahre 1912 bald darauf zur Abschaffung der Sklaverei führte. Im übrigen hatte Frankreich in Dschibuti (1888), auf der Insel La Réunion, auf Madagaskar (wo die seit mehr als tausend Jahren bestehende Sklaverei 1896 abgeschafft wurde) und den Komoren Fuß gefasst.

Der englische Bereich war von der Ausdehnung her fast ebenso groß, aber nicht so homogen wie der französische. Im Westen bildeten Gambia, Sierra Leone, die Goldküste und Nigeria, die keine gemeinsame Landesgrenze besaßen, Enklaven in Französisch-Westafrika. Ägypten dagegen, das 1883 von England besetzt worden war, und der Sudan, der seit 1899 unter englisch-ägyptischem Kondominium stand, stellten einen riesigen Herrschaftskomplex dar, der den Seehandel im Suezkanal ebenso wie in der strategisch wichtigen Zone des Roten Meeres kontrollierte, durch das alle Verbindungen nach Indien, jener anderen großen englischen Kolonie, liefen. Eine erste englisch-ägyptische Übereinkunft bezüglich der Abschaffung der Sklaverei in Ägypten wurde 1895 unterzeichnet, eine zweite, den Sudan betreffende, im Jahre 1899. 1890 errichtete England auch Protektorate in Sansibar, wo die Sklaverei 1897 abgeschafft wurde, und Uganda. Seit 1894 verfügte es über eine »Konzession« des Sultanats von Oman in einem ausgedehnten Gebiet in Ostafrika, dem späteren Kenia, wo die Sklaverei ebenfalls 1907 abgeschafft wurde. Dank der unermüdlichen Aktivitäten des Geschäftsmanns Cecil Rhodes, der den europäischen Imperialismus in Reinkultur verkörperte, ließ sich England schließlich seit den 90er Jahren des 19. Jahrhunderts in jenem Land nieder, das 1923 offiziell zur englischen Kolonie Rhodesien werden sollte.

Der deutsche Bereich, dessen Erweiterung Kaiser Wilhelm II. kaum abwarten konnte, umfasste Kamerun und Togo, den Tanganjikasee (seit 1891), die Königreiche von Ruanda-Burundi (seit 1898) und einige Niederlassungen (von Missionaren und Händlern) im afrikanischen Südwesten, dem heutigen Namibia.

Die Belgier schienen sich im Kongo nach der Vertreibung von Tippo Tip fest etabliert zu haben.

Hatten es die Portugiesen auch hinnehmen müssen, dass ihr Einflussbereich von Belgiern und Engländern stark beschnitten wurde, so beherrschten sie doch noch Gebiete, die von den Kapverdischen Inseln im Westen, über das kleine Portugiesisch-Guinea, die Inseln São Tomé und Príncipe bis in die riesigen Flächen Angolas im Osten reichten. Sie saßen auch in Mosambik, obwohl sie nicht über die notwendigen Mittel verfügten, um sich im Inneren dieses riesigen Landes wirklich durchsetzen zu können, das sich ebenso wie das Innere Angolas jeder Kontrolle entzog.

Als Langzeitfolge des Vertrags von Tordesillas waren die Spanier in Afrika praktisch nicht vertreten. Sie saßen nur im äußersten Norden des Landes, wo sie 1912 in Spanisch-Marokko ein Protektorat errichteten, und auf Höhe des Äquators, in dem Kleinstaat Spanisch-Guinea, zu dem auch die ihnen 1778 von Portugal abgetretene Insel Fernando Po gehörte.

Die Italiener wiederum ließen sich in Eritrea und Somalia (Seite an Seite mit den Engländern) nieder. In den 90er Jahren fassten sie auch in Massaua, einem äthiopischen Hafen am Roten Meer, Fuß und träumten davon, von hier aus zur Eroberung Äthiopiens aufzubrechen, des ältesten afrikanischen Staates, der als einziger neben Liberia immer seine Unabhängigkeit zu wahren wusste. Im übrigen wurde ihnen im Friedensschluss von Lausanne, der dem Krieg zwischen Italien und der Türkei (1911–1912) ein Ende setzte, die Kontrolle über zwei ehemalige Provinzen des Osmanischen Reiches anvertraut, der Cyrenaika und Tripolitaniens, die zwischen

Ägypten und Tunesien lagen und deren Vereinigung mit der südlichen Provinz Fessan 1934 zur Gründung der italienischen Kolonie Libyen führte. Damit war auch das Ende des Transsahara-Handels gekommen, der sich so seines letzten Schlupflochs in Nordafrika beraubt sah: Die letzte ordnungsgemäß dokumentierte Sklavenkarawane ist für 1929 bezeugt.

Unmittelbar nach dem Ersten Weltkrieg führte der Sieg der französisch-englischen Koalition über die Mittelmächte (Deutschland, Österreich-Ungarn), der durch eine Reihe von Verträgen besiegelt wurde (1919–1923), erneut zu Veränderungen auf der Karte Kolonialafrikas. Das meiste Aufsehen erregte die Auflösung des deutschen Kolonialreiches, von der Frankreich am meisten profitierte. Erhielt es doch das Mandat, den Ostteil von Togo wie auch vier Fünftel von Kamerun zu verwalten, während das verbleibende Fünftel zusammen mit dem Westteil von Togo (der später in der Goldküste aufgehen sollte) an Großbritannien fiel. Die ehemalige Kolonie Tanganjika wurde ebenfalls britischem Mandat unterstellt. Dagegen kamen die Königreiche Ruanda-Urundi unter belgisches und das Gebiet von Deutsch-Südwestafrika unter südafrikanisches Mandat. Die Südafrikanische Union, eine ehemals britische Kolonie (seit 1814), in der die Sklaverei 1833 offiziell abgeschafft worden war, war zu dieser Zeit britisches *dominion*, das heißt ein autonomes Gebiet mit einer eigenverantwortlichen Regierung.

Von dieser Zeit an sollte die Karte Kolonialafrikas unverändert bis in die 50er Jahren des 20. Jahrhunderts fortbestehen, bis überall der Ruf nach Unabhängigkeit laut wurde.

Turbulenzen gab es nur einmal in diesen drei Jahrzehnten: sie waren mit dem Aufflackern des italienischen Nationalismus nach der Machtübernahme von Mussolini verbunden. Unter dem Vorwand von Zusammenstößen zwischen Äthiopiern und in Somalia lebenden Italienern fielen 1935 faschistische Truppen in Äthiopien ein. Sie zwangen den Negus, das heißt den Kaiser von Äthiopien, ins Exil zu gehen. Ras Tafari Makkonen, der 1930 als Kaiser den Namen Haile Selassie angenommen hatte, war 1917 Regent seines Landes geworden und hatte dort 1926 die Sklaverei abgeschafft.

Äthiopien (zu dessen Kaiser sich der italienische König Victor

Emmanuel III. 1936 erklärte) wurde alsbald mit Eritrea und einem Teil Somalias zu Italienisch-Ostafrika vereinigt. Erst am Ende des Zweiten Weltkriegs, nach der Niederlage der Achsenmächte (Deutschland, Italien) sollte Äthiopien seine jahrhundertealte Unabhängigkeit und Hailie Selassie seinen Thron wiedererlangen (bevor er für die jamaikanischen Rastafaris zum Kultobjekt wurde).

Kolonisierung, Sklaverei, Zwangsarbeit

Heutzutage findet sich keiner mehr, der die Kolonisierung Afrikas durch die wichtigsten europäischen Mächte oder gar die Idee der Kolonisation als solche verteidigen würde. Ist sie doch in der Tat unvereinbar mit dem Selbstbestimmungsrecht der Völker, einem Prinzip, das 1945 in der Charta der Vereinten Nationen offiziell anerkannt wurde.

Noch immer gibt es leidenschaftliche Diskussionen zwischen Anhängern und Gegnern des kolonialen Abenteuers: während letztere es in Bausch und Bogen verurteilen möchten, wollen erstere es zwar nicht um jeden Preis verteidigen, aber gerechterweise nicht nur eine negative Bilanz ziehen. Gab es doch tatsächlich zumindest einen positiven Effekt des Kolonialismus: der in dessen Rahmen geführte Kampf gegen Sklaverei und Sklavenhandel.

Der zu Anfang des 19. Jahrhunderts eingeleitete Kampf gegen den Sklavenhandel wurde im Prinzip auf den Konferenzen von Berlin und Brüssel als notwendig anerkannt. Die Europäer glaubten damals, dass das Erliegen des Sklavenhandels automatisch die Abschaffung der Sklaverei nach sich ziehen würde. Allmählich wurde ihnen jedoch ihr Irrtum bewusst: zeigte die Erfahrung doch, dass sobald Nachfrage nach einem »Gut« besteht, immer ein – manchmal »geheimer« – Weg gefunden wird, um es auf den Markt zu bringen. Um dem Sklavenhandel das Wasser abzugraben, musste zuerst die Nachfrage wegfallen – anders gesagt, man musste die Sklaverei endgültig abschaffen. Diese Überlegung führte dazu, dass die Kolonialmächte 1919 in Saint-Germain-en-Laye eine neue Konvention unterzeichneten, wonach nicht nur den Sklavenhandel zu Wasser und zu Land, sondern auch die Sklaverei als solche unterbunden wurde.

Der Kampf gegen diese Plage der Menschheit erwies sich aber als besonders schwierig. Einerseits mussten die Kolonialmächte die Stammeskriege, die bestimmten Häuptlingen die Jagd auf ihre Nachbarn ermöglichten, beenden – ein Ziel, das niemals wirklich erreicht werden sollte. Andererseits musste sich die Kolonialverwaltung darum bemühen, die weiterhin existierenden versteckten Formen von Sklavenhandel aufzudecken, selbst nach 1900, als es die großen professionellen Sklavenhändler, die wie richtige »Kriegsherren« ihrer Tätigkeit ganz offen nachgegangen waren, nicht mehr gab.

Eine der verbreitetsten Formen dieses geheimen Sklavenhandels in Französisch-Westafrika machte sich die Pilgerreise der Muslime nach Mekka zu Nutze. Skrupellose Händler lockten noch mindestens bis in die 50er Jahre des 20. Jahrhunderts naive junge Schwarze unter Berufung auf ihre religiöse Pflicht und unter Vorspiegelung besonders günstiger Reisebedingungen – manchmal sogar mit dem nicht uneigennützigen Einverständnis ihrer Anverwandten, die selbst Armutsopfer waren – in eine Falle, aus der sie sich nicht mehr befreien konnten. Ganze Karawanen verschwanden so auf geheimnisvolle Art und Weise in der Wüste. Andere fanden sich im Laderaum von Frachtdampfern eingesperrt wieder, die unter Billigflagge fuhren, und wurden ohne ihre Zustimmung in die Häfen im Vorderen Orient verschleppt. Dort nahm man ihnen die Personalpapiere ab und verkaufte sie unter der Hand als Haussklaven.

Das Schicksal dieser Unglücklichen, das der Öffentlichkeit 1953 durch einen Bericht des französischen Botschafters in Saudi-Arabien und 1955 anlässlich einer Sitzung der *Union française*[137] bekannt wurde, war ein offenes Geheimnis, so dass es sogar ausdrücklich in dem 1958 von Hergé veröffentlichten *Tintin*-Comic, *Coke en stock,*[138] erwähnt wurde. Aber wenn auch Tim und Struppi, deren Abenteuer oft von einem unerträglichen Rassismus geprägt sind – der, wie man gerechterweise anführen sollte, damals niemanden in Europa störte – in diesem Album den gerechten Kampf führten, so fiel es den westlichen Regierungen schwerer, effektiv gegen diese Sklavenhändler vorzugehen. Eine der wenigen Gegenmaßnahmen der französischen Verwaltung bestand in der obligatorischen Erfassung der Bevölkerung, wodurch man in regelmäßigen Abständen das Verschwinden gewisser Personen feststellen konnte und damit auch die Orte, wo die Händler tätig waren. Dies hieß jedoch keineswegs, dass diese immer unschädlich gemacht wurden.

Andere Formen des Sklavenhandels spielten sich weiterhin im Verborgenen ab, in wenig frequentierten Gegenden und entlang von Wegen, die schon seit Jahrhunderten dafür benutzt wurden, so dass sich jedermann vor Ort schließlich daran gewöhnt hatte. Wie zum Beispiel jene Handelswege, auf denen – oft christlich gewordene – Schwarze aus dem heutigen Südsudan durch das obere Niltal nach Ägypten (und von dort wieder in den Vorderen Orient) gebracht wurden. Selbst in Kairo, wo die Engländer saßen, war es nicht ungewöhnlich, in wohlhabenden Familien (muslimische oder koptische) Haussklaven vorzufinden und dies bis zum Vorabend der von Abd el Nassr geführten Revolution (1952).

Es ist also unbestritten, dass sich die Kolonialmächte ehrlich im Kampf gegen die Sklaverei engagierten. Sie hatten nur ein Problem: Es ist schwer, erfolgreich gegen einen nicht zu fassenden Feind zu kämpfen, der noch dazu einen ganzen Kontinent zur Verfügung hat, um sich darin zu verbergen.

Eine häufig an die Adresse der Kolonialherren gerichtete Kritik war, dass sie die Sklaverei nur abgeschafft hätten, um sie durch die »Zwangsarbeit« zu ersetzen. Mag diese Behauptung auch nicht gänzlich falsch sein, so sollte sie doch differenziert werden. Tatsächlich sollte man nicht vergessen, dass die europäische Kolonisierung Afrikas, außer in einigen Ausnahmefällen wie Algerien (Franzosen), Südafrika (Holländer und Engländer), Rhodesien/Simbabwe (Engländer) und Namibia (Deutsche) keine Besiedlungskolonisation war. Nur in diesen Fällen zeigten sich die Europäer bereit, ihre Heimat in größerer Zahl zu verlassen. Denn selbst wenn die europäische Kunst und Literatur der Zeit von 1890 bis 1940 sehr stark vom exotischen Zauber der Kolonien berührt war, so war dies doch ein Zauber, den man zu Hause genoss, ohne sich den Gefahren einer Reise nach Afrika, den dortigen klimatischen Bedingungen oder schwierigen Lebensumständen auszusetzen.

252

So reagierte beispielsweise in Frankreich die öffentliche Meinung gleichgültig auf die Schaffung eines »überseeischen Frankreich«, dessen Existenz nur wenige Menschen außerhalb gewisser Kreise von Politik und Verwaltung oder der Geschäftswelt interessierte.[139] Für Großbritannien wiederum lag das wahre Kleinod seines Empire – das sich über fünf Kontinente erstreckte – nicht in Afrika, sondern in Asien: nur Indien beflügelte die Phantasie der Briten. Deshalb hatte die Kolonisierung Afrikas auch nicht die gleichen Folgen wie die Eroberung Amerikas: es kam weder zur Gründung großer Unternehmen – abgesehen von der Ausbeutung einiger Bergwerke oder Wälder (Kautschukgewinnung) und der Anlage von Kaffeeplantagen – noch zu einer wirklichen Nachfrage nach Arbeitskräften, sei es vor Ort ansässiger oder von außen importierter.

Wenn man dennoch manchmal hier oder dort während der Kolonialzeit die ansässige Bevölkerung zur Zwangsarbeit heranzog, so einzig bei besonderen Gelegenheiten, wie dem Bau von Straßen, Brücken, Eisenbahnschienen (wie der zwischen 1922 und 1934 hergestellten Verbindung vom Kongo zum Meer) und öffentlichen Gebäuden, oder als Träger beim Transport von Lebensmitteln. Die vorausgehenden Überlegungen entschuldigen solche Praktiken sicher nicht, sie wollen nur daran erinnern, wie relativ begrenzt ihr Umfang wirklich war, so dass man nicht wie manche davon sprechen sollte, dass hier die Sklaverei unterschwellig wieder eingeführt wurde.

Eine solche Wiedereinführung widerspräche im übrigen nicht nur der innersten Überzeugung der Kolonialverwaltung. Sie wäre zudem unvereinbar mit der 1926 erfolgten Unterzeichnung einer neuen internationalen Konvention gewesen, deren erklärtes Ziel die offizielle Verurteilung der Sklaverei – diesmal in der ganzen Welt – war.

Die Aktionen der internationalen Gemeinschaft

Der Eintritt der Vereinigten Staaten in den ersten weltweiten Konflikt und ihre entscheidende Bedeutung für die Erringung des Sieges über die Mittelmächte bot den Amerikanern in der Tat erstmals die Gelegenheit, einen gewissen Druck auf die Friedensverhandlungen in Europa auszuüben. Nun hatte aber ihr Präsident Thomas Woodrow Wilson, der Sohn eines presbyterianischen Pfarrers, den Ehrgeiz, der amerikanischen Diplomatie eine universalistische Dimension zu geben. So bewirkte sein persönliches Engagement bei der Friedenskonferenz in Paris, dass die Siegermächte ein Abkommen zur Schaffung eines Völkerbundes ausarbeiteten (28. April 1919) – ein Abkommen, das jedoch vom amerikanischen Senat, der weit konservativer als sein Präsident war, nicht ratifiziert wurde.

Der 1920 mit Sitz in Genf geschaffene Völkerbund, die erste internationale Organisation mit dem Ziel, den Frieden in der Welt aufrechtzuerhalten und die Zusammenarbeit zwischen den Völker zu fördern, sollte jedoch die in ihn gesetzten Hoffnungen nicht erfüllen. Da er nur eine begrenzte Anzahl von Mitgliedsstaaten umfasste und weder auf eine wirksame Unterstützung der Vereinigten Staaten zählen noch über die Mittel für ein konkretes Eingreifen verfügen konnte, erwies er sich als ohnmächtig, den Zweiten Weltkrieg zu verhindern, der sein Ende einläutete. Dennoch sollte man auch seine positiven Seiten nicht vergessen, die in einigen symbolischen Gesten ihren Ausdruck fanden: abgesehen von der Schaffung eines internationalen Arbeitsamtes war die wichtigste davon das am 25. September 1926 in Genf unterzeichnete Sklavereiabkommen.

Der (hauptsächlich von der britischen Verwaltung vorbereitete) Text nahm direkt auf die Kolonialzeit Bezug. So beriefen sich seine Verfasser in der Präambel ausdrücklich auf die Schlussakte der Brüsseler Konferenz und das Abkommen von Saint-Germain-en-Laye: Es erschien ihnen unerlässlich, in direkter Anknüpfung an die in diesen beiden Texten formulierten Absichtserklärungen einen dritten, detaillierteren Text vorzuschlagen, der es ermöglichte, auch gegen die Zwangsarbeit vorzugehen, insoweit sie Gefahr lief,»der Sklaverei ähnliche Zustände« herbeizuführen.

Es folgten zehn Artikel, die wegen ihrer vorsichtigen Formulierung trotz allem eher enttäuschend waren. Im ersten erfolgte eine allgemeine Definition der Sklaverei als:»der Zustand oder die Stellung einer Person, an der die mit dem Eigentumsrechte verbundenen Befugnisse oder einzelne davon ausgeübt werden« und des

Sklavenhandels, eines Begriffes, der künftig folgendes umfasste: »jeden Akt der Festnahme, des Erwerbes und der Abtretung einer Person, in der Absicht, sie in den Zustand der Sklaverei zu versetzen; jede Handlung zum Erwerb eines Sklaven, in der Absicht, ihn zu verkaufen oder zu vertauschen; jede Handlung zur Abtretung eines zum Verkauf oder Tausch erworbenen Sklaven durch Verkauf oder Tausch und überhaupt jede Handlung des Handels mit Sklaven oder der Beförderung von Sklaven«. Im 2. Artikel verpflichteten sich die vertragsschließenden Teile: »den Sklavenhandel zu verhindern und zu unterdrücken«, wie auch »in zunehmendem Maße und sobald als möglich auf die vollständige Abschaffung der Sklaverei in allen ihren Formen hinzuarbeiten«. Artikel 3 betonte, dass der Kampf gegen die Sklaverei zu Wasser wie zu Lande fortgesetzt werden solle und schloss folglich ein, dass Schiffe durchsucht werden durften. Artikel 5 dehnte die Verurteilung auf die »Zwangsarbeit oder Arbeitspflicht« aus, außer jedoch, wenn diese »zu öffentlichen Zwecken verlangt werden«. Artikel 6 forderte jede unterzeichnende Partei auf, »die erforderlichen Maßnahmen zu ergreifen«, um ihre Gesetzgebung den im vorliegenden Abkommen festgelegten Zielen anzupassen. Artikel 11 schließlich ermächtigte den Generalsekretär des Völkerbundes, das Abkommen von einer so großen Anzahl von Staaten wie möglich unterzeichnen und ratifizieren zu lassen, auch von jenen, die zu diesem Zeitpunkt noch nicht Mitglieder des Völkerbundes waren.

Dieses nur von 41 Ländern ratifizierte Abkommen sollte bis Ende des Zweiten Weltkrieges keinerlei Auswirkungen haben. Doch wurde es dank eines Abänderungsprotokolls, das am 7. Dezember 1953 am New Yorker Sitz der Vereinten Nationen unterzeichnet wurde, zur verbindlichen Rechtsgrundlage für alle Mitgliedsstaaten der UNO (das heißt dieses Mal für die gesamte internationale Gemeinschaft), die nun nicht nur das Recht, sondern sehr wohl auch die *Verpflichtung* hatten, gegen Sklaverei, Sklavenhandel und Zwangsarbeit vorzugehen. Eine Verpflichtung, die Anfang der 50er Jahre umso mehr ins Gedächtnis gerufen werden musste, als die europäischen Kolonien sich nun aufmachten, mit großen Schritten den Weg in die Unabhängigkeit zu beschreiten.

Die Erlangung der Unabhängigkeit

Ich werde mich hier damit begnügen, einige Daten anzuführen. Seit den 20er Jahren war die Kolonialpolitik auch in Europa Zielscheibe unterschiedlichster Kritik: mal warf man ihr vor, die Rechte der »Eingeborenen« mit Füßen zu treten, mal klagte man sie an, dem Mutterland zu teuer zu kommen oder nicht genug einzubringen … Die meisten Intellektuellen (wie André Gide, *Voyage au Congo*, 1927) waren ebenso wie ein Teil der Politiker dagegen. Die an den europäischen Universitäten ausgebildeten afrikanischen Eliten wiederum standen ihr nach und nach offen feindselig gegenüber. Der Zweite Weltkrieg, der zur Schwächung Europas beitrug, tat noch ein Übriges. Einerseits rief die Niederlage des »Dritten Reiches« und seiner italienischen Verbündeten nach Sanktionen (so verlieh die UNO 1951 Libyen die Unabhängigkeit). Andererseits verlangte der entscheidende Beitrag der Kolonialtruppen (besonders der britischen und französischen) zum Sieg der Alliierten nach Anerkennung: Aber hier war es Sache der Regierungen der Siegerstaaten, die nötigen Konsequenzen zu ziehen.

Sie taten dies nicht ohne Vorbehalt. Gewiss sah die Verfassung der Vierten Republik (1946) in ihrer Präambel vor, dass Frankreich, im Namen der zivilisatorischen Mission, die es für sich in Anspruch nahm, die Gesamtheit seiner Kolonien auf den Weg in die Unabhängigkeit führen sollte. Und die Briten, die eben Indien (1947) und Ägypten (1952) verloren hatten, bereiteten sich auch seit Mitte der 50er Jahre auf ihren Rückzug aus Afrika vor (ein englisch-französisches Symposium, das Wege für eine gemeinsame und friedliche Dekolonisierung Schwarzafrikas suchen sollte, wurde 1957 in Oxford abgehalten).

Jedoch fiel es gleichzeitig den beiden wichtigsten Kolonialmächte schwer, sich von ihren jeweiligen »Reichen« zu trennen. Besonders Frankreich reagierte sehr heftig auf das Aufkommen nationalistischer Bewegungen in seinen überseeischen Besitzungen, vor allem nach der Konferenz der blockfreien Länder in Bandung 1955. Nachdem es diese 1945 in Algerien und 1947 auf Madagaskar grausam unterdrückt hatte, führte es nacheinander in Indochina (1946–1954) und Algerien (1954–1962) zwei Kriege, die es beide verlieren sollte. Letztendlich waren die Gebiete Schwarzafrikas – Französisch-Westafrika und Französisch-Äquatorialafrika – die einzigen, aus denen sich Frankreich (nachdem es vergeblich versucht hatte mit der *Communauté française* eine Staatengemeinschaft wie den britischen *Commonwealth* zu gründen) schließlich nach 1958 ohne Blutvergießen zurückzog. 1960 waren alle seine ehemaligen Kolonien, mit Ausnahme von Dschibuti, unabhängig geworden. Auch der ehemalige Belgisch-Kongo erlangte 1960 seine Unabhängigkeit. Ihm folgten 1962 Ruanda und Burundi, wie auch die meisten englischen Gebiete, wo allerdings 1963 die Ablösung der Kolonialherrschaft vor allem in Kenia und ein wenig später in Südafrika (vgl. dazu unten) nicht ohne Zusammenstöße vor sich ging.

Im portugiesischen Kolonialreich verlief dagegen dieser Prozess zugleich langsamer als auch dramatischer, da das Regime Salazars zunächst auf das Aufkommen von Nationalbewegungen nur mit Repression und Krieg reagierte. Erst der Tod des Diktators und der Sturz seines Nachfolgers durch eine antikolonialistische Militärjunta (1974) machte den Weg für eine Entlassung der ehemaligen portugiesischen Gebiete (Kapverdische Inseln, Guinea-Bissau, Angola und Mosambik) in die Unabhängigkeit frei. Ebenso sollte zwar das ehemalige Spanisch-Guinea schon 1968 seine Freiheit erhalten, nicht jedoch die Westsahara, die erst nach dem Tode Francos (1975) nicht länger unter dem Protektorat Madrids stand (um sofort – ohne vorherige Befragung seiner Einwohner – von Rabat vereinnahmt zu werden).

Im Hinblick auf den Kampf gegen die Sklaverei, der uns hier vor allem interessiert, hätte die wiedergewonnene Unabhängigkeit der afrikanischen Staaten einen endgültigen Sieg bedeuten können. Leider muss man jedoch zugeben, dass dies nicht der Fall war und dass trotz erheblicher Fortschritte das Endziel ein halbes Jahrhundert später immer noch nicht erreicht ist.

Dafür gibt es zwei Gründe. Zum einen waren die meisten neu entstandenen Staaten durch den Umfang und die Vielfalt der sozialen, wirtschaftlichen und politischen Probleme, mit denen sie sich konfrontiert sahen, schlicht überfordert. Die Grenzen zwischen den Staaten waren weitgehend willkürlich gezogen worden: Die von den Kolonialherren hinterlassene materielle und verwaltungstechnische Infrastruktur war ungenügend, es gab praktisch keine Mittelschicht und das Fehlen wirklich demokratischer Traditionen aus der Kolonialzeit erleichterte weder den Übergang in eine Demokratie noch den Kampf gegen die Korruption, gar nicht zu sprechen von der Achtung vor den grundlegendsten Menschenrechten. Seit den 60er Jahren war jedem, der es sehen wollte, klar, dass »Schwarzafrika einen wenig verheißungsvollen Anfang nahm«.[140] Andererseits stellte es sich heraus, dass die früheren Kolonialmächte unfähig waren, die Unabhängigkeit ehrlich mitzutragen. Sie mischten sich immer wieder, mehr oder weniger offen, in das Leben ihrer ehemaligen Kolonien ein, indem sie sich der ethnischen Gegensätze bedienten, die in vier Jahrhunderten innerafrikanischer Kriege (die wiederum durch den Sklavenhandel mitbedingt waren) entstanden waren, um eine Partei gegen die andere aufzuhetzen und den Machterhalt von Regimen zu begünstigen, die sich zwar als korrupt aber dem Westen gegenüber gefällig erwiesen. Die katastrophalen Folgen einer solchen Politik (auf die Frankreich, Großbritannien und Belgien noch heute nicht verzichten wollen) zeigten sich überall, besonders in Guinea, der Elfenbeinküste, Togo, im Tschad, in der Zentralafrikanischen Republik, im Kongo, in Sierra Leone, Nigeria, Uganda, Somalien, im Sudan, im ehemaligen Belgisch-Kongo (dem nachmaligen Zaire und der heutigen Demokratischen Republik des Kongo), in Ruanda und Burundi – in Ländern also, die alle seit einem halben Jahrhundert von ständiger Gewalt erschüttert werden, die in regelmäßigen Abständen zum Bürgerkrieg, wenn nicht gar wie 1994 in Ruanda, zum Völkermord ausartete.[141]

Eine solche Atmosphäre ist natürlich wenig für einen effektiven Kampf gegen die Sklaverei geeignet, sei es gegen Überreste der klassischen Form von Sklaverei, sei es gegen neue Formen, die sie seit den 80er Jahren anzunehmen beginnt.

Parallel zu dem katastrophalen Abgrund, auf den West- und Zentralafrika zudrifteten, nahm auch Südafrika, trotz der Erringung der Unabhängigkeit, eine bedenkliche Entwicklung. Schuld daran war die Politik der Rassentrennung durch die weißen Siedler.

Südafrika: von der Sklaverei zur Apartheid

Die Spitze Südafrikas, ein strategisch günstig gelegener Anlaufpunkt auf der Fahrt nach Indien, wurde schon im 17. Jahrhundert von holländischen Siedlern, den Buren, besetzt, zu denen französische Hugenotten auf der Flucht vor Verfolgungen stießen. Diese Siedler beuteten sklavische Arbeitskräfte aus, die sie entweder vor Ort einfingen (die von ihnen als Hottentotten bezeichneten Khoikhoi) oder aus Angola einführten. Als 1795 französische Heere Holland besetzten, bemächtigte sich England der Kapkolonie, um jede französische Ansiedlung in Südafrika zu verhindern. Zwanzig Jahre später kaufte es diese Kolonie im Vertrag von Paris (1814) den Holländern ab. Von hier aus nahm die englische Kolonisierung ganz Südafrikas ihren Ausgang.

Die 1833 von England beschlossene Abschaffung der Sklaverei bewirkte in den folgenden Jahren eine Abwanderung der Buren nach Nord-Osten (dem heutigen Transvaal) und löste damit einen Konflikt aus, der sich das ganze 19. Jahrhundert hindurch hinziehen sollte. Die Annexion Transvaals durch England (1877), der folgende Burenkrieg, die aggressive Politik von Cecil Rhodes, der seine Stellung als Premierminister der Kronkolonie (1890–1895) dazu benutzen sollte, um seine Macht auf das spätere Rhodesien auszudehnen, führten schließlich zum Friedensschluss vom 31. Mai 1902, der die Buren zu britischen Untertanen machte. Aber das wahre Problem der Südafrikanischen Union stellte schon zu diesem Zeitpunkt die Politik der Rassentrennung dar, die seit der Abschaffung der Sklaverei von den weißen Siedlern praktiziert wurde.

Um sich die besten Böden aneignen zu können, bemühten sich diese in der Tat seit den 40er Jahren des 18. Jahrhunderts darum, die Schwarzen in »Reservate« abzudrängen und sie jeglicher politischen Rechte zu berauben, einschließlich des Rechts, Land außerhalb der Reservate zu erwerben (1913). Angesichts des Rassismus der Weißen (die zu Beginn des 20. Jahrhunderts nur 20 % der Bevölkerung ausmachten), versuchten sich die Schwarzen zusammenzuschließen, indem sie 1912 eine politische Partei, den *African National Congress,* gründeten. Aber die weißen Siedler waren so wenig zu einem Verzicht auf ihre Privilegien bereit, dass die Südafrikani-

Schwarze Wanderarbeiter in Südafrika.

sche Union sich immer mehr von ihrem Mutterland entfernte. 1925 annektierte sie das ehemalige Deutsch-Südwestafrika, erreichte 1931 ihre Unabhängigkeit und wurde zur Republik Südafrika, bevor sie sich 1961 aus dem Commonwealth zurückzog. In der Zwischenzeit baute die 1948 gewählte Regierung Malan, unter dem Vorwand eine »getrennte Entwicklung der Rassen« zu fördern, ein striktes Apartheidsystem auf (Verbot von sexuellen Beziehungen zwischen den Rassen, Trennung der Siedlungsgebiete, Einschränkung der Bürgerrechte), das zum Teil direkt auf der Ideologie der Faschisten und Nationalsozialisten von einer »Herrenrasse« fußte.

In den folgenden Jahren gingen die den Schwarzen verschiedener Stämme, unter anderen den Bantu, zugewiesenen »Reservate« oder »Homelands«, die man als »Bantustan« bezeichnete, langsam einer Unabhängigkeit entgegen, die sich aber als nicht lebensfähig erwies. Aber erst der durch das Wirtschaftswachstum nach dem Zweiten Weltkrieg bedingte Zustrom schwarzer Arbeitskräfte in die großen südafrikanischen Städte verschärfte die Konflikte zwischen

Weißen und Schwarzen so sehr, dass sich erstere gezwungen sahen, ihre Politik zu ändern. Angesichts blutiger Aufstände (Soweto 1976/77) und auf internationalen Druck von verschiedenen Seiten hin erklärte die südafrikanische Regierung schließlich 1985, dass das Konzept der Apartheid der Vergangenheit angehöre. Nach dem Tod des Regierungschefs Pieter Botha entließ sein Nachfolger Frederik De Klerk den schwarzen Führer Nelson Mandela aus dem Gefängnis (1990). Dank des guten Willens dieser beiden Männer machte sich das Land daran, in friedlicher Form einen Reformweg einzuschlagen, der 1994 zu den ersten freien Wahlen in seiner Geschichte führte, an denen allen Rassen beteiligt waren.

Ebenso bewegt war die Geschichte der drei Nachbarkolonien: Nord- und Südrhodesien und Nyassaland. Die Bevölkerungszahl des in einem Hochland mit gemäßigtem Klima gelegenen Südrhodesien stieg gegen Ende des 19. Jahrhunderts durch den Zustrom britischer und südafrikanischer Siedler schnell an. Sie eigneten sich das Land auf Kosten der Schwarzen an, führten die Apartheid ein und drängten diese in Reservaten zusammen.

1963 wurden Nyassaland (künftig Malawi) und 1964 Nordrhodesien (künftig Sambia) unabhängig. 1965 erklärte Südrhodesien, die einzige der drei Kolonien, in der die Weißen eine bedeutende Minderheit darstellten, einseitig seine Unabhängigkeit. Dennoch musste das von Ian Smith errichtete weiße und rassistische Regime schließlich der schwarzen Mehrheit den Platz räumen. Deren Radikalisierung erfolgte nach dem Machtantritt von Robert Mugabe (1980). Rhodesien änderte nun seinen Namen in Simbabwe, während die Hälfte der dort lebenden 250 000 Weißen das Land verließ. Die Zurückgebliebenen wurden in den beiden folgenden Jahrzehnten immer mehr unter Druck gesetzt, um die von ihren Vorfahren mit Beschlag belegten Ländereien zurückzugeben. Schwere Unruhen, sowohl wirtschaftlicher als auch rassistischer Natur, zerreißen noch heute dieses Land, dem Mugabe, ohne Achtung vor demokratischen Spielregeln, seit 22 Jahren sein persönliches Regime aufzwingt.

ZEHNTES KAPITEL

Amerika: der Kampf der schwarzen Bevölkerung um Bürger- und Menschenrechte

Nach der Ermordung des Republikaners Abraham Lincoln am 14. April 1865 wurde gemäß der amerikanischen Verfassung der amtierende Vizepräsident Andrew Johnson, der ehemalige Gouverneur von Tennessee, der siebzehnte Präsident der Vereinigten Staaten. Im Gegensatz zu seinem Vorgänger gehörte Johnson, der aus South Carolina stammte und als ehemaliger Demokrat erst relativ spät der republikanischen Partei beigetreten war, vor dem Bürgerkrieg zu den Anhängern der Sklaverei. Noch am 1. Juni 1864 hatte er im *Nashville Daily Union* einen Artikel unterzeichnet, der daran erinnerte, dass »die Regierung der Vereinigten Staaten eine Regierung von Weißen« sei und dass »der Neger die Stellung in der Gesellschaft akzeptieren muss, ... die man ihm zuweist«.[142]

Schon von Anfang an war er also durchaus bereit, den Wünschen der ehemaligen konföderierten Staaten entgegenzukommen und *Black Codes* zu erlassen, die die Stellung der neuen Freigelassenen so weit wie möglich der Sklaverei annäherten. Diese Haltung sollte ihn aber bald ins Abseits führen. Entfremdete sie ihm doch die ganze Republikanische Partei, die in ihm nicht nur einen Verräter sah, sondern sich auch beeilte, den 14. Verfassungszusatz zu verabschieden. Im gleichen Jahre, als dieser ratifiziert wurde, nämlich 1868, sollte Johnson bei den Präsidentschaftswahlen von Grant geschlagen werden.

Der 14. Zusatz zur Verfassung, der drei Jahre nach dem 13. Zusatz (der die Sklaverei in gesamten Gebiet der Vereinigten Staaten für rechtswidrig erklärt hatte) erlassen wurde, führte eine neue Definition des amerikanischen Bürgerrechts ein. Dieses sollte künftig »jeder Person, die in den Vereinigten Staaten geboren oder naturalisiert wurde«, ohne Diskriminierung gewährt werden. Um Versuchen seitens der Regierungen der Vereinigten Staaten vorzubeugen, die Rechte einzelner Kategorien von Bürgern zu beschneiden, wurde ebenfalls festgelegt, dass »kein Staat eine Person ihres Lebens, ihrer Freiheit oder ihres Besitzes berauben könne, es sei denn durch ein ordentliches Gerichtsverfahren«. Schließlich fügte der 14. Zusatz noch hinzu, dass »kein Staat einer unter seiner Gerichtsbarkeit stehenden Person den gerechten Schutz durch die Gesetze (*the equal protection of laws*) verweigern könne«. Gerade letztere Bestimmung sollte von entscheidender Bedeutung sein; unter Berufung darauf konnte achtzig Jahre später der Oberste Gerichtshof die Rassentrennung in den Schulen verurteilen.

Der 1870 ebenfalls ratifizierte 15. Zusatz zur Verfassung vervollständigte dieses juristische Arsenal, indem er festlegte, dass »Das Wahlrecht der Bürger der Vereinigten Staaten weder von den Vereinigten Staaten noch von den Staaten, die sie bilden, aus Gründen der Rasse, der Hautfarbe oder eines vorherigen Sklavenstandes verweigert noch eingeschränkt werden« dürfe. Das Wahlrecht der Schwarzen konnte also nicht mehr durch Verfügungen des Obersten Gerichtshofes aufgehoben werden; es war künftig ausdrücklich innerhalb jedes Staates garantiert. Diese Zusätze – 13, 14 und 15 –, die als zusammengehörig betrachtet und als Zusätze zur *reconstruction*, zur Wiedereingliederung des Südens in die Union, bezeichnet werden, bildeten so den rechtlichen Rahmen, in dem sich – zumindest theoretisch – nichts mehr einer vollen Integration der ehemaligen Sklaven in die amerikanische Gesellschaft entgegenstellte.

In der Praxis ging diese Integration jedoch keineswegs ohne Kämpfe und Widerstand über die Bühne. Paradoxerweise kam es im Süden anfangs zu viel mehr Konflikten in den Beziehungen zwischen Weißen und Schwarzen, als in den Jahren zuvor. Bekanntlich stieg die Zahl der Schwarzen in den Vereinigten Staaten zwischen 1800 und 1865 von einer Million auf vier Millionen an, ohne dass dies etwas mit dem Sklavenhandel zu tun gehabt hätte; es ist dies der einzig bekannte Fall in der Geschichte der modernen Sklaverei, wo sich Sklaven auf breiter Basis vermehren konnten, weil ihre Lebensumstände wahrscheinlich weniger unmenschlich als im restlichen Amerika waren (dies nur nebenbei, ohne dass man deshalb den Mythos vom »guten alten Süden« beschwören sollte). Dagegen nahmen die Südstaatler die Abschaffung der Sklaverei übel auf, weil sie sie als eine Verletzung ihrer Würde empfanden.[143] In den folgenden Jahren setzten die Weißen alles daran, um die Schwarzen – mit legalen oder illegalen Mitteln – zu demütigen. Und die Bundesregierung zögerte lange – zu lange –, bevor sie sich zum Eingreifen entschloss, um diese Praktiken abzustellen …

Denn selbst wenn die Geschichte der Sklaverei in den Vereinigten Staaten mit dem Jahre 1865 eigentlich abgeschlossen war, so belastete sie doch die amerikanische Wirklichkeit immer noch so schwer, dass man sich anderthalb Jahrhunderte später immer noch fragen muss, ob sie je »ferne Vergangenheit« sein wird.

Von der »Reconstruction« bis zum Ersten Weltkrieg

Die Zeit unmittelbar nach dem Bürgerkrieg, die im Zeichen der *reconstruction* der Union stand, brachte zunächst keine wirkliche Verbesserung für die ehemaligen Sklaven. Die meisten besaßen selbst kein Land und waren gezwungen, ihre Arbeitskraft für sehr niedrigen Lohn zu vermieten. Weniger als 20 % konnten lesen und schreiben. Ihr Elend war so groß, dass 1866 die Vereinigung der amerikanischen Gewerkschaften, die *National Trade Unions*, sie ermahnte, eine Gewerkschaft zu gründen, um nicht länger von den weißen Unternehmern als »Streikbrecher« eingesetzt zu werden. Noch 1895 erklärte einer der ersten schwarzen Führer, Booker T. Washington, in einer Rede, die als »Kompromiss von Atlanta« bekannt wurde, es sei das Beste für die Schwarzen, sich zunächst um eine wirtschaftliche Integration zu bemühen, bevor sie anfingen, für eine Beachtung ihrer Rechte zu kämpfen.

Die demokratischen Südstaaten wiederum, die durch ihre Niederlage und die Freilassung ihrer ehemaligen Sklaven in ihrer Eigenliebe getroffen waren, empfanden starke Ressentiments gegenüber den Schwarzen wie auch gegenüber den Politikern aus dem Norden, die als *carpetbaggers*[144] abqualifiziert wurden. Gegenüber den Schwarzen griff man schon seit den 70er Jahren des 19. Jahrhunderts besonders in den öffentlichen Verkehrsmitteln zum Mittel der Rassentrennung. Obwohl Mississippi 1870 erstmals einen Schwarzen (Hiram R. Revels) in den Bundessenat entsandte, richteten es die Weißen so ein, dass sie weiterhin die Schalthebel der Macht in der Hand behielten. Ihre Furcht vor einer möglichen politischen Machtübernahme der Schwarzen, die panische Angst vor der berühmten *Negro rule,* war so stark, dass sie in den folgenden Jahren alles daran setzten, um diese an der Ausübung ihres Wahlrechts zu hindern.

So mussten ab 1890 in Mississippi Schwarze, die zur Wahl gehen wollten, einen Test ablegen, der mit einer Sondersteuer belegt war. Darin mussten sie – anders als die weißen Analphabeten, die diesen Test natürlich nicht machen mussten – nachweisen, dass sie lesen und schreiben konnten. Ein wenig später (1898) machte es die Erfindung der so genannten »Großvaterklausel« in Louisiana möglich, all jene vom Wahlrecht auszuschließen, deren Großvater am 1. Januar 1867 auf keiner Wählerliste eingetragen war (die betreffende Klausel sollte erst 1915 als nicht verfassungsgemäß verurteilt werden). Aber am häufigsten griff man zu gewaltsamen Methoden, vor allem unter dem Einfluss des Ku-Klux-Klan.

Diese rassistische und terroristische Organisation, die bald nach Ende des Bürgerkrieges in Pulaski (Tennessee) gegründet worden war, bildete in den Südstaaten den militanten Zweig der demokratischen Partei. Ihr erklärtes Ziel war es, die von der republikanischen Regierung in Washington gewünschte Rekonstruktion der Union scheitern zu lassen, indem sie sich mit Gewalt jeder Emanzipation der Schwarzen, selbst einer schrittweisen, widersetzte. Die Brutalität der von ihren Mitgliedern – die weiße Umhänge und Kapuzen trugen – durchgeführten Aktionen bewirkte schließlich 1877 ein erstes Verbot der Bewegung. Aber es kam immer häufiger zu Lynchmorden[145] an Schwarzen, deren Zahl von 48 im Jahre 1882 auf 160 im Jahre 1892 anstieg und trotz einer leicht rückläufigen Tendenz 1901 immer noch 130 an der Zahl betrug.

Im Jahre 1915[146] erwachte der Ku-Klux-Klan in Atlanta (Georgia) zu neuem Leben. Die Anregung dazu kam von einem ehemaligen Methodistenpfarrer, der dem Klan eine puritanische, fremdenfeindliche und ultranationalistische Ausrichtung gab: Diesmal waren nicht nur Schwarze, sondern auch Juden und katholische Einwanderer die Zielscheibe seiner Aktionen. Dieser zweite Ku-Klux-Klan sollte bis Ende der 20er Jahre immer mehr an Einfluss gewinnen. Wegen seiner Gewalttaten wurde er 1928 erneut verboten. Aber dieses Verbot war eine reine Formsache, da die Bewegung ihre Umtriebe im Untergrund fortsetzte.

Auf politischer Ebene kam es 1877 zu einer Art Kompromiss zwischen Demokraten und Republikanern, der das Ende der Rekonstruktions-Ära einläutete. Um die Kontrolle über die Südstaaten nicht zu verlieren, überließen die Demokraten den Republikanern die Präsidentschaft. Diese waren dafür bereit, die Augen vor den unzähligen Rechtsverletzungen wie auch Angriffen zu schließen, denen die Schwarzen ausgesetzt waren.

Auch der Oberste Gerichtshof der Vereinigten Staaten nahm nun Partei für die Südstaatler. 1883 erklärte er den *Civil Rights Act* von 1875, ein Gesetz, das Schwarzen und Weißen »die gleichen Vorteile und Privilegien in Wirtshäusern, öffentlichen Verkehrsmitteln, Theatern und anderen Vergnügungsstätten« garantieren sollte, unter dem Vorwand für ungültig, dass an den fraglichen Orten in der Tat Geschäfte privater Natur abgewickelt würden, so dass dem Bund kein Eingriff zustände.

Dann gaben die Richter des Obersten Gerichtshofes in der Sache *Plessy gegen Ferguson*[147] mit einer Mehrheit von acht zu eins den Südstaaten recht, die im Alltagsleben und besonders im Verkehrs- und Erziehungswesen auf Grundlage der Hautfarbe eine Rassentrennung durchführen wollten: Nach Meinung der Mehrheit der Richter sprach nichts gegen eine Trennung von Schwarzen und Weißen, solange sie offiziell über die gleichen Möglichkeiten verfügten. Obwohl ein solches Konzept (im Ausdruck *separate but equal* zusammengefasst) dem Geist des 14. Verfassungszusatzes widersprach, sollte das betreffende System – das in Anlehnung an ein populäres Lied üblicherweise das *Jim-Crow System* genannt wurde – wenigsten ein halbes Jahrhundert lang und bis in die kleinsten Details (Rassentrennung auf den Toiletten) den Rahmen des öffentlichen Lebens im Süden abgeben. Vor den 50er Jahren des 20. Jahrhunderts wurde es nicht ernsthaft in Frage gestellt.

Nach dem Eintritt der Vereinigten Staaten in den Ersten Weltkrieg (1917) dienten viele Schwarze ihrem Land mit der Waffe in der Hand; und viele von ihnen, die in amerikanischer Uniform kämpften, verloren ihr Leben in den europäischen Schützengräben. Ihr aus patriotischer Sicht vorbildliches Verhalten führte jedoch nicht dazu, dass sie zu Hause keinen Gewalttätigkeiten mehr ausgesetzt gewesen wären. »Von 1885 bis einschließlich 1917 gab es 3740 Lynchmorde, denen 997 Weiße und 2734 Schwarze zum Opfer fielen. Aber wie die Nationale Vereinigung zur Förderung von Farbigen, die *National Association for the Advancement of Coloured People* (*NAACP*), 1918 in ihrem Jahresbericht vermerkte, ging zwar die Zahl der weißen Opfer in den Jahren zwischen 1900 und 1917 stark zurück, die der schwarzen Lynchopfer stieg jedoch prozentual gesehen an«.[148]

Allein im Jahre 1918, das heißt mitten im Krieg, wurden (vor allem in Georgia, Texas und Mississippi) 63 Schwarze gelyncht – darunter fünf Frauen und ein Mann, der angeklagt war, mit einer weißen Frau zusammenzuleben. Die jeweiligen Umstände waren besonders grauenerregend: Zwei Schwarze wurden lebendig verbrannt, drei andere zu Tode gemartert, während die Leichen von vier anderen nach ihrer Ermordung verbrannt wurden. Natürlich wurden die allgemein bekannten Urheber dieser Verbrechen niemals verfolgt: die Polizei schloss die Augen. Leider handelte es sich bei diesen brutalen Mordtaten, die von der Bevölkerung mit einer undurchdringlichen Mauer des Schweigens umgeben wurden, nicht um Einzelfälle. Auch sollte diese für den Rassismus der Südstaaten typische Gewaltbereitschaft mit der Zeit keineswegs abnehmen, sondern noch bis in die zweite Hälfte des 20. Jahrhunderts fortbestehen. Noch heute ist sie nicht ganz überwunden.

Unter solchen Umständen war es nicht verwunderlich, wenn Schwarze aus den Südstaaten versuchten, sich in den Nordstaaten niederzulassen, wo der Rassismus zwar auch vorhanden, aber unterschwelliger war – und es zumindest juristisch keine Rassentrennung gab. Wegen der zeitweisen Unterbrechung des Zustroms europäischer Einwanderer und des Eintritts zahlreicher Weißer in die Armee fanden die Schwarzen in den großen Industriestädten Chicago, Detroit, Saint-Louis wie auch in New York oder Philadelphia, leicht Arbeit, wenn auch oft nur die härteste und am schlechtesten bezahlte. Damit wurden sie aber wirtschaftlich gesehen zu einer Konkurrenz für die Weißen, was zu neuen Spannungen, wie den Rassenunruhen vom Juli 1919 in Chicago, führte, wo Weiße mit dem stillschweigenden Einverständnis der Polizei das schwarze Ghetto stürmten. Bilanz: 38 Tote und 537 Verletzte.

Trotz seines Engagements für die Demokratie in der Welt kümmerte sich der demokratische Präsident Thomas W. Wilson (1912–1920) kaum darum, wie diese in seinem eigenen Land verhöhnt wurde. Da er selbst die Rassentrennung eher befürwortete, hütete er sich davor, Maßnahmen gegen das »unsichtbare Reich« des Ku-Klux-Klan zu ergreifen. Tatsächlich kontrollierte dieser auf dem Höhepunkt seiner Macht (1925) manche Staaten wie zum Beispiel Indiana und zählte an die fünf Millionen Anhänger, diesmal nicht nur im Süden, sondern auch in den Städten des Nordens.

Von der Weltwirtschaftskrise zum Zweiten Weltkrieg

In den Jahren nach der Weltwirtschaftskrise von 1929 geriet die amerikanische Wirtschaft in ernstliche Schwierigkeiten. Der Rückgang der Baumwollproduktion im Süden wie auch der industriellen Produktion im Norden führte zu höherer Arbeitslosigkeit bei den Schwarzen, die oft als erste Entlassungen zum Opfer fielen. Dennoch zeigten sie sich für die Sozialpolitik des demokratischen Präsidenten Franklin D. Roosevelt aufgeschlossen, der 1932 ein erstes und 1936 ein zweites Mal mit ihrer Unterstützung gewählt wurde. Damit begann eine neue Zeit, in der die Stimmen der Schwarzen nicht länger den Republikanern zugute kamen, sondern lange Zeit – und selbst noch heute – den Demokraten.

Deshalb veränderte sich auch deren Einstellung allmählich grundlegend. Als die Vereinigten Staaten im Juni 1941 immer ernsthafter an einen Kriegseintritt in Europa dachten, richtete Roosevelt – auf die dringenden Bitten des NAACP und eines schwarzen Gewerkschaftsführers namens A. Philip Randolph hin – das *Fair Employment Practices Committee (FEPC)* ein, eine Vereinigung für Chancengleichheit im Beruf, die darüber wachen sollte, dass jeder, der dies wünschte, ohne Ansehen von Rasse und Hautfarbe, in den Betrieben der Rüstungsindustrie Arbeit finden könne. Zu diesem Zeitpunkt gab es nur wenige Reaktionen auf diese Maßnahme (die 1943 noch durch die Bewilligung humanitärer und finanzieller Mittel für das *FECP* ergänzt wurde). Dennoch war sie von historischer Bedeutung. Es war der erste Schritt der Bundesregierung auf jenem Weg, den man später als Politik der *affirmative action*, der »positiven Diskriminierung«, bezeichnen sollte.

Wie im Ersten dienten auch im Zweiten Weltkrieg zahlreiche Schwarze unter der amerikanischen Flagge (500000 Mann); und wieder sprachen die Politiker davon, die Demokratie in der Welt verteidigen zu müssen. Dennoch hatten auch die in die Armee eingetretenen Schwarzen unter bestimmten Ausgrenzungen zu leiden, und ihre Offiziere waren immer Weiße. Dies war umso skandalöser, als der Hauptfeind der USA in der Zeit von 1941 bis 1945 ein unverhüllt rassistischer Staat war, das »Dritte Reich« Adolf Hitlers. Zweifelsohne trug dieser Widerspruch, dessen sich die Schwarzen vollkommen bewusst waren, dazu bei, dass sich nun eine Wandlung in ihrem politischen Bewusstsein vollzog: eine Wandlung, deren Anfänge bis in die dreißiger Jahre oder vielleicht sogar noch früher zurückreichten. Vielleicht sogar bis auf die Tage des großen schwarzen Intellektuellen W. E. B. Du Bois, der 1905 die Niagara Bewegung (*Mouvement Niagara*) gegründet hatte, aus der 1909 die NAACP hervorgegangen war. Diese wiederum hatte in den dreißiger Jahren – diesmal mit Unterstützung des Obersten Gerichtshofes – angefangen, das System der Rassentrennung in den Schulen anzugreifen.

Nachdem die Schwarzen nach dem Bürgerkrieg die Versöhnung gesucht hatten, waren sie nun – völlig legal – entschlossen, für die Achtung ihrer Rechte zu kämpfen. Diejenigen, die Arbeit hatten, engagierten sich meistens in einer der zahlreichen Gewerkschaften, die sich im CIO (*Congress of Industrial Organization*) zusammengeschlossen hatten: Gewerkschaften, die nach 1945 in den Anfängen des Kampfes für die »Bürgerrechte« eine nicht unerhebliche Rolle spielen sollten. In diesem Kampf fanden sie einerseits die Unterstützung religiöser Prediger, die traditionell über Einfluss in den schwarzen Gemeinden verfügten, andererseits die schwarzer Studenten, die immer zahlreicher an den Universitäten vertreten waren. Ohne die weißen Intellektuellen zu vergessen, die sich besonders im Norden immer zahlreicher gegen die Rassentrennung wandten. Sie folgten dem Beispiel des amerikanischen Anthropologen (deutscher Herkunft) Franz Boas, der als einer der ersten Hochschullehrer den Kampf gegen den Rassismus zu seinem Lebensziel erklärt hatte (wie er noch 1942, wenige Augenblicke vor seinem Tod, an der Columbia Universität verkündete).

Von Truman zu Eisenhower

1945 glaubten nicht viele Amerikaner daran, dass das »*Jim-Crow-System*« bald verschwinden würde. Harry Truman, der in diesem Jahr nach dem Tod von Roosevelt Präsident wurde, war ein Demokrat aus Missouri: Er hatte sogar in seiner Jugend dem Ku-Klux-Klan einen Mitgliedsbeitrag entrichtet. Niemand erwartete von ihm einschneidende Reformen. Dennoch zog es die Schwarzen weiterhin regelmäßig aus dem Süden in die großen Industriestädte des Nordens, wo sie auch politisch eine immer wichtigere Rolle spielten, da ihre Gemeinden immer mehr Menschen umfassten. Deshalb sah sich die Demokratische Partei aus taktischen Gründen gezwungen, ihre seit 1936 vorhandenen »liberalen« Ansätze beschleunigt auszubauen.

So war Truman im Juni 1947 der erste Präsident, der vor einer Generalversammlung der NAACP sprach, um das Recht jedes Amerikaners, gleich welcher Hautfarbe, auf »Chancengleichheit« (*equality of opportunity*) zu verteidigen. Im Oktober desselben Jahres veröffentlichte ein vom ihm ernanntes Sonderkomitee für die Bürgerrechte einen Bericht, in dem der Erlass eines Gesetzes gegen die Lynchmorde ebenso warm befürwortet wurde, wie Maßnahmen, die den Schwarzen in den Südstaaten die tatsächliche Ausübung ihres Wahlrechts ermöglichen und die Rassentrennung in überregionalen (*interstate*) Verkehrsmitteln abschaffen sollten. Es waren zunächst nur kleine Schritte. Aber diese ermöglichten Truman – dank der schwarzen Stimmen – seine Wiederwahl im Jahre 1948, als die Demokratische Partei unter dem Einfluss einer Generation aktiver jüngerer Mitglieder gerade eine historische Kehrtwende vollzog. Künftig sollte sie weiter links als die Republikanische Partei stehen – wobei sich allerdings das Schwergewicht ihrer Wähler vom ländlichen Süden in den industriellen Norden und Osten verlagert hatte.

Das wichtigste Verdienst Trumans bestand darin, während seines zweiten Mandats auf intensiven Druck schwarzer Gewerkschaftsführer hin die Rassentrennung innerhalb der amerikanischen Armee aufgehoben und den Schwarzen den Zugang zu den Offiziersrängen geöffnet zu haben. Sein Nachfolger, Dwight D. Eisenhower, ein konservativer Republikaner, wurde 1952[149] zum erstenmal mit Unterstützung der Südstaaten gewählt. Dennoch trug auch er, ohne es zu wollen, dazu bei, dass Bewegung in die Sache kam, indem er einen seiner wichtigsten Wahlhelfer, den ehemaligen Gouverneur von Kalifornien Earl Warren, zum Richter am Obersten Gerichtshof ernannte. Was Eisenhower nicht ahnen konnte, war, dass Warren sein neues Amt ernst nahm. Und dass auch er beschloss, die Achtung der Bürgerrechte der Schwarzen durchzusetzen.

Die Gelegenheit dazu sollte sich bald bieten, als auf Rat der NAACP Oliver Brown, ein schwarzer Bewohner von Topeka (Kansas), Klage erhob, weil man seiner kleinen Tochter den Besuch einer nahe seiner Wohnung gelegenen Schule verweigerte, deren Zugang allein Weißen vorbehalten war. Nach langen Beratungen fasste der Oberste Gerichtshof, unter dem Vorsitz von Warren, einstimmig (was im 20. Jahrhundert selten war) einen Beschluss, der dem Entscheid *Plessy versus Ferguson* von 1896 diametral entgegengesetzt war. Durch dieses neue Urteil *Brown versus Board of Education of Topeka* (Brown gegen den Schulausschuss von Topeka) oder *Brown I* vom 17. Mai 1954 erklärte er die Doktrin *separate but equal* für verfassungswidrig, und unterstrich, dass die Rassentrennung als solche der Gleichheit widerspräche und deshalb abzuschaffen sei. Diese Entscheidung betraf damals siebzehn Staaten, in denen die

Rassentrennung in den Schulen verpflichtend vorgeschrieben war, sowie vier andere, wo ihre Durchführung dem Belieben der einzelnen Schulen anheim gestellt war. Die Behörden hatten deshalb Bedenken, was die unmittelbare Umsetzung des Grundsatzurteils betraf. Der Oberste Gerichtshof erließ 1955 ein weiteres Urteil (*Brown II*), das sich mit der Empfehlung begnügte, die Aufhebung der Rassentrennung »so schnell wie möglich« durchzuführen. Eine unglückliche Formulierung, da sie in den betroffenen Staaten als »so langsam wie möglich« interpretiert wurde.

Da der Oberste Gerichtshof nur über die Jurisdiktionsgewalt verfügte, war es Sache der Bundesregierung, darüber zu wachen, dass seine Beschlüsse in die Tat umgesetzt wurden. Nun war aber Eisenhower keineswegs bereit, seine Popularität in den Südstaaten aufs Spiel zu setzen. Er hielt sich also so gut es ging heraus, indem er die von weißen Organisationen in Texas und Tennessee geschürten Rassenunruhen nicht niederschlagen ließ. Diese Zurückhaltung, die von der NAACP kritisiert wurde (die wiederum vom FBI – wie zu Zeiten des Kalten Krieges üblich – beschuldigt wurde, kommunistisch infiltriert zu sein), ermöglichte seine Wiederwahl im Jahre 1956.

Als jedoch der demokratische Gouverneur von Arkansas, Orville Faubus, im September 1957 seine Nationalgarde (*national guard*) mobilisierte, um schwarze Kinder daran zu hindern, zum Schulanfang in eine weiße Schule in Little Rock einzuziehen, brachte er sich selbst in eine Lage, die einer offenen Rebellion gegen die Zentralregierung gleich kam. Dieses Mal stand Eisenhower mit dem Rücken zur Wand und hatte keine andere Wahl, als die betreffende Garde dem Bund zu unterstellen und ihr zu befehlen, die Ordnung wieder herzustellen, das heißt, die Entscheidungen des Obersten Gerichtshofes durchzusetzen. Durch diese historische Geste war der Weg der Bundesregierung vorgezeichnet. Künftig gab es kein Zurück mehr. Unglücklicherweise schien sie nicht entschlossen, die verlorene Zeit gut machen zu wollen: Noch 1964 besuchte in Amerika nur ein verschwindend geringer Prozentsatz schwarzer Kinder gemischte (*desegregated*) Schulen.

Die Rassentrennung – nicht im Erziehungswesen, sondern in

den öffentlichen Verkehrsmitteln – erlitt jedoch einen erneuten Rückschlag, als sich am 1. Dezember 1955 Rosa Parks, eine schwarze Bewohnerin von Montgomery (Alabama) weigerte, ihren Sitz einem weißen Fahrgast zu überlassen, wie das örtliche Gesetz vorschrieb. Ihre Verhaftung löste in der Tat die erste umfangreiche gewaltlose Protestbewegung der Schwarzen aus. Eine Vereinigung, die *Montgomery Improvement Association*, zu deren Präsidenten ein junger Baptistenpfarrer der Stadt, Martin Luther King jr., gewählt wurde, organisierte daraufhin einen Boykott der städtischen Autobusse. Diese Massendemonstration neuer Art, die sich über ein Jahr erstreckte, endete mit einem Sieg: Am 5. Juni 1956 erklärte ein Bundesgericht die Rassentrennung in den Omnibussen für verfassungswidrig (*Browder versus Gayle*). Das Oberste Bundesgericht wies die Appelation dagegen ab und bestätigte das Urteil am 13. November desselben Jahres.

Dass diese Affäre aber schließlich zu einem historischen »Wendepunkt« in der Geschichte der Rassentrennung werden sollte, hatte noch andere Ursachen: Als Martin Luther King 1956 kurz verhaftet wurde, machte ihn das überraschenderweise in den ganzen USA berühmt. Die Verabschiedung eines Gesetzes, die der Kongress unter dem Eindruck der Unruhen in Little Rock im folgenden Jahr beschloss (des ersten seit 1875) und das die Bürgerrechte der Schwarzen erneut bestätigte, führte dazu, dass King sich an der Spitze einer neuen Organisation wieder fand, die in Konkurrenz zur NAACP gegründet worden war, der *Southern Leadership Conference* (bald umbenannt in *Southern Christian Leadership Conference*). Das erklärte Ziel der Vereinigung war die Zerschlagung des »Jim-Crow Systems«. Von nun an sollte Martin Luther King eine zentrale Rolle im politischen Leben Amerikas spielen.

Seine Strategie eines gewaltlosen Widerstands war gewiss nicht neu: Ohne bis auf Gandhi zurückgehen zu wollen, der selbst von der Schrift »On the Duty of Civil Disobedience«[150] von Henry David Thoreau (1849) beeinflusst worden war, übernahm er die Methoden einer anderen Gruppe, des *Congress for Racial Equality* (CORE), die seit ihrer Gründung 1942 den gewaltlosen Widerstand praktiziert hatte. Seit den 40er Jahren hatte diese sowohl *Sit-ins* in den Schnellrestaurants von Chicago organisiert – bei denen sich Schwarze auf Plätze setzten, die eigentlich Weißen vorbehalten waren – als auch die ersten so genannte *Freedom Rides*, bei denen Busse, in denen weiße und schwarze Fahrgäste nebeneinander saßen, in die Südstaaten geschickt wurden. Aber King sollte durch die Kraft seine charismatischen Persönlichkeit nicht nur zum Sprecher der Schwarzen, sondern auch zur Symbolfigur ihres Kampfes werden – eines Kampfes, wie ihn damals die Befreiungsbewegungen vieler Völker in der Dritten Welt führten.

Einer der ersten, der die Bedeutung dieser Wende erkannte, war ein junger demokratischer Politiker aus Massachusetts, der katholische und sehr ehrgeizige John F. Kennedy. Die beiden Männer trafen sich privat während der Präsidentschaftskampagne 1960. Als Martin Luther King daraufhin im Oktober desselben Jahres bei einem *Sit-in* in Atlanta erneut verhaftet wurde, bewiesen John F. Kennedy und sein Bruder eine gewisse Zivilcourage, indem sie intervenierten, um seine sofortige Freilassung zu erreichen.

Im November 1960 gewann Kennedy mit den Stimmen der begeisterten Schwarzen die Präsidentschaftswahlen gegen seinen Rivalen, den Republikaner Richard Nixon. Der Texaner Lyndon B. Johnson wurde Vizepräsident. Die folgenden Jahre waren entscheidend. Da sie den Willen eines Teils der amerikanischen Jugend – sowohl der weißen wie auch der schwarzen – verkörperte, eine gerechtere Welt zu schaffen, mussten King und Kennedy die Dinge in Bewegung setzen. Auf die Gefahr hin, ihr Leben zu verlieren, machten sich beide an die Arbeit. Johnson sollte dann das von Kennedy begonnene Werk fortsetzen, ohne es allerdings vollenden zu können, da noch so viel zu tun blieb. Aber nach ihm sollte es nicht mehr möglich sein, alles zurückzudrehen.

Von Kennedy zu Johnson

Dennoch waren die Anfänge von Kennedys Regierungszeit enttäuschend, da er mehr Wert auf sein persönliches Image als auf die konsequente Umsetzung seines Programms legte.

Seine erste wichtige Entscheidung betraf die Wiedereinberufung der *Commission on Equal Employment Opportunity* (CEEO), an de-

John F. Kennedy.

ren Spitze er Johnson stellte. Zwar stand der Kommission theoretisch das Recht zu, Betrieben die Bundesaufträge zu entziehen, wenn es bei Einstellungen zu Rassendiskriminierungen gekommen war, doch griff sie nicht zu dieser Form von Sanktionen. Und selbst wenn Johnson 1962 mit den Verantwortlichen der 116 Gewerkschaften eine Übereinkunft schloss, die zur Ausschaltung jeder Form rassistischer oder religiöser Diskriminierung in der Arbeitswelt auf nationaler Ebene führen sollte, so kamen die beanstandeten Praktiken doch *de facto* in vielen Arbeitsbereichen weiterhin vor.

Auch die *Freedom Rides* erzielten nicht die erwartete Wirkung. Sie wurden von Aktivisten organisiert, die entschlossen waren, die immer noch bestehenden Überreste von Rassentrennung (trotz deren erneuter Verurteilung durch den Obersten Gerichtshof im Jahre 1958) in den öffentlichen, überregionalen (*interstate*) Verkehrsmitteln abzustellen. Im Laufe des Monats Mai 1961 wurden die von ihnen besetzten Greyhound-Busse, die von Washington in Richtung Süden fuhren, tätlich angriffen, ohne dass die Polizei den Befehl zum Eingreifen erhielt. Unter den Anhängern Kennedys machte sich eine gewisse Enttäuschung breit. Die Rassentrennung in den Greyhound-Bussen sollte übrigens, besonders in Alabama, noch bis Mitte der 60er Jahre weiter bestehen.

Auch die Integration an den Universitäten führte zu Ausbrüchen von Rassenhass, die die Ereignisse von Little Rock harmlos erscheinen ließen. So kam es am 30. September 1962 anlässlich der Immatrikulation des ersten schwarzen Studenten, James Meredith, an der Staatlichen Universität von Oxford (Mississippi) zu Rassenunruhen, die zwei Tote kosteten und der die Ordnungskräfte, obwohl sie zahlreich vor Ort waren, kaum Herr zu werden vermochten. In diesen wie in anderen Fällen – wie der Zulassung schwarzer Studenten zur Universität von Alabama im Jahre 1963, trotz des persönlichen Einspruchs des demokratischen Gouverneurs des Staates, George Wallace – prangerte die Mehrheit der Bewohner des jeweiligen Staates die Intervention der Bundesregierung als »tyrannisch« an. Dennoch war diese oft mehr als ungenügend, besonders wenn man bedenkt, dass 1962 neun schwarze Kirchen in Georgia in Flammen aufgingen.

Die rassistischen Übergriffe, einschließlich der Ermordung zahlreicher militanter Bürgerrechtler, sollte bis Anfang der 70er Jahre weitergehen. Aber symbolisch gesehen – und das sollte man auch nicht unterschätzen – läutete das Jahr 1963 für die Anhänger der Rassentrennung den Anfang vom Ende ein. Denn 1963 war nicht nur das Jahr, in dem Martin Luther King im Rahmen eines Friedensmarsches auf Washington, an dem nicht weniger als 250 000 Leute teilnahmen, vor dem Lincoln Memorial seine berühmte Rede »I have a dream ...« hielt, sondern auch das Jahr, in dem Kennedy, in der deutlichsten Erklärung, die je zu diesem Thema von einem amerikanischen Präsidenten abgegeben wurde, offiziell die Rassentrennung aus moralischer Sicht verurteilte und hinzufügte: »It is time to act ...«

Seine Feinde sollten ihm keine Zeit mehr dazu lassen. John F. Kennedy starb am 22. November 1963 in Dallas durch ein Attentat, dessen Hintergründe nie wirklich aufgeklärt wurden. Aber kaum war ihm Lyndon B. Johnson nachgefolgt, als er auch schon (1964) vom Kongress ein neues Bürgerrechtsgesetz verabschieden ließ, in dem Diskriminierungen jeder Art im Erziehungswesen, der Arbeitswelt und an öffentlichen Orten untersagt wurden. Außerdem erklärte der 24. Zusatz zur Verfassung die *poll tax*, die in den fünf Südstaaten die größtmögliche Anzahl von Schwarzen von der Ausübung ihres Wahlrechts abhalten sollte, definitiv für rechtswidrig.

Dennoch konnte den Schwarzen ihr Wahlrecht nicht vollständig garantiert werden, solange es ihnen nicht gelang, sich in die Wählerlisten eintragen zu lassen. Um gegen dieses Unrecht zu protestieren, organisierte Martin Luther King – der Ende 1964 den Friedensnobelpreis erhalten hatte, während Johnson gleichzeitig seine Wiederwahl erreichte – im März 1965 einen neuen Friedensmarsch, diesmal zwischen Selma und Montgomery (Alabama). Die brutale Unterdrückung dieser Aktion veranlasste Johnson, ein Wahlrechtsgesetz zu unterzeichnen, das die Bundesbeamten berechtigte, Schwarze, denen dies von den Beamten gewisser Staaten verweigert wurde, in die Wählerlisten einzutragen.[151] In den folgenden Jahren stieg im Süden die Zahl der registrierten schwarzen Wähler sprunghaft an. Gleichzeitig schickte Massachusetts 1966 einen Schwarzen in den Bundessenat, wo seit der *Reconstruction* Ära kein Schwarzer mehr gesessen hatte; und 1967 ernannte Johnson zum ersten Mal einen Schwarzen, Thurgood Marschall, zum Richter am Obersten Gerichtshof.

Die zweite Hälfte der 60er Jahre war ebenfalls fast überall durch ein Wiederaufflackern gewalttätiger Rassenunruhen gekennzeichnet. In diesem Kontext erfand Stokely Carmichael, ein aktives Mitglied des 1960 gegründeten *Student Nonviolent Coordinating Committee* (SNCC), 1966 das Schlagwort von der *Black Power*, weil er fand, dass der Kampf nicht schnell genug Früchte trug. Ebenfalls 1966 schufen zwei andere schwarze Aktivisten, Huey P. Newton und Bobby Seale, in Oakland (Kalifornien) die Grundlagen für die *Black Panther Party*. Eine Zeit lang sollten einige ihrer Mitglieder der Versuchung erliegen, einen bewaffneten Kampf zu führen, doch war dies nicht von Dauer. Dagegen nahm der schwarze Nationalismus seit den 60er Jahren einen stetigen Aufschwung. Er berief sich auf Bewegungen, die bis ins 19. Jahrhundert zurückreichten, und griff das Schlagwort: »Back to Africa« des militanten »Panafrikaners« Markus Garvey (1916) auf, der später in sein Ursprungsland Jamaika deportiert worden war.

Seit 1960 forderte auch Elijah Muhammad, der Führer einer in den 30er Jahren gegründeten Gruppe, die sich *The Nation of Islam* nannte, die Schaffung eines eigenen Staates für die amerikanischen Schwarzen. Einer seiner berühmtesten Anhänger, Malcolm Little, genannte Malcolm X, sollte 1964 mit der *Nation of Islam* brechen, um eine afroamerikanische Einheitsfront, die *Organization of Afro-American Unity* (OAAU), zu gründen. Seine Ermordung im folgenden Jahr trug dazu bei, ihn für alle Schwarzen zu einem Symbol werden zu lassen, das bis heute nichts von seiner Anziehungskraft verloren hat.

Die gewalttätigen Rassenunruhen erreichten während des langen, besonders »heißen« Sommers des Jahres 1967 einen ersten Höhepunkt, wobei wie auch 1968 besonders in den Städten zahlreiche Krawalle zu beklagen waren. Am 4. April 1968 wurde Martin Luther King nach einem Marsch zur Unterstützung schwarzer Streikender im Lorraine Motel in Memphis (Tennessee) von einem fanatischen Rassisten ermordet. Robert Kennedy, der mit Hilfe der schwarzen Wählerstimmen Kandidat der demokratischen Partei für die nächsten Präsidentschaftswahlen werden wollte, wurde seinerseits wenige Wochen später getötet. Und nachdem Johnson darauf verzichtet hatte, sich für ein neues Mandat zur Verfügung zu stellen, hielt ein Republikaner, Richard Nixon, im Weißen Haus Einzug.

Damit wurde eine ruhmreiche Seite der amerikanischen Geschichte im Kampf für die Bürgerrechte, die »Ära King«, zugeschlagen. Aber der Kampf, der nun mit Protesten gegen den Vietnamkrieg zusammenfiel, wurde in anderer Form weitergeführt. Zwar hatten die Schwarzen offensichtlich 1968[152] endlich die volle rechtliche und politische Gleichstellung mit den Weißen erreicht, dies hieß aber noch lange nicht, dass sie auch wirtschaftlich, sozial und

278

Martin Luther King *auf dem Friedensmarsch in Montgomery, Alabama (1963)*.

kulturell voll integriert waren. Hier blieb noch vieles, wenn nicht gar alles, zu tun.

Von Nixon bis heute

Richard Nixon (1968–1974), Gerald Ford (1974–1976), Jimmy Carter (1976–1980), Ronald Reagan (1980–1988), George Bush (1988–1992), Bill Clinton (1992–2000) lösten einander im Laufe der nächsten Jahre in der Präsidentschaft der Vereinigten Staaten ab. Welche Bilanz lässt sich für unserer Fragestellung aus den Aktivitäten dieser sechs Männer ziehen, von denen zwei Demokraten und vier Republikaner waren und von denen sich zumindest einer, nämlich Reagan, den schwarzen Bürgerrechtsbewegungen gegenüber offenkundig feindselig verhielt?

Symbolisch gesehen ist festzustellen, dass der Begriff »Neger« (*Negro*) und seine beleidigende Variante *Nigger* ebenso aus dem Vokabular verschwunden sind wie das Wort *Black*: Sie wurden seit den 70er Jahren nach und nach durch den Begriff Afroamerikaner ersetzt. Afroamerikanische Schriftsteller, Musiker, Tänzer, Filmemacher und Maler sind in der ganzen Welt berühmt geworden – oft berühmter als in ihrem eigenen Land. Das Buch von Alex Haley, *Roots,* und die dazugehörige Fernsehserie waren in der USA ein nie dagewesener kommerzieller Erfolg. Und selbst wenn die Aussicht auf einen schwarzen Präsidenten noch Zukunftsmusik scheint, so wird die angesehenste Stellung in der Regierung des gegenwärtigen Präsidenten, die des Außenministers, doch seit Januar 2001 von dem aus Jamaika stammenden, schwarzen Republikaner Colin Powell eingenommen, dessen Lebensgeschichte ein schönes Beispiel für eine Erfolgsstory ist.

Gesellschaftlich und wirtschaftlich gesehen hat die Politik der »positiven Diskriminierung« – die Kennedy und Johnson wollten, die Nixon nach 1971 umsetzte und die 1985 vom Obersten Gerichtshof gutgeheißen wurde – Früchte getragen. Sie ermöglichte es einer wachsenden Zahl von Afroamerikanern, Universitätsstudien zu absolvieren und immer häufiger in verantwortliche Stellungen aufzusteigen – selbst wenn sie immer noch weit davon entfernt sind, jene zehn Prozent der Führungskräfte zu stellen, die zahlenmäßig in ungefähr ihrem Verhältnis zur übrigen Bevölkerung entsprechen würden.

Allerdings müssen diese Erfolge relativiert werden, da sie auf schwachen Füßen stehen. Denn wenn auch die Südstaaten den Bürgerkrieg verloren haben, so haben sie doch den Kampf um das Gedächtnis der Menschen gewonnen. Auf einigen ihrer Gebäude weht noch heute die konföderierte Flagge.[153] Die Politik der »positiven Diskriminierung« wiederum reicht nicht aus – selbst wenn sie immer noch (für wie lange noch?) von der Bundesregierung getragen wird – um alle Probleme zu lösen[154] oder die Ghettos verschwinden zu lassen. Zudem ist sie bei einigen Staaten des Westens (Kalifornien) und des Südens immer noch ebenso umstritten wie bei bestimmten Berufsgruppen und in gewissen Gesellschaftsschichten. Die weißen Universitätsdozenten beispielsweise sehen in ihr einen Verstoß gegen das Leistungsprinzip, obwohl sie doch in Wirklichkeit der einzig mögliche Weg zum sozialen Aufstieg sowohl für die Schwarzen als auch für alle anderen Minderheiten (Indianer, Spanier usw.) ist, die so gewissermaßen vom Kampf der Afroamerikaner profitieren.[155]

Wie die aktuelle Diskussion über diese Frage zeigt, stellen weder die Sklaverei wie 1860 noch die Frage der Bürgerrechte wie 1960 zur Zeit in den USA ein wirkliches Problem dar. Das eigentliche Problem ist heute der Rassismus. Und solange dieser Rassismus nicht entscheidend zurückgeht, wird die »Schwarzenfrage« in Amerika das wichtigste innenpolitische Problem bleiben.

Dieses Problem mit Begriffen wie *Klassenkampf*, beziehungsweise wie man heute in Frankreich sagt *Gesellschaftsbruch*, anzugehen, ist nicht gänzlich falsch. Aber es liefe auf eine doppelte Selbsttäuschung hinaus, wollte man die symbolische Dimension dieses »Rassenkampfes« ganz unter den Tisch kehren. Würde man so doch einerseits das Fortbestehen des weißen Rassismus unterschätzen und andererseits das Aufkommen eines schwarzen Rassismus ignorieren, eines Rassismus, der als Reaktion auf alles, was die Afroamerikaner erdulden mussten, verständlich sein mag, aber der auch, besonders bei den Anhängern der »Nation of Islam«,[156] weniger verständliche Züge trägt.

ELFTES KAPITEL

In der Gegenwart:
die vielen Gesichter der Sklaverei

Hier, an der Schwelle zum 3. Jahrtausend, endet unsere Untersuchung, das heißt fünftausend Jahre nach den allerersten Anfängen der Sklaverei, dieser ebenso befremdlichen wie verabscheuungswürdigen Institution.

Keine andere gesellschaftliche Einrichtung – Religion und Familie vielleicht ausgenommen – hatte so lange Bestand. Und dennoch, obwohl ihre verheerenden Folgen – Entvölkerung und Unterentwicklung – sehr wohl bekannt sind und ihre Existenz seit zweihundert Jahren unaufhörlich und manchmal sehr energisch in Frage gestellt wurde, befindet sich diese Institution immer noch bei bester Gesundheit.

Um ihre Langlebigkeit zu begreifen, sollte man zunächst daran erinnern, dass seit dem Aufkommen des transatlantischen Negersklavenhandels (der ersten kapitalistischen *Globalisierung*, deren Anfänge ja ebenso eng mit dem Kapitalismus verknüpft sind, wie letzterer mit dem Sklavenhandel), das heißt seit dem 17. Jahrhundert, ihr Aufschwung als Institution an die Existenz mächtiger übernationaler Organisationen gebunden ist, die *per definitionem* aus dem juristischen Rahmen der Nationalstaaten fallen und sich deren Möglichkeiten zur Strafverfolgung oder Repression entziehen, Organisationen, die immer überleben, gerade weil sie im Untergrund operieren und sich den wechselnden Umständen anpassen können.

Um dies näher zu beleuchten, will ich in diesem vorletzten Kapitel eine (notgedrungen unvollständige) »Zustandsbeschreibung« der Sklaverei in unserer heutigen Zeit, an der Schwelle zum 21. Jahrhundert, geben, indem ich darzustellen versuche, welche ihrer Formen überlebt oder sich verändert haben und welche neu hinzugekommen sind.

Relikte der Sklaverei

A) Weltweit war die Sklaverei nach dem Zweiten Weltkrieg nur noch im muslimischen Bereich nicht vollständig abgeschafft.

Gewiss war auch hier ihre Abschaffung verkündet worden: 1922 in Marokko, 1923 in Afghanistan, 1924 im Irak, 1929 im Transjordanland und im Iran, 1937 (unter dem Einfluss der Engländer) in Bahrein, aber erst 1949 in Kuwait und 1952 in Katar. Aber noch 1956 berichteten Zeugen von einem öffentlichen Sklavenverkauf in Dschibuti, dessen Opfer von arabischen Sklavenhändlern, möglicherweise unter Führung eines französischen Abenteurers,[157] angeblich im Tschad eingefangen worden waren. Im Jemen, in Saudi-Arabien und im Sultanat Oman ließ die Sklavenbefreiung noch länger auf sich warten und in zwei anderen islamischen Ländern, Mauretanien und dem Sudan, steht sie noch heute einzig auf dem Papier.

Im Jemen erfolgte die Abschaffung der Sklaverei nach dem Sturz der Monarchie im Jahre 1962. Sie wurde 1967, anlässlich der Abspaltung der Demokratischen Volksrepublik von Süd-Jemen (marxistischer Prägung), auf deren Gebiet erneut verkündet: nachdem jahrhundertelang Sklavenkarawanen durch das Tal von Hadramaut im Süden des Landes gezogen waren.

In Saudi-Arabien, einem Land, das das Sklavereiabkommen von 1926 nicht unterzeichnet hatte und in dem bis in die 30er Jahre öffentlich Sklavenmärkte abgehalten worden waren, schaffte Prinz Faisal, vielleicht unter dem Eindruck der Ereignisse im Jemen, 1962 die Sklaverei ab. Aber zahlreiche Beobachter berichteten, dass von den 100000 bis 200000 Sklaven (meistens Afrikanern und manchmal Asiaten, mit einem hohen Prozentsatz an Frauen), die zu diesem Zeitpunkt im Königreich lebten, nur einige Tausend wirklich freigelassen wurden.[158] Seitdem ist die Sklaverei in Saudi-Arabien unter dem Druck der internationalen Meinung rückläufig, ohne aber gänzlich verschwunden zu sein. Gegenwärtig sind ihre Opfer meistens junge Frauen aus Südostasien, denen man eine Stellung in Aussicht stellt und die gleich nach ihrer Ankunft wirtschaftlich und sexuell ausgebeutet werden.

In Oman wurde die Sklaverei erst 1970 im Rahmen einer allgemeinen Modernisierung des Landes abgeschafft, als Sultan Kabus Ibn Said seinen Vater ablöste. Dabei entdeckte der neue Sultan mehrere hundert Sklaven, die im Palast seines Vaters eingesperrt lebten. Einige von ihnen waren stumm geworden, weil man ihnen verboten hatte zu sprechen, andere wiederum, die man gezwungen hatte, ständig den Kopf gesenkt zu halten, wiesen eine Lähmung der Halswirbel auf.

Dass die Sklaverei in den drei letztgenannten Ländern überlebt hat, steht offensichtlich in direktem Zusammenhang mit einer besonders traditionsgebundenen Form des Islam, die auf einer wörtlichen Auslegung des Koran beruht. Aus demselben Grund gibt es auch heute noch Sklaven in Mauretanien und im Sudan, wobei hier noch erschwerend neben rassistischen Vorurteilen gegenüber Schwarzen die Tatsache hinzukommt, dass man mit den so genannten *rogue states* (Schurkenstaaten), denen wenig an einer Beachtung internationaler Spielregel gelegen ist, unter einer Decke steckt.

Die Bevölkerung der islamischen Republik Mauretanien setzt sich zu einem Teil aus Mauren (Weißen, arabischer oder berberischer Herkunft), zu einem anderen aus schwarzen Sklaven (mindestens 100 000) und zu einem Drittel aus *haratines* – Nachkommen ehemaliger, freigelassener Sklaven, die in sklavenähnlicher Abhängigkeit leben – zusammen. Die Sklaverei, die die Franzosen während der Kolonialzeit nicht auszurotten vermochten, wurde zwar bei der Erlangung der Unabhängigkeit (1960) offiziell abgeschafft, existiert aber immer noch und zwar um so »selbstverständlicher«, als Sklavenhalter – nach der offiziellen Auslegung der Scharia – solange Eigentümer ihrer Sklaven bleiben, als sie nicht entsprechend entschädigt wurden. Auf maurischen Hochzeiten

werden regelmäßig anstelle von Geschenken Sklavenkinder über-
geben. Abolitionsbewegungen werden unterdrückt, da man sie mit
den Oppositionsparteien gleichsetzt. Seit 1983 werden die Schwarzen von der Regierung systematisch ihrer Ländereien beraubt und
mehrere Hundert wurden nach Grenzzwischenfällen zwischen
maurischen Hirten und senegalesischen Bauern 1990 ohne Gerichtsverfahren hingerichtet.

Wie Mauretanien ist auch der Sudan ein geteiltes Land. Aber hier
überlagert die religiöse Spaltung noch den Rassengegensatz: wird
doch der Norden von arabisch sprechenden Muslimen bewohnt,
die sich als Araber sehen, während im Süden christliche Schwarze
afrikanischer Herkunft leben. Der in Jahrhunderten des Sklavenhandels schwelende Konflikt zwischen beiden Landeshälften brach
1956 kurz vor Erlangung der Unabhängigkeit offen aus. Im folgenden Bürgerkrieg gelang es dem Norden mit der Hauptstadt Khar-
toum, die Macht an sich zu reißen. Als der Süden 1972 einen relativ
autonomen Status erhielt, legten sich die durch den Bürgerkrieg
bedingten Wirren, um erneut aufzuflammen, als diese Autonomie
durch die Machtübernahme des islamistischen Militärdiktators
General Jafar el-Numeiri bedroht schien, der den Bewohnern im
Süden 1983 die Scharia aufzwingen wollte.

Damals entstand im Süden die SPLA (*Sudan People's Liberation
Army*), eine bewaffnete Bewegung, die sich der von Numeiri und
noch mehr von seinen Nachfolgern geplanten »ethnischen Säube-
rung« widersetzte. Als die Regierung erkannte, dass ein militärischer Sieg über die SPLA kaum möglich sein würde, beschloss sie
deren Basis im Volk, nämlich den Stamm der Dinka, zu vernichten,
der in der Gegend um den Bahr el-Ghazal lebt. Deshalb ermutigte
sie seit 1985 die Baggara, einen im Nordsudan siedelnden Stamm
muslimischer Hirten, die Dinka anzugreifen, ihre Dörfer zu zer-
stören und ihre Frauen, Kinder und jungen Männer zu entführen,
um sie in die Nordprovinzen zu deportieren, wo sie als Dienstboten
oder Hirten ausgebeutet und manchmal sogar gezwungen werden,
an Raubzügen gegen ihren eigenen Stamm teilzunehmen.

Natürlich sind Raubzüge und Menschenjagden im Sudan nichts
Neues. Als der britische Entdecker Samuel Baker 1862 nach Khar-

Zur Sklavenarbeit gezwungene Afrikaner (Foto von Mauro Colasanti, 1972).

toum kam, stellte er bereits fest, dass diese Stadt ein einziger großer Sklavenmarkt war und dass der Sklavenhandel dort seit Jahrhunderten den wichtigsten Wirtschaftszweig darstellte. Gegen diese in den örtlichen Bräuchen verankerte Tradition konnten die englischen Kolonialherren nicht viel ausrichten. Wenn es ihnen auch gelang, die Ausfuhr von Sklaven aus dem Sudan zu unterbinden, so konnten sie doch ebenso wenig wie die Franzosen in Mauretanien die Sklaverei im Lande selbst ausrotten. Dennoch unterzeichnete der Sudan das Sklavereiabkommen von 1926, und nach Erlangung der Unabhängigkeit ging die Sklaverei als solche allmählich zurück. Heute gibt ihr der vom Norden provozierte Bürgerkrieg neuen Auftrieb, um so mehr, als die Leiden der Dinka, die zu 90 % Analphabeten sind, außerhalb ihres Landes so gut wie unbekannt bleiben und die westlichen Staaten bis heute noch nicht einmal versucht haben, Druck in irgendeiner Form auf die sudanesische Regierung auszuüben, damit sie aufhört, die Baggara zu Übergriffen zu ermutigen.

Die bemerkenswerte Untersuchung, die Jok Madut Jok, ein sudanesischer Universitätsdozent – der selbst von den Dinka abstammt und nun in den USA lehrt – jüngst zu diesem Problem vorlegte, schätzt die Zahl der gegenwärtig versklavten Dinka auf 10–15 000 Menschen.[159] Eine Zahl, die nach seinen eigenen Aussagen allerdings dauernd schwankt, weil kranke Sklaven von ihren »Herren« sofort ausgesetzt werden, anderen die Flucht gelingt und wieder andere von ihren Familien »freigekauft« werden, vor allem, wenn diese finanzielle Unterstützung von westlichen Organisationen erhalten.

Der Krieg – zunächst in Form eines Bürgerkriegs und dann durch Angriffe von außen bedingt – führte auch zum Wiederaufleben der Sklaverei in einem anderen islamischen Land: Afghanistan. Meldete doch die *New York Times* vom 8. März 2002, dass in diesem von der Diktatur der Taliban und ihren Folgen verwüsteten Land ganze Dörfer in solchem Elend leben, dass sich Eltern gezwungen sehen, ihre Kinder gegen Nahrungsmittel zu verkaufen.

B) Dennoch ist die Haussklaverei keineswegs nur für islamische Länder typisch. In einem Land wie China war sie bis zur Revolution von 1949 gängige Münze. In zahlreichen nichtmuslimischen Entwicklungsländern, wo sie praktisch seit mehr als einem Jahrhundert ausgerottet schien, bestehen heute Tendenzen, sie wieder einzuführen. Wegen der fortschreitenden Verelendung betrifft sie nun auch immer jüngere Leute. Auch hier werden Kinder oder Heranwachsende (meistens kleine Mädchen) von ihren eigenen Eltern verkauft, weil sie sie nicht mehr ernähren können.

Dies trifft unter anderen auf die *Restavecs* zu, haitianische Kinder, die von ihren Angehörigen an reiche Familien verkauft werden. Die betreffenden Kinder, die systematisch ausgebeutet und oft misshandelt werden, müssen bis zum Erwachsenenalter in den Familien ihrer »Eigentümer« leben – ein Skandal, vor dem die Behörden lieber die Augen verschließen.[160]

Noch mehr überrascht, dass die Haussklaverei auch in den westlichen Ländern wieder Einzug hält. Das Szenario ist hier fast überall dasselbe: Ausländische Diplomaten, die in diesen Ländern akkreditiert und dank ihrer durch die Wiener Konvention garantierten Immunität geschützt sind, reiche Familien aus dem Nahen Osten, die mehrere Haushalte in der ganzen Welt besitzen, selbst wohlhabende und skrupellose europäische Familien sind sich nicht zu schade, die Arbeit armer junger Mädchen auszubeuten, die entweder aus Entwicklungsländern oder aus vom Krieg verwüsteten Ländern eingewandert sind (unter anderem aus dem Kosovo, aus Mali, der Elfenbeinküste, Äthiopien, Somalia, Madagaskar, Sri Lanka, Thailand oder den Philippinen).

Diese jungen Mädchen, die viel Geld für ihre Flugtickets ausgeben mussten, werden nach ihrer Landung in gewissen Städten des Nahen Ostens zunächst von Spezialagenturen bei Familien untergebracht, die sie auf jede nur mögliche Art und Weise ausnutzen. Gleichzeitig wird ihnen der Pass abgenommen, um sie an einer Flucht zu hindern. Nicht selten müssen diese Frauen nicht nur ohne Lohn, geregelte Arbeitszeiten oder Ruhetage schwer arbeiten, sondern werden auch noch schlecht behandelt oder sexuell missbraucht. Jene, die alle diese Prüfungen überstanden haben, werden normalerweise nach einigen Jahren auf die Straße gesetzt, wenn ihre »Herren« umziehen wollen. An die 300 solcher Fälle wurden während der 90er Jahre in Frankreich aktenkundig: in Wirklichkeit wird ihre Zahl wohl viel höher liegen.[161]

C) Abhängigkeitsformen, die der Sklaverei im traditionellen Sinne nahe kommen, gibt es auch weiterhin in einigen Gegenden Asiens, wo die eigentliche Sklaverei schon vor einem Jahrhundert oder noch länger abgeschafft wurde (in Kambodscha 1884, Korea 1895, Thailand 1905, China 1909, Nepal und Burma 1926), und in Lateinamerika.

Diese Formen unbezahlter Arbeit, die noch in zahlreichen Ländern (Indien, Nepal, Burma, Mexiko, Brasilien, usw.) weit verbreitet sind und in den angelsächsischen Ländern als *bonded labour*, in Lateinamerika als *peonaje* bezeichnet werden, sind nur zeitgenössische Varianten der Sklaverei oder der Schuldknechtschaft. Dennoch kommt es oft vor, dass sie unerwähnt bleiben, wenn von Sklaverei die Rede ist, da die meisten Forscher und Experten im Allgemeinen dazu tendieren, unter Sklaverei nur die unumstrittenen Formen von *chattel slavery* zu verstehen, das heißt nur jene Formen, in denen der Rechtsstand eines Sklaven der einer »beweglichen Habe« entspricht.

Mag eine solche Beschränkung aus theoretischer Sicht auch nützlich erscheinen, so ist sie doch zumindest willkürlich gewählt, wenn man bedenkt, dass alle Formen von Ausbeutung menschlicher Arbeit bekämpft werden sollten. In den meisten Fällen ist die Lage eines Landarbeiters, der für ein wenig Nahrung unter dem Vorwand, eine (manchmal tatsächliche und oft erfundene) »Schuld« abtragen zu müssen, bis ans Ende seiner Tage für einen Grundbesitzer schuftet, während alle um ihn herum in tiefer Armut leben, nicht sehr verschieden von der eines Sklaven im eigentlichen Sinn des Wortes. Selbst wenn er einige Rechte besitzt, die diesem abgehen, wie das Recht, eine »eigene« Familie und ein »eigenes« Heim zu gründen, und selbst wenn er nicht ungestraft getötet oder grausam misshandelt werden darf!

Außerdem sollte man die zahlenmäßige Bedeutung dieses Problems nicht verkennen: 1999 schätzte die Arbeitsgruppe der Vereinten Nationen über die zeitgenössischen Formen von Sklaverei die Zahl der Menschen, die in der heutigen Zeit irgendeine Art von *bonded labour* zu leisten hätten, auf zwanzig Millionen und diese Schätzung ist wahrscheinlich in Wirklichkeit noch viel zu gering angesetzt.

D) Angesichts von Leibeigenschaft und Schuldknechtschaft sollte auch die Zwangsarbeit nicht in Vergessenheit geraten. Gewiss muss – wie bereits anfangs erwähnt – zwischen diesen Phänomenen unterschieden werden, da letztere nicht Gegenstand dieses Buches ist. Jedoch sollte man hier unbedingt darauf verweisen, dass im 20. Jahrhundert die Zwangsarbeit im Rahmen des Strafvollzugs noch nie dagewesene Ausmaße annahm.

Dieser Typ von Zwangsarbeit ergab sich aus der rechtlich (oder rein politisch) motivierten Internierung von Personen, die sich so all ihrer Rechte beraubt sahen. So hatten denn die europäischen Monarchien des 17. und 18. Jahrhunderts ihre Galeeren und Arbeitshäuser, die Dritte Republik in Frankreich ihre Bagnos und die totalitären Regime des 20. Jahrhunderts ihre Arbeitslager.

Obwohl ein Bagnosträfling nicht als Sklave im eigentlichen Sinne galt, waren Arbeitslager wie Bagno Räume, in denen er rechtlos war und in denen seine Arbeitskraft bedingungslos ausgebeutet werden konnte. Bis Ende des 19. Jahrhunderts, solange niemand eine derartige Behandlung von Sträflingen grausam oder ungerecht fand, rührte ihr Schicksal die öffentliche Meinung in keiner Weise. Dies änderte sich in Frankreich erst nach der ungerechten Verurteilung des Hauptmanns Dreyfus (1894), so dass im 20. Jahrhundert das Bagno in den westlichen Ländern allmählich verschwand.[162] Heute gibt es Bagnos nur noch in einigen Entwicklungsländern, besonders in ehemaligen englischen Kolonien wie Kenia, wo immer noch mit Ketten beladene Gefangene beim Bau oder der Instandsetzung von Straßen zu sehen sind.

Kennzeichnend für das 20. Jahrhundert dagegen war ein noch nie dagewesener »Aufschwung« von Arbeitslagern in den totalitären Staaten: Lagern, die nun hauptsächlich für politische Gefangene bestimmt waren, selbst wenn manchmal auch Strafgefangene in ihnen interniert wurden. Lager dieser Art gab es beispielsweise in Gebieten, die vor und während des Zweiten Weltkrieges unter deutscher Besatzung standen und in denen Arbeiter aus den okkupierten Ländern, die auf Anordnung der deutschen Behörden dorthin deportiert worden waren, Zwangsarbeit zu verrichten hatten.[163] Häftlinge von Konzentrationslagern, in ihrer Mehrzahl Juden, wurden entweder unmittelbar durch nationalsozialistische Institutionen (Organisation Todt, SS) schärfster Zwangsarbeit unterworfen oder gewinnbringend an private Firmen (der Rüstungsindustrie und anderer »kriegswichtiger« Wirtschaftszweige) und landwirtschaftliche Betriebe vermietet. Bei den geringsten Verletzungen der

Eine Französin in einem deutschen Rüstungsbetrieb während des Zweiten Weltkriegs. Männer und Frauen aus den okkupierten Ländern wurden von der deutschen Besatzungsmacht zum Arbeitseinsatz in Fabriken oder Landwirtschaftsbetrieben zwangsverpflichtet.

»Arbeitsdisziplin« konnten drakonische Strafen und Misshandlungen, Entzug der (Hunger-)Rationen, Rückführung ins KZ oder die Todesstrafe verhängt werden.

Das System der Zwangsarbeit erfuhr seine größte Ausweitung innerhalb des kommunistischen Blocks und besonders in der ehemaligen Sowjetunion, wo es besser unter der Bezeichnung *Gulag* bekannt ist. Die Literatur über den »Gulag« – ein Wort, das von **G***lavnoe* **U***pravlenie* **L***agerej*, der russischen Bezeichnung für »Lagerhauptverwaltung«, abgeleitet ist – ist um so umfangreicher, als die Geschichte dieses Phänomens noch auf ihre objektive Darstellung wartet.[164] Um einen ersten Eindruck davon zu vermitteln, sei darauf verwiesen, dass die Idee, Arbeitslager in der Sowjetunion einzurichten (die sowohl als Produktionseinheit zur Behebung der Mängel einer aus den Fugen geratenen Wirtschaft verstanden wurden als auch als Mittel, um politische Oppositionelle und als gefährlich eingestufte Personen zu isolieren) schon 1918 auftauchte, aber dass das System selbst – das sich aus mehreren, in Nordruss-

Errichtung einer Schleuse des Weißmeer-Kanals. Bei diesem und anderen Renommierprojekten setzte das Stalin-Regime in großem Umfang Zwangsarbeiter, vorwiegend politische Häftlinge und Strafgefangene, ein.

land und Sibirien verstreut liegenden Lagern zusammensetzte – erst Ende der 20er Jahre ausgebildet wurde, als sich die Alleinherrschaft Stalins klar abzuzeichnen begann. Zu Beginn des Zweiten Weltkriegs erreichte man mit 2 Millionen Häftlingen (1. Jan. 1941) einen ersten Höhepunkt. Nach dem Krieg waren 2,5 Millionen Deportierte (1. Jan. 1950) dem System unterworfen; es wurde erst ab 1953, nach dem Tode Stalins, zerschlagen.

Selbst wenn die Gefangenen des Gulag häufig die Verwirklichung der großen Arbeiten, deren Nutzen manchmal umstritten war (wie den Bau eines Kanals, der das Baltikum mit dem Weißen Meer verband und 1931–1933 30–60000 Menschen das Leben kostete, die an Hunger und Kälte zugrunde gingen), mit ihrem Leben bezahlten, lag die wirtschaftliche Rentabilität der Zwangsarbeit – die durch Sabotage und Korruption gemindert wurde – in der Regel sehr niedrig, viel niedriger als die der Lohnarbeit. Dies war im übrigen der Grund, warum der Gulag nach 1956 praktisch von der Landkarte verschwand, um Ende der 60er Jahre als Haftort für Dissidenten noch einmal künstlich wiederbelebt zu werden.

Ein vergleichbares System von Straflagern, das »LAOGAI«, wurde im Laufe der 50er Jahre im kommunistischen China eingerichtet und existiert dort immer noch. Ähnliche Lager gab es auch in Kuba nach der Machtübernahme durch Fidel Castro (1959) sowie in den kommunistischen Staaten Südostasiens und in einigen afrikanischen Ländern.

Schwerster Terror wurde im Kambodscha der Roten Khmer verübt (1976–1979). In diesem Land, wo die Schuldknechtschaft seit mindestens zehn Jahrhunderten vor dem Hintergrund ethnischer Rivalitäten traditionell fest verankert war, starben in den drei Jahren der entsetzlichen Diktatur Pol Pots zehntausende Insassen von Arbeitslagern an Hunger, Erschöpfung, Krankheiten und den Folgen der dort erlittenen Misshandlungen.

Veränderte Formen von Sklaverei

Die Sklaverei im traditionellen Sinn bildete in jüngster Zeit besonders in zwei Bereichen vermehrt neue Formen aus: im Bereich von Produktion und Prostitution.

A) Das für das kapitalistische System insgesamt charakteristische Rentabilitätsstreben ist verantwortlich für den explosionsartigen Aufschwung neuer Formen wirtschaftlicher Ausbeutung in Afrika und Asien, die der Sklaverei sehr nahe kommen.

Dabei fällt zunächst die Ausbeutung der Kinderarbeit (ein sehr altes und fast überall zu beobachtendes Phänomen) ins Auge, die zwar regelmäßig angeprangert, aber keineswegs unterbunden wird. Vielmehr gibt es sie weiterhin besonders in China, Indien und Pakistan, wo Tausende von Kindern, die an Unterernährung und Krankheiten leiden und Misshandlungen ausgesetzt sind, bis zur Erschöpfung in gewissen Wirtschaftszweigen – Herstellung von Ziegelsteinen, Glas, Spielzeug, Teppichen, Zündhölzern und vielem anderem mehr – arbeiten. Teilweise sind sie auch berufsbedingten Gefahren ausgesetzt, wie die Bergleute in Kolumbien, die Arbeiter auf den Kautschuk-Plantagen in Malaysia oder die Perlenfischer in Malaysia und Burma. Ein Bericht des Internationalen Arbeitsamtes [BIT = *Bureau International du Travail*], der am 12. November 1996 in Genf veröffentlicht wurde, schätzt die Zahl der Kinder von fünf bis vierzehn Jahren, die unter Bedingungen arbeiten müssen, die der Sklaverei in nichts nachstehen (ungefähr die Hälfte von ihnen als Ganztagsbeschäftigte), auf 200 Millionen, wovon 61% in Asien (5 Millionen allein in Indonesien), 32% in Afrika und 7% in Lateinamerika leben. Nach Angabe von Unicef könnte diese Zahl 2001 auf 250 Millionen ansteigen, wobei mehr als die Hälfte der Kinder gesundheitsgefährdende Tätigkeiten ausübt.

Aber auch die Erwachsenen sind betroffen.[165] Nur um genug zum Essen zu haben, sehen sich in Burma eine Million Menschen gezwungen, ohne geregelte Arbeitszeiten beim Straßenbau oder bei der Errichtung privater Gebäude und militärischer Einrichtungen zu arbeiten. Im gesamten Süden und Südosten Asiens entwickelte sich in den letzten Jahren das System der *sweatshops* – Werkstätten zur Herstellung von Textilien und Kleidung, in denen Arbeitskräfte ohne soziale Absicherung bis zur Erschöpfung für ein lächerliches Gehalt arbeiten. Die Tatsache, dass diese Art von Arbeit bezahlt wird und dass sie in den betroffenen Ländern nicht notwendigerweise gesetzlich verboten ist, verleitet oft dazu, sie von der Sklaverei als solcher zu unterscheiden. Dennoch scheint es sich eher um einen terminologischen Unterschied zu handeln, zumal der betreffende Lohn kaum ausreicht, um die Bedürfnisse der Arbeiter nach Wohnung und Nahrung zu befriedigen.

Betont sei, dass man *sweatshops* auch immer häufiger in den Industrieländern antrifft. Im Gegensatz zu dem, was in Hongkong, Thailand oder Indonesien passiert, ist ihre Existenz hier völlig gesetzeswidrig. Aber dank des fast permanenten Zustroms von Einwanderern aus Entwicklungsländern und Kriegsgebieten, von Arbeitskräften also, die illegal einreisen und deshalb keinesfalls damit rechnen können, gegen diese Form der Ausbeutung geschützt zu werden, florieren sie trotzdem nicht schlecht. Über illegale Kanäle werden so Marokkaner, irakische Kurden, Chinesen, Ceylonesen und andere nach Spanien, Italien, Deutschland, Frankreich und Großbritannien von Schlepperbanden eingeschleust – ebenso wie Mexikaner in die USA –, wobei sie nicht nur eine besonders schwere Arbeit erwartet, sondern die Immigranten oft auch infolge der gefährlichen Umstände der Grenzüberschreitung (etwa der Fahrt in kleinen Booten über das offene Meer, ohne genügende Wasser- und Nahrungsvorräte) ihr Leben riskieren.[166] Einmal im »Gastland« angekommen, droht diesen illegalen Einwanderern fortwährend die Abschiebung.

Hier stoßen wir auch auf ein anderes klassisches Phänomen, das immer größere Ausmaße annimmt: die hemmungslose Ausbeutung der Saisonarbeiter in der europäischen Landwirtschaft. In Ländern wie Frankreich, Spanien, Italien und Griechenland werden für diese saisonbedingten Arbeiten seit ungefähr einem Jahrhundert Leute beschäftigt, die oft vorübergehend illegal einwandern und keine andere Möglichkeit haben, als »schwarz« zu arbeiten. In jüngster Zeit trifft man auch immer häufiger auf afrikanischen Kakao- und Baumwollplantagen an der Elfenbeinküste, in Nigeria und Gabun auf dieses Phänomen, während gleichzeitig das Durchschnittsalter der Saisonarbeiter, die immer öfter durch spezielle Organisationen massenweise von einem Land ins andere befördert werden, beträchtlich gesunken ist.

Um dem Elend zu begegnen, das weite Teile des afrikanischen

Zwangsprostituion

Kontinents heimsucht, müssen heute Jugendliche – oft auf Veranlassung ihrer eigenen Familien, von denen sie manchmal sogar verkauft werden – in den Nachbarländern arbeiten gehen. Obwohl dies weltweit bekannt ist, regt sich niemand darüber auf, außer wenn ausnahmsweise einem Schiff mit einer »Ladung« Sklaven an Bord die Einfahrt in einen Hafen verweigert wurde, wo es seine illegalen jungen Passagiere absetzen wollte.[167]

B) Auch auf dem Gebiet der Prostitution gibt es seit langem internationale Ringe. Man hat ihre Bedeutung manchmal übertrieben. So beruhte zum Beispiel der in den 50er Jahren so berüchtigte »Handel mit weißen Sklavinnen« (zwischen Westeuropa und dem Nahen Osten) mit Sicherheit teilweise auf »Gerüchten«.[168] Das Schicksal der *comfort women* allerdings – jener ungefähr 200 000 jungen Frauen (meistens Koreanerinnen, Chinesinnen, Philippininnen und Indonesierinnen), die seit Beginn der 30er Jahre bis zum Ende des Zweiten Weltkrieges für den »Komfort« japanischer Soldaten bestimmt waren und Misshandlungen von unerhörter Brutalität zu erdulden hatten – spielte sich vor aller Augen ab, ohne dass die japanischen Militärbehörden daran Anstoß genommen hätten.[169]

Neue Ringe der Zwangsprostitution entwickeln sich seit ungefähr zehn Jahren in Westeuropa ebenso wie in anderen Teilen der Welt. Sie entstehen hauptsächlich in Ländern, die vor Beendigung des Kalten Krieges zur ehemaligen Sowjetunion und zu deren Einflussbereich in Osteuropa oder zum ehemaligen Jugoslawien zählten. Die jungen Frauen, die diesem Gewerbe nachgehen, werden oft unter Vorspiegelung falscher Tatsachen (etwa indem man ihnen eine Arbeit als Haushaltshilfe in Aussicht stellt) in die Prostitution gelockt; manche akzeptieren ihre Lage notgedrungen, solange sie keine besseren Existenzmöglichkeiten finden. Es sind Fälle dokumentiert, in denen Zwangsprostitution mit dem stillschweigenden Einverständnis der Polizeibehörden erfolgt. Die hemmungslose Ausbeutung der Frauen – vielfach unter schweren Misshandlungen, Entzug der Bewegungsfreiheit und unter dem Damoklesschwert der Abschiebung – rechtfertigt, hier von »Sexsklaverei« zu sprechen.

Neue Formen von Sklaverei

Ich werde auf zwei davon eingehen, die eines gemeinsam haben, dass sie nämlich vor allem Kinder betreffen (was uns als bittere Ironie der Geschichte wieder zu den Anfängen der abendländischen Kultur, nämlich in die Gesellschaft des antiken Griechenlands zurückführt, wo der Sklavenhalter täglich den Begriff »Kind« gebrauchte, wenn er sich an seinen Sklaven wandte).

(A) Neu ist der Anstieg der Kinderprostitution, die nun nicht mehr nur im (relativ alten) Rahmen von Bars und Bordellen, sondern auch in »Massagesalons« und bestimmten »Ferienclubs« stattfindet, um die Bedürfnisse des gemeinhin als »Sextourismus« bezeichneten Phänomens leichter befriedigen zu können.

»Salons« und »Clubs«, die auf diese Art von Tourismus spezialisiert sind, mehren sich seit einigen Jahren in der Karibik und in Südostasien (in Thailand und auf den Philippinen). Sie werden von männlichen Kunden aus aller Herren Länder, aber vor allem aus Europa, den Vereinigten Staaten, Japan und dem Nahen Osten besucht. Die weiblichen und männlichen Prostituierten, denen sie dort »zufällig« begegnen, sind oft minderjährig, manchmal sogar

297

Kindersoldaten

noch sehr jung. Obwohl Reisende oft den oberflächlichen Eindruck gewinnen, diese jungen Mädchen und Jungen hätten sich ihre Arbeit selbst gewählt, ist dies nur selten der Fall. Ebenso wie es nur selten vorkommt, dass sie nicht von einem Ring abhängig sind, der ihnen einen Teil ihres mageren Verdienstes abnimmt.

Nach den Schätzungen von UNICEF gab es 1992 in Thailand an die 300 000 Kinder unter sechzehn Jahren, die in Bars, Bordellen, »Massagesalons« und »Ferienclubs« arbeiteten. Und zweifelsohne sind fast die Hälfte der Menschen (zwei von fünf Millionen), die heutzutage auf der Welt gezwungen sind, der Prostitution nachzugehen, Kinder. Es existiert auch keine Statistik, die die Zahl der Kinder belegte, die gezwungen werden, illegale Pornofilme und Videoclips für eine pädophile Klientel zu drehen, aber das Problem als solches steht leider außer Zweifel.

(B) Neu ist weiterhin das furchtbare Phänomen der »Kindersoldaten«, ein Übel, das im Rahmen von Bürgerkriegen auftritt; derartige Bürgerkriege sind in der Regel aus Stammesfehden hervorgegangen, ziehen sich oft endlos hin und können durch die Verwicklung von Nachbarländern sogar zu internationalen Konflikten eskalieren. Heute ist das Auftreten von Kindersoldaten vor allem in zwei Gebieten Afrikas aktuell, nämlich in West- und Zentralafrika. In Westafrika sind Sierra Leone (Schauplatz eines vom *Revolutionary United Front* inszenierten blutigen Aufstands), Liberia und ein Teil von Guinea in einen unentwirrbaren Konflikt verstrickt, in dem der Anteil am Diamantenhandel ein verhängnisvoller Einsatz ist, während sich in Zentralafrika reguläre Armeen und illegale Milizen verschiedener Länder (Demokratische Republik des Kongo, Ruanda, Uganda, Angola, Simbabwe und andere) immer wieder verheerende Kämpfe liefern, was gewisse Beobachter veranlasste, bereits heute von einem »Dritten Weltkrieg« zu sprechen.

Aber das Phänomen existiert auch anderswo, in Palästina ebenso wie in Somalia oder Afghanistan. Es soll zum heutigen Zeitpunkt ungefähr 300 000 Kinder überall in der Welt betreffen. Da heute normalerweise die audiovisuellen Medien der ganzen Welt auf den Kriegsschauplätzen gegenwärtig sind, konnte es auch nicht verborgen bleiben. Aber die Bilder von unter Drogen stehenden Kindern und Jugendlichen, die voller Stolz ihre Waffen schwingen, mit denen sie so viele »Feinde« wie möglich töten wollen, scheinen das gute Gewissen der Menschen im Westen nur wenig zu rühren. Jedenfalls wird kaum etwas getan, um gegen diese Art von Ausbeutung vorzugehen, der man wieder einmal zu Unrecht die Bezeichnung Sklaverei verweigern möchte, weil die betreffenden Kinder angeblich die Manipulationen, denen sie seitens krimineller Erwachsener ausgesetzt sind, begeistert akzeptieren.

ZWÖLFTES KAPITEL

An der Schwelle zum 21. Jahrhundert: was tun?

Diese letzte Kapitel wird das kürzeste von allen sein. Und zwar aus gutem Grund: tun die Menschen doch nicht wirklich alles, um der Sklaverei und den ihr verwandten Formen von Ausbeutung – wie es richtig wäre – ein Ende zu setzen. Nicht nur dass Einzelne, Familien, Unternehmen oder Gangs an ihrem Fortbestehen interessiert sind, weil sie weiterhin Geld einbringt, sondern auch, weil die meisten Leute, vor allem in den westlichen Ländern, davon überzeugt sind, dass die im 19. Jahrhundert abgeschaffte Sklaverei schon seit langem kein Thema mehr ist.

Deshalb bringen auch die Anstrengungen jener Personen und Vereine, die viel Energie darauf verwenden, ihre Zeitgenossen vom Gegenteil zu überzeugen, so wenig ein. Und folglich werden auch die dringend notwendigen Maßnahmen, um die steigende Flut der Sklaverei auf internationaler Ebene einzudämmen, immer noch nicht ergriffen.

Hier sollen zunächst die Aktivitäten der internationalen Gemeinschaft und ihrer offiziellen Organe untersucht werden, bevor wir uns den mehr informellen Aktionen der NRO (= Nichtregierungsorganisationen) und andere privater Vereinigungen zuwenden.

Die Aktivitäten der internationalen Gemeinschaft
Diese werden im wesentlichen von der Organisation der Vereinten Nationen und ihren Sondereinrichtungen, wie dem Internationa-

len Arbeitsamt, dem Wirtschafts- und Sozialrat, dem Kinderhilfswerk, der UNICEF usw. koordiniert.

Die rechtliche Grundlage dieser Aktivitäten ist durch eine Fülle grundlegender Texte definiert:

– Die *Charta der Vereinten Nationen*, die am 26. Juni 1945 in San Francisco unterzeichnet wurde.

– Die *Allgemeine Erklärung der Menschenrechte*, die die Vollversammlung der Vereinten Nationen am 10. Dezember 1948 annahm, wobei Artikel 4 die Abschaffung der Sklaverei, der Leibeigenschaft und jeder Form von Sklavenhandel verkündete, während Artikel 23 daran erinnerte, dass jeder Mensch das Recht auf freie Wahl seines Arbeitsplatzes sowie gerechte Arbeitsbedingungen habe.

– Das am 25. September 1926 in Genf (unter der Ägide des Völkerbundes) unterzeichnete *Sklavereiabkommen*, ergänzt durch ein am Sitz der UNO unterzeichnetes Abänderungsprotokoll vom 7. Dezember 1953.

– Das *Zusatzübereinkommen über die Abschaffung der Sklaverei, des Sklavenhandels und sklavereiähnlicher Einrichtungen und Praktiken*, das am 7. September 1956 in Genf unterzeichnet wurde und am 30. April 1957 in Kraft trat, ein Übereinkommen, das in seinem ersten Artikel großzügig vorschlug, nicht nur die Sklaverei, sondern auch ähnliche Praktiken wie die Leibeigenschaft oder die Schuldknechtschaft abzuschaffen. Dazu war jedoch die in Artikel 7 am englischen Begriff der *chattel slavery* ausgerichtete Definition von Sklaverei als »Rechtsstellung oder Lage einer Person, an der einzelne oder alle der mit dem Eigentumsrecht verbundenen Befugnisse ausgeübt werden«, zu restriktiv, da der jeweilige »Herr« eines Sklaven mit ein bisschen Heuchelei immer vorgeben konnte, keinerlei »Besitzrecht« an seinem Opfer zu haben.

– Das *Übereinkommen über Zwangs- oder Pflichtarbeit*, das von der Vollversammlung der Internationalen Arbeitsorganisation am 28. Juni 1930 beschlossen wurde und am 1. Mai 1932 in Kraft trat (und das nicht gilt, sobald Arbeit von einem Einzelnen infolge einer rechtskräftigen Verurteilung gefordert wird).

– Das *Übereinkommen über die Abschaffung von Zwangs- oder Pflichtarbeit*, das von der Vollversammlung der Internationalen Arbeitsorganisation am 25. Juni 1957 beschlossen wurde und am 17. Januar 1959 in Kraft trat.
– Und schließlich das *Übereinkommen zur Beseitigung des Menschenhandels und der Ausbeutung durch Prostitution*, das von der Vollversammlung der Vereinten Nationen am 2. Dezember 1949 beschlossen wurde und am 25. Juli 1951 in Kraft trat.

Diese Texte, denen seit einem halben Jahrhundert viele andere, die hier nicht alle aufgezählt werden können, folgten – unter anderem ein 2000 in Kraft getretenes Übereinkommen zur Beseitigung »der schlimmsten Formen von Kinderarbeit« – sind natürlich unentbehrlich. Leider wurden sie zwar häufig von den Delegierten der einzelnen Mitgliedsstaaten der UNO unterzeichnet aber keineswegs immer von deren Regierungen ratifiziert – was zur Folge hat, dass sie in den entsprechenden Ländern keinerlei Rechtskraft besitzen. So wurde beispielsweise das Zusatzübereinkommen von 1956 nur von 120 Ländern ratifiziert, zu denen unter anderen weder Angola noch Benin, Gabun, Kenia, der Jemen, die Vereinigten Arabischen Emirate, Katar, Oman, der Libanon, Burma und Thailand gehören. Ebenso wurde das Übereinkommen von 1957 über die Abschaffung der Zwangsarbeit weder von Malaysia noch von Singapur ratifiziert, während das Übereinkommen zur Beseitigung der Ausbeutung durch Prostitution von 1949 weder von den Vereinigten Staaten, noch von China oder Thailand ratifiziert wurde, während sich Frankreich vorbehielt, seine Anwendung zwar im Mutterland selbst, aber nicht in den überseeischen Départements und Territorien durchzusetzen.

Hinzu kommt, dass diese Texte zwar unumstritten die Rechtmäßigkeit jeder internationalen Aktion – sei sie präventiv oder repressiv – gegen die Sklaverei begründen, jedoch keinerlei konkrete Maßnahmen zu deren Umsetzung empfehlen. Ebenso schlagen sie keinerlei Sanktionen gegen Staaten vor, die nach ihrer Unterzeichnung und Ratifizierung ihren Verpflichtungen nicht nachkommen (wie dies durchaus, wie oben aufgezeigt, unter anderem bei Mauretanien und dem Sudan der Fall war). Kurz gesagt, man kann sich des Eindrucks nicht erwehren, dass es sich um reine Absichtsbeteuerungen handelt, die nie verwirklicht werden.

Schließlich zeigte die in Durban (Südafrika) in den ersten Septembertagen 2001 abgehaltene Konferenz endgültig, wie die Politik in unserer Zeit jeder internationalen Aktion Grenzen setzt. Dieses internationale Forum mit dem bewusst weit gespannten Titel: »Dritte Weltkonferenz gegen Rassismus, Rassendiskriminierung, Fremdenfeindlichkeit und darauf bezogene Intoleranz«, hätte die Möglichkeit bieten können, eine Reihe konkreter Entscheidungen zu treffen, um zumindest die durch Rassendiskriminierung bedingten aktuellen Formen von Sklavenhandel oder Ausbeutung durch Arbeit zu bestrafen. Stattdessen wurde auf Antrag einiger afrikanischer Länder die Frage finanzieller Entschädigungen für die Jahrhunderte der Sklaverei diskutiert, die Europa und die Vereinigten Staaten Afrika aufgezwungen hätten. Dann ging es nur noch um die Anprangerung der Politik der westlichen Länder, bevor es, mit Unterstützung der arabischen Staaten, zu einer doppelten Verurteilung Israels und der Vereinigten Staaten kam, die man als einzige für das Drama der Palästinenser verantwortlich machte. Die Delegierten dieser beiden Länder hatten daraufhin keine andere Wahl, als die Konferenz zu verlassen, wozu es den europäischen Delegierten sowohl an Mut als auch an Würde fehlte.

Das im Laufe der folgenden vier Monate mühsam ausgehandelte Schlussprotokoll der Konferenz, das im Januar 2002 veröffentlicht wurde, konnte niemanden zufrieden stellen. Es begnügte sich damit, festzustellen, dass Sklaverei und Sklavenhandel »ein Verbrechen gegen die Menschheit darstellen und immer als solche hätten betrachtet werden müssen« (was offensichtlich war). Dann ermutigte man zu Hilfeleistungen für die Entwicklungsländer, ohne diese als »Reparationen« zu qualifizieren, wie die afrikanischen Staaten gefordert hatten. Der moralische Gehalt dieser allgemeinen Sätze ist unumstritten, aber man hatte mit Recht von einer Konferenz dieses Umfangs etwas anderes erwartet – mehr Effizienz in der Unterdrückung rein verbal verurteilter Praktiken.

Die Tatsache, dass die von Mehrheitsbescheiden abhängige

Organisation der Vereinten Nationen so von ihren eigentlichen Zielen abgebracht werden kann, zeigt auf jeden Fall, wie notwendig es ist, Handlungsformen zu finden, die weniger vom politischen Interessenspiel abhängig sind. Hier zeigt sich, dass Nichtregierungsorganisationen und andere private Vereinigungen eine entscheidende Rolle spielen können.

Die Aktionen der NRO und privater Vereinigungen

Seit dem 17. Jahrhundert hängt der Fortbestand der Sklaverei von einem Geflecht überregional vernetzter Interessen ab. So war es denn auch kein Zufall, wenn die älteste noch bestehende internationale NRO ihre Gründung gerade dem Kampf gegen die Sklaverei verdankte. Die berühmte *British and Foreign Anti-Slavery Society* wurde am 17. April 1839 in London von einer Gruppe militanter Protestanten gegründet (vor allem Quäkern, Baptisten und Methodisten), 1890 in *The Anti-Slavery and Aborigines' Protection Society* umbenannt, ein Name, der 1990 abermals in *Anti-Slavery International* abgeändert wurde. Ihre Kampagnen trugen entscheidend zur Unterzeichnung der Abkommen von 1926 und 1956 bei. Gegenwärtig besteht ihre Aufgabe darin, einzelne Regierungen und internationale Institutionen für ihre Interessen zu gewinnen, Untersuchungen über heute noch bestehende Formen von Sklaverei anzuregen und allen Interessierten Informationen über diese Fragen zur Verfügung zu stellen (www.antislavery.org).

In den letzten Jahren widmete die *Anti-Slavery* einen Großteil ihrer Anstrengungen dem Kampf gegen die Schuldknechtschaft in Asien und den Kinderhandel in Afrika. *Anti-Slavery* verleiht auch jährlich Preise an Personen oder Vereinigungen, die sich in diesem Kampf ausgezeichnet haben: erstmals wurde der Preis 1991 an die Vereinigung BLLF (*Bonded Labour Liberation Front*) verliehen, 1998 ging einer der letzten Preise an Professor Saad Bouh Kamara, den Gründer der mauretanischen Menschenrechtsvereinigung.

Die 1967 in Pakistan mit dem Ziel gegründete BLLF, den Zwangsarbeitern in Ziegeleien juristische Hilfe anzubieten (es handelte sich im wesentlichen um arme Jugendliche, die als Lehrlinge in

Handwerksbetrieben untergebracht worden waren und dann gezwungen wurden, eine unbegrenzte Anzahl von Jahren umsonst zu arbeiten, um ihr Lehrgeld zu »erstatten«), machte sich später daran, gegen alle vorhandenen Formen von Zwangsarbeit in der pakistanischen Wirtschaft vorzugehen. Obwohl der Oberste Gerichtshof des Landes die inkriminierte Praxis in den Ziegeleien für ungesetzlich erklärte (1988), kann dieser Industriezweig in anderen Bereichen immer noch auf die uneingeschränkte Unterstützung der Geschäftswelt sowie zahlreicher politischer und religiöser Funktionäre bauen.

Nach der Ermordung eines ihrer jungen Mitstreiter, eines zwölfjährigen Jungen namens Iqbal Masih, im April 1995 wurde die BLLF zur Zielscheibe einer schonungslosen Einschüchterungskampagne und von Repressionen seitens der pakistanischen Regierung. Ihr Präsident Ehsan Ullah Khan wurde eines Aufruhrversuches – eines in Pakistan todeswürdigen Verbrechens – angeklagt und zog es daraufhin vor, ins Exil nach Schweden zu gehen. Von da aus versuchte er, seine Aktivitäten fortzusetzen, während die Bankkonten der BLLF vorübergehend eingefroren wurde.

Auch im Sudan ist es schwierig, vor Ort wirksam gegen die Sklaverei vorzugehen, zum einen weil die Regierung diesem Kampf viele Hindernisse in den Weg legt, zum anderen, weil der permanente Bürgerkriegszustand viele Gefahren in sich birgt. Trotzdem bemühen sich NRO wie *Christian Solidariy International* (CSI) oder *Save the Children* aktiv darum, Mittel zu sammeln, um im Norden Sklaven »freizukaufen« und in ihre Dörfer im Süden zurückzuschicken, falls diese überhaupt noch existieren. Der Durchschnittspreis eines Sklaven liegt bei 50 US-Dollar. Die Zahl der so seit 1995 freigekauften Sklaven beläuft sich inzwischen auf mehr als 12000. 77% von ihnen haben zugegeben, zum Übertritt zum Islam gezwungen worden zu sein, während 80% der mehr als zehn Jahre alten Mädchen erklärten, von ihrem »Herrn« vergewaltigt worden zu sein. Die Praxis des »Freikaufs« ist natürlich insofern umstritten, als sie geradezu dazu ermutigen kann, Razzien als eine Art von Einkunftsquelle durchzuführen. Aber die CSI bemüht sich auch, »Friedenskomitees« zwischen den Arabern (im Norden) und den Dinka (im Süden) zu gründen – was langfristig zu einer Entschärfung des bestehenden Konflikts führen könnte. Andere Vereinigungen und die NRO spezialisieren sich auf den Kampf gegen jegliche Form von Ausbeutung der Arbeitskraft von Kindern und Erwachsenen, besonders innerhalb jener großen Unternehmen, die sich in einen schonungslosen Wettbewerb um die größere »Rentabilität« befinden. Erwähnt seien nur einige der jüngsten Aktivitäten dieser Art (2001), wie Kampagnen, um die Aufmerksamkeit der internationalen Öffentlichkeit auf die Arbeitsbedingungen der Arbeiter in der chinesischen Spielzeugindustrie oder auf den afrikanischen Kakaoplantagen zu lenken, oder jenen Feldzug gegen Sportschuhe der Marke Nike, deren Preis pro Paar 80 Dollar beträgt, während die schwer ausgebeuteten kambodschanischen oder indonesischen Arbeiter für ihre Herstellung gerade einmal 3 Dollar bekommen.

In Europa selbst und besonders in Frankreich, Großbritannien und der Schweiz steht seit einigen Jahren ein Wiederaufleben der Haussklaverei auf der Tagesordnung. In Frankreich, wo die Nationalversammlung und der Senat 2001 einen Gesetzesvorschlag annahmen, der die Sklaverei als Verbrechen gegen die Menschheit qualifizierte, wurde 1994 auf Initiative der Regisseurin Dominique Torrès ein Verein gegründet, der sich *Comité-France contre l'esclavage moderne* (Französisches Komitee gegen die moderne Sklaverei) nennt. Er bemüht sich darum, die entsprechenden Opfer ausfindig zu machen und zu retten (www.ccem-antislavery.org). Eine ähnliche Arbeit leistet die Vereinigung *Kalayaan, Justice for Overseas Domestic Workers* (Gerechtigkeit für ausländische Hausangestellte) in Großbritannien, die seit ungefähr zehn Jahren schon mehr als 2000 Personen unter ihre Fittiche genommen hat. *Syndicat sans frontières* (Gewerkschaften ohne Grenzen) tut ein gleiches in Genf, wo an die 3000 Diplomatenfamilien leben. Obwohl sich diese einzelnen Organisationen in ihrem Kampf keineswegs auf die Zusammenarbeit mit den verschiedenen Außenministerien oder vor allem mit der Polizei in den europäischen Ländern verlassen können, könnte ihre Arbeit doch zu guter Letzt dazu beitragen, dass die geforderte teilweise Revision der Konvention von Wien über die diplomatische Immunität durchgesetzt würde, die weit restriktiver gehandhabt werden sollte.

Was den Kampf gegen die Ausbeutung durch Prostitution betrifft, so hat Frankreich ebenfalls 1994 Gesetze verabschiedet, die es ihm erlauben, seine Staatsangehörigen, die im Ausland Minderjährige unter fünfzehn Jahren sexuell missbraucht haben, zu Hause gerichtlich zu verfolgen, vorausgesetzt, dass das betreffende Delikt auch in dem fraglichen Land strafbar ist. Nach dem ersten Weltkongress über die sexuelle Ausbeutung von Kindern, der 1996 unter der Ägide der *ECPAT International (End Child Prostitution, Pornography and Trafficking)* – einer Arbeitsgemeinschaft zum Schutz der Kinder vor sexueller Ausbeutung, mit Sitz in allen Kontinenten – unter Teilnahme der Vertreter von 122 Ländern in Stockholm stattfand, erließ Frankreich 1998 ein weiteres Gesetz, das die Strafverfolgung auf alle im Ausland gegen Minderjährige verübten Sexualverbrechen und Delikte ausdehnte, selbst wenn diese im Urheberland nicht strafbar sind. Allerdings erweist sich eine Anwendung dieses Gesetzes in zweifacher Hinsicht als äußert schwierig, da zum einen in zahlreichen Ländern ein florierender »Sextourismus« von den Behörden geduldet wird, zum anderen Beweise nur sehr schwer zu erbringen sind.

Zum Abschluss dieses Überblicks sei noch darauf verwiesen, dass man allmählich damit beginnt, gerichtliche Schritte gegen frühere Formen von Sklaverei einzuleiten. So reichten 1991 drei Koreanerinnen, ehemalige *comfort women*, vor einem japanischen Gericht Klage ein, um eine Wiedergutmachung für ihre während des Zweiten Weltkrieges erlittenen Schäden zu fordern. Mehrere Dutzend andere sind seither ihrem Beispiel gefolgt. Selbst wenn ihr Vorstoß keine Resultate zeitigte (lehnte doch die japanische Regierung jegliche Verantwortung ab), so trugen diese Klagen doch zumindest dazu bei, die Erinnerung an eine Realität wachzuhalten, die von den japanischen Geschichtsbücher schamhaft verschwiegen wird. In Deutschland ist es der Kampf um die Entschädigung für die Zwangsarbeiter, die von der deutschen Besatzungsmacht während des Nationalsozialismus deportiert worden waren.

In jüngster Zeit (März 2002) wurden erstmals in den Vereinigten Staaten Strafanträge gegen die *Fleet-Boston Financial Group* gestellt, ein Bankenkonsortium, das aus einem Ende des 18. Jahrhunderts von dem amerikanischen Senator John Carter Brown gegründeten Unternehmen hervorging. Die Kläger, die finanzielle Entschädigungen (in nicht spezifizierter Höhe) zugunsten der 35 Millionen Afroamerikaner fordern, die heute als Nachkommen ehemaliger Sklaven in den Vereinigten Staaten leben, bringen als Argument vor, dass Brown sein Vermögen teilweise dem Sklavenhandel verdankte, eine Tätigkeit, die ein Verbrechen gegen die Menschheit darstelle.

Der Kampf geht weiter

Die Geschichte des Rassismus ist die des Hasses, die Geschichte der Sklaverei ist die der Verachtung.

Logischerweise geht die Verachtung dem Hass voraus: man hasst schließlich, was man zunächst verachtete. Deshalb setzte die Geschichte der Sklaverei vor der des Rassismus ein und bereitet sie vor.

Historisch gesehen, gab es zuerst die Sklaverei. Der Rassismus war nur die Folge davon, dass sich eine Zivilisation (vor allem, wenn auch nicht ausschließlich, die europäische) lange Zeit an eine Einrichtung wie die Sklaverei gewöhnt hatte, deren Opfer von Anfang an *Fremde* waren.

So überrascht es nicht, dass der europäische Rassismus an die dreitausend Jahre nach der Entstehung der Sklaverei in der Antike, im Vorderen Orient, aufkam. Dass er in Griechenland gegen Ende der klassischen Zeit entstand, als sich mit Aristoteles deutlich die Vorherrschaft des *logos* abzeichnete. Dass er durch die Jahrhunderte eine kontinuierliche Entwicklung nahm, die seit dem 18. Jahrhundert unter dem Eindruck des Aufschwungs des atlantischen Sklavenhandels rapide Fortschritte machte – so sehr, dass er ab der zweiten Hälfte des 19. Jahrhunderts, als sich die Sklaverei endlich auf dem Rückzug befand, so mächtig geworden war, dass er nun aus sich selbst heraus leben konnte.

Dies ist zumindest die Hypothese, die ich aufstellen möchte, nachdem ich zuerst die Geschichte des Rassismus[170] und nun – von Griechenland bis nach Sumer zurückgreifend – die der Sklaverei geschrieben habe.

Ich glaube nicht, dass dieser Hypothese bis jetzt die Aufmerksamkeit zuteil wurde, die sie verdient hätte. Und dies um so weniger, als weder die Geschichte des Rassismus noch die der Sklaverei bis jetzt sehr häufig Gegenstand der Forschung war. Und aus gutem Grund: Forschungen, die einen zwingen, der Bosheit des Menschen, seiner *Schadensmacht* – ganz von nahe – ins Gesicht zu sehen, ziehen keine Massen an.

Man musste bis Mitte des 20. Jahrhunderts warten, um endlich die wahren Ausmaße dieser Macht, anderen Schaden zuzufügen, zu erkennen. Gewiss wusste man schon seit langem, dass der Mensch böse ist: weder Machiavelli noch Kant hatten den geringsten Zweifel daran. Aber solange die schlimmsten Verbrechen nicht in unserer Nähe, sondern sehr weit entfernt vom Herzen Europas begangen wurden, solange störten sie niemanden.

Seit Auschwitz ist manches anders geworden, oder besser gesagt, seit den drei großen Völkermorden an den Armeniern, den Juden und den Tutsi im letzten Jahrhundert. Künftig sollte man sich keinen Illusionen mehr hingeben:»Der Mensch ist des Menschen Wolf«. Hätte es doch schon im 17. Jahrhundert ausgereicht, sich die Lage der afrikanischen Sklaven in den europäischen Kolonien vor Augen zu führen, um zu einem ähnlichen Schluss zu kommen. Und vielleicht hat ja Thomas Hobbes, dieser materialistische Denker, der genau wusste, wie die Welt funktionierte, an sie gedacht, als er 1651 in der friedlichen Stille seines englischen Herrenhauses diesen schrecklichen Satz formulierte, der noch heute manchmal wie die Quintessenz seines Denkens erscheint. Einen Satz, zu dem das vorliegende Buch 250 Jahre später auch nur ein Kommentar sein kann, ein Kommentar in Form einer Fußnoten am Ende einer Seite.

Was uns betrifft, so wissen wir jedenfalls sehr wohl, wessen der Mensch fähig ist, vor allem wenn ihm die Umstände die Möglichkeit bieten, seinesgleichen auszubeuten oder zu demütigen. Und deshalb, weil wir das Privileg haben, die Vergangenheit zu kennen, deshalb haben wir auch die Pflicht, uns eindeutig gegen gewisse Praktiken zu stellen, um die Geschichte der Menschheit in eine andere Richtung zu lenken: in drei Worten: *wir müssen handeln.*

Handeln, das heißt zugleich *unterdrücken* und *vorbeugen.* Dem

Verbrechen vorbeugen (oder es am Weiterbestehen hindern) durch Erziehung und Information einer möglichst großen Anzahl von Menschen. Und es unterdrücken, so oft wie nötig (was noch sehr lange der Fall sein wird) und mit allen geeigneten Mitteln: rechtlichen, politischen, militärischen usw.

Gegenüber der Sklaverei wie auch gegenüber dem Rassismus ist kein Kompromiss möglich. Es ist keine Toleranz möglich. Es gibt nur eine Antwort: keine Toleranz.

Dies ist eine Antwort, die vielleicht radikal erscheinen mag. Aber es ist die einzig denkbare Antwort, wenn man zu diesem Problem kohärent und effektiv Stellung beziehen möchte.

Natürlich ist auch diese Antwort, wie jede radikale Antwort, schwer in die Tat umzusetzen. Aber dies ist kein Grund, um sich von vornherein geschlagen zu geben. Im Gegenteil, weil der Kampf schwierig sein wird, sollte er auf allen möglichen Gebieten – und auf jeder Ebene – geführt werden. Das heißt natürlich auf der Ebene des Einzelnen, aber auch auf der Ebene der Staaten und vor allem auf der Ebene der internationalen Gemeinschaft, sowohl auf dem Umweg über ihre offiziellen Institutionen als auch mit Hilfe der Nichtregierungsorganisationen und der privaten Vereinigungen.

Denn wie der Kampf gegen den Terrorismus, wie der Kampf gegen den Drogen- und den Waffenhandel, aber auch wie der Kampf gegen Aids oder für den Umweltschutz hat der Kampf gegen die internationalen und illegalen Netzwerke, die den Fortbestand der Sklaverei überhaupt erst möglich machen, keine Chance auf Erfolg, wenn er nur auf nationalstaatlicher Ebene stattfindet. Nur wenn er zum *übernationalen* Kampf wird, wird er sein Ziel erreichen.

So sei zum Schluss noch einmal eine Tatsache betont, die noch lange nicht Allgemeingut geworden ist: Alles, was zur Überwindung der gegenwärtigen Aufteilung der Welt in Nationalstaaten, die von ihrer »Souveränität« überzeugt sind, beiträgt, führt aus der Sicht dieses Kampfes in die richtige Richtung. Und alles, was einen solchen Prozess abblockt oder auch nur bremst, weist notwendigerweise in die falsche Richtung.

ANHANG

Tafeln

1. Schätzung des Umfangs des Transsahara-Sklavenhandels

Zeit	Jahresdurchschnitt	Total
650–800	1000	150 000
800–900	3000	300 000
900–1100	8700	1 740 000
1100–1400	5500	1 650 000
1400–1500	4300	430 000
1500–1600	5500	550 000
1600–1700	7100	710 000
1700–1800	7100	715 000
1800–1880	14 500	1 165 000
1880–1900	2000	40 000
Im Ganzen		7 450 000

Quelle: Ralph A. Austen: The Trans-Saharan Slave Trade: A Tentative Census, in: Henry A. Gemery, Jan S. Hogendorn (Hrsg.), The Uncommon Market: Essays in the Economic History of the Atlantic Slave Trade, New York 1979, S. 66.

2. Statistik zum Transatlantischen Sklavenhandel

Land	Zahl der Überfahrten	Anzahl der trans- portierten Sklaven
Portugal und Brasilien	30000	4650000
Spanien und Kuba	4000	1600000
Frankreich und die Französischen Antillen	4200	1250000
Niederlande	2000	500000
England	12000	2600000
Englische Kolonien in Nordamerika und USA	1500	300000
Dänemark	250	50000
Andere	250	50000
Insgesamt	54200	11000000

3. Länder, in die Sklaven verschickt wurden

Brasilien	4000000
Spanische Reiche (einschließlich Kuba)	2500000
Englische Antillen	2000000
Französische Antillen und Guyana	1600000
Englische Kolonien in Nordamerika und USA	500000
Niederländische Antillen und Surinam	500000
Dänische Antillen	28000
Europa (einschließlich der Kanarischen Inseln, Madeira und den Azoren)	200000
Insgesamt	11328000

4. Produktionsbereiche

Zuckerplantagen	6 000 000
Kaffeeplantagen	2 000 000
Bergwerke	1 000 000
Tätigkeit im Haushalt	1 000 000
Baumwollfelder	500 000
Kakaofelder	250 000
Baubereich	250 000
Insgesamt	11 000 000

Quelle: Hugh Thomas, The Slave Trade: The History of the Atlantic Slave Trade, 1440–1870, New York 1997, S. 804–805.

Bildnachweis

Archiv für Kunst und Geschichte, Berlin – S. 170.
Bildarchiv Preußischer Kulturbesitz, Berlin – S. 173, 231.
Bundesarchiv, Koblenz (Bild 183-S68029) – S. 291.
dpa Picture-Alliance GmbH – S. 296.
Germanisches Nationalmuseum, Nürnberg – S. 116.
Grafische Sammlung Albertina, Wien – S. 112 (r.)
Kunsthistorisches Museum, Wien – S. 68 (r.)
Sächsische Landesbibliothek/Staats-und Universitätsbibliothek Dresden, Abt. Fotothek – S. 103.
© Franz Steiner Verlag, Stuttgart 1988, aus: Walser, G., Römische Inschriften-Kunst. – S. 82.
ullstein bild – S. 298.

Karten

1. Der atlantische Dreieckshandel

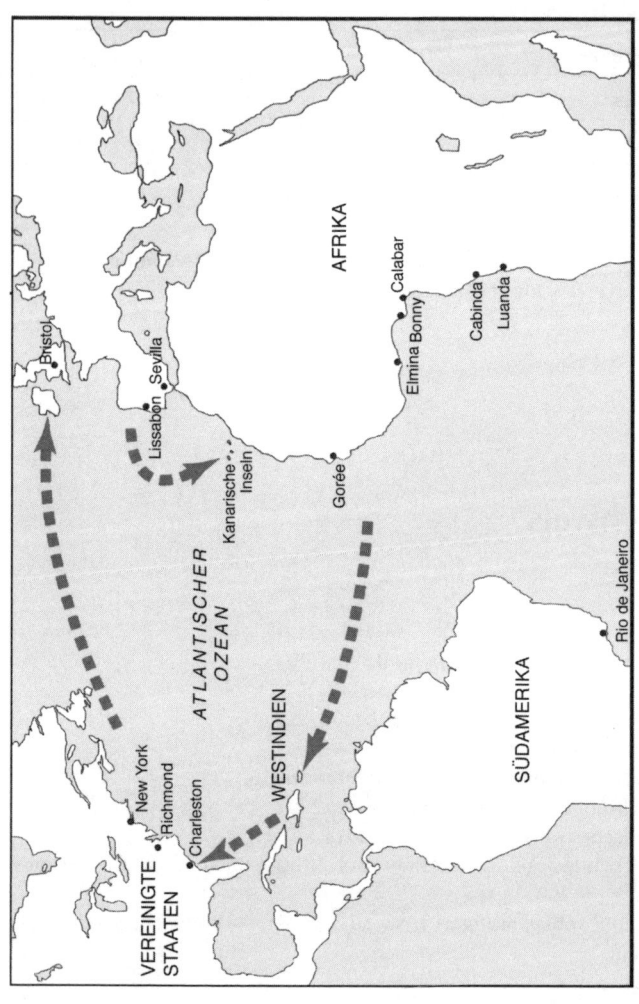

2. Der Transsaharahandel: die wichtigsten Handelswege

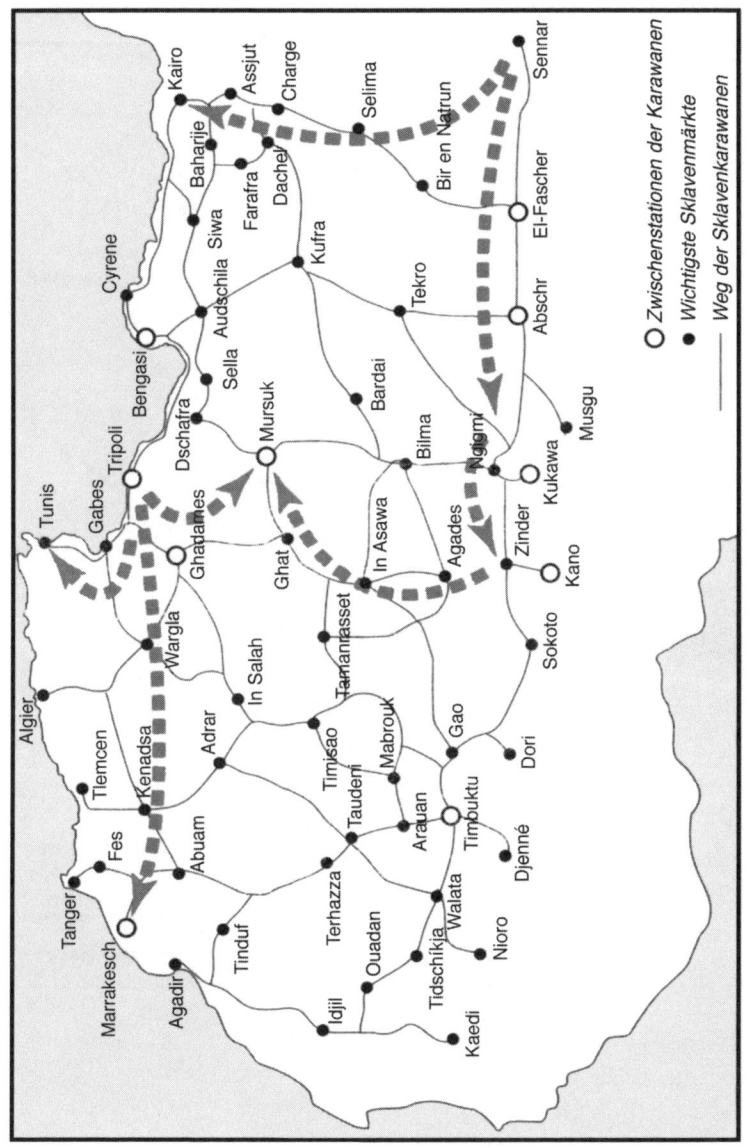

3. Die großen Handelswege für den Transport von Sklaven an der Ostküste Afrikas

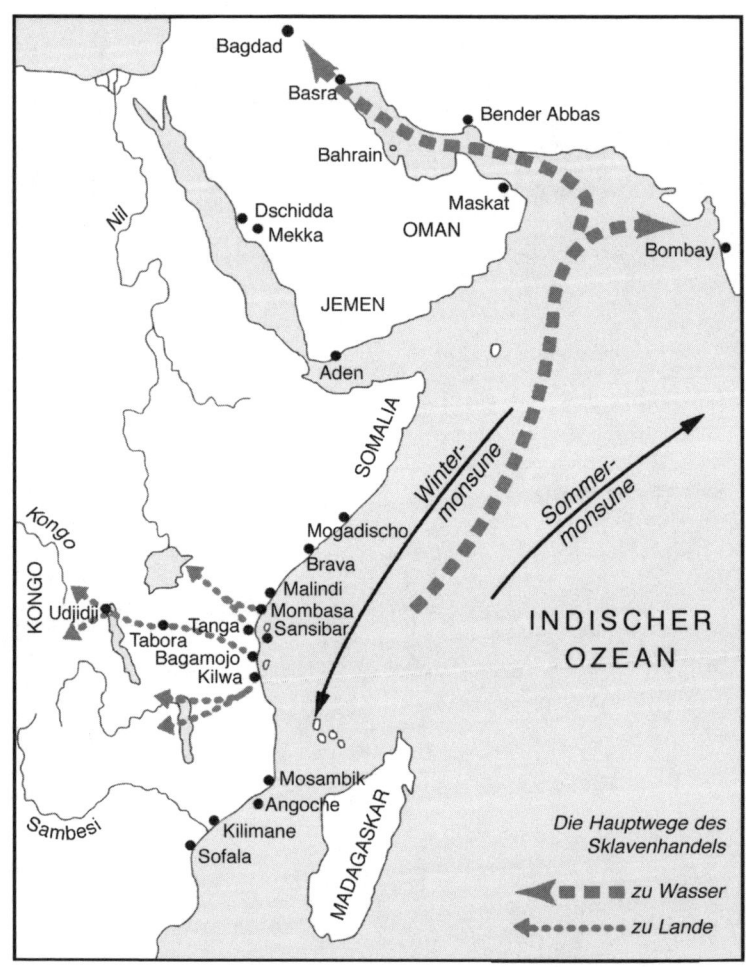

Bagdad

Basra

Bender Abbas

Bahrain

Dschidda

Mekka

Maskat

OMAN

Bombay

Nil

JEMEN

Aden

SOMALIA

Winter-monsune

Sommer-monsune

Mogadischo

Brava

Malindi

Mombasa

Kongo

KONGO

Udjidji

Tabora

Tanga

Sansibar

Bagamojo

Kilwa

INDISCHER OZEAN

Mosambik

Angoche

MADAGASKAR

Sambesi

Kilimane

Sofala

Die Hauptwege des Sklavenhandels

zu Wasser

zu Lande

Anmerkungen

1   Aus rein soziologischer Sicht ist die Studie von Orlando PATTERSON, Slavery and Social Death. A Comparative Study, Cambridge-London 1982, immer noch unübertroffen, obwohl sie nicht auf das 20. Jahrhundert eingeht.

2   Die Fachhistoriker, besonders in den USA, überschreiten nur ungern die zeitlichen Grenzen ihres Spezialgebiets. Deshalb handelt es sich bei den seltenen Ausnahmefälle, wie Milton MELTZER, Slavery. A World History, New York 1993, meist um schnell hingeschriebene, populärwissenschaftliche Darstellungen. Sogar Patterson bemerkt im Vorwort des in der vorausgegangenen Anmerkung zitierten Buches, dass die seit dem klassischen (aber sehr veralterten) Werk von Herman J. NIEBOER, Slavery as an Industrial System: Ethnological Researches, das erstmals 1900 in Den Haag erschien, keine Weltgeschichte der Sklaverei mehr geschrieben wurde. Zumindest galt es also, eine Lücke zu füllen.

3   Moses I. FINLEY, Die Sklaverei in der Antike. Geschichte und Probleme, München 1981, S. 26. Das Original erschien 1980 in London unter dem Titel, Ancient Slavery and Modern Ideology.

4   Henri Wallon, Histoire de l'esclavage dans l'Antiquité«, Paris ²1879, S. IV.

5   Zu dieser Frage ist unbedingt das Werk von Karl WITTFOGEL, Oriental Despotisme, New Haven 1957, heranzuziehen.

6   Für einen kurzen Überblick über die theoretischen Diskussionen seit Marx zur Wirtschaft der antiken Völker, sollte man Marc VAN DE MIEROOP, Coneiform Texts and the Writing of History, London, New-York 1999, bes. S. 108–123, konsultieren.

7   Numa Denis FUSTEL DE COULANGES, Le Colonat Romain, in: Ders., Recherches sur quelques problèmes d'histoire, Paris 1885, S. 1–186, hier S. 3.

8   Zu all diesen Fragen siehe C. Leonard WOOLEY, The Sumerians, Oxford

1928, S. 95–100 (eine zwar ältere aber sehr gründliche Arbeit); und vor allem die klassische Studie von Samuel N. KRAMER, The Sumerians: their History, Culture and Character, Chicago 1963, S. 77f. Zu den Datierungsproblemen der sumerischen Geschichte bietet das kleine Buch von Pierre AMIET, L'Antiquite orientale (Que sais-je), Paris [6]1999, S. 85, dessen Chronologie ich hier übernommen habe, einen guten Überblick.

9 Ich entnehme diese Schätzung der bemerkenswerten Dissertation des sowjetischen Historikers Muhammad A. DANDAMAEV, Slavery in Babylonia: from Nabopolassar to Alexander the Great (626–331 B.C.), 1974, übers. ins Engl. De Kalb (Ill.) 1984, S. 648.

10 Dieser Rechtsstreit ist uns dank der im Semitischen Museum der Harvard Universität aufbewahrten Tontafeln bekannt.

11 Hier wie bei den folgenden Bibelzitaten wird die Einheitsübersetzung der Heiligen Schrift, Die Bibel, Deutsche Bibelgesellschaft, Stuttgart 1980, zugrunde gelegt.

12 Siehe Louis DUMONT, Homo Hierarchicus: essai sur le système des castes, Paris 1966.

13 Siehe dazu Louis Renou, L'Inde fondamentale, Paris 1978, S. 193f.

14 A. Loiseleur DESLONGCHAMPS, Lois de Manou, exposées par Brighou, Paris 1833.

15 Jacques Gernet, Die chinesische Welt, Frankfurt am Main [3]1983, S. 53; Ders., La Chine ancienne, Paris [2]2001, S. 57.

16 »Wir sind die Sklaven ehemaliger Sklaven« schrieb von sich selbst und seinen Zeitgenossen der große chinesische Schriftsteller Lu Xun (1881–1936), um den absolutistischen Charakter des Kaiserreichs bis mitten ins 20. Jahrhundert hinein zu unterstreichen (ich möchte Herrn Professor Paul Bady von der Universität Paris VIII, für seine Anmerkungen zum Fernen Osten danken).

17 Im Englischen unterscheidet man zwischen »Sklavengesellschaften« (*societies with slaves, slave-owning* oder *slaveholding societies*) und »Gesellschaften der Sklaverei« (*genuine* oder *large scale slave societies*): nur letztere sollten als Sklavenhaltergesellschaften bezeichnet werden.

18 John CHADWICK, The Mycenaean World, Cambridge 1976, S. 78; dt. Die mykenische Welt, Stuttgart 1979.

19 Moses I. FINLEY, Slave Labour, in: Ders. (Hg.), Slavery in Classical Antiquity, Views and Controversies, Cambridge/New York [2]1968, S. 72.

20 Im Englischen spricht man von *chattel-slavery*, von *chattel*, »beweglicher Habe«.

21 Die Penesten scheinen in Thessalien eine ähnliche Rolle wie die Heloten in Sparta gespielt zu haben.

22 Yvon GARLAN, Les Esclaves en Grèce ancienne«, Pairs 1982, S. 55. Ein

vorzügliches Buch, auf das ich mich in diesem Kapitel vielfach gestützt habe.

23   GARLAN, Les esclaves, S. 56.

24   GARLAN, Les esclaves, S. 59.

25   Siehe dazu: Les esclaves grecs étaient-ils une classe?, in: Pierre VIDAL-NAQUET, Le Chasseur noir, Paris 1991, S. 211–221.

26   FINLEY, Die Sklaverei in der Antike, S. 98.

27   Christian DELACAMPAGNE, Une histoire du racisme, Paris 2000, S. 33 f.

28   GARLAN, Les Esclaves, S, 86 f.

29   Hingewiesen sei dennoch auf eine historische belegte Ausnahme: Ein gewisser Pasion, ein in einer Bank beschäftigter Sklave, zeichnete sich so aus, dass ihn sein Herr freiließ. Dank der Gelder, über die er verfügte, erwies er dem Staat so viele Dienste, dass er kurz vor seinem Tode (370 v. Chr.) das Bürgerrecht erhielt (vgl. zu seiner Person zwei Reden des Demosthenes, Für Phormion und Wider Stephanos).

30   FINLEY, Die Sklaverei in der Antike, S. 134.

31   Alkidamas von Elaia, ein praktisch unbekannter Rhetor, würde es verdienen, dem Vergessen entrissen zu werden, da sein Satz in der ganzen griechischen Literatur der einzige ist, der zumindest die Möglichkeit einer Kritik an der Sklaverei eröffnet: Man sieht also, dass es zu jeder Zeit immer möglich ist, über jede beliebige Sache anders als die Mehrheit zu denken (anders als jene behaupten, die glauben, es sei unmöglich, sich dem Einfluss seiner Zeit zu entziehen und so die Rechtfertigung der Sklaverei durch Platon und Aristoteles »entschuldigen« wollen).

32   Eine ähnliche Praxis, der meist gestohlene Kinder zum Opfer fielen, ist in China bis in die Anfänge der Gegenwart bezeugt.

33   Ein Beispiel unter anderen für diese zumindest optimistische Interpretation bietet André AYMARD/Jeannine AUBOYER, Rome et son Empire, Paris 1967, S. 157 f. und 546 f.

34   *Libertinus* wurde im Französischen zu *libertin*, einem Wort, das im 17. Jahrhundert einen Freidenker bezeichnete (der keine religiösen Dogmen mehr anerkennt) und seit dem 18. Jahrhundert auch einen Wüstling (der sich von moralischen Konventionen löste).

35   Am Bekanntesten ist die Ausnahme, die man während des zweiten punischen Krieges unmittelbar nach der Niederlage von Cannes (216 v. Chr.) machte. Um zu retteten, was noch zu retten war, musste die Republik an die achttausend Sklaven kaufen und zu Soldaten machen. Nach dem Sieg von Benevent (214 v. Chr.) wurden diese dann freigelassen.

36   In die gleiche Zeitspanne (zwischen 133 und 129 v. Chr.) fällt auch der von Aristonikos geführte Sklavenaufstand im Königreich Pergamon, von dem uns Strabo berichtet. Darüber wie auch über die Sklavenkriege im

Allgemeinen bleibt das wichtigste Nachschlagewerk die Arbeit des deutschen Historikers Joseph VOGT, Sklaverei und Humanität. Studien zur antiken Sklaverei und ihrer Erforschung, Wiesbaden ²1972, bes. die Kapitel 3 und 4.

37 Das wenige, was wir über den Spartacusaufstand wissen, verdanken wir hauptsächlich drei Quellen: Sallust, Publius Annaeus Florus, einem Zeitgenossen Suetons – der Auszüge aus dessen Werken machte und in zwei Bänden die fast vollständig verlorenen 142 Bände der Geschichte Roms von Titus Livius zusammenfasste – sowie zwei griechischen Geschichtsschreibern, Plutarch (Leben des Crassus) und Appian (Römische Geschichte III, lib. I, cap. XIV).

38 (Anm. der Übers.:) Ein proletarius war in Rom ursprünglich jemand, der nicht einmal den niedrigsten Vermögenssatz (census) besaß, von Kriegsdienst und Tribut freigestellt war und dem Staat nur durch möglichst viele Nachkommen (proles) dienen konnte.

39 Siehe in diesem Sinne den Brief 65 von Plinius dem Jüngeren, Statthalter von Bithynien, an Kaiser Trajan, in dem er ihn fragt, was man mit Sklaven tun solle, die behaupten, frei geboren aber kurz nach ihrer Geburt ausgesetzt worden zu sein: Trajan empfiehlt, sie freizulassen.

40 Übersetzung nach Manfred ROSENBACH (Hrsg.), L. Annaeus Seneca, Philosophische Schriften. Lateinisch und Deutsch, 5 Bde., Darmstadt ⁴1995; Bd. III, S. 360f.

41 Warum waren die ersten Christen von Anfang an so voller Achtung vor der bestehenden Ordnung? Hatten sie Angst vor Repressalien? Wollten sie die Oberschicht bekehren? War es die für gnostische Kreise so typische Weltverachtung? Oder wahrscheinlicher, ein wenig von allem?

42 Möchte Petronius, dass wir Trimalchio bewundern oder verachten? Zumindest ist es schwierig, diese Frage eindeutig zu beantworten. Gewiss ist, dass die Satyrica, wie Paul Veyne und Jean Andreau erklären, genau die Grenzen der sozialen Integration der kaiserlichen Freigelassenen aufzeigen. Vgl. dazu Paul VEYNE, Vie de Trimalcion, in: Annales. Économies. Sociétés. Civilisations. 16 (1961), S. 213–247, sowie Jean ANDREAU, The Freedman, in: Andrea GIARDINA (Hrsg.), The Romans, Chicago 1993, S. 175–198.

43 So hält zum Beispiel Jean BAYET, Litterature latine, Paris 1964, S. 167, die Freilassungen für die Degeneration der römischen »Rasse« ebenso verantwortlich wie für die Degradierung des »Geschmacks«, der vermeintlich charakteristisch für diese »Rasse« war. Tatsächlich stammt die erste Auflage dieses Werks von 1934.

44 Slavery from Roman Times to the Early Transatlantic Trade, Minneapolis (MN) 1985.

45 La Civilisation de l'Occident médiéval, Paris 1964, ²1982.

46 Selbst wenn sich Marc Bloch auf einige Arbeiten des 19. Jahrhunderts stützt, ist er doch der Verfasser der drei ersten Aufsätze, die für unser Thema wirklich von Bedeutung sind, *Les Colliberti, étude sur la formation de la classe servile, 1928; Liberté et servitude personelle au Moyen Age, particulièrement en France: contribution à une étude des classes, 1933 und Comment et pourquoi finit l'esclavage antique*, 1947 posthum erschienen. Man findet sie auf Französisch in dem Sammelband, Marc BLOCH, Mélanges historiques, Paris 1966, und auf Englisch in DERS., Slavery and Serfdom in the Miggle-Ages: Selected Essays, Berkeley (Cal.) 1975.

47 L'Esclavage dans l'Europe médiévale, Bd. I: Péninsule Ibérique-France, Brügge 1955; Bd. 2: Italie, Colonies italiennes du Levant, Levant latin, Empire byzantin, Gent 1977. Es ist bedauernswert, dass dieses Werk, das für die Geschichte Europas von so entscheidender Bedeutung ist und das ich weitgehend ausschöpfe, um das vorliegende Kapitel zu schreiben, niemals neu aufgelegt wurde.

48 VERLINDEN, Esclavage, Bd. I, S. 16f.

49 So bezeugt beispielsweise Tacitus schon im 1. Jahrhundert unserer Zeitrechnung, dass es bei den germanischen Stämmen die Sklaverei gab (De Germania XXIV, 3).

50 LE GOFF, La Civilisation, 1982, S. 28.

51 Es ist unmöglich, hier auf ein so komplexes Phänomen einzugehen, das Anfang des 11. Jahrhunderts – vor allem in Zentralfrankreich, aber auch in Spanien, Italien und sogar in England – auftrat, um gegen Ende des 12. Jahrhunderts zu verschwinden: das Phänomen der colliberti, colliberts oder culverts, das von Marc BLOCH, Le Colliberti, S. 96, untersucht wird. Der culvert stellt vereinfacht gesagt eine soziale Kategorie dar, die vom Rechtsstand her über den Hörigen steht aber dennoch nicht als frei anzusehen ist.

52 Georges DUBY, Art. Servage, in: Encyclopedia Universalis 14, Paris 1974, S. 908.

53 Georges DUBY, Guerriers et paysans:VII\u1d49-XII\u1d49 siècle, Paris 1973, S. 41f.

54 Tatsächlich unterstützen alle großen Religionen die bestehende Ordnung. Dies ist sogar der Grund, warum sie »große« Religionen wurden.

55 Vgl. zu dieser Anekdote Sue PEABODY, There are no Slaves in France, in: The Political Culture of Race and Slavery in the Ancien Régime, Oxford 1996, S. 12.

56 Siehe zum Beispiel Jean BODIN, Les Six Livres de la République, 1576, Buch I, Kap. V.

57 PHILIPPS, Slavery from Roman Times to the Early Transatl. Trade, Minneapolis 1985, S. 97.

58 The Kindness of Strangers, Chicago (Ill.) 1988.

59 *Esclavon* bezeichnete im Altfranzösischen einen Bewohner Sloweniens.

60 PHILIPPS, Slavery from Roman Times, S. 105–107.

61 Die neueste Arbeit über die Lage der schwarzen Sklaven in der islamischen Welt, die sogar von westlichen Historikern nur selten untersucht wurde, ist Ronald SEGALS, Islam's Black Slaves: The Other Black Diaspora, New York 2001.

62 *Bahri* kommt vom arabischen Wort für Fluß, da die 1240 von dem Ayyubidensultan Malik as-Salib zusammengestellte Leibwache aus Mamluken in der Tat in einer Kaserne auf der Nilinsel Roda bei Kairo installiert war. Was die Tscherkessen betrifft, die seit dem 14. Jahrhundert ihre Kinder regelmäßig in die islamische Welt verkauften, so lieferten sie Sklaven, die sehr geschätzt wurden, die Männer wegen ihrer Tapferkeit, die Frauen wegen ihrer Schönheit.

63 Ein anderer Aufstand schwarzer Sklaven, der 1486 im Sultanat Bengalen stattfand, wurde ebenfalls unterdrückt.

64 Dennoch sollte man anmerken, dass nach der Überlieferung Bilal, ein Mann, der – trotz seiner nur unvollkommenen Aussprache des Arabischen – ausgewählt wurde, der erste Muezzin in der Geschichte des Islam zu sein, ein schwarzer Sklave aus Abessinien war, der dort wahrscheinlich von dem reichen Kaufmann Abu Bakr aus Mekka, dem späteren ersten Nachfolger des Propheten, geraubt worden war.

65 Ralph A. AUSTEN, The Trans-Saharan Slave Trade: A Tentative Census, in: The Uncommon Market: Essays in the Economic History of the Atlantic Slave Trade, hrsg. von Henry A. GEMERY und Jan S. HOGENDORN, New York 1979. Die auf S. 66 dieses Werkes erstellte Tabelle ist in vorliegendem Buch auf S. ☒ nachgedruckt.

66 Crónica dos Feitos de Guiné, hrsg. von A. J. DIAS DINIS (Vida e obras de Gomes Eanes de Zurara, Bd. II, Lissabon 1949; englische Übersetzung, The Chronicle of the Conquest of Guinea, 2 Bde., London 1896–1899; französische Übersetzung, Chronique de Guinée, hrsg. v. L. BOURDON u. a., Ifan-Dakar 1960.

67 Für eine aktuelle Sicht der Rolle, die die Afrikaner im Negerhandel spielten, möchte ich von afrikanischer Seite auf den Film *Adanggaman*, des Regisseurs Roger Guoan M'Bala von der Elfenbeinküste (2000) verweisen, der die Geschichte eines Überfalls erzählt, den ein afrikanischer Häuptling im 17. Jahrhundert auf ein feindliches Dorf verübte, wobei er die Einwohner dieses Dorfes versklavte.

68 Deshalb konnte der Historiker Engelbert MVENG, Histoire du Cameroun, Paris 1963, S. 123, auch zusammenfassend so treffend schreiben:

»Der Islam hat die Schwarzen auf den Markt gebracht, Europa tat es ihm bald gleich und Afrika war Opfer und Komplize zugleich«.

69 Vgl. beispielsweise MONTAIGNE, Essais I, XXI, »Von den Kannibalen«.

70 Von den Erzählungen der ersten französischen Reisenden nach Amerika, die zur Entstehung des Mythos vom »guten Wilden« beitrugen, seien hier nur genannt *La Singularité de la France antarctique* des Mönches André THÉVET (1571–1575), sowie die glaubwürdigere *Histoire d'un voyage fait en la terre du Brésil* (1578) des Protestanten Jean de Léry. Montaigne waren beide bekannt.

71 Die Denkschrift, die Kolumbus an Antonio de Torres schickte, findet sich auf Französisch in: Christoph COLOMB, La Découverte de l'Amérique, Paris 1979, Bd. II, S. 92.

72 Brevissima relación de la destruyción de las indias, 1552, Neudruck mit deutscher Übersetzung nach der Ausgabe von 1790, hrsg. v. H. M. ENZENSBERGER, Frankfurt 1960.

73 So zum Beispiel Jean MEYER, L'Europe et la conquête du monde, Paris 1996, S. 118. Hans-Jürgen PRIEN, Die Geschichte des Christentums in Lateinamerika, Göttingen 1978, S. 82 geht von einer Gesamtzahl von 100 Millionen Indianern aus.

74 Die Sklaven können auch eine religiöse Rolle gespielt haben: Besonders die Azteken zögerten nicht, ihre kriegsgefangenen Sklaven ihrer Hauptgottheit Huitzilipochtli zum Opfer zu bringen. Über diese Menschenopfer ritueller Art ist unsere wichtigste Quelle das Werk des spanischen Franziskanerpaters Bernardino de SAHAGÚN, Historia general de las cosas de la Nueva Espana, 2 Bde., Mexiko 1938; französische Übersetzung, Paris 1981, S. 102–104.

75 Es waren nicht die allerersten Schwarzen, die den Fuß auf amerikanischen Boden setzten: nahmen doch bereits an der ersten Fahrt des Kolumbus, wie auch an seinen meisten folgenden Fahrten, Seeleute afrikanischer Herkunft teil.

76 Der den Beinamen der »Fromme« führte, da er auch die Inquisition in Portugal einführte und den Jesuiten ein Erziehungsmonopol einräumte.

77 Vergessen wir auch nicht, dass bis zum 19. Jahrhundert die Piraten aus der Barbarei, d. h. Muslime, weiterhin regelrecht Jagd auf christliche Schiffe machten oder im ganzen Mittelmeerraum und manchmal darüber hinaus bis Madeira oder Island Razzien auf die Bewohner der Küstenregionen organisierten. Der Historiker Robert C. Davis schätzt die Zahl der so in den Ländern des Maghreb versklavten Christen allein in den Jahren zwischen 1580 und 1680 auf 850000. Gefangene, die über genügend Mittel verfügten, ließen sich von ihren Familien mittels eines Lösegelds freikaufen. Viele andere waren dazu verdammt, als Ru-

dersklaven auf Galeeren zu dienen. Der Schriftsteller Cervantes, der 1575 von den Türken vor der Küste von Mallorca gefangen genommen wurde, verbrachte fünf Jahre im Bagno von Algier, wie er in mehreren seiner Romane schildert. Den französischen Theaterautor Jean-François Regnar sollte ein Jahrhundert später ein ähnliches Missgeschick treffen.

78 Manchmal wird sie sogar in einer offen antisemitischen Zielsetzung von bestimmten muslimischen Organisationen der Schwarzen manipuliert. Vgl. zu diesem Thema das Buch von Hugh THOMAS, The Slave Trade: The Story of the Atlantic Slave Trade, 1440–1870, New York 1997, S. 12 (ich kann nicht umhin, darauf zu verweisen, wie viel das vorliegende Kapitel unter anderem diesem vorzüglichen Werk verdankt).

79 Ebd., S. 119.

80 1571 versuchte ein französischer Sklavenhändler, im Hafen von Bordeaux eine Ladung Sklaven zu verkaufen: das Parlament der Guyenne widersetzte sich dem, ließ ihn verhaften und erklärte die Sklaven für frei, aus dem einfachen Grund, weil sie den Boden Frankreichs, eines Landes, das sich »als Mutterland der Freiheit« sah, berührt hatten. Vgl. dazu PEABODY, There are no Slaves in France, S. 29.

81 THOMAS, The Slave Trade, S. 121 f.

82 Eine Ausnahme bildeten nur jene Sklaven, die von ihren Herren aus den Kolonien mitgebracht wurden, wenn diese nach Europa reisten oder sich dort zur Ruhe setzten – aber dann handelte es sich auch nicht mehr um eine Einfuhr im eigentlichen Sinne.

83 Dies war die französische Bezeichnung für die englischen *indentured servants*. Es handelte sich um Europäer, die sich für eine freie Schiffspassage in die Neue Welt auf Jahre hinaus zu kostenloser Arbeit für denjenigen verpflichteten, der das Geld für die Passage bezahlt hatte, also eine Art »Sklaven auf Zeit« (Wolfgang REINHARD, Kleine Geschichte des Kolonialismus, Stuttgart 1996, S. 86).

84 Dennoch sei angemerkt, dass die Engländer zwischen 1648 und 1655 12000 irische politische Gefangene nach Barbados deportierten und praktisch versklavten.

85 THOMAS, The Slave Trade, S. 211.

86 John LOCKE, Political Essays, hrsg. von Mark GOLDIE, Cambridge 1997, S. 180. Zur Entlastung Lockes wurde angeführt, dass es nicht in seiner Macht stand, sich der Sklaverei in einem Land zu widersetzen, in dem diese als Notwendigkeit anerkannt war. Das ist offensichtlich. Aber darum geht es eigentlich gar nicht. Die wirklich Frage lautet, warum für den Verfasser des *Briefes über die Toleranz* wie auch für Montesquieu die Tatsache völlig gleichgültig und nicht unerträglich war, dass bestimmte

menschliche Wesen in einigen Ländern nicht als Menschen behandelt wurden.

87 In seinem *Second Treatise of Government* (1690) definierte Locke die Sklaverei als »permanenten Kriegszustand zwischen einem rechtmäßigen Eroberer und seinem Gefangenen« (§ 23–24). Damit die Sklaverei rechtmäßig war, genügte es also, dass der Sklave in einem »gerechten« Krieg gefangen genommen wurde: Aus dieser aristotelischen Formulierung lässt sich also schließen, dass der Sklavenhandel, das heißt der Krieg der Europäer gegen die Afrikaner, Locke »gerecht« erschien – eine Haltung, die sich nur als eine Form rassistischer Verachtung erklären lässt.

88 Selbst wenn ihm Aphra Behn, vielleicht aus Unwissenheit, einen ursprünglich indianischen Namen gab (abgeleitet von dem Flusse Orinoko in Venezuela).

89 Diese Misshandlungen waren schon vor dem Erscheinen des Buches von Aphra Behn in Reiseerzählungen erwähnt worden, so zum Beispiel in dem *Voyage de la France équinoxiale en l'Isle de Cayenne* von Antoine BIET für Barbados und in den Erinnerungen des dominikanischen Missionars Jean-Baptiste du Tertre für die französischen Antillen (1667).

90 Der *Codigo Negro* (auch *Code carolin* genannt) wurde 1783/4 auf Anordnung König Karls III. (eines Vertreters des aufgeklärten Absolutismus zur Zeit der spanischen Aufklärung!) von einer Gruppe von Rechtsgelehrten der Insel Santo Domingo verfasst und 1789 verkündet. Seine wichtigsten Bestimmungen, die dem französischen »*Code noir*« entnommen waren, riefen keinerlei Widerstand hervor (während nur zwei Jahrhundert früher, einige spanische Theologen die Praxis der Sklaverei kritisiert hatten: vgl. unten, Kapitel VII). Hier sei noch angemerkt, dass die Strafen, die im Artikel 38 des französischen »*Code noir*« für flüchtige Sklaven vorgesehen waren, jenen entsprachen, die schon seit dem 16. Jahrhundert in Spanisch-Amerika üblich waren.

91 Lange unauffindbar, wurde dieser Text erst jüngst kritisch neu ediert und kommentiert: Louis SALA-MOLINS, Le »Code noir« ou le calvaire de Canaan, Paris 1987, sowie DERS., L'Afrique aux Amériques: Le »Code noir« espagnol, Paris 1992, eine mit einem kritischen Kommentar versehene Neuedition des *Code carolin*.

92 THOMAS, Slave Trade, S. 241.

93 THOMAS, Slave Trade, S. 258.

94 Eine der ältesten und angesehensten Universitäten Amerikas, die Brown-University in Providence, trägt heute den Namen einer dieser großen Handelsfamilien, deren riesiger Reichtum ihre Philanthropie erklärt.

95 THOMAS, Slave Trade, S. 251.

96 Gerade nach den 40er Jahren des 18. Jahrhunderts erreichte der Streit

über den Sinn von Luxus in Pariser Intellektuellenkreisen einen Höhepunkt: Voltaire und die meisten Enzyklopädisten verteidigten ihn, während Rousseau ihn in seinem *Discours sur les sciences et les arts* 1751 ebenso ablehnte wie Helvétius und Mercier.

97 THOMAS, Slave Trade, S. 213, führt für das ganze 17. Jahrhundert nur den Fall eines einzigen Kapitäns an, der im Rahmen eines solchen Aufstands getötet wurde. Im 18. Jahrhundert gab es allerdings noch andere Fälle, wie zum Beispiel das Schicksal des englischen Sklavenschiffes Marlborough 1753, dessen Sklaven es gelang, sich der Besatzung mit Ausnahme von zwei Seeleuten zu entledigen, die sie am Leben ließen, damit sie sie nach Afrika zurückbrächten.

98 Bis zu Beginn des 18. Jahrhunderts wurde Kaffee einzig im Jemen angepflanzt. Dann bemühten sich die Holländer, die den kostbaren Strauch gestohlen hatten, darum, ihn in Amerika zum Gedeihen zu bringen. In den französischen Kolonien wurde der Anbau von Kaffee um 1720 in Guadeloupe, Martinique und Guyana eingeführt. Ende des 18. Jahrhunderts deckte die Produktion der Antillen ungefähr die Hälfte des europäischen Bedarfs ab, wo der Kaffee inzwischen zu einem Modegetränk geworden war. Auch Brasilien und später Kenia wurden zu großen Erzeugern von Kaffee – während der Export von Kaffee aus dem Jemen allmählich ganz aufhörte.

99 Der Aufschwung des Baumwollanbaus begann eigentlich erst zu Ende des 18. Jahrhunderts – als mit der Verbreitung mechanischer Webmaschinen (besonders in England) die Bauwollkleider, die bis dahin Luxuswaren waren, zu einem Gebrauchsgegenstand fürs Volk wurden.

100 Jean MEYER, Esclaves et Négriers, Paris 1998, S. 83–85.

101 Zur Geschichte des »marronnage«, die faszinierend aber wenig untersucht ist, findet man eine Fülle von Informationen in: Maroon Societies: Rebel Slave Communities in the Americas, hrsg. von Richard PRICE, New York 1973. Die Marron boten, wie die afroamerikanische Welt insgesamt, auch eine Plattform für zahlreiche Formen von Widerstand – vor allem religiöser Natur – gegen die Herrschaft der Weißen, wobei es unmöglich ist, hier detailliert darauf einzugehen. Eine gute Einführung in diese umfangreiche Materie (mit besonderer Beachtung der gesellschaftlichen Rolle des Voodoo, eines religiösen Synkretismus, der sich in Amerika aus verschiedenen, ursprünglich westafrikanischen Strängen ausbildete) bietet das Buch von Roger BASTIDE, Les Amériques noirs: les civilisations africaines dans le Nouveau Monde, Paris 1967.

102 MEYER, Esclaves et Négriers, S. 95.

103 MEYER, Esclaves et Négriers, S. 132.

104 Zu einer Kritik der Thesen von Hannah Arendt in diesem Punkt siehe

Christian DELACAMPAGNE, Histoire de la philosophie au XXe siècle, Paris 2000, S. 223–225.

105 Historia de las indias, hrsg, von Agustín MILLARES CARLO, mit einer einleitenden Studie von Lewis Hanke, 3 Bde., Mexiko-Buenos Aires 1951.

106 Sogar MARIVAUX' »Insel der Sklaven« *(Ile des esclaves,* 1725), dessen Handlung im antiken Griechenland spielt, beschränkte sich darauf, den Herren zu empfehlen, ihre Diener (im Allgemeinen) menschlicher zu behandeln, ohne jegliche Anspielung darauf, dass es die Sklaverei auch noch in der Gegenwart gab.

107 Dt.: Briefe einer Peruanerin, hg. und übers. von Renate KROLL, Frankfurt a. M. 1999.

108 Michel de MONTAIGNE, Über die Kannibalen (Des cannibales, in: Essais I, XXI; Denis DIDEROT, Nachtrag zu »Bougainvilles Reise« *(Supplément au Voyage de Bougainville,* geschrieben 1772, veröffentlicht 1796); Joseph-François LAFITAU, Mœurs des sauvages américains comparées aux mœurs des premiers temps, Paris 1724. dt. Die Sitten der amerikanischen Wilden. Im Vergleich zu den Sitten der Frühzeit., hrsg. und kommentiert von Helmut REIM, ND der 1752 in Halle erschienenen Ausgabe.

109 Dt.: Vom glücklichen und weisen Leben, Amsterdam-Basel-Antwerpen 1944.

110 Claude Adrien HELVÉTIUS, Vom Geist (Philosophische Schriften, hrsg. v. Werner KRAUSS, Bd. I), Berlin-Weimar 1973.

111 Anm. der Übers.: Vom Gesellschaftsvertrag oder Grundsätze des Staatsrechts, in: Jean-Jacques Rousseau, Sozialphilosophische Schriften, Düsseldorf 2011, S. 266–391, hier S. 278.

112 Jean-Jacques ROUSSEAU, »Abhandlung über den Ursprung und die Grundlagen der Ungleichheit unter den Menschen«, hrsg. v. Philipp RIPPEL, Reclam 1998.

113 Orlando PATTERSON, Slavery and Social Death: A Comparative Study, Cambridge, Mass. 1983, S. IX.

114 Eine kritische Ausgabe dieses gegen den Sklavenhandel gerichteten Werks ist in Vorbereitung. Siehe auch zu Raynal, Hans-Jürgen LÜSE-BRINK, Manfred TIETZ (Hrsg.), Lecturas de Raynal – L'histoire des deux Indes en Europe et en Amérique au XVIII^è siècle. Actes du Colloque de Wolfenbüttel, Oxford 1991.

115 Dt. Herbert JAUMANN (Hrsg.), Das Jahr 2440. Ein Traum aller Träume, Frankfurt a. M. ²1989.

116 Die französischen Philosophen unternahmen auch nichts, um den Sklaven, die von den Kolonisten ins Mutterland mitgenommen worden waren, zur Freiheit zu verhelfen. Als das Pariser Parlament jenen Schwarzen

die Freiheit zugestand, denen es gelang, gerichtlich darum einzugehen (entsprechend der Tradition, dass es in Frankreich keine Sklaven geben könne), bemühte sich die Monarchie aus Rücksicht auf die Plantagenbesitzer darum, die »Einfuhr« von Sklaven zu erschweren. So wurde 1777 – während die Intellektuellen gleichgültig zusahen – die »*Déclaration pour la police des Noirs*« veröffentlicht, die allen Schwarzen den Zugang nach Frankreich verwehrte und als erstes französisches Gesetz ganz auf der Hautfarbe begründet war.

117 Ich kann hier nicht umhin, zu betonen, wie viel ich einerseits dem Werk von Louis Sala-Molins verdanke, und wie wenig ich andererseits mit der Stellung übereinstimme, die er anlässlich der Neuedition des »Code noir« (PUF, Paris 1987) oder der Veröffentlichung seines neuesten Werkes, *Les Misères des Lumières*, Paris 1992, bezog. Es scheint mir in der Tat gefährlich, die Aufklärung als Ganzes zu verdammen, unter dem Vorwand, sie wäre ihrer Aufgabe nicht gerecht geworden, wie es mir auch fraglich erscheint, ob man die Afrikaner von jeglicher Verantwortung für den Sklavenhandel freisprechen kann oder jede Form von Kolonisierung mit Völkermord gleichsetzen muss. Um die Unzulänglichkeiten der Aufklärung zu bekämpfen, brauchen wir nur die Aufklärung selbst. Wir brauchen, wie Goethe sagte, »mehr Licht«.

118 Anm. der Übersetzerin: dt. hrsg. v. Horst Claus RECKENWALD Der Wohlstand der Nationen. Eine Untersuchung seiner Natur und seiner Ursachen, München 1936.

119 Von mennonitischen deutschen Einwanderern gegründet, ist Germantown heute ein Stadtteil von Philadelphia.

120 Dt. hrsg. v. Hartmut WASSER, Betrachtungen über den Staat Virginia, Zürich 1989.

121 Hrsg. v. Vincent CARRETA, New York 1999.

122 Dt. erschienen unter dem Titel: Merkwürdige Lebensgeschichte des Sklaven Olaudah Equiano, von ihm selbst veröffentlicht im Jahre 1789, Frankfurt 1990.

123 Siehe von den Werken des Abbé Grégoire vor allem seine »Lettre aux philanthropes sur les malheurs, les droits et les réclamations des gens de couleur de Saint-Domingue et des autres îles françaises de l'Amérique (1790) und seine »Lettre aux citoyens de couleurs et nègres libres de Saint-Domingue et des autres îles françaises de l'Amérique« (1791).

124 So führt beispielsweise Louis Sala-Molins an, dass in Martinique allein in den Jahren von 1822 bis 1827 sechshundert Todesurteile gegen Sklaven verhängt wurden, die man verdächtigte, ihre Herren vergiften zu wollen (Le »Code noir« ou le calvaire de Canaan, S. 274).

125 Zur Kolonialpolitik der verschiedenen Revolutionsregierungen und des

Kaiserreichs, ein Thema, das in den meisten französischen Schulbüchern schamhaft verschwiegen wird, siehe die beiden Bücher von Yves BENOT, La révolution française et la fin des colonies, Paris 1987, und La Démence coloniale sous Napoléon, Paris 1992.

126 Angemerkt sei, dass die katholische Kirche vorsichtigerweise noch etwa zwanzig Jahre länger wartete, um Stellung zu beziehen: Erst 1839 sollte der sehr konservative Gregor XVI. in deutlichen Worten den Sklavenhandel verurteilen.

127 Als Anhang finden sich verschiedene statistische Tabellen, die ihre zahlenmäßige Bedeutung aufzeigen.

128 Schoelcher, der gleichzeitig zum Abgeordneten vor Guadeloupe und Martinique in der verfassungsgebenden Versammlung gewählt wurde, wo er links saß, zog es vor, während des Zweiten Kaiserreichs ins Exil zu gehen. Erst 1871 sollte er seinen Sitz wiedereinnehmen und schließlich Senator werden. Seine sterbliche Hülle wurde 1949 ins Pantheon überführt, zusammen mit der des Gouverneurs Félix Eboué, dessen Vorfahren Sklaven waren.

129 Für genauere Kenntnisse über die erstaunliche Geschichte der Geburt Liberias sollte man die Broschüre von Jehudi ASHMUN, A History of the American Colony in Liberia, from December 1821 to 1823, lesen, die der Verfasser 1826 in Washington veröffentlichte. Ein Exemplar davon findet sich in der Bibliothek der Johns Hopkins University in Baltimore, in der Sammlung Berney, einer der wichtigsten Sammlungen von Schriften zur Sklaverei.

130 Noch heute besitzen zahlreiche Bewohner dieses Landes eine doppelte Staatsangehörigkeit, liberianisch und amerikanisch.

131 Dennoch sollten aus den Colleges in Neuengland (Amherst, Bowdoin) in den zwanziger Jahren des 19. Jahrhunderts die ersten diplomierten schwarzen Studenten hervorgehen.

132 Unter den zahllosen Grausamkeiten, an denen dieser Krieg reich war, sei hier nur an die von konföderierten Truppen verübten Massaker an schwarzen Gefangenen erinnert, wie unter anderen das Massaker von dreihundert schwarzen Soldaten, ihren Frauen und Kindern in Fort Pillow (Tennessee) am 12. April 1864.

133 Diese Maßnahme nutzte nicht nur den Schwarzen, sondern auch den Indianern: Tatsächlich hatten die Spanier seit ihrer Inbesitznahme von New Mexico zu Beginn des 17. Jahrhunderts gewohnheitsmäßig Raubzüge unternommen, um Indianer zu versklaven (obwohl dies seit 1530 in den spanischen Kolonien Amerikas verboten war). Diese Praxis, die 1821 auch von den mexikanischen und nach 1848 von den amerikanischen Grundbesitzern übernommen wurde, bestand bis Ende des 19. Jahrhun-

derts fort, vor allem weil sich so von christlichen Vereinigungen, denen am Freikauf dieser Sklaven gelegen war, Geld erpressen ließ.

134 Eine detaillierte Beschreibung der wichtigsten Abschnitte der Kolonialgeschichte Afrikas bringen folgende Werke: Maurice CORNEVIN, Histoire de l'Afrique, Paris 1981; Joseph KI ZERBO, Die Geschichte Schwarz-Afrikas, Wuppertal 1979; Elikia M'BOKOLO, Afrique noire: histoire et civilisation, Paris 1992 und Anne STAMM, L'Afrique: de la décolonisation à l'indépendance, Paris 1998.

135 Eine deutsche Übersetzung des Werks von LIVINGSTONE findet sich in: Zum Sambesi und quer durchs südliche Afrika 1848 – 1856, hrsg. von Heinrich PLETICHA, Stuttgart 1983.

136 Hier brauchte die Abschaffung der Sklaverei in der Tat sehr lange, bevor sie ins Bewusstsein der Menschen gedrungen war. So versuchte sich noch 1915 ein senegalesischer Bauer einer Teilnahme am Krieg auf französischer Seite zu entziehen, indem er von dem Verwalter vor Ort einen seiner Sklaven rekrutieren ließ (eine Anekdote, die sich in: Martin A. KLEIN, Hrsg., Breaking the Chains: Slavery, Bondage and Emancipation in Modern Africa and Asia, Madison (Wi) 1993, S. 190, findet).

137 Das französische Kolonialreich wurde 1946 in die Union française überführt, einen Staatenbund, der neben dem Mutterland Frankreich auch alle assoziierten Staaten und Kolonien umfasste und unter der Präsidentschaft von Charles de Gaulle 1958 durch die *Communauté française* abgelöst wurde.

138 *Coke* (Kodename der Sklaven im Album von Hergé) bezeichnete zu dieser Zeit den Koks, also ein Produkt so schwarz wie Kohle, das als Brennmaterial verwandt wurde.

139 Das koloniale Aberteuer als solches berührte Frankreich nicht wirklich. Dafür scheint mir die Tatsache zu sprechen, dass fünfzig Jahre nach der Entlassung der Kolonien in die Unabhängigkeit so wenige Bücher oder Filme über dieses Thema erscheinen, dem zudem kein einziges Museum gewidmet ist. Die Kolonialzeit scheint im Geschichtsbewusstsein Frankreichs, ähnlich wie in Großbritannien, in ein tiefes »Loch« gefallen zu sein.

140 »L'Afrique noir est mal partie«, ist der Titel eines 1962 erschienenen Buches des französischen Agrarwissenschaftlers und Experten für Entwicklungsländer René Dumont.

141 Ohne hier von den diplomatisch-militärischen Machenschaften der Russen und Amerikaner (vor und nach dem Ende des Kalten Krieges) sprechen zu wollen, noch von dem von internationalen Finanzorganisationen zur Durchsetzung ihrer Forderungen ausgeübtem Druck, mit dem sie manche Länder unerbittlich ins Elend stürzen.

142 Zitiert nach William T. Martin RICHES, The Civil Rights Movement: Struggle and Resistance, New York 1997, S. 4.

143 »Wenn jemand gewöhnt ist, von Sklaven umgeben zu sein, so tröstet ihn nichts über die Tatsache hinweg, nur noch Untergebene zu haben«, schrieb schon Condorcet in Hinblick auf die Folgen einer eventuellen Abschaffung der Sklaverei (*Réflexions sur l'esclavage des Nègres*, Kap. V).

144 Nach dem Bürgerkrieg hatten die republikanischen Politiker aus dem Norden, die im Süden Karriere machen wollten, dort einen so schlechten Ruf, dass man sie beschuldigt, mit ihrem kleinen Reisesack *(carpetbag)* nur deshalb dorthin zu eilen, um sich auf Kosten der Südstaatler zu bereichern. Deshalb wurde *capetbagger* im Armerikanischen synonym zu opportunistischem Politiker, der fernab seiner eigentlichen Basis »gelandet« war.

145 Dieser Begriff, der 1837 im Amerikanischen auftaucht, leitet sich vom Namen eines Richters in Virginia, Charles Lynch ab, der für seine summarischen Methoden bekannt war. Eine zahlenmäßige Zusammenstellung der Lynchmorde Jahr für Jahr findet sich in dem (sehr nützlichen) Buch von Thomas D. COWAN und Jack MAGUIRE, Timelines of African-American History, New York 1994.

146 Dies geschah im gleichen Jahre, in dem der Film *Geburt einer Nation* herauskam, der nach einer einmaligen Propagandakampagne vom weißen Publikum mit Begeisterung aufgenommen wurde. Dieser erste abendfüllende Spielfilm von David W. Griffith, das erste Meisterwerk der amerikanischen Filmkunst, schilderte aus rassistischer Sicht das Ende des Bürgerkriegs und die Gründung des ersten Ku-Klux-Klan (um das Gebot der Rassentrennung nicht zu übertreten, wurden die Rollen der Schwarzen von weißen Schauspielern übernommen, die man mit schwarzer Schuhwichse eingerieben hatte).

147 »1892 setzte sich Homer Plessy, in dessen Blut 1/8 schwarzes und 7/8 weißes Blut floss, im Zug nach New Orleans in ein Abteil für Weiße. Als er entsprechend einem in Louisiana seit 1890 gültigen Gesetz aufgefordert wurde, sich in ein Abteil für Schwarze zu begeben, weigerte er sich«. Daraufhin wurde er verhaftet, ins Gefängnis geworfen und verurteilt, bevor er beim Obersten Gerichtshof in die Revision gehen konnte. Vgl. Marie-France TOINET, La Cour suprême: les grants arrêts, Nancy 1989, S. 101.

148 RICHES, The Civil Rights Movement, S. 7. Die weißen Opfer der Lynchjustiz wurden im Allgemeinen des Mordes angeklagt oder »unmoralischer« Verbrechen verdächtigt: Von rassistischen Motiven ganz abgesehen, dauerte es im Süden auch noch geraume Zeit, bevor sich die Vorstellung, dass sich Privatpersonen nicht selbst ihr Recht verschaffen dürfen, allmählich durchsetzte.

149 1952 ist auch noch aus einem anderen Grund wichtig: Zum erstenmal seit

337

71 Jahren wurde in diesem Jahr kein Lynchmord an Schwarzen registriert. Ab dieser Zeit beginnt die Praxis der Lynchjustiz, mit Ausnahme weniger Fälle (vor allem in den Jahren 1955 und 1959) allmählich zu verschwinden.

150 Dt.: Über die Pflicht zum Ungehorsam gegen den Staat, Zürich 1996.

151 1965, anlässlich des hundersten Jahrestages der Abschaffung der Sklaverei, ernannte die katholische Kirche auch den ersten schwarzen Bischof in Amerika.

152 1955 forderte der Oberste Gerichtshof die einzelnen Staaten auf, die Rassentrennung in den Schulen,»so schnell wie möglich« abzustellen; 1968 befahl er ihnen in einem neuen Urteil, dies augenblicklich zu tun: die Zeiten hatten sich geändert, wie Bob Dylan sang.

153 Eine kritische Sicht der Ideologie der»Aussöhnung« zwischen Nord- und Südstaaten nach dem Ende des Bürgerkriegs, einer Aussöhnung, die nur auf Kosten der Schwarzen und des Verrats am Ideal der totalen Gleichberechtigung möglich war, bringt das eben erschienene Buch von David W. BLIGHT, Race and reunion: The Civil War in American Memory, Cambridge (Mass.) 2001.

154 Zu diesen Problemen, die unmittelbar in der Zeit der Sklaverei begründet liegen, zählt auch die Schwierigkeit afroamerikanischer Familien auf Dauer zusammenzubleiben: Nach dem US Census Bureau (Büro für Volkszählung) wurden 1988 immer noch 60% der schwarzen Familien, in denen ein oder mehrere Kindern unter achtzehn Jahren lebten, von allein erziehenden Eltern versorgt, wobei es sich fast immer um die Mütter handelte.

155 Seit der Jahrtausendwende haben die Hispanoamerikaner die Afroamerikaner zahlenmäßig überholt und ihre Bedeutung wird in den kommenden Jahren noch zunehmen. Diese Gesellschaftsentwicklung ist nicht zu unterschätzen, ebenso wenig wie die Tatsache, dass eine zweifache Einwanderungswelle aus Afrika wie auch aus Haiti bei den Schwarzen in den Vereinigten Staaten Empfindungen weckt, die nicht genau mit denen der Afroamerikaner übereinstimmen.

156 Seit dem Tod von Elijah Muhammad hat sich Louis Farrakhan als sein charismatischster Nachfolger durchgesetzt. Die antisemitische Klangfarbe einiger seiner Reden, wo er die Juden mit den weißen kapitalistischen Ausbeutern der Schwarzen gleichsetzt, stellt ein wirkliches Problem dar.

157 Ronald SEGAL, Islam's Black Slaves: The Other Black Diaspora, New York 2001, S. 199.

158 Vgl. den Artikel von Eric ROULEAU, in: Le Monde vom 24. Juni 1966.

159 Jok MADUT JOK, War and Slavery in Sudan, Philadelphia 2001, S. 1.

160 Siehe zu den *restavecs* den Artikel von Jean-Robert CADET, Restavèk, in:

The Butterfly's Way: Voices from the Haitian Diaspora in the United States, hrsg. von Edwige DANTICAT, Boston (Mass) 2001, S. 12–22 (ich danke Caroline Moumaneix, mir diesen Text zur Kenntnis gebracht zu haben); ebenso wie Edwige DANTICAT, Restavec: enfant esclave à Haiti. Une autobiographie, Paris 2002.

161 Zur Haussklaverei im heutigen Frankreich siehe Sylvie O'DY, Esclaves en France, Paris 2001, mit einem Vorwort von Robert Badinter.

162 Das während des Zweiten Kaiserreiches in Cayenne, in der Kolonie Französisch-Guayana errichtete Bagno, wurde 1945 geschlossen.

163 Ich erwähne hier nicht die Vernichtungslager der Nationalsozialisten, da ihr eigentliches Ziel die Vernichtung der Juden und nicht die Ausbeutung ihrer Arbeitskraft war (selbst wenn zahlreiche Juden gezwungen wurden, für ihre Kerkermeister zu arbeiten, bevor sie ermordet wurden).

164 So stellen zum Beispiel weder Alexander SOLSCHENIZYNS Trilogie, Der Archipel Gulag, 1958–1967, noch das 1997 von Nicolas WERTH in Paris herausgegebene »Schwarzbuch des Kommunismus. Unterdrückung, Verbrechen und Terror« (dt. München 1998), trotz ihres Erfolges historische Arbeiten im eigentlichen Sinne dar.

165 Ich lasse hier das speziell japanische Problem des *karoshi* beiseite, auf das mich Jean-François Delacampagne aufmerksam gemacht hat. Obwohl es sich dabei um »den Tod durch ein Übermaß an Arbeit« handelt, kann man die betreffende Arbeit nicht mit Sklaverei im strengen Sinn gleichsetzen.

166 Obwohl keine weltweite Statistik zu diesem Problem vorliegt, kommen offensichtlich jährlich Tausende von Menschen bei dem Versuch ums Leben, illegal die Grenzen zu überschreiten, um in Europa oder den Vereinigten Staaten Arbeit zu finden.

167 Die wechselvollen Schicksale eines mit »Illegalen« beladenen Frachtdampfers halfen dabei, die entscheidende Rolle aufzudecken, die heute der Hafen von Cotonou (Benin) bei diesem Menschenhandel spielt.

168 Ein berühmtes Gerücht, das den »Sklavenhandel mit Weißen« betraf (ein im gegebenen Fall imaginäres und zudem antisemitisches Gerücht, da die vermeintlichen Händler Juden waren) und 1954 in Orléans verbreitet wurde, wird im Buch des Soziologen Edgar MORIN, La Rumeur d'Orléans, Paris 1969, beleuchtet.

169 Siehe das Buch des japanischen Historikers Yoshimi YOSHIAKI, Comfort Women: Sexual Slavery in the Japanese Military During World War II, New York 2001. Über die Sexsklaverei im Allgemeinen vgl. Karima GUENIVET, Violences sexuelles: la nouvelle arme de guerre, Paris 2001.

170 Christian DELACAMPAGNE, Une histoire du racisme, Paris 2000.

Literatur

Diese Bibliographie versteht sich bewusst als Auswahl, in der ich nur die wichtigsten Bücher anführe, die ich unmittelbar für meine Forschungen benutzt habe. Aus Platzmangel habe ich darauf verzichtet, die zahlreichen, seit 1945 von den Vereinten Nationen, UNICEF und den internationalen NRO veröffentlichten Berichte darin aufzunehmen.

Akofa, Henriette, Une esclave moderne, Paris 2000.

Baepler, Paul (Hrsg.), White Slaves, African Masters: An Anthology of American Barbary Captivity Narratives, Chicago 1999.

Bales, Kevin, Disposable People, Berkeley (Ca.) 1999.

Beachey, R. W., A Collection of Documents on the Slave Trade of Eastern Africa, London 1976.

Cader, Jean-Robert, Restavec: enfant esclave à Haïti. Une autobiographie, Paris 2002.

Collins, Robert, Slavery in the Sudan in History, in: Shaun Elizabeth Marmon (Hrsg.), Slavery in North Africa, Princeton (NJ.) 1999.

Dandamaev, Muhammad A., Slavery in Babylonia: from Nabopolassar to Alexander the Great (626–331 B.C.), De Kalb (Ill.) 1984.

Davis, Nathalie Z., Slaves en Screen, Cambridge (Ma.) 2001.

Finley, Moses I. Die Sklaverei in der Antike. Geschichte und Probleme, München 1981.

– (Hrsg.), Slavery in Classical Antiquity, Cambridge 1968.

Fustel de Coulanges, Numa Denis, Le Colonat Romain, in: Ders., Recherches sur quelques problèmes d'histoire, Paris 1885, S. 1–186.

Garlan, Yvon, Les esclaves en Grèce ancienne, Paris 1982.

Gemery, Henry A./Hogendorn, Jan. S. (Hrsgg.), The Uncommon Market: Essays in the Economic History of the Atlantic Slave Trade, New York 1979.

Genovese, Eugen D. (Hrsg.), The Slave Economies, Bd. I: Historical and Theoretical Perspectives, New York 1973.

Gordon, Murray, L'esclavage dans le monde arabe, Paris 1987.

Harris, Joseph E., The African Presence in Asia: Consequences of the East African Slave Trade, Evanston 1971.

Haudrère, Philippe/Vergès, Françoise, De l'esclave au citoyen, Paris 1998.

Heers, Jacques, Esclaves et domestiques au Moyen Age dans le monde méditerranéen, Paris 1981.

Hellie, Richard, Slavery in Russia: 1450–1725, Chicago 1982.

Hopkins, Keith, Conquerors and Slaves: Sociological Studies in Roman History, Cambridge 1978.

Jok, Jok Madut, War and Slavery in Sudan, Philadelphia (Penn.) 2001.

Klein, Martin A. (Hrsg.), Breaking the Chains: Slavery, Bondage and Emancipation in Modern Africa and Asia, Madison (Wisc.) 1993.

Marie, Jean-Jacques, Le Goulag, Paris 1999.

Meillassoux, Claude, L'Esclavage en Afrique précoloniale, Paris 1965.

– Anthropologie de l'esclavage: le ventre de fer et d'argent, Paris 1986.

Meltzer, Milton, Slavery: A World History, New York 1993.

Métoudi, Michèle/Thomas, Jean-Paul, Abolir l'esclavage, Paris 1998.

Meyer, Jean, Esclaves et Négrier, Paris 1998.

Miers, Suzanne/Kopytoff, Igor (Hrsgg.), Slavery in Africa: Historical and Anthropological Perspectives, Madison (Wisc.) 1977.

– The End of Slavery in Africa, Madison (Wisc.) 1988.

O'Dy, Sylvie, Esclaves en France, Paris 2001.

Patterson, Orlando, Slavery and Social Death: A Comparative Study, Cambridge (Ma.) – London 1982.

Peabody, Sue, »There Are No Slaves In France«: The Political Culture of Race and Slavery in the Ancien Régime, Oxford 1996.

Philipps, William D., Slavery from Roman Times to the Early Transatlantic Trade, Minneapolis (Mn.) 1985.

Price, Richard (Hrsg.), Maroon Societies: Rebel Slave Communities in the Americas, New York 1973.

Reid, Anthony (Hrsg.), Slavery, Bondage and Dependency in Southeast Asia, New York 1983.

La Revolution française et l'abolition de l'esclavage: textes et documents, 12 Bde., Paris 1968.

Rodriguez, Junius P., Chronology of World Slavery, Santa Barbara (Ca.) 1999.

Sala-Molins, Louis, Le »Code noir« ou le calvaire de Canaan, Paris 1987.

– L'Afrique aux Amériques: le »Code noir« espagnol, Paris 1992.

Segal, Ronald, Islam's Black Salves: The Other Black Diaspora, New York 2001.

Thomas, Hugh, The Slave Trade: The Story of the Atlantic Slave Trade, 1440–1870, New York 1997.

Toledano, Ehud R., The Ottoman Slave Trade and its Suppression: 1840–1890, Princeton (NJ.) 1982.

Torrès, Dominique, Esclaves, Paris 1996.

Van De Mieroop, Marc, Coneiform Texts and the Writing of History, London, New-York 1999.

Verlinden, Charles, L'Esclavage dans l'Europe médiévale, Bd. 1: Péninsule Ibérique, France, Brügge 1955; Bd. 2: Italie, Colonies italiennes du Levant, Levant latin, Empire byzantin, Gent 1977.

Vogt, Joseph, Sklaverei und Humanität. Studien zur antiken Sklaverei und ihrer Erforschung, Wiesbaden 1965.

Wallon, Henri, Histoire de l'esclavage dans l'Antiquité, Paris ²1879.

Wittforgel, Karl L., Oriental Despotisme, New Haven 1957.

Yoshiaki, Yoshimi, Comfort Women: Sexual Slavery in the Japanese Military During World War II, übers. aus dem Japanischen von Suzanne O'Brien, New York 2001.

Ergänzungen für den deutschsprachigen Raum:

Blavatskaja, T.V./Golibcova, E.S./Pavlovskaja, A.I., Die Sklaverei in hellenistischen Staaten im 3.–1. Jahrhundert v. Chr., Wiesbaden 1972.

Bley, Helmut, u. a. (Hrsg.), Sklaverei in Afrika. Afrikanische Gesellschaften im Zusammenhang von europäischer und interner Sklaverei und Sklavenhandel, Pfaffenweiler 1991.

Bosl, Katharina, Die Sklavenbefreiung in Brasilien, eine soziale Frage für die Kirche? Die Katholische Kirche und das Ende der Sklaverei in der Kaffeeprovinz São Paulo, 1871–1888, Stuttgart 1999.

Brockmeyer, Norbert, Antike Sklaverei (Erträge der Forschung 118), Darmstadt 1979.

Demandt, Alexander, Der Idealstaat. Die politischen Theorien der Antike, Köln-Weimar-Wien ²1993.

Dollinger, Philippe, Der bayerische Bauernstand vom 9. bis zum 13. Jahrhundert, München 1982 (frz. Originalausgabe, L'évolution des classes rurales en Bavière depuis la fin de l'époque carolingienne.jusqu'au milieu du XIIIᵉ siècle, Paris 1949).

Du Bois, William E., Die Seelen der Schwarzen, übers. und hrsg. v. J. Meyer-Wendt, Freiburg 2003.

Eck, Werner/Heinrichs, Johannes, Sklaven und Freigelassene in der Gesellschaft der römischen Kaiserzeit (Texte zur Forschung 61), Darmstadt 1993.

Everett, Susanne, Geschichte der Sklaverei, Augsburg 1998 (engl. Originalausgabe, History of Slavery, London 1978).

Fredouille, Jean-Claude, Lexikon der römischen Welt, Darmstadt 1999 (frz. Originalausgabe, Dictionnaire de la civilisation romaine, Paris 1996).

Grant, Michael, Die Gladiatoren, Frankfurt a. M. – Berlin – Wien 1982.

Grünewalt, Thomas, Räuber, Rebellen, Rivalen, Rächer. Studien zu Latrones im römischen Reich (Forschungen zur antiken Sklaverei 31), Stuttgart 1999.

Klees, Hans, Herren und Sklaven. Die Sklaverei im oikonomischen und politischen Schrifttum der Griechen in klassischer Zeit, Wiesbaden 1975.

Klengel, Horst, König Hammurapi und der Alltag Babylons, Düsseldorf – Zürich 1991.

Langenfeld, Hans, Christianisierungspolitik und Sklavereigesetzgebung der römischen Kaiser von Konstantin bis Theodosius II., Bonn 1977.

Lauffer, Siegfried, Die Bergwerkssklaven von Laureion, Wiesbaden [2]1979.

Lexikon des Mittelalters, Bd. 7, München/Zürich 1995, Artikel »Sklave«, mit Beiträgen von: St. Lebecq, Chr. Lübke, M. Luzzati, G. Prinzing, H.-G. von Mutius, H. Göckenjan, S. Faroqhi (zu den verschiedenen Regionen und Kulturen der mittelalterlichen Welt, umfangreiche Lit.).

Nickel, Herbert J., Schuldknechtschaft in mexikanischen Haciendas, Stuttgart 1991.

Prien, Hans-Jürgen, Die Geschichte des Christentums in Lateinamerika, Göttingen 1978.

Reinhard, Wolfgang, Kleine Geschichte des Kolonialismus, Stuttgart 1996.

Rubinsohn, Wolfgang, Die großen Sklavenaufstände der Antike. 500 Jahre Forschung, Darmstadt 1993.

Schiltberger, Johannes, Als Sklave im Osmanischen Reich und bei den Tartaren, 1394–1427, hrsg. v. Ulrich Schlemmer, Stuttgart 1983.

Schuhmacher, Leonhard, Sklaverei in der Antike. Alltag und Schicksal der Unfreien, München 2001.

Schuller, Wolfgang, Griechische Geschichte (Oldenbourg. Grundriß der Geschichte, Bd. I), München [2]1982.

Teipel, Mathias, Die Versklavung der Schwarzen. Theologische Grundlagen, Auswirkungen und Ansätze ihrer Überwindung, Münster 1999.

Welwei, Karl-Wilhelm, Sub Corona Vendere. Quellenkritische Studien zu Kriegsgefangenschaft und Sklaverei in Rom bis zum Ende des Hannibalkrieges, Stuttgart 2000.

Winkle, Stefan, Der dänische Sklavenhandel, in: Hamburger Ärzteblatt 12, 2003.

Zoller, Rüdiger (Hrsg.), Amerikaner wider Willen. Beiträge zur Sklaverei in Lateinamerika und ihren Folgen, Frankfurt a. M. 1994.

Personenregister